LAS DAMAS DE ORIENTE

LAS DAMAS DE ORIENTE
Grandes viajeras por los países árabes
CRISTINA MORATÓ

Papel certificado por el Forest Stewardship Council®

Sexta edición : junio de 2011
Tercera reimpresión: febrero de 2024

© 2005, Cristina Morató
© 2005, Penguin Random House Grupo Editorial, S. A. U.
Travessera de Gràcia, 47-49. 08021 Barcelona
© de las ilustraciones interiores: Agencia Cover, Hulton-Deutsch Collection/Corbis, Burstein Collection/Corbis, Christie's images/Corbis, Bettmann/Corbis, Hulton Archive/Getty Images, Corbis, K. M. Westtesmann/Corbis, National Portrait Gallery, London, Universidad de Newcastle, Cordon Press, Interfoto, Associated Press, Abbie Enock; Travel Ink/Corbis, archivo personal de la autora.

Penguin Random House Grupo Editorial apoya la protección del *copyright*.
El *copyright* estimula la creatividad, defiende la diversidad en el ámbito de las ideas y el conocimiento, promueve la libre expresión y favorece una cultura viva. Gracias por comprar una edición autorizada de este libro y por respetar las leyes del *copyright* al no reproducir, escanear ni distribuir ninguna parte de esta obra por ningún medio sin permiso. Al hacerlo está respaldando a los autores y permitiendo que PRHGE continúe publicando libros para todos los lectores.
Diríjase a CEDRO (Centro Español de Derechos Reprográficos, http://www.cedro.org)
si necesita fotocopiar o escanear algún fragmento de esta obra.

Printed in Spain – Impreso en España

ISBN: 978-84-01-30541-2
Depósito legal: B-21.240-2011

Compuesto en Comptex & Ass., S. L.

Impreso en Arteos Digital, S. L.

L 3 0 5 4 1 B

*A M.ª Rosa Chico, por su amistad, complicidad
y apoyo a todas mis fantasías que un día
se hicieron realidad. A Anna Casanova,
Ariana Pons y M.ª Dolors Vila, que comparten
mis sueños viajeros y literarios desde la infancia.
A Jackie Bassat, mi oasis en el desierto,
por el anhelado viaje a Oriente*

Índice

AGRADECIMIENTOS 15
EL VIAJE A ORIENTE 17

Lady Mary Wortley Montagu, una inglesa en el harén . 23
Lady Hester Stanhope, la eremita del Líbano 67
Lady Jane Digby, alma beduina 121
Isabel Burton, pasión oriental 171
Gertrude Bell, la reina de Irak 233
Freya Stark, la última exploradora 295
Agatha Christie, una arqueóloga en Mesopotamia . . . 355

BIBLIOGRAFÍA 421

Quería espacio, distancia, historia y peligro, y me interesaba el mundo vivo.

The Coast of Incense
FREYA STARK, 1953

El desierto no podía reclamarse ni poseerse: era un trozo de tela arrastrado por los vientos, nunca sujeto por piedras y que mucho antes de que existiera Canterbury, mucho antes de que las batallas y los tratados redujesen Europa y el Este a un centón, había recibido cien nombres efímeros. Sus caravanas, extraños vagabundeos compuestos de fiestas y culturas, nada dejaban atrás, ni una pavesa. Todos nosotros, incluso los que teníamos hogares e hijos lejos, en Europa, deseábamos quitarnos la ropa de nuestros países. Era un lugar en el que reinaba la fe. Desaparecíamos en el paisaje. Fuego y arena.

El paciente inglés
MICHAEL ONDAATJE, 1992

Amo ese generoso y fértil país que es Siria y a sus gentes sencillas, que saben reír y gozar de la vida, que son ociosas y alegres, que tienen dignidad y educación y gran sentido del humor, y para quienes la muerte no es terrible. *Inshallah*, volveré y las cosas que amo no habrán perecido en esta tierra...

Ven y dime cómo vives
AGATHA CHRISTIE, 1944

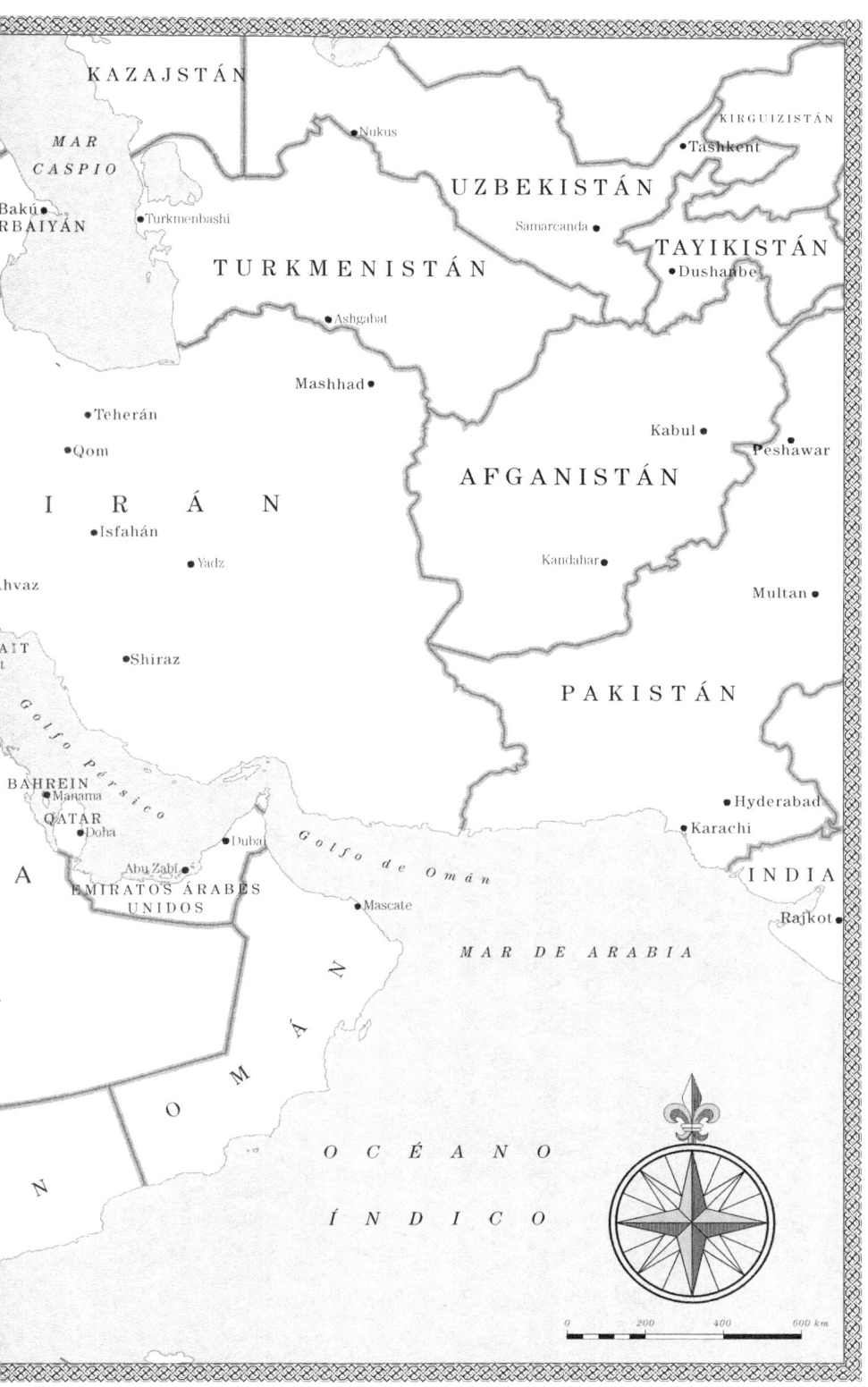

Agradecimientos

En este viaje literario por Oriente he contado con la inestimable ayuda de un buen número de amigos que han compartido mi pasión por estas damas tan rebeldes como atípicas. Quiero agradecer a mi esposo, José Diéguez, su paciencia en estos dos años en que he permanecido sumergida entre beduinos y mares de arena. Sin su ayuda inestimable este libro sólo estaría en mi imaginación. Mi gratitud y admiración a Gemma Nierga por compartir este sueño oriental. A mi editor, David Trías, su comprensión y constante ánimo; a mi querida Olga García, su entusiasmo y ayuda a la hora de buscar las magníficas fotografías que ilustran el cuadernillo del libro; y a Marta Gómez, por la aventura de la promoción. Hay amigos que nunca fallan: Manu Leguineche me prestó algún libro y despejó muchas dudas; desde Bruselas, Loreto Rosas y Ramón Jiménez Fraile buscaron para mí libros imposibles y con sus sugerencias aportaron su granito de arena en este desierto. Santos Valenciano y Rubén Busto, de la librería De Viaje, atendieron todas y cada una de mis peticiones consiguiendo buena parte de los libros que me han servido de documentación. A Javier Gómez-Navarro mi gratitud por permitirme consultar su magnífica biblioteca y prestarme algunas joyas descatalogadas.

De la Sociedad Geográfica Española, no quiero olvidar a Lola Escudero, Amalia Montes, Marga Martínez y Carmen Arenas, por su apoyo a todos mis proyectos literarios. A Andrés Arconada, que siguió las huellas de Agatha Christie en Londres, y a mi buen amigo Enrique Jordá, que se molestó en buscarme libros y más libros de desiertos y rutas de las antiguas caravanas. En Barcelona, mi gratitud al profesor Felip Masó de la Fundació Arqueològica Clos por sus sugerencias; a Josep Borrell, director de la revista *Clío*, por su inestimable ayuda. También a la profesora M.ª Dolors García Ramon, del Departamento de Geografía de la Universidad Autónoma de Barcelona, por su magnífico estudio de las viajeras europeas en el mundo árabe, que amplió mis conocimientos sobre la figura de Gertrude Bell. A mi hermana Maite Morató, que me aportó luz para entender más a fondo a estas mujeres y el tiempo que les tocó vivir; y a mis padres que animan todas mis aventuras. Por último, mi gratitud a Esther González-Cano, que me ayudó a organizar algunos de mis viajes para ambientar estas historias, y a la cineasta Cecilia Barriga, que me acompañó a Turquía y Siria filmando los escenarios donde transcurrieron las apasionantes vidas de estas Damas de Oriente.

El viaje a Oriente

> [...] ¿no es encantadoramente igual que en *Las mil y una noches*? A veces cuando abro un tarro nuevo de agua de rosas me da la impresión que en vez de un olor perfumado saldrá el humo de uno de los geniecillos de Suleiman.
>
> GERTRUDE BELL, 1915

El palacio de Topkapi Sarayi, rodeado de jardines y pabellones, se levanta sobre una colina desde donde se divisa una extraordinaria panorámica del Bósforo, el Cuerno de Oro y el mar de Mármara. En 1453 el sultán Mehmet II el Conquistador tomó Constantinopla y la convirtió, tras cambiar su nombre por Estambul, en la capital del Imperio Otomano. No pudo encontrar un emplazamiento más hermoso y privilegiado para construir su residencia imperial sobre las ruinas de la acrópolis de la antigua Bizancio. Durante los cuatro primeros siglos de dominio otomano, este gran palacio rodeado de murallas fue el centro de poder de los sultanes, el lugar donde vivían alejados del mundo exterior y entregados a sus placeres cuando no se encontraban de campaña. Ningún europeo, salvo los embajadores acreditados ante la Sublime Puerta —como era conocido el gobierno otomano— que eran recibidos en audiencia por el sultán, podía acceder más allá de la Puerta de la Felicidad, contigua al Salón del Trono. En aquel laberinto de patios, quioscos, salones ricamente decorados, corredores y pasillos había un lugar que hacía volar la imaginación de los viajeros: el harén. Tras sus inaccesibles puertas, se encontraban las estancias donde vivían la sultana *valide* —la madre del sultán— que gobernaba el harén, las esposas y las concubinas, atendidas por una corte de esclavas y eunucos negros. En el siglo XVIII el harén imperial llegó a albergar hasta ochocientas mujeres distribuidas en sus trescientas habitaciones.

Lady Mary Wortley Montagu, esposa del embajador inglés ante el Imperio Otomano en 1717, fue la primera persona europea que accedió a las habitaciones secretas de los harenes del sultán otomano. La dama visitó durante su estancia en Estambul los interiores de cuatro harenes de importantes damas turcas, entre ellos el de la sultana Hafise, viuda de Mustafá II. En las cartas que la embajadora envió a sus amigos de Inglaterra describía con detalle estos espacios prohibidos a los hombres —salvo al esposo, los bufones y los eunucos negros—, donde era recibida por mujeres ricamente ataviadas en habitaciones de techos dorados y paredes revestidas de nácar y marfil, e invitada a comer con cuchillos de oro y mango de diamantes en manteles de seda. Las cartas de lady Montagu recordaban los relatos de *Las mil y una noches*, obra traducida al francés por Jean Antoine Galland entre 1704 y 1717, que causó un gran impacto en Europa a pesar de que su autor eliminó las descripciones más eróticas para no escandalizar a las damas de Versalles. A partir de la lectura de las *Mille et une nuits* de Galland todo en Oriente tenía que ser tan exótico y sensual como en los relatos que inventó la princesa Sherezade para entretener a su señor, el rey Sahriyar de Bagdad, a fin de que no la hiciera matar.

El harén imperial otomano despertó la fascinación de los viajeros europeos e inspiró los cuadros orientalistas. Pintores como Ingres, Delacroix o Matisse llenaron sus harenes de bellas odaliscas cautivas, en su mayoría desnudas, fumando en narguile, tocando el laúd y esperando la visita del sultán. Poco tenía que ver este harén imaginario con la realidad, como pudieron comprobar las viajeras europeas que a principios del XIX recorrieron los países árabes. Hacia 1840 la visita a un harén formaba parte del itinerario turístico por Oriente. La inglesa Margaret Fountaine, en su viaje a Estambul, descubrió algo decepcionada que el harén no era más que el espacio de la casa donde vivían las esposas y donde casi nunca pasaba nada interesante. Esta excéntrica victoriana lo describía como un lugar aburrido y terrible: «Estas mujeres no salen de los estrechos confines del hogar de su esposo, nunca ven las montañas y los árboles, pues los muros exteriores no tienen ventanas, y nunca ven la divina luz del sol, salvo la que se filtra en el patio cuadrado de su prisión».

En el siglo XIX un buen número de aristócratas británicas, cultas y aventureras abandonaron el confort de sus mansiones inglesas atraídas por las lecturas prohibidas de *Las mil y una noches*. En una Inglaterra victoriana marcada por una rígida moralidad, el Oriente de los harenes, los coloristas bazares, los mercados de esclavos, las caravanas de camellos y los beduinos del desierto les cautivó poderosamente. Hacia 1850 Egipto se convirtió en un destino de moda y para muchas de ellas Alejandría y El Cairo fue su primer contacto con Oriente. Medio siglo después de que Napoleón invadiera Egipto en 1798 y desvelara al mundo sus fascinantes misterios, la agencia Thomas Cook inició los viajes turísticos por el país de los faraones. El Cairo atraía a los británicos no sólo por sus monumentales pirámides sino por su clima cálido y saludable, a donde se acudía a curar las enfermedades lejos de la fría y brumosa Inglaterra. Las guías turísticas advertían a las damas protegerse del sol con sombrillas y cascos coloniales cubiertos por un largo velo, evitar las excursiones temerarias a lo alto de las pirámides y no intimar demasiado con los dragomanes o guías locales. Lady Jane Digby no hizo mucho caso a estos consejos y en Siria vivió un apasionado romance con un jefe beduino. En un tiempo en que los árabes eran considerados, sin distinción, «unos salvajes», el matrimonio de esta aristócrata con Abdul Medjuel provocó un tremendo escándalo. En comparación con sus flemáticos y estirados acompañantes británicos, la romántica visión de un beduino vestido como un príncipe del desierto con su blanca túnica y un pañuelo alrededor de su cabeza, a caballo de un magnífico pura sangre, desataba entre las damas ardientes sentimientos.

Más allá del «todo incluido» que ofrecía la agencia Cook con estancias en espléndidos hoteles, bailes hasta el amanecer y la navegación por el Nilo en confortables barcos de vapor, algunas viajeras se aventuraron por los áridos desiertos, atraídas por la vida de las tribus nómadas. En aquel tiempo muy pocos europeos conocían las ruinas de Palmira en Siria o Petra en Jordania, tampoco el interior de la península Arábiga y sus ciudades santas, La Meca y Medina. Era una tierra inexplorada donde era posible la aventura más romántica para unas mujeres ansiosas por recorrer regiones inhóspitas, conocer a fondo la cultura árabe, explorar las ruinas de sus míticas ciudades enterradas en la arena o simplemente vivir sin ningún tipo de ataduras.

A comienzos del siglo XIX viajar por Oriente Próximo más allá de El Cairo o Estambul era una aventura muy temeraria de la que no era fácil salir con vida. El que quisiera recorrer las tierras de Siria, Mesopotamia o los escenarios bíblicos de Tierra Santa necesitaba un permiso de las autoridades otomanas y pagar a las tribus beduinas un «peaje» por atravesar el desierto y contar con su protección. Entre los peligros a los que se enfrentaban las viajeras europeas —cristianas en su mayoría e infieles a los ojos de los árabes— estaban los asaltos a las caravanas, los despóticos pachás turcos, el fanatismo de grupos musulmanes en ciudades como Damasco y las epidemias de peste y cólera que diezmaban las poblaciones. En sus travesías por el desierto tenían que soportar un sol de justicia durante el día y el frío intenso de la noche, la falta de agua y las imprevistas tormentas de arena.

Lady Hester Stanhope o lady Jane Digby y, más entrado el siglo XX, Gertrude Bell o Freya Stark renunciaron a los privilegios de su clase y condición social para llevar una vida de aventuras en el desierto de Siria, las remotas montañas del Líbano o la inexplorada península de Arabia. Incluso la escritora Agatha Christie sucumbió al encanto de Oriente y pasó largas temporadas en Siria e Irak de la mano de su esposo, el arqueólogo Max Mallowan. Nunca echaron de menos su cómoda vida en Inglaterra —algunas no regresaron jamás a su país—, aprendieron árabe, turco o persa, a montar a caballo, fumar en narguile y a dormir en las tiendas de pelo de cabra bajo las estrellas. Se identificaron plenamente con los beduinos, a los que consideraban los auténticos aristócratas del desierto, hombres nobles y hospitalarios, que se regían por un código de honor y no sabían de fronteras.

Para los árabes estas inglesas excéntricas y atolondradas que viajaban en silla de manos, vestían encorsetados trajes de amazona a más de cuarenta grados, tomaban el té en sus tazas de porcelana en medio del desierto y se alojaban en tiendas de campaña con bañera incluida como la señorita Gertrude Bell, eran un extraño tercer sexo. Nunca representaron para ellos un peligro y por lo general eran invitadas a las tiendas de los jeques y tratadas como hombres honorarios, algo que las halagaba especialmente. Cada una de ellas dejó su huella en las movedizas arenas del desierto o en las ciudades como Bagdad, Damasco o El Cairo, donde encontraron su verdadero hogar. Arqueólogas, espías al servicio del Imperio Británico, viajeras románticas, exploradoras, excéntricas y apasionadas, recorrieron un mundo que ya no existe. Nos quedan sus relatos de viaje, sus emotivas cartas, sus hermosas descripciones y fotografías en blanco y negro para comprender por qué el viaje a Oriente cambió para siempre sus vidas.

Que la paz llegue a estas regiones milenarias y fascinantes, que en el pasado cautivaron a tantos espíritus nómadas e inquietos.

Madrid, febrero de 2005

Lady Mary Wortley Montagu
1689-1762

¿Qué dirías si te contara que estuve en un harén cuya estancia de invierno estaba revestida con paneles de madera con incrustaciones de madreperla, marfil de diferentes colores y madera de olivo, como las cajitas turcas que vemos en Inglaterra; y en los aposentos de verano, las paredes están cubiertas de porcelana, los techos dorados y los suelos tapizados de suntuosísimas alfombras persas?

LADY MARY MONTAGU, Constantinopla (Turquía), 1718

Una inglesa en el harén

Durante su estancia en Estambul, lady Mary Wortley Montagu fue a visitar a la hermosa Hafise, viuda del sultán Mustafá II. Para esta aristócrata inglesa era un honor ser invitada al palacio de la sultana y a la vez una oportunidad única para conocer cómo era la vida de las damas turcas tras los inaccesibles muros del harén. En una carta enviada a una amiga de Inglaterra, fechada en marzo de 1718, la viajera describe con todo lujo de detalles el suntuoso atuendo de su anfitriona, en un relato que más parece un pasaje de *Las mil y una noches*: «Alrededor del cuello lucía tres cadenas que le llegaban a las rodillas: una de grandes perlas, al final de la cual colgaba una esmeralda de bonito color, tan grande como un huevo de pavo; otra formada por doscientas esmeraldas colocadas muy juntas, del verde más penetrante [...] Mas sus pendientes eclipsaban al resto de sus joyas. Eran dos diamantes en forma de pera idénticos, grandes como una avellana de tamaño considerable».

Lady Montagu, esposa del embajador británico en Estambul en 1716, fue el primer occidental en visitar las habitaciones secretas de los harenes imperiales otomanos. En su apasionada correspondencia con familiares y un selecto grupo de amigos —que incluía a la esposa del rey Jorge II—, describió con realismo estos ambientes cargados de exotismo y sensualidad que harían volar la imaginación de los viajeros románticos. En 1763, un año después de su muerte, se publicó su libro *Cartas desde Estambul*, obra que entusiasmó a Voltaire e influyó en artistas de la talla de Ingres. El pintor francés nunca viajó a Oriente ni pisó un harén, pero se inspiró en las descripciones del *hamman* que hiciera la viajera inglesa para crear las voluptuosas odaliscas de su cuadro más célebre, *El baño turco* (1862).

En aquellos primeros años del siglo XVIII el viaje desde Londres a Estambul, a través de los dominios turcos de Europa, era una peligrosa aventura. La dama inglesa, en compañía de su esposo sir Edward Wortley Montagu, su hijo de cuatro años y un pequeño séquito de sirvientes, se enfrentó a nevadas, epidemias de peste, paisajes desolados y a la constante amenaza de los bandidos. Cuando un año después de su partida llegó finalmente a la hermosa ciudad a orillas del Bósforo comenzó a explorar un mundo tan desconocido como fascinante: «Hasta ahora, cuanto veo me resulta tan nuevo que todos los días son como distintas escenas de una ópera nueva».

Una vez instalada en su residencia del barrio cristiano de Pera, la embajadora inglesa se dedicó a frecuentar sola los bazares, mezquitas, baños públicos y harenes de importantes damas turcas oculta tras un pesado velo y una larga túnica. Pero esta brillante escritora y ardiente feminista no se limitó a entretener a sus conocidos con sus audaces aventuras en un mundo de concubinas, narguiles y eunucos negros. Como buena dama de la Ilustración —amante de la paradoja—, lady Mary reflexiona ante todo lo que ve y aporta sus propias conclusiones: las damas turcas de los harenes le parecen más libres que las inglesas y la religión musulmana no es a sus ojos sensiblemente distinta de la cristiana. Lady Montagu preparó a conciencia su viaje, aprendió turco, consultó mapas y se sumergió durante días en la magnífica biblioteca de su padre, lord Kingston.

Sin embargo, su mayor aportación —y la menos reconocida— la haría en el campo médico. Lady Mary carecía de formación científica, pero llevaría por primera vez a Inglaterra una cura —el antiguo método de la inoculación utilizado por los doctores árabes desde el siglo VI— contra la viruela tras comprobar su eficacia en Estambul. Cuando en 1796 el médico británico Edward Jenner se hizo mundialmente famoso por su descubrimiento oficial de la vacuna contra esa terrible enfermedad, nadie recordó la lucha de esta aristócrata inglesa por implantar en su país el remedio turco y salvar así muchas vidas.

Lady Wortley Montagu se convirtió en un personaje muy célebre en la Inglaterra de principios del siglo XVIII no sólo por sus agudas sátiras, sino por su azarosa vida amorosa. Desafió a su padre casándose a escondidas con el hombre que ella eligió, su extravagante y alocado hijo se convirtió en su más pesada carga y protagonizó acaloradas polémicas con los intelectuales más importantes de su tiempo, entre ellos el poeta Alexander Pope. Enamorada ya en su madurez de un joven y apuesto literato veneciano, abandonó su agitada vida londinense y marchó a vivir definitivamente a Italia. Su hija lady Bute —nacida durante su estancia en Estambul—, asustada por las excentricidades de su madre, decidió quemar sus diarios más íntimos para evitar un mayor escándalo.

Por fortuna nos quedan las deliciosas cartas escritas durante su estancia en Estambul y que, previsora, dejó en manos de un reverendo holandés para que fueran publicadas a su muerte. Son un documento histórico único para conocer el esplendor de un imperio que perdía poco a poco su poder y posesiones en Europa, pero donde la corte imperial del caprichoso sultán Ahmet III mantenía toda la pompa de antaño. Y todo ello desde la perspectiva de una mujer de mente abierta, carente de prejuicios y llena de curiosidad. En una carta dirigida a su hermana lady Frances y ante el riesgo de parecer exagerada en sus maravillosas descripciones, la dama le advertía: «Si [las viajeras] no decimos nada más de lo que se ha dicho ya, somos aburridas y no hemos dicho nada. Si decimos cosas nuevas, se burlan de nosotras y nos acusan de fabuladoras y románticas [...] Mas confío en que me conozcas lo suficiente como para tener por cierto cuanto aquí afirmo seriamente, si bien tienes mi permiso para sorprenderte ante un relato tan nuevo para ti».

Una dama rebelde

El 26 de mayo de 1689 nacía en el elegante barrio londinense de Covent Garden una niña a la que bautizaron como Mary Pierrepoint. Su padre, Evelyn Pierrepoint, conde de Kingston, era un rico, atractivo y despreocupado aristócrata miembro del Parlamento inglés por el Partido Liberal. La madre, Mary Fielding, era hija del conde de Denbigh y estaba emparentada con el famoso escritor inglés Henry Fielding. Así, la pequeña venía al mundo en el seno de una acomodada, influyente e ilustrada familia de la nobleza que marcaría sus refinados gustos literarios.

Lady Fielding tenía veintiún años cuando nació Mary. A ella le seguirían dos niñas más, Frances y Evelyn, hasta que en 1692 llegó el anhelado varón, William. La joven madre moriría un año después, cuando la escritora apenas tenía cuatro años. Su padre, dedicado de lleno a la política, no podía ocuparse de sus cuatro hijos, así que decidió dejarlos al cuidado de la abuela paterna, Elizabeth Pierrepoint. Esta mujer enérgica y autoritaria vivía en una casa de campo, West Dean, situada en medio de un valle y cercana a Salisbury. Allí se hizo cargo de sus nietos con ayuda de su hija, lady Cheyne, dos niñeras y una institutriz francesa, la señorita Dupont. La vida en West Dean estaba marcada por una estricta disciplina, especialmente para las niñas, que recibían una educación separada de los niños. Mary recordaba que con tres años no se le podían ver las piernas porque era inmediatamente castigada, y tenía prohibido compartir los juegos de su hermano, montar a caballo o salir de excursión por el campo. Esta pequeña corte de sirvientes que volaban a su alrededor, incluida su institutriz, «tiquismiquis, altiva y odiosa hasta más allá de lo que uno pueda imaginar», inspirarían a la futura escritora sus primeros cuentos satíricos como el titulado «La dócil princesa».

A pesar de encontrarse en plena naturaleza, rodeada de un paisaje idílico, aquellos primeros ocho años no fueron felices para Mary: «Aquí no hay nada que pueda gustar, todas las cosas que me rodean son del mismo estilo que en los días del rey Arturo y los caballeros de la Tabla Redonda». Los únicos momentos gratos que recordaba de su infancia fueron sus escapadas a Londres donde su padre la colmaba de atenciones y regalos. En una ocasión, cuando contaba sólo siete años, la llevó al Kit-Cat Club, el selecto club de políticos liberales que apoyaban la sucesión de la casa de los Hannover al trono de Inglaterra. Habían elegido a la pequeña como musa de su brindis anual y así, vestida como una princesa, fue pasando de las rodillas de un poeta a las de un ministro. Todos los presentes bebieron a su salud y su nombre fue grabado según la costumbre en los vasos de fino cristal en los que se brindó. Aquel día inolvidable en el legendario Kit-Cat Club, la pequeña Mary fue consciente de lo mucho que le gustaba ser el centro de atención y se sentía muy honrada porque había podido entrar en los salones de un club inglés que prohibía el acceso a las mujeres. Lord Kingston siempre admiraría el fuerte carácter y la rebeldía de su hija mayor, aunque nunca se ocupara de ella y la tratara como un juguete de lujo: «Si bien mi padre era de natural honrado, se abandonaba a los placeres y no se creía demasiado obligado a dedicar excesiva atención a la educación de sus hijos», reconocería Mary en su diario personal.

Cuando en 1699 la abuela Elizabeth murió, Mary y sus hermanos se trasladaron a la espléndida mansión de Thoresby Hall, en Nottingham, de donde provenía la familia Pierrepoint. El extenso parque que rodeaba este complejo residencial había formado parte del bosque de Sherwood, escenario de las épicas hazañas de Robin Hood. La casa principal era tres o cuatro veces mayor que la de West Dean y había sido decorada con gran lujo y opulencia. Diseñada por uno de los mejores arquitectos de su época, William Talman, tenía una imponente entrada con un pórtico flanqueado por dos columnas y balaustradas ornamentadas en lo alto del tercer piso. A una niña soñadora de nueve años como Mary aquel nuevo universo de amplias y luminosas estancias, habitaciones con chimeneas de mármol, cuidados jardines y un extenso lago, caballerizas, mayordomos, cocineros y niñeras debió de parecerle un cuento de hadas. Se sentía muy dichosa porque ahora podría ver con más frecuencia a su padre, que vivía a caballo entre esta confortable mansión familiar y su casa londinense de Picadilly.

Para Mary la propiedad más valiosa de Thoresby era la magnífica biblioteca paterna, con miles de volúmenes, que comenzó a leer con fruición. A los trece años ya hablaba francés y dominaba el latín, que había aprendido por sí sola con un diccionario y una gramática que llevaba a escondidas de la severa señorita Dupont. En 1703 escribió sus primeros poemas y devoraba las obras de Molière, Corneille y los poetas latinos, como Ovidio. Muy pronto publicó ensayos y sátiras, y los nombres más importantes de la literatura inglesa frecuentaban la casa de su padre para poder conversar con ella. No está nada mal para una joven de formación autodidacta y de la que sólo se esperaba, según sus propias palabras, «que me comportara como una mujer, es decir, que dominara habilidades tales como educada conversación, dibujo, algo de música y cómo llevar una casa y presidir la mesa en el hogar de mi futuro esposo».

La escritora pasó su primera temporada en Londres en 1706, allí comenzó a codearse con los miembros más distinguidos de la alta sociedad inglesa. Tenía dieciocho años y ya le gustaba ejercer de anfitriona y primera dama en la casa de su padre viudo. En aquel tiempo Evelyn Pierrepoint era un brillante y respetado político que había sumado a sus títulos nobiliarios los de marqués y duque. Lady Mary solía presidir la mesa donde habitualmente se sentaban importantes personalidades de la vida pública del país. A todos les sorprendía su elegancia, buenos modales, maestría a la hora de cortar los asados —recibía clases de cocina tres veces por semana— y animada conversación.

Mary no era una mujer hermosa pero resultaba muy atractiva por su ingenio, elegancia y fuerte personalidad. En uno de los magníficos cuadros que se conservan de ella —hoy en colecciones privadas y museos como la National Portrait Gallery de Londres—, pintados por el retratista más famoso del XVIII, sir Godfrey Kneller, posa con su vestimenta turca. Aparece sentada y medio reclinada en una actitud de afectada indolencia, apoyando la cabeza en su mano derecha. En los hombros lleva una estola de armiño sobre un vestido azul con un pronunciado escote y luce un turbante sujeto al cabello con un broche. Su cara es el centro de la composición y nos muestra unas facciones redondeadas, labios carnosos, nariz pequeña y unos ojos grandes, oscuros y penetrantes.

Ya en 1708 los pretendientes comenzaban a cortejarla, sin duda la hija de lord Kingston era un buen partido para cualquier soltero en busca de fortuna. Sin embargo, fue su amiga Anne Wortley Montagu —nieta del primer conde de Sandwich— quien un día le presentaría al hombre con el que acabaría casándose, su hermano Edward. Lo conoció en una partida de cartas y le impresionó de inmediato por sus conocimientos de poesía y latín. Era un prometedor político, inteligente, serio y atractivo para los cánones de la época. Llevaba cuatro años en el Parlamento, había viajado mucho y tenía gustos comunes con Mary. Edward, once años mayor, se sintió enseguida atraído por esta muchacha culta y llena de curiosidad. Era sin duda un buen candidato, con el tiempo heredaría el condado de Sandwich y las propiedades de la familia. Su padre, sin embargo, no veía ningún encanto al sombrío señor Wortley Montagu y desde el primer momento se opuso a esta relación.

En el siglo XVIII el matrimonio tenía más que ver con las finanzas que con el romance. Se trataba, en general, de meros contratos económicos y sociales destinados a proteger la propiedad privada y garantizar la herencia en la línea masculina. Lord Kingston sabía que los Wortley Montagu pertenecían a una antigua y rica familia, que poseían muchos títulos nobiliarios, pero Edward no contaba con una fortuna personal que aportar al matrimonio. En realidad, lord Kingston veía con preocupación esta unión porque pensaba que su hija necesitaba a su lado un hombre más enérgico y brillante. En 1710 decidió mantener alejada en el campo a la impetuosa Mary mientras discutía las drásticas condiciones matrimoniales con su pretendiente. La muchacha se instaló en la casa familiar de West Dean, a donde no había regresado desde su niñez. Allí se dedicó a leer poesía italiana y escribir ensayos y poemas sobre temas clásicos. Su prometido siguió dedicándose a la política y a escribir panfletos criticando duramente los contratos matrimoniales de la época, que fueron publicados en los principales periódicos para mayor malestar de lord Kingston.

Mary se sentía enfurecida por el tema de la dote y cuanto más se oponía su padre al enlace, más segura estaba ella de sus intenciones: «La gente como yo somos vendidos como esclavos y yo no sé qué precio va a poner mi dueño». Durante aquel tiempo de espera, Mary recibió otras interesantes ofertas de matrimonio pero la escritora siempre tuvo muy claro dos cosas: «Me casaré con alguien, pero no con el hombre que quiera mi padre». Finalmente, el 21 de agosto de 1712 la joven se escapaba por la terraza de su casa y huía en un coche de caballos. Llevaba consigo tan sólo algunas pertenencias, entre ellas sus más preciados libros de poesía. Sabía el escándalo que su huida iba a provocar y que su padre nunca la perdonaría. Aquel audaz gesto equivalía a perder su herencia, renunciar a una cuantiosa dote y romper los lazos familiares con los Pierrepoint. Sin embargo, la sociedad inglesa no le dio la espalda y la recibió con los brazos abiertos por su coraje y determinación. Había conseguido al fin lo que se proponía, tener un público que la admirara.

A los pocos días Edward y Mary se casaban en secreto en Londres; la pareja comenzaba una vida que no iba a ser nada fácil. Su matrimonio no estaba basado en la pasión romántica y ella lo describía de una forma bastante gráfica: «El limbo es mejor que el infierno». Tenía un marido ambicioso, culto y admirado, el amor lo dejaba para las novelas que devoraba en secreto a la luz de los quinqués. En primer lugar se refugiaron en Wharncliffe Logde, la casa de sir Sydney Wortley, padre de Edward, cerca de Sheffield. A lady Mary el lugar le pareció demasiado provinciano y aburrido para sus sofisticados gustos; sin embargo, tuvo que quedarse allí un tiempo porque su esposo se reincorporó de inmediato a su trabajo en Londres. No habría romántica luna de miel y muy pronto lord Wortley se mostraría como lo que era: un hombre egoísta, negligente y despreocupado con su esposa.

Aquellos primeros años de matrimonio fueron muy duros para lady Montagu. Ni siquiera el nacimiento de su primer hijo, Edward, el 16 de mayo de 1713, hizo cambiar de actitud a su esposo. Pocos meses después su hermano William murió con sólo veintiún años víctima de la viruela, una enfermedad que entonces causaba estragos en Inglaterra. La joven aprovechó este dramático episodio para intentar acercarse de nuevo a su padre, pero lord Kingston se negó a verla. Su único contacto con la familia era la estrecha relación que mantenía con su hermana menor y confidente, Frances, convertida en lady Mar al casarse con un conde jacobita escocés, lord John Erskine. En 1716, con la llegada al trono del nuevo rey, Frances tuvo que exiliarse a París al estar su marido implicado en una conspiración política. A su querida lady Mar, que como ella pasaría buena parte de su vida en el extranjero, le escribiría las cartas más emotivas desde su destino en Estambul.

Lady Montagu, viendo que a su marido sólo le interesaba su carrera parlamentaria, decidió organizar su propia vida y alquilar una casa al alcance de su economía lejos de Londres. En 1713 encontró lo que buscaba, una confortable residencia en Middlethorpe, cerca de York, rodeada de campo y mucha tranquilidad. Se refugió más que nunca en la escritura, la literatura clásica y en sus amistades. En agosto de 1714 tuvo lugar un hecho político de singular importancia: la reina Ana —última representante de los Estuardo— moría sin dejar descendencia y el Partido Liberal llamó al trono a un rey, el alemán de Hannover Jorge I. Ante esta repentina noticia, la escritora decidió abandonar la campiña inglesa, olvidar las desavenencias con su marido y regresar a Londres para ayudarle en su carrera. Tras un año alejada de la ciudad, tenía ganas de asistir a las tertulias literarias y ser testigo de los importantes cambios políticos que se avecinaban en el país.

En enero de 1715 se trasladó a vivir con lord Wortley a una nueva casa, esta vez en el elegante barrio de Westminster, muy cerca al palacio de Saint James y el Parlamento. Pronto su agenda se llenó de actividades sociales: los lunes se dedicaba a recibir visitas en el salón de su casa, los miércoles asistía a la ópera y los jueves al teatro; los demás días de la semana visitaba a otras damas, con las que tomaba el té, jugaba a las cartas y chismorreaba. A lady Montagu estas reuniones le resultaban bastante aburridas, aunque eran inevitables tratándose de una dama distinguida como ella. Ya entonces gozaba de un gran éxito social, su excelente humor, amplia cultura y originales opiniones la habían convertido en un personaje muy solicitado en Londres. Entre sus amistades se encontraban Voltaire y Horace Walpole, el ensayista y político Joseph Addison, el dramaturgo italiano abad Antonio Conti y el poeta tullido Alexander Pope, traductor de Homero, que al parecer se enamoró de ella. Los versos de inspiración clásica de lady Montagu, que no podía firmar con su nombre al ser una aristócrata, se pasaban de mano en mano entre un reducido pero selecto número de admiradores entusiastas, entre los que se encontraba la princesa de Gales.

Lady Mary Montagu, que siempre aconsejó a su esposo tanto en los negocios como en la política, en una carta informaba a su hermana con su habitual ironía: «Querida, mis múltiples ocupaciones incluyen ahora la de sirvienta, madre, consejera política y mediadora familiar». En aquellos tiempos los puestos políticos prácticamente se compraban y a pesar de que Mary se encargó en la sombra de la campaña política de su esposo, éste no fue reelegido como miembro del Parlamento. Sir Edward Wortley Montagu, que había apoyado el nombramiento del rey Jorge I, esperaba ansioso una compensación, pero ésta no iba a llegar hasta dos años después.

A mediados de diciembre de 1715 la escritora contrajo la viruela, y fue atendida por los dos médicos más eminentes de Inglaterra. Finalmente consiguió salvar su vida, pero su rostro quedó para siempre marcado y perdió las pestañas. Durante su convalecencia demostró una gran fuerza de voluntad, no dejó de escribir ensayos, poemas y obras de teatro. En este momento crucial de su vida, cuando su matrimonio estaba en pleno declive y su salud aún era débil, recibió una noticia que marcaría su destino. En 1716 su marido fue nombrado embajador en la corte de Estambul, y aunque el sueldo no era muy elevado aceptó con gusto. Junto con su puesto diplomático, sir Wortley se convertía en el representante de la Levant Company, o Compañía de Oriente, monopolio que controlaba el comercio entre Inglaterra y aquella región conocida entonces como el Levante.

La gran partida

Cuando lady Mary Montagu anunció a sus amigos que partía rumbo a Estambul para acompañar a su esposo, creyeron que se trataba de una de sus habituales bromas. Que una dama de su renombre, posición y con un brillante futuro literario pusiera su vida en peligro —y la de su hijo de cuatro años— por viajar al corazón del Imperio Otomano, les parecía una temeridad. Mary, en cambio, se sentía rejuvenecer, recordaba las largas y frías jornadas de invierno que había pasado en la biblioteca paterna de Thoresby estudiando los textos de la Antigüedad, mapas, grabados, imaginando un gran viaje a las ruinas de Italia o a las islas griegas. Ahora le tocaba a ella emprender una peligrosa aventura y el destino no eran las ruinas de Roma, sino la Sublime Puerta, como se conocía el Estado y Gobierno otomanos dirigido bajo la autoridad absoluta del sultán. Lady Mary no estaba dispuesta a renunciar a un viaje como éste, aunque en aquel tiempo buena parte de Europa fuera un campo de batalla y su matrimonio un desastre.

Sir Robert Sutton, el anterior embajador británico en Estambul, había permanecido quince años en su cargo, así que lady Mary preparó su equipaje dispuesta a pasar una larga temporada en el extranjero. No dudó en llenar sus baúles con pelucas, vestidos, corsés y enaguas de ballenas, elegantes trajes de noche, abrigos de piel para el frío, sombreros, guantes, botines y zapatos de salón, y sobre todo muchos libros. También se encargó de seleccionar el personal que debía acompañarles: un capellán, mister Crosse, para llevarse a «aquellas tierras de infieles», una niñera de confianza para cuidar al pequeño, un médico que les atendiera y sirvientes a los que encargó una veintena de trajes de librea. Lady Montagu sabía que era un momento delicado para realizar este viaje, Austria estaba a punto de entrar en guerra con los turcos y la misión de su esposo era actuar de mediador para impedir que estallara el conflicto y para que se firmara un tratado. Cuando el voluminoso equipaje estuvo listo, para ahorrar costes lo enviaron por barco mientras ellos se preparaban para viajar por tierra recorriendo la ruta habitual hasta Viena y continuando en pleno invierno por los Balcanes.

El 1 de agosto, el diplomático y su familia partían con gran pompa desde Londres acompañados de un séquito de veinte sirvientes. Para diversión de sus admiradores, la dama apareció luciendo una gran peluca negra —como la que utilizaban los hombres— y vestida con un traje de amazona. Los pormenores de su viaje los conocemos gracias a las cartas que lady Mary empezó a escribir en su primera escala. En Rotterdam, el 3 de agosto de 1716, describe a su hermana lady Mar el viaje en un barco de vela que les llevó hasta Holanda y cómo sobrevivieron milagrosamente a una terrible tormenta. Satisfecha de haber pasado esta primera prueba de fuego sin padecer «los efectos del miedo y del mareo, pero con ganas de pisar tierra firme», llegaron a La Haya, desde donde partieron en carruajes alquilados en dirección a Viena. En los días siguientes Mary se enfrentaría al cansancio y a todo tipo de incomodidades. En las «miserables» posadas que encontró en su camino era aconsejable dormir vestido de los pies a la cabeza porque «el viento helado que penetraba entre los tablones de madera no animaba a desvestirse».

Sin embargo la aristócrata, acostumbrada a vivir en lujosas y confortables residencias, no se lamenta en ningún instante de la decisión que ha tomado y disfruta de su aventura. El único momento plácido que recuerda desde su partida de Inglaterra es el descenso por las tranquilas aguas del Danubio en una embarcación en forma de casa de madera, propulsada por doce remeros y «que contaba con todas las comodidades de un palacio, incluidas estufas en los aposentos, cocinas y atento servicio». Finalmente, tras seis semanas de agotador viaje, llegaron a la fastuosa Viena.

La ciudad donde residía el emperador Carlos VI y su bella esposa, la emperatriz Isabel Cristina, defraudó a la viajera. Era pequeña, de calles muy angostas, que no permitían ver la belleza de los palacios, y demasiado poblada. La corte de Viena, donde asistió a opíparas cenas y bailes de gala, le pareció de un esplendor casi rococó. En una divertida carta a lady Mar define las modas imperantes entre las damas, de lo más monstruoso y contrario al sentido común: «En la cabeza se colocan construcciones de gasa, de una yarda de alto, formadas por tres o cuatro pisos, fortificadas con innumerables yardas de pesada cinta [...] todo ello cubierto con su propio cabello que mezclan con mucho pelo postizo [...]

Llevan el cabello prodigiosamente empolvado para ocultar la mezcla y adornado con tres o cuatro filas de broches confeccionados con diamantes y perlas [...] Sus enaguas de ballenas superan a las nuestras en varias yardas de circunferencia y cubren varios acres de superficie».

Además de los insufribles vestidos que se llevaban en la corte, y que provocaban desmayos por asfixia a más de una joven, Mary describe una costumbre muy arraigada en Viena por la cual todas las damas de la corte tenían dos maridos: «Uno que le daba el apellido y otro que cumplía con los deberes de amante». La viajera recordaba entre sus aventuras más divertidas el día en que un joven y apuesto conde se ofreció a ser su amante con estas explícitas palabras: «Sea corta o larga su estancia en Viena, creo que debería usted pasarla agradablemente; con tal fin debe usted dejar que su corazón inicie una aventura amorosa». Lady Mary agradeció al caballero su afán por servirla pero se apresuró a rechazar su ofrecimiento.

En enero de 1717 la dama inglesa y su familia partieron hacia el norte de Alemania rumbo a Hannover, residencia del rey Jorge I. Durante seis semanas vivieron en esta ciudad mientras sir Wortley recibía instrucciones directas del rey de Inglaterra sobre su misión diplomática. Lady Mary, atenta observadora, se entretuvo contándole a su hermana la variedad de frutas que había descubierto en una elegante cena ofrecida en palacio y que para ella eran en su mayoría desconocidas: «Había cestas llenas de naranjas y limones maduros de distinta clase [...] y algo que me pareció más valioso que el resto, dos ananás (piñas) maduras, una fruta que para mi gusto es infinitamente deliciosa». También le informa acerca de las bondades de un artilugio muy común en todas las casas de esta región, la estufa, que hace más soportable el crudo invierno: «Me sorprende que en Inglaterra no pongamos en práctica un invento tan útil [...] que nos pasemos seis meses al año estremeciéndonos de frío en lugar de utilizar estufas, que son, sin duda, una de las comodidades más grandes de la vida. Si alguna vez regreso, puedes estar segura, mi querida hermana, de que verás una en mi salón».

Como el río Danubio se encontraba en esa época del año congelado, sir Wortley decidió continuar el viaje por tierra para llegar a Hungría. Era sin duda un plan arriesgado, debido a las fuertes nevadas que azotaban la región y la carencia de postas y albergues donde poder alojarse. En una irónica carta desde Viena dirigida a su amigo el poeta Alexander Pope, la viajera le comenta: «Me amenazan a la vez con perecer congelada, sepultada en la nieve y apresada por los tártaros, quienes causan estragos en la zona de Hungría que me dispongo a cruzar. No obstante, contaremos con una escolta considerable, de manera que es posible que tenga ocasión de divertirme con una nueva escena cuando me vea en medio de una batalla. Cómo acabarán mis aventuras es algo que dejo en manos de la Providencia; si tienen un fin cómico, sabrá usted de ellas».

A finales de enero la pareja abandonó por fin Viena y se adentró no sin cierto temor en una región que los amigos más optimistas les describían como: «De extensas planicies desiertas cubiertas de nieve, donde el frío es tan intenso que muchos han perecido en el intento de atravesarlas». Viajaban con diecinueve caballos, cuatro carromatos extra para el equipaje y su corte de sirvientes. Por fortuna el buen tiempo les acompañó durante todo el camino; cuando la nieve era muy profunda montaban sus carruajes sobre trineos para moverse con mayor rapidez. Iban seguidos por una escolta imperial compuesta por cien mosqueteros, cincuenta granaderos y cincuenta húsares.

El 30 de enero de 1717 lady Mary Montagu llegaba a Petrovarandin, la última ciudad de Austria, cercana a la frontera con el Imperio Otomano y escenario de la gran victoria austríaca contra el ejército turco. Treinta mil jenízaros fueron aniquilados por las tropas imperiales, al mando del príncipe Eugenio de Saboya, considerado el mejor general de su época. Desde su carruaje la viajera pudo contemplar sobrecogida los restos de la sangrienta batalla: «Un extenso campo sembrado de calaveras y esqueletos de hombres, caballos y camellos insepultos». Ésta fue su última visión de la Europa cristiana antes de adentrarse en los dominios del sultán Ahmet III rumbo a la ciudad otomana de Belgrado.

La comitiva del embajador inglés ante la Sublime Puerta fue recibida en la frontera por una guardia turca de cien hombres a caballo que les escoltaron hasta Belgrado, a donde llegaron el 16 de febrero de 1717. En esta ciudad fortificada en la confluencia de los río Danubio y Sava, la dama inglesa tendría el primer contacto con las dos caras de la sociedad otomana: el bárbaro despotismo y la refinada cultura. Aunque oficialmente Belgrado estaba gobernada por un pachá, eran las tropas de jenízaros las que en realidad mandaban. Estos soldados de élite del ejército otomano sembraban el terror entre los campesinos y tenían atemorizado al propio sultán.

Lady Mary permaneció tres semanas alojada en una de las mejores residencias propiedad de su anfitrión, el efendi Ahmet Bey, vigilados estrechamente por una guardia de quinientos jenízaros. Este erudito hombre de letras les ofreció todas las noches deliciosas cenas regadas con abundante vino y se mostró muy a gusto en compañía de la ilustrada y curiosa dama inglesa. Durante su estancia pudo disfrutar de su magnífica biblioteca, al tiempo que el efendi la iniciaba en la poesía árabe y persa. Sus apasionadas discusiones, que se prolongaban hasta altas horas de la madrugada, sobre las diferentes costumbres de Oriente hicieron olvidar a la escritora el frío intenso que, según recordaba, «mantenía congeladas las ventanas de mi habitación, a pesar de tener todo el día encendida una enorme estufa».

El 8 de marzo les informaron de que podían proseguir el viaje rumbo a Edirne, la antigua Adrianópolis. Aunque hubieran deseado descender el Danubio en barco, el pachá se negó a darles una escolta especial. Tuvieron que continuar por tierra, expuestos a una epidemia de peste que azotaba la región y alojándose en sucias hospederías. Lady Mary, persuasiva por naturaleza, había conseguido que unos campesinos les alquilaran veinte carretas para transportar sus pertenencias hasta Sofía. Atravesaron sin problemas los bosques desiertos de Serbia, refugio habitual de ladrones y lobos salvajes, y finalmente pudieron contemplar esta importante ciudad búlgara que a lady Mary le pareció «una de las más bellas del Imperio Otomano, famosa por sus baños termales, destinados a la vez a la diversión y a la salud».

Aunque sólo iban a pasar un día en Sofía, la aristócrata estaba decidida a visitar un baño turco para poder entretener con su descripción a sus amigas de Inglaterra. Como quería pasar desapercibida, alquiló para desplazarse un carruaje con celosías de madera que aseguraban su anonimato. Eran las diez de la mañana cuando la decidida lady se presentó en unos céntricos baños públicos de la ciudad frecuentados por las damas turcas de más alcurnia. En su carta fechada el 1 de abril de 1717, ya instalada en Edirne, recordaba todos los detalles de aquella primera visita a un *hamman* que tanto la impresionó. En un edificio construido en piedra en forma de cúpula, cuyos interiores estaban totalmente revestidos de mármol, fue recibida con toda naturalidad a pesar de tratarse de una extranjera e ir vestida con su traje de amazona. A lady Montagu el ambiente de aquel lugar, donde cerca de doscientas mujeres se dedicaban a cuidar de su cuerpo y divertirse, le fascinó. No olvidaría ni un solo detalle de lo que allí presenció: «[...] todas iban como vinieron al mundo, es decir, en inglés llano, completamente desnudas, sin ocultar bellezas ni defectos. Sin embargo, entre ellas no advertí la menor sonrisa desvergonzada ni el menor gesto de inmodestia. Caminaban y se movían con la misma gracia majestuosa que describe Milton al referirse a la madre de todas nosotras. Había entre ellas algunas tan bien proporcionadas como cualquiera de las diosas dibujadas por el lápiz de Guido o Tiziano; en su mayoría tenían la piel tan brillante y blanca, cubierta solamente por su hermoso cabello peinado en muchas trenzas que les colgaban sobre los hombros, embellecidas con perlas o cintas; eran una representación perfecta de las figuras de las Gracias».

Mary descubrió que en realidad el *hamman* era comparable al salón de té de las inglesas, es decir, el lugar donde se inventaban los escándalos, corrían los chismes y se contaban las últimas novedades de la ciudad. Antes de abandonar los baños, y ante la insistencia de las curiosas damas allí presentes, se vio obligada a mostrarles su corsé de ballenas. Así lo recordaba en una de sus cartas turcas: «La dama que parecía de más alcurnia de todas ellas me suplicó que me sentara a su lado y de buen grado me habría desnudado ella misma para el baño. Me excusé con cierta dificultad, pero tanto empeño pusieron en disuadirme que finalmente me vi obligada a desabrocharme la camisa y mostrarles las ballenas, algo que las satisfizo mucho, pues me percaté de que creyeron que me encontraba encerrada de tal modo en aquella máquina que no estaba en mi poder abrirla, y atribuyeron la idea de tal artilugio a mi marido». La viajera quedó cautivada por la educación y belleza de las primeras damas turcas que conocía. Emocionada, escribiría: «Es sorprendente ver una mujer que no sea hermosa. Tienen las pieles más bonitas el mundo, y, por lo general, sus ojos son grandes y negros. Puedo asegurar sin temor a faltar a la verdad que, aunque considero la corte de Inglaterra la más espléndida de la cristiandad, no puede jactarse de poseer tantas bellezas como las que aquí están bajo nuestra protección».

Sueño oriental

El embajador inglés y su esposa se instalaron a principios de abril de 1717 en Edirne, en la región de Tracia. El sultán reinante Ahmet III había trasladado a esta ciudad su fastuosa corte y serrallo desde su residencia imperial de Topkapi en Estambul. Se les asignó un palacio a orillas del río Hebrus en la zona de las embajadas, rodeada de huertos y árboles frutales. Como la mayor parte de las casas turcas la vivienda, de dos plantas, estaba construida en madera y su interior era muy espacioso y confortable. Tenía dos zonas bien definidas, la primera destinada a los hombres, con un amplio patio y galerías exteriores; la segunda —el harén— era de uso exclusivo para las mujeres, y sus aposentos eran más suntuosos y alegres. Desde sus ventanas se divisaban los jardines salpicados de cipreses y las altas murallas junto al río. Todas las habitaciones tenían los suelos cubiertos de mullidas alfombras persas y como único mobiliario contaban con un sofá tapizado de rica seda. Mary se acostumbró enseguida a sentarse sobre cojines finamente bordados en hilos de oro a la manera oriental: «Estos asientos son tan adecuados y cómodos que creo que jamás, mientras viva, volveré a soportar las sillas». Hacía diez meses que había abandonado Inglaterra y tras un viaje largo y agotador sentía que había entrado en un mundo nuevo: «No puedo quejarme de haber sufrido de fatiga, ni yo en carne propia ni mi familia. Mi hijo nunca había gozado de mejor salud en su vida. Este país es, sin duda, uno de los más magníficos del mundo».

La primera carta que escribiría desde su nueva residencia iba dirigida a su amiga, la princesa de Gales, Guillermina Carolina de Ansbarch, esposa de Jorge II. En ella lady Montagu reconoce la dificultad del viaje que ha emprendido hasta llegar a Estambul: «Excelentísima señora, he realizado hasta ahora un viaje jamás emprendido por ningún cristiano desde tiempos de los emperadores griegos, y no lamentaré las fatigas padecidas en su transcurso si con ello tengo la oportunidad de distraer a Su Alteza Real describiéndole lugares completamente desconocidos entre nosotros, pues los embajadores del emperador y los pocos ingleses que han llegado tan lejos siempre lo han hecho navegando por el Danubio hasta Nicópolis. Mas ese río estaba congelado y el señor Wortley pone tanto celo en servir a Su Majestad que no quiso posponer el viaje y esperar la conveniencia de ese medio...». A partir de este instante las llamadas cartas turcas que la escritora envió a sus amigos y familiares en Inglaterra describen, entre otras cosas, el llamativo lujo de la corte imperial del sultán reinante Ahmet III. Su apasionada correspondencia recrea con gran profusión de detalles las salidas del sultán los viernes para orar a la mezquita, las majestuosas ceremonias con ocasión de los nacimientos imperiales y las circuncisiones de los príncipes, la belleza arquitectónica de sus mezquitas, la opulencia de los palacios y el refinamiento de los harenes donde vivían las hijas del sultán.

Desde el principio lady Mary no se limitó a ejercer de embajadora consorte; siempre que sus obligaciones sociales se lo permitían le gustaba perderse sola por las estrechas y empinadas callejuelas de esta antigua ciudad romana. Cuando paseaba lo hacía oculta tras su «disfraz turco», que consistía en un *yashmak* o doble velo que las mujeres musulmanas usaban en público. Se trataba de dos piezas de muselina, una que cubría toda la cara y dejaba al descubierto sólo los ojos, y la otra que tapaba totalmente la cabeza y llegaba hasta la mitad de la espalda. El cuerpo lo ocultaban con el llamado *ferayé*, una holgada túnica de mangas rectas larga hasta los tobillos. Tal como la viajera reconocía en una carta dirigida a su amiga lady Bristol: «El *yashmak*, o velo turco, no sólo se ha convertido para mí en algo natural sino agradable, y si no fuera así, me contentaría con soportar parte del inconveniente para satisfacer una pasión tan poderosa en mí como es la curiosidad». De esta manera, tras el anonimato del velo y la túnica pudo visitar lugares prohibidos a una dama cristiana como la imponente mezquita de Selimiye, con su enorme cúpula enmarcada por cuatro estilizados minaretes y su interior revestido con magníficos mármoles de vivos colores. Lady Mary, al adoptar el velo como las mujeres turcas, descubrió encantada que éstas gozaban de mayor libertad pues vivían «en una perpetua farsa, al no ser reconocidas por sus maridos a quienes con frecuencia engañaban». En una carta a su hermana le señala: «Como podrás imaginar fácilmente el número de esposas fieles se reduce mucho en un país donde nada tienen que temer de la indiscreción de sus amantes [...] En general, considero a estas damas las únicas personas libres del imperio».

Su nueva amiga, madame Madeleine de Gontaut-Biron, le acompañaba en alguna de estas excursiones, que solían realizar a espaldas de sus ocupados maridos. Era una dama joven y elegante que había llegado a Edirne a principios de 1717 acompañando a su esposo, el embajador francés Jean-Louis d'Usson. La aristócrata francesa estaba encantada de poder contar con una escolta de guardias, veinticuatro lacayos, ujieres y damas de honor que la seguían en sus paseos a carruaje. A lady Montagu este excesivo protocolo le resultaba muy fastidioso: «Lo que me irrita de ella es que mientras se empeñe en visitarme acompañada de esta molesta comitiva, me veo obligada a hacer lo mismo. El otro día recorrí con ella toda la ciudad en un carruaje abierto y dorado, con nuestro cortejo de ayudantes, precedidas por nuestros guardias, que muy bien podían haber pedido a la gente que vieran algo que jamás habían visto ni volverían a ver: a dos jóvenes embajadoras cristianas que no habían estado antes en este país juntas, y creo que nunca volverán a estar». No es de extrañar que la dama inglesa prefiriera ir sola y de incógnito en sus excursiones aunque su conducta resultara escandalosa entre las europeas residentes en Estambul, que apenas salían de sus confortables mansiones y no tenían ningún contacto con los «infieles» turcos.

El primer encuentro de lady Montagu con el lujo de la corte imperial fue en la solemne procesión del sultán camino a la mezquita para asistir a la oración del viernes y que en compañía de la embajadora francesa pudo presenciar desde una ventana: «Iba precedido de una nutrida guardia de jenízaros, ataviados con inmensas plumas blancas en la cabeza; así como de los *sipahis* y *bostcis* —guardias que van a pie y caballo— y Su Majestad, de verde, con adornos de piel de zorro moscovita negro, que se supone vale mil libras esterlinas, montado en un bello corcel con arreos compuestos de joyas. Seis caballos más, ricamente enjaezados, eran conducidos tras él y dos de sus principales cortesanos portaban, sobre un báculo, el uno su cafetera de oro y el otro su cafetera de plata. Un tercero llevaba sobre la cabeza un escabel de plata para que Su Majestad se sentara en él». En todas sus salidas las embajadoras extranjeras estaban obligadas por protocolo y seguridad a ir acompañadas de un nutrido grupo de jenízaros, vestidos con sus capotes y botas de color rojo, calzones azules y sus altos gorros con largas colas de fieltro, que le debían absoluta lealtad al sultán. Lady Mary pudo comprobar el poder despótico de estos soldados encargados de la protección del sultán, de la vigilancia de las embajadas extranjeras y de mantener el orden en los distintos barrios de la ciudad. En 1622 un grupo de jenízaros acabó brutalmente con la vida del joven sultán Osman II; para muchos fue el principio del fin del poderoso Imperio Otomano.

Adrianópolis fue la residencia favorita de muchos sultanes, entre ellos, Solimán el Magnífico, Mehmet IV y Mustafá II, hermano del actual emperador, que abandonaron el palacio de Topkapi para instalarse aquí. A lady Mary esta ciudad, que cayó en manos de los otomanos en 1362, no le resultaba nada atractiva: «Su situación es buena y el paisaje que la rodea, muy hermoso, pero el aire es malísimo y el serrallo mismo no está libre de sus efectos negativos». Sin embargo, aunque Adrianópolis no tuviera la belleza escénica de Estambul, a orillas del Bósforo, la viajera tuvo el privilegio de hacer amistad con alguna importante dama turca como Fátima, la segunda hija de Ahmet III. Unos días antes de su llegada la princesa, de tan sólo trece años de edad, había contraído matrimonio con el teniente del gran visir, Ibrahim Pachá, hombre de confianza y favorito del sultán, que contaba cincuenta y uno.

En una de sus más deliciosas cartas a lady Mar, la escritora narraba su primer encuentro con Fátima en abril de 1718. Acudió a su residencia de incógnito, luciendo un espléndido vestido de larga cola —que le llevaba una doncella— y en compañía de una dama griega que le hacía de intérprete. Fue recibida de manera muy ceremoniosa por dos eunucos negros que la condujeron en presencia de la princesa, una muchacha que la deslumbró por su belleza y majestuoso porte: «Vestía un caftán de brocado de oro con flores de plata, adaptado a su figura, que permitía realzar la belleza de su pecho, apenas velado por la fina gasa de su enagua. Los calzones eran de color rosa pálido, el chaleco verde plateado, las zapatillas blancas, finamente bordadas, los hermosos brazos adornados con brazaletes de diamantes y el ancho cinturón todo engarzado de diamantes; en la cabeza llevaba un delicado pañuelo turco en tonos rosados y plata; la larga cabellera asomaba por debajo recogida en varias trenzas, y a un lado de la cabeza llevaba varios broches de joyas. Temo que me acuses de extravagante por esta descripción».

Lady Mary Wortley Montagu había entrado por primera vez en contacto con un mundo que hasta el momento sólo había conocido a través de un libro que había causado un gran revuelo en Francia e Inglaterra. Se trataba de *Las mil y una noches*, unos cuentos árabes traducidos al francés por Antoine Galland —secretario del embajador del rey de Portugal en el Imperio Otomano— entre 1704 y 1717. Tras la publicación de esta obra Oriente se convirtió a los ojos de los europeos en un mundo de fantasía y sensualidad que no siempre tenía que ver con la realidad. En una carta dirigida a lady Mar la autora escribe: «Me figuro que imaginarás que te he entretenido hasta aquí con un relato que por lo menos ha recibido muchos aderezos de mi parte. ¡Se parece demasiado, dirás, a *Las mil y una noches*, tantas servilletas bordadas y una gema grande como un huevo de pavo! Olvidas, mi querida hermana, que esos mismos cuentos fueron escritos por un autor de este país y, exceptuando los encantamientos, son una representación real de las costumbres de aquí».

La embajadora inglesa —más por coquetería que por un intento de identificarse con las mujeres del país— acabaría adoptando la exótica vestimenta turca, con la que se sentía una auténtica princesa oriental. A la espera de enviarle un retrato a su hermana, lady Mary le describe su lujoso y «favorecedor» atuendo en una de sus cartas: «La primera prenda de mi atuendo es un par de calzones muy amplios, que me llegan a los zapatos y ocultan las piernas con más modestia aún que tus enaguas. Están confeccionados con una fina tela de damasco de color rosa, cubierta de flores plateadas de brocado; los zapatos son de cabritilla blanca, bordados de oro. Por encima va una bata de delicada gasa de seda blanca, ribeteada de bordados. Esta bata tiene amplias mangas que cuelgan a la altura del brazo y va cerrada en el cuello con un botón de diamante; pero la forma y el color del pecho se distinguen claramente a través de ella. El *antheri* es un chaleco ceñido, de damasco blanco y dorado, con mangas largas, muy estrechas. Sobre lo anterior va un cinturón de unos cuatro dedos de ancho que, cuantos pueden permitírselo, adornan por completo de diamantes u otras gemas preciosas; quienes no pueden incurrir en semejante gasto lo llevan de satén con bordados exquisitos, que antes ajustan con un broche de diamantes». A su regreso a Inglaterra la viajera se llevaría su magnífica colección de «disfraces turcos» y con ellos posaría para los pintores más renombrados de su época.

Cuando lady Mary Wortley Montagu llegó a Estambul Ahmet III llevaba catorce años en el trono y había sucedido a su hermano Mustafá II, depuesto en Edirne en 1703. El sultán había permanecido confinado en la Jaula —nombre que se le daba a la prisión donde se encarcelaba a los príncipes que podían aspirar al trono— dieciséis años. Amante del lujo y la buena vida, tenía catorce concubinas y engendró cincuenta y dos hijos, de los cuales sólo la mitad le sobrevivieron. Ahmet vivió muy alejado de la corte, pasando largas temporadas en sus diferentes palacios, entre ellos su preferido y el más fastuoso, Saadabad, «el palacio de la Eterna Felicidad», construido en el idílico valle de las Aguas Dulces de Europa. El sultán en persona mandó diseñar sus jardines al estilo de los de Versalles y el edificio principal se inspiró en algunos bocetos del palacio de Fontainebleau.

La viajera tuvo la oportunidad de visitar otro lujoso palacio que Ahmet III construyó para su hija Fátima a orillas del Bósforo, conocido como Emnabad. Así lo describió en una carta dirigida al abad Conti el 19 de mayo de 1718: «Está situado en una de las zonas más deliciosas del Canal (Bósforo), con un hermoso bosque en la ladera de una colina, por detrás. Su extensión es prodigiosa: el guardián me aseguró que cuenta con ochocientas habitaciones [...] todo ello está adornado con profusión de mármol, dorados, y las más exquisitas pinturas de frutas y flores [...] La cámara destinada al sultán, cuando éste visita a su hija, está revestida de frisos de nácar, con esmeraldas a modo de clavos; también hay otras cámaras de nácar con incrustaciones de madera de olivo, y varias de porcelana japonesa. El jardín hace juego con la casa, con gran cantidad de glorietas, fuentes y paseos, todos juntos en agradable confusión».

La belleza y esplendor de los jardines imperiales se debía a la pasión que sentía Ahmet III por las flores, especialmente el tulipán, flor exótica que había llegado de Holanda en el siglo XVII. Al sultán se le conocía en Estambul como el Rey Tulipán y su llamativo cuerpo de jardineros reales no pasó desapercibido para lady Mary, que lo describió en una de sus primeras cartas: «Se trata de un cuerpo de hombres bastante importante, visten distintos uniformes de vivos colores, de manera que desde lejos recuerdan un macizo de tulipanes». Durante su reinado Ahmet instituyó fastuosas fiestas anuales para celebrar la floración del tulipán y creó un Ministerio de Jardines ocupado únicamente en dar mayor esplendor a la decoración vegetal de las residencias palaciegas.

La embajadora inglesa tuvo el privilegio de conocer en persona al Gran Señor al que describió con estas palabras: «Un hombre atractivo de unos cuarenta años, con un aire muy gallardo pero de semblante algo severo; sus ojos son muy grandes y negros. Se detuvo bajo la ventana donde nos hallábamos y (supongo que porque le dijeron quiénes éramos) nos miró con tanta atención que pudimos disfrutar de contemplarlo a placer, y la embajadora francesa estuvo de acuerdo en que tenía muy buena planta». Sir Edward Wortley, que fue recibido por Ahmet en su palacio de Edirne, tenía una opinión de él menos romántica, y al igual que a su antecesor en el cargo, sir Robert Sutton, le pareció un hombre «extremadamente codicioso, arrogante y ambicioso, violento y cruel, así como variable e indeciso». En realidad no resultaba fácil, ni siquiera para el cuerpo diplomático, conseguir una audiencia con el sultán o el gran visir, que sólo recibían después de las fiestas. El problema es que en los tiempos de Ahmet III las fastuosas celebraciones duraban todo el año. Los traslados del sultán y su corte de un palacio a otro y el boato imperial existente en la época fueron descritos por el entonces embajador francés en sus memorias de esta manera: «A veces la corte parece flotar en las aguas del Bósforo o en el Cuerno de Oro, sobre elegantes caiques, cubiertas con doseles de seda; y a veces avanza en una larga cabalgata hacia uno y otro de los palacios de los placeres [...] sus caballos lucen arneses dorados o plateados y con las cabezas emplumadas, y sus gualdrapas resplandeciendo de piedras preciosas».

Este ostentoso estilo de vida provocaba un gran descontento entre los súbditos del sultán que acabarían alzándose contra él. En 1730 Ahmet III, aterrorizado ante la presión de los rebeldes, mandó estrangular a su gran visir y yerno Ibrahim Pachá para calmar a sus enemigos. Finalmente se vio obligado a abdicar en favor de su sobrino Mahmud y fue confinado en la Jaula, donde murió en 1735. La conocida como Época de los Tulipanes, que tanto había fascinado a los viajeros del XVIII, llegaba a su fin. La hermosa y dulce princesa Fátima, de quien lady Montagu diría con admiración «estoy persuadida de que si se la pudiera transportar al trono más cortés de Europa, todos la considerarían nacida y criada para ser reina», acabaría sus días confinada en el Palacio Viejo o Palacio de las Lágrimas. Sus lúgubres dependencias albergaban a las mujeres de los harenes de los anteriores sultanes, así como a sus hijos. Allí moriría la amada hija de Amhet III el 3 de enero de 1733.

La embajadora inglesa

Con la llegada del verano lady Montagu y su familia comenzaron los preparativos para trasladarse a su nuevo destino en Estambul, donde se encontraba la sede de la embajada británica. El 29 de mayo de 1717, tras despedirse de sus amistades, emprendieron viaje por tierra. Es esta ocasión el sultán les proporcionó «treinta carros cubiertos para nuestro equipaje y cinco coches del país para mis mujeres». Lady Mary viajó con su hijo en una berlina a través de prados de gran belleza que corrían paralelos al mar de Mármara; a los tres días llegaron a Estambul, entonces una ciudad el doble de grande que París. Sir Wortley alquiló un palacio del siglo XVII en el barrio de Pera, donde residía todo el cuerpo diplomático. La vivienda tenía una amplia terraza, jardines y una vista magnífica del Cuerno de Oro con el Bósforo al fondo: «Nuestro palacio está en Pera, que no es más que un suburbio de Constantinopla, del mismo modo que Westminster lo es de Londres. Todos los embajadores se alojan muy cerca los unos de los otros. Desde una parte de la casa se ven el puerto, la ciudad y el serrallo y las distantes colinas de Asia. En su conjunto se trata, quizá, de la vista más hermosa del mundo». La escritora iba sin duda a encontrar mayor inspiración para sus cartas y poemas en esta ciudad que cautivaría a un buen número de viajeros y escritores, como el erudito conde polaco Jean Potocki, quien a su llegada en 1784 escribiría: «Finalmente llegamos al puerto de Constantinopla. Aquí debo dejar la pluma, pues la vista está más allá de toda descripción. Imaginad, exagerad, recurrid a los relatos de los viajeros, siempre quedaréis por debajo de la verdad».

Lady Mary y su esposo dedicaron sus primeros días a rehabilitar el palacio, realizar visitas de cortesía y organizar su nueva vida. Sir Edward Wortley contrató al personal de la embajada que incluía un secretario, un tesorero, un capellán, tres intérpretes, un escribano turco y una guardia de jenízaros para proteger a su familia en público de los musulmanes fanáticos. Además la residencia que ahora tenía que gobernar la embajadora era una auténtica Torre de Babel, pues la mayoría de los sirvientes contratados eran extranjeros: «En Pera hablan turco, griego, hebreo, armenio, árabe, persa, ruso, eslavo, valaco, alemán, holandés, francés, inglés, italiano, húngaro; y lo que es peor, en mi propia familia se hablan diez de estas lenguas. Mis mozos de cuadra son árabes, mis lacayos franceses, ingleses y alemanes, mi aya armenia, mis doncellas rusas, media docena de otros sirvientes son griegos, mi azafata italiana, mis jenízaros turcos, y vivo escuchando perpetuamente esta mezcla de sonidos, que produce un efecto muy extraordinario en la gente nacida aquí».

La colina donde se asentaba la antigua Pera era el lugar de residencia de los embajadores y cónsules europeos, los exiliados políticos y los llamados levantinos, descendientes de los primeros occidentales que se asentaron en Estambul. El pintoresco barrio era en sí mismo una ciudad amurallada a los pies de la Torre Gálata erigida por los genoveses. Pera estaba habitada en su mayoría por familias cristianas y contaba con un buen número de iglesias y conventos, que tenían prohibido hacer sonar sus campanas para no entorpecer la labor de los almuecines cuando llamaban a la oración desde las mezquitas. Su ambiente cosmopolita, sus comercios, tabernas, animados cafés y elegantes palacios rodeados de frondosos jardines, atraparon a lady Mary desde el primer instante. En lo más alto de la colina se asentaba el Pequeño Campo de los Muertos, antiguo cementerio otomano con sus originales lápidas verticales de mármol coronadas por turbantes, y que se convirtió en el lugar de paseo preferido de la dama inglesa. También lo fue para el poeta y viajero Théophile Gautier, quien tocado con su fez, ataviado con una levita abotonada y barba de seis meses para no llamar la atención, recorrió en 1852 este mismo lugar: «Desde el paseo del Pequeño Campo se disfrutaba del más maravilloso de los espectáculos. Al otro lado del Cuerno de Oro, Constantinopla resplandecía como la corona adornada con carbunclos de cualquier emperador de Oriente; los minaretes de las mezquitas lucían en cada una de sus galerías brazaletes de farolillos y de una aguja a otra pasaban en letras de fuego versículos del Corán, inscritos en el azul del cielo como sobre las páginas de un libro divino».

En el mes de junio, ante la llegada del calor, el embajador inglés y su familia partieron de vacaciones a Villa Belgrado, un pueblo cercano al mar Negro y a escasos dieciséis kilómetros de Estambul. Como de costumbre, el despreocupado marido se marchó al poco tiempo de instalarse con la excusa de algún viaje o importantes asuntos de negocios que no podían esperar. En este bucólico pueblo, habitado en su mayoría por ricas familias cristianas, la viajera inglesa llevaba una vida tranquila y ordenada sin añorar lo más mínimo la agitada vida social londinense. En una carta al poeta Alexander Pope reconoce con su habitual ironía: «Me esfuerzo por persuadirme de que yo vivo en una variedad más agradable que usted, y que cazar perdices los lunes, leer inglés los martes, estudiar turco —en el que soy ya bastante experta— los miércoles, dedicarme a los autores clásicos los jueves, escribir los viernes, coser los sábados y recibir visitas y escuchar música los domingos, es una manera mejor de disponer de la semana que pasarse los lunes en el salón, los martes en casa de Mohun, los miércoles en la ópera, los jueves en el teatro, los viernes en casa de la señora Chetwynd, etcétera; perpetuo círculo en el que se escuchan las mismas parlerías y se ven una y otra vez las mismas locuras, que aquí no me afectan más de lo que afectarían a los muertos». En aquel verano de 1717 lady Mary —que entonces tenía veintiocho años— se encontraba embarazada de pocos meses, aunque no lo menciona en ninguna de sus cartas.

La embajadora regresó en invierno a su palacio de Pera. Se sentía a gusto porque el clima en el Cuerno de Oro era cálido y muy agradable en esa época del año. En los meses siguientes disfrutó de los paseos al sol por su jardín, la compañía de su hijo Edward y la visita de sus amigas turcas. Su embarazo no le impidió explorar todos los rincones de Estambul, una ciudad que muy pocos europeos conocían bien porque vivían recluidos en el barrio residencial de Pera, sin tan siquiera atreverse a cruzar al otro lado del canal. A lady Mary, por el contrario, le gustaba navegar las aguas del Bósforo y recorrer sus orillas salpicadas de jardines y ricas residencias: «El placer de ir en una gabarra hasta Chelsea no es comparable al de cruzar aquí a remo el canal, donde a lo largo de veinte millas por el Bósforo se nos ofrece la más hermosa variedad de paisajes. El lado asiático está cubierto de árboles frutales, aldeas y de las vistas más deliciosas de la naturaleza. Del lado europeo está Constantinopla, situada sobre siete colinas. Las distintas alturas la hacen parecer tan grande como es —aunque sea una de las ciudades más grandes del mundo—, con una agradable mezcla de jardines, pinos y cipreses, palacios, mezquitas y edificios públicos, que se alzan unos encima de otros con una belleza y una apariencia de tal simetría como no ha visto su señoría jamás».

Entre los edificios que más llamaban la atención a los viajeros que llegaban a Estambul en el XVIII, se encontraba el monumental palacio de Topkapi que aún hoy se eleva en lo alto de una de las siete colinas que rodean la ciudad. En esta residencia palaciega rodeada de jardines y pabellones, conocida por los turcos como la Casa de la Felicidad, vivían los sultanes —cuando no se encontraban de campaña— entregados a una vida de placer y aislados del mundo. Lady Mary describía de esta manera a una amiga de Inglaterra la lujosa residencia imperial, cuyo serrallo llegó a albergar a más de trescientas concubinas: «Se encuentra sobre una punta de tierra que se adentra en el mar; un palacio de prodigiosa extensión, pero muy irregular; los jardines ocupan una gran porción de terreno y están llenos de cipreses; los edificios son todos de piedra blanca, emplomados en lo alto, con torrecillas y chapiteles dorados, todos de magnífico aspecto, y en verdad creo que no existe palacio de rey cristiano la mitad de grande que éste». Otro edificio que no pasó inadvertido a esta dama curiosa e infatigable fue la majestuosa iglesia de Santa Sofía, convertida en mezquita en 1453 por Mehmet II. Según cuenta en sus cartas, lady Mary fue acompañada por una princesa cristiana de Transilvania y al parecer se vistieron de hombre para poder acceder a su interior.

Lady Montagu, deseosa de satisfacer todas las peticiones de sus importantes amigas en Londres, solía frecuentar el intrincado laberinto del Gran Bazar que ya en el siglo XVII contaba con más de tres mil tiendas, plazas, cinco mezquitas, fuentes y cerraba puntualmente sus dieciocho puertas al anochecer. Cada calle estaba dedicada a un oficio, los vendedores de babuchas, los de caftanes y batines de seda, los pañeros, los perfumistas y los joyeros con sus vitrinas llenas de zafiros, topacios, ópalos, diamantes y ágatas amontonados en pilas, transportaban a la viajera a los tiempos de Aladino. En 1852, Théophile Gautier describió de manera evocadora el ambiente del bazar de Estambul: «Un olor penetrante, compuesto de las esencias de todos estos productos exóticos, sube hasta la nariz y embriaga. Allí están expuestos en montones, o en sacos abiertos, la alheña, el sándalo, el antimonio, los polvos colorantes, los dátiles, la canela, el benjuí, los pistachos, el ámbar gris, el mástic, el jengibre, la nuez moscada, el opio, el hachís, bajo la custodia de los vendedores con sus piernas cruzadas y actitud indolente, que parecen adormecidos por la densidad de esa atmósfera saturada de perfume».

A Mary le gustaba especialmente perderse por las tiendas de los anticuarios, donde pudo adquirir una momia —en magnífico estado de conservación— que pensaba llevarse a su regreso a Londres. Entre los encargos que más le pedían sus amigas inglesas se encontraba el bálsamo de La Meca, un «milagroso» producto de belleza que ella misma probó sin demasiada suerte: «Mi cambio ha sido maravilloso, la cara se me ha hinchado hasta adquirir proporciones extraordinarias y estaba toda enrojecida [...] En este estado lamentable he permanecido tres días, durante los cuales puede tener usted la certeza de que he estado enfermísima».

A mediados de febrero de 1718, lady Montagu dio a luz a una niña a la que bautizó con su mismo nombre, Mary. Fue justamente en este momento cuando la escritora aprovechó para discutir con los médicos que la atendieron en el parto la práctica de la inoculación que los turcos utilizaban como vacuna contra la viruela. Se trataba de pinchar al paciente con una aguja infectada con el pus de la viruela; a la semana sobrevenía una crisis con síntomas de fiebre tras la cual el paciente se recuperaba y quedaba inmunizado para esta enfermedad que causaba estragos en Inglaterra. En una carta a su amiga Sara Chiswell —que moriría poco tiempo después a causa de esta misma enfermedad— le escribía acerca de su descubrimiento: «La viruela, tan fatal y generalizada entre nosotros, es aquí por completo inocua gracias a la invención del injerto, que es el término con que lo nombran». Convencida de que la inoculación era el mejor método para combatir esta enfermedad que había acabado con la vida de su joven hermano y a ella le había dejado el rostro marcado de por vida, decidió probarla en su hijo. El 19 de marzo de 1718 Mary le aplicó en el brazo la vacuna al pequeño Edward que se recuperó a los pocos días sin ningún contratiempo. El doctor Emmanuel Timoni, el médico más eminente de Estambul animó a lady Mary a que difundiera la vacuna a su regreso a Inglaterra. Se tomó el asunto tan en serio que en la misma carta a su amiga Sara le diría: «Soy lo bastante patriota como para tomarme la molestia de llevar esta útil invención a Inglaterra y tratar de imponerla...».

A las tres semanas del nacimiento de su hija, lady Montagu reemprendió sus actividades sociales al tiempo que estudiaba poesía y turco, según ella «con tanta seriedad que corría el grave riesgo de olvidar el inglés». Una de sus primeras visitas fue a la sultana Hafise, última favorita y esposa de Mustafá II, hermano del sultán reinante Ahmet. La historia de esta muchacha le sobrecogía especialmente, ya que al morir su marido en 1703 fue obligada a contraer matrimonio de nuevo con alguno de los hombres más poderosos del Imperio Otomano. Hafise, que ya había alumbrado cinco príncipes —todos ellos fallecidos en su infancia— y una niña, eligió al secretario de Estado, el efendi Ebubekir, de ochenta años de edad. Era su manera de decirle al sultán que ella siempre seguiría viuda y ningún hombre se acercaría a su lecho.

Hafise llevaba quince años casada con el anciano efendi cuando lady Mary la conoció en su palacio. Como era habitual, se puso su traje más lujoso para atender a la embajadora y le ofreció un espléndido banquete de cincuenta platos de carne, servidos de uno en uno, en un marco de sueño oriental que como de costumbre lady Mary describió de manera magistral: «... la magnificencia de su mesa se correspondía muy bien con la de su vestido. Los cuchillos eran de oro, las empuñaduras tenían incrustaciones de brillantes, pero la pieza de lujo que más turbó mi vista fue el mantel y las servilletas, que eran de preciosa gasa de muselina, con flores naturales finamente bordadas en sedas y oro».

Lady Mary Wortley Montagu pudo acceder al interior de varios harenes, un espacio que muchos viajeros describían en sus relaciones de viajes a Estambul sin haber estado en él: «Están en general tan lejos de la verdad, tan llenas de disparates que me divierten mucho. Nunca se privan de narrar la condición de las mujeres, a quienes sin la menor duda ningún autor ha podido ver...». Sus visitas a los aposentos de importantes damas turcas como el de la esposa del gran visir, Arnand Jalit Pachá, el de la encantadora Fátima, mujer de Ibrahim Pachá, el segundo funcionario del imperio, o el de la sultana Hafise, viuda del sultán Mustafá II, le permitieron reflexionar sobre la condición de la mujer otomana respecto a la europea. La escritora, que desde muy joven se había rebelado contra los convencionalismos de su época y clase social, casada con un hombre celoso y despreocupado, sentía que la situación de las damas inglesas como ella era bastante más lamentable que la de sus amigas turcas. «Hasta los treinta y cinco las mujeres inglesas son tenidas por muchachas inexpertas y en el mundo no pueden hacer ruido alguno hasta alrededor de los cuarenta. Me satisface ser en este momento insignificante si con ello puedo alimentar la esperanza de hacer oír mi voz cuando en otra parte no puede siquiera aparecer», reconocería a su hermana lady Mar.

Lejos de la imagen del harén que entonces se tenía en Occidente como un lugar de depravación o «prisión sexual» donde las mujeres estaban sometidas al capricho de sus amos, lady Montagu lo considera un espacio inviolable que protege su intimidad: «Resulta agradable observar con qué ternura toda la hermandad de escritores de viajes lamentan el miserable encierro de las damas turcas que son, quizá, las mujeres más libres del mundo y las únicas que gozan de una vida de placeres ininterrumpidos, exenta de cuidados; todo su tiempo transcurre en visitas, baños o diversiones tan amenas como gastar el dinero o inventar nuevas modas. Se juzgaría loco al marido que exigiera un poco de economía de parte de su mujer [...] Su papel es el de ganar dinero y el de ella gastarlo, y esa noble prerrogativa se extiende a las personas más modestas de nuestro sexo». Claro que lady Mary, en su calidad de embajadora inglesa, sólo se codeó con las mujeres de más alcurnia de la sociedad otomana, aquellas que tenían libertad para entrar y salir de sus casas, que administraban su propio dinero y eran indemnizadas por sus esposos en caso de divorcio. Nada que ver con la dramática situación en que vivían las esclavas y concubinas del Gran Señor recluidas en las habitaciones de los harenes imperiales.

Una vida errante

«Me dispongo ahora a marchar de Constantinopla, y quizá me acuse usted de hipocresía cuando le diga que lo hago con gran pesar, mas me he acostumbrado a sus aires y he aprendido la lengua. Estoy cómoda aquí y, aunque me gusta viajar, tiemblo de sólo pensar en los inconvenientes que me deparará tan largo viaje con una familia numerosa y una pequeña todavía de pecho.» En estas líneas dirigidas a su amiga, la condesa de Bristol, en mayo de 1718 desde Pera, lady Mary informa con preocupación sobre su inminente partida de Estambul. A principios de noviembre el señor Wortley fue cesado de su cargo al frente de la Compañía de Oriente. Su colega y enemigo, el embajador en Viena, le había arrebatado hábilmente el puesto a sus espaldas y una vez finalizada la guerra entre Austria y el Imperio Otomano, se ordenó su regreso a Londres. A Mary esta noticia inesperada la sumió en una profunda tristeza, y más en un momento de su vida en que se sentía libre de ataduras sociales y feliz con el nacimiento de su hija. Convencida de que tal vez su destino era vagar por el mundo, comenzó a preparar el equipaje y a despedirse de sus amigos.

La embajadora tenía todavía unos meses por delante pues hasta julio no llegaría el barco que debía llevarles a Inglaterra. Así que aprovechó el tiempo y posó vestida a la turca para el pintor Jean-Baptiste Vanmour con el paisaje de Estambul como telón de fondo. También se animó a visitar el *hamman* más grande de Estambul donde pudo presenciar una espléndida despedida de soltera que le ofrecieron a una joven novia turca: «Era una hermosa doncella de unos diecisiete años, ricamente vestida y cubierta de brillantes joyas, a quien las demás mujeres se apresuraron a dejar tal como había venido al mundo. Otras dos llenaron vasijas de plata dorada con perfume y comenzó el ritual...». Lady Mary nunca olvidaría estas escenas que la llevarían a rebatir a los viajeros que consideraban a los turcos poco refinados: «Cierto es que su magnificencia tiene un gusto distinto al nuestro, quizá mejor. Tiendo a opinar que poseen una idea acertada de la vida; ellos la dedican a la música, los jardines, el baño, el vino y las comidas delicadas, mientras que nosotros nos devanamos los sesos con conspiraciones políticas o estudiando alguna ciencia que jamás conseguiremos alcanzar [...] preferiría ser un rico efendi con toda su ignorancia y no sir Isaac Newton con toda su sabiduría».

El 5 de julio de 1718 lady Mary y su familia embarcaban en el *Preston*, un barco de guerra de la Marina británica, con cincuenta cañones y una tripulación de doscientos cincuenta marineros. Desde la cubierta, la dama inglesa vio por última vez la onírica visión que estremeció a Pierre Loti en su último viaje a Estambul: «Sobre una colina se alza un amasijo de fuertes almenados, de quioscos de misterio entre cipreses sombríos, de mezquitas y exagerados alminares que se perfilan sobre el azufrado color del ocaso. En la punta extrema, la Casa de la Felicidad o morada de los antiguos sultanes magníficos, ante quienes la tierra temblaba». El viaje de Estambul a Inglaterra por mar duraba entonces cinco largos meses, aunque los Wortley hicieron varias escalas durante la travesía para recorrer la costa Mediterránea. Siguiendo las aguas del mar Negro se adentraron en el estrecho de los Dardanelos para visitar las ruinas de la mítica ciudad de Troya. Lady Mary olvidó por un instante el dolor que sentía al abandonar Estambul y con la obra de Homero en sus manos exploró a la luz de la luna el escenario mitológico donde Menelao y Paris se disputaron a duelo la mano de Helena durante el sitio griego a Troya. Estaba fascinada al pisar esta tierra de héroes griegos y troyanos, de traiciones y venganzas que Homero inmortalizó en sus poemas épicos. En el templo de Minerva encontraron una piedra de mármol con unas curiosas inscripciones en griego y sir Wortley decidió subirla al barco y llevársela a Inglaterra.

En los días siguientes hicieron escala en Túnez, donde se hospedaron en la casa del cónsul inglés y visitaron las ruinas de Cartago a lomos de burro y bajo un calor sofocante. Más adelante prosiguieron rumbo a Italia y desembarcaron en Génova, donde decidieron por seguridad que sus dos hijos continuaran el viaje a Inglaterra por mar bordeando las costas de España. En Génova tuvieron que pasar la cuarentena de diez días y continuaron hacia el norte, a Turín, Lyon y finalmente París, a donde llegaron el 18 de septiembre de 1718. La Ciudad de la Luz, gobernada por Luis XV, no maravilló a la incansable viajera que aún guardaba en su retina el esplendor de Estambul. Los aposentos de la familia real en Fontainebleau le resultaron poco deslumbrantes y Versalles «más vasto que hermoso». Las damas francesas también fueron blanco de sus ácidas críticas. Vestidas a la moda, con exagerados corsés que las asfixiaban y miriñaques de fantasía, el rostro muy maquillado, el pelo corto y rizado tan empolvado que recordaba una peluca «de lana de oveja», en comparación a la belleza natural de las hermosas mujeres turcas le parecieron «grotescas pintamonas y sus trajes fantásticamente absurdos».

Durante su estancia en París la escritora se reencontró con su hermana menor, lady Mar, a quien creía viviendo en Londres. En realidad la joven, al contraer matrimonio con el conde jacobita John Erskine, opuesto al rey Jorge I, había tenido que exiliarse a Francia. Durante doce días disfrutó de su compañía y recibió encantada la visita de importantes damas ansiosas de que la viajera les contara algo de aquel mundo exótico y lejano que había dejado atrás. Aún tendrían que pasar unos años hasta que París se rindiera a la moda oriental. En 1745, cuando la marquesa de Pompadour se convirtió en amante del rey Luis XV, posó vestida como una sultana para el mejor retratista de la corte francesa, Carle van Loo. La publicación de los primeros volúmenes de *Las mil y una noches* causó un gran revuelo entre las damas de Versalles, que se pasaban los volúmenes bajo mano.

El 2 de octubre de 1718 llegaron finalmente a Londres y se instalaron en su antigua casa de Covent Garden. Por entonces la escritora, que contaba treinta años, era una dama de mucho éxito en la ciudad: se la disputaban en las tertulias literarias, gozaba de la simpatía del rey Jorge I y el poeta Alexander Pope decía seguir amándola. Su marido había retomado la actividad política e intentaba de nuevo situarse en el gobierno. Sir Edward Wortley Montagu no heredó el anhelado condado de Sandwich, pero se haría muy rico gracias a la explotación de unas minas de carbón de su propiedad en el norte de Inglaterra.

Lady Mary regresó a Inglaterra justo al comienzo de una gran epidemia de viruela en 1721. Su única preocupación era proteger a su hija de esta terrible enfermedad y decidió aplicarle el método de la inoculación como había hecho con el pequeño Edward. La princesa Carolina, amiga y admiradora de la escritora, se sintió impresionada por el éxito que «el remedio turco» había tenido en sus hijos y decidió probarlo en la familia real. Antes —y para mayor seguridad— se aplicó la vacuna a seis condenados de la prisión de Newgate a los que se les ofreció la libertad si sobrevivían. La intervención se llevó a cabo ante un buen número de testigos, entre ellos doctores de prestigio, cirujanos, médicos de los príncipes y miembros de la Royal Geographical Society de Londres. Todos los hombres sobrevivieron a la vacuna y fueron liberados, pero la princesa Carolina aún no se fiaba. En la primavera de 1722 volvieron a intentarlo con los niños de un orfanato de Saint James, y de nuevo fue un éxito. Finalmente las dos hijas de la princesa Carolina se sometieron a la prueba sin ningún tipo de complicación.

Lady Mary fue entonces homenajeada por colaborar y ayudar a salvar miles de vidas. El «remedio turco» se puso de moda durante un tiempo en Inglaterra hasta que la Iglesia tomó cartas en el asunto y se opuso a esta vacuna calificándola de herejía musulmana. Aunque lady Mary defendió con firmeza las virtudes de la inoculación, ésta se abandonó definitivamente porque además los médicos preferían el método tradicional del sangrado del paciente. En el siglo XVIII la viruela mataría a un veinticinco por ciento de la población de Inglaterra. Hubo que esperar setenta años a que Edward Jenner en 1796 descubriera la vacuna oficial.

Lady Mary, tras su ardua batalla contra la viruela, se dedicó a escribir poemas, publicar ensayos y cultivar nuevas amistades, entre ellas la del escritor y filósofo francés Voltaire, que admiraba su agudeza y personalidad. Además, la dama inglesa consiguió ascender dentro de la corte gracias a su amistad con una muchacha llamada Maria Skerret, que con el tiempo se convertiría en la esposa del poderoso primer ministro sir Robert Walpole, en quien el rey Jorge I había depositado toda su confianza. Así, la escritora entró por la puerta grande en el restringido y selecto círculo político que rodeaba a Walpole. Sin embargo, cometió un error con otra de sus influyentes amistades, Alexander Pope, al burlarse públicamente de él cuando le declaró su amor. Mary se había ganado un peligroso enemigo que no dudó en bautizarla sin piedad como la «Safo picada de viruelas».

En su vida privada, el matrimonio de lady Mary era un fracaso. Su marido dedicaba todo su tiempo a sacar adelante una explotación de carbón de su propiedad que le haría ganar mucho dinero. Aunque conservaba su puesto en el Parlamento, cada vez se distanciaba más de su carrera política y de su familia. A la admirada señora Montagu no se le conocían amantes y su mejor amigo y confidente, lord Hervey, no podía complacerla porque era homosexual. Su hijo tampoco le daba muchas satisfacciones, se había convertido en un muchacho alocado que se fugaba del colegio y se mostraba muy díscolo con su madre. Para agravar más su delicada situación personal, en marzo de 1728 Mary se enteró por su sobrina de que su querida hermana menor lady Mar sufría graves trastornos mentales y los médicos franceses la habían declarado loca. Decidió hacerse cargo de ella en Inglaterra y probar un tratamiento más humano que el aislamiento y las camisas de fuerza que se aplicaban a este tipo de enfermos.

Fue en estas duras circunstancias cuando lady Mary conoció en Londres a un atractivo poeta veneciano llamado Francesco Algarotti. Tenía veinticuatro años menos que la escritora, era inteligente, ambicioso, culto y lleno de encantos a los ojos de la dama. Había llegado a Londres para pasar una corta temporada y Mary se enamoró perdidamente de él. Le escribía apasionadas cartas en francés en las que le juraba amor eterno: «Lo único cierto es que os amaré toda mi vida a pesar de vuestros caprichos y de mi razón...». El problema es que por entonces no sólo Mary estaba enamorada de él sino también su íntimo amigo lord Hervey. Algarotti disfrutó de su estancia en compañía de las personalidades más importantes de Inglaterra, y aprovechó las amistades e influencias de lady Mary en la corte inglesa. En verano decidió regresar a Italia ante la consternación de su enamorada que, ajena a su indiferencia, no dejó de enviarle efusivas cartas de amor para que las recibiera en todas las etapas de su viaje. El joven nunca le respondió porque entonces ya andaba muy ocupado flirteando con un atractivo conde de Milán.

En 1739 Francesco Algarotti regresó a Londres con un billete pagado por lady Montagu. Durante unos meses se vieron con frecuencia, aunque más como amigos que como amantes. El poeta, al ver que no encontraba en la corte un puesto a la altura de sus aptitudes, decidió dejarse llevar una vez más por sus impulsos amorosos. Esta vez se inclinó por el elegante y atractivo lord Baltimore que en breve partía hacia San Petersburgo para asistir a la boda de la futura emperatriz Isabel, y decidió acompañarle. Mary seguía sintiéndose tan atraída por Algarotti que pensó, por primera vez en su vida, en abandonar Londres y seguirle a Italia. Tenía por entonces cincuenta años, anhelaba vivir en el extranjero, conocer otras culturas, y se sentía profundamente hastiada de su vida londinense: «La gente se había vuelto tan estúpida que no soportaba su compañía, toda Inglaterra estaba infectada de aburrimiento». La relación con su esposo era cada vez más tensa y su hijo salía de un desastre para entrar en otro. Mary, su querida hija nacida en Estambul, se había casado recientemente con lord Bute —que se convertiría en primer ministro de Jorge III— y por aquella época vivían en Escocia. Algarotti era la excusa perfecta para abandonarlo todo; sin él nunca hubiera dado un paso tan audaz.

Así fue como la célebre lady Mary Wortley Montagu partió rumbo a Venecia en el mes de julio de 1739 acompañada de dos sirvientes y dispuesta a vivir al fin sin ataduras. Entre sus pertenencias más queridas se llevaba los álbumes con las cartas que había escrito desde la embajada de Estambul. Se instaló a vivir una temporada en la hermosa ciudad de los canales a la espera de que su amante abandonara la corte del zar. Ignoraba que Algarotti tardaría casi dos años en regresar porque cuando lord Baltimore le presentó al príncipe heredero de Prusia, Federico, éste se quedó también prendado del poeta veneciano. Cuando en 1740 Federico se convirtió en rey de Prusia, le mandó llamar y le otorgó el título de conde prusiano y un puesto de diplomático.

A la escritora, Venecia le parecía una ciudad muy romántica y en ella pronto se convirtió en un personaje tan popular como en Londres. Sus famosos carnavales le resultaban especialmente atractivos porque en los bailes podía cubrir su rostro marcado por la viruela tras elegantes máscaras que la hacían invisible a los demás y sentirse completamente libre. A su residencia acudían embajadores extranjeros y los personajes de mayor abolengo de la ciudad. Seguía siendo una mujer culta, vivaz, ingeniosa, que escribía como en su juventud maravillosas cartas. Además, podía vivir confortablemente como una rica aristócrata porque su esposo —seguramente encantado de tenerla lejos— le enviaba generosas cantidades de dinero. Pero su amante seguía sin aparecer y la impetuosa Mary decidió recorrer Florencia, Roma y Nápoles en su búsqueda. Finalmente en marzo de 1741 se encontró con su poeta en Turín. Allí vivieron dos meses juntos, los suficientes para que la escritora se diera cuenta de que sus románticas expectativas eran sólo una mera ilusión. En mayo cuando Algarotti partió de Turín para reunirse con el rey Federico, Mary sabía que no volvería a verle.

Era la primera vez, tal como ella misma confesaría, que lady Mary vivía un amor tan apasionado y la decepción fue muy grande. En enero de 1739 su hija, lady Bute, le informaba en una carta de que había nacido su primera nieta, a la que habían bautizado Mary en su honor, y la animaba a reunirse con ella en Escocia. Pero la escritora no estaba dispuesta a regresar; en las dos décadas siguientes se convertiría en una sofisticada trotamundos muy admirada tanto en Italia como Francia. Tras pasar una temporada en Génova y en Ginebra, recaló en Aviñón, donde vivió en la campiña, en un viejo molino que ella misma rehabilitó y convirtió en su nueva casa. Más tarde regresó a Italia y se instaló en Brescia, «el mejor y más dulce de mis retiros». Allí llevaba una vida tranquila y feliz, jugaba a las cartas con los monjes de un monasterio cercano, cultivaba té en su huerto, se dedicaba a la lectura y pasaba los veranos junto al lago Iseo. Mientras su marido, para no preocuparla, le ocultaba los escándalos que protagonizaba su hijo Edward.

En 1762 el escritor Horace Walpole —hijo del que fuera primer ministro de Jorge I, Robert Walpole— informaba en un artículo de que el hijo de la célebre lady Montagu acababa de regresar de París y causaba un gran revuelo en Londres: «Se viste y adorna con diamantes hasta en las hebillas de los zapatos, y tiene más cajas de rapé de las que bastarían a un ídolo chino con cien narices. Sin embargo, lo más curioso de su atuendo es una peluca de hierro, que no puedes distinguir del pelo verdadero...». En una carta fechada en el mismo año un amigo describía al extravagante hijo de la escritora que había heredado el espíritu aventurero de su madre: «Ahora Edward se prepara para una expedición a Oriente aprendiendo el árabe y estudiando con gran aplicación. Se levanta antes del alba y se ha dejado crecer las patillas, cosa que, sumada a su turbante que lleva dentro de casa, hace que su figura sea muy pintoresca. Vive con una mujer, que dice ser su cuñada, y tiene una hija de doce años a la que quiere hacer monja. Para ello ha alojado en su casa a un sacerdote de San Pedro, a fin de que instruya a la niña en la religión católica. Se propone pasar en Oriente ocho o diez años, que es sin duda un tiempo considerable y lo más seguro es que nunca regrese». Cuando su madre se enteró de que en 1760 había llegado a falsificar su firma para conseguir dinero y que había tenido problemas con la justicia a causa del juego, decidió no verle nunca más. A su muerte, ocurrida en Padua en abril de 1776, Edward Wortley Montagu dejó un buen número de viudas inconsolables.

En 1757 lady Bute tuvo otra hija, la segunda nieta de Mary, a quien pusieron el nombre de Louise y que con el tiempo se convertiría en la biógrafa de su famosa abuela. Mientras disfrutaba de su plácido exilio voluntario, lady Mary procuró no aburrirse nunca y rodearse de buenos amigos. Cuando murió su esposo sir Edward Wortley con más de ochenta años y su yerno lord Bute se convirtió en el nuevo favorito del rey Jorge III, su hija la animó a volver a Londres. No le fue fácil abandonar su tranquilo exilio y regresar a Inglaterra «arrastrando los andrajosos restos de mi vida». En el viaje de vuelta a su país, cuando se encontró retenida en Rotterdam por el mal tiempo, conoció a un clérigo inglés, el reverendo Benjamin Sowden. A él le confió los álbumes con sus cartas turcas, rogándole que las guardara y que si un día consideraba que podían publicarse, lo hiciera después de su muerte.

En un frío día de enero de 1762, lady Mary pisaba de nuevo las animadas calles de Londres. Tenía setenta y tres años pero conservaba la misma lucidez e ingenio que en su juventud. Se alojó con sus sirvientes en una casa que su hija había alquilado para ella en la calle St. George, en el céntrico barrio de Hannover. En comparación con las amplias y soleadas mansiones italianas en las que había vivido, su nueva residencia le parecía pequeña, triste y poco aireada. Sin embargo, afrontó el último tramo de su vida con su habitual energía y sentido del humor, disfrutando de la compañía de sus numerosos nietos. Aunque se había jubilado de la vida social, aún recibía de vez en cuando la visita de algún admirador o escritor de renombre que le recordaba sus días pasados de gloria cuando todos se disputaban su compañía y comentaban escandalizados sus extravagancias en los salones. Mary nunca tuvo suerte con los hombres y aunque fracasó en el amor fue capaz de llevar una vida plena y llena de emociones, algo poco habitual para una dama de su alcurnia en el XVIII.

La escritora sabía entonces que le quedaba poco tiempo de vida, le habían detectado un cáncer de pecho que ya se encontraba en estado muy avanzado y le producía grandes sufrimientos. Le administraban cicuta para combatir el terrible dolor pero no pudieron evitar que el mal se extendiera. El 21 de agosto de 1762 murió tranquilamente en su cama y fue enterrada en la cripta de Grosvenor Chapel. En su testamento dejaba toda su fortuna a su única hija, lo que incluía su casa de Estambul junto al cementerio de Eyüb; a sus sirvientes extranjeros les debían pagar un pasaje para volver a casa y sus doncellas recibieron como regalo algunas de sus mejores joyas y vestidos. A su hijo Edward le dejó una guinea ya que, según sus propias palabras, «su padre ya le había dado bastante».

Poco antes de morir, lady Mary recibió la visita de su amigo el ensayista Horace Walpole. En su lecho de muerte la dama le pidió con gran ansiedad que los dos volúmenes con sus cartas que había entregado en Holanda al reverendo Sowden fueran publicadas con su nombre. Su único deseo en su larga y errática vida era al fin ser reconocida como lo que era, una gran escritora. Unas semanas después de los funerales, lady Bute contactó con el reverendo para que le devolviera los manuscritos de su madre. El cura informó a la familia de que deseaba cumplir con el deseo de su generosa amiga y publicar las cartas. Lady Bute se opuso rotundamente a que esos documentos vieran la luz y tras seis meses de dura negociación los recuperó a cambio de quinientas libras. Cuando por fin pudo leer su contenido comprobó que no había en ellas nada escandaloso y reflejaban el espíritu abierto e ilustrado de su madre. El 10 de mayo de 1763 lady Bute —que ya se había olvidado de las polémicas cartas— leyó sorprendida una nota en el periódico *The London Chronicle* que informaba sobre la publicación de un libro inédito que recopilaba la correspondencia de lady Mary Wortley Montagu desde la embajada inglesa de Estambul. Al parecer, mientras el revendo Sowden tuvo en su poder los volúmenes, dos caballeros ingleses le visitaron muy interesados en ver las cartas. Mediante una hábil estratagema consiguieron quedárselas durante una sola noche, tiempo suficiente para copiarlas.

La primera edición de *Embassy Letters* apareció así en 1763 y su éxito fue enorme. Voltaire confirmó la calidad literaria de las cartas y extendió por toda Europa su fama llegando a decir que eran muy superiores a las de la célebre madame de Sévigné. Lady Mary Wortley Montagu no pudo disfrutar en vida de este éxito literario que la hubiera llenado de felicidad, pero al menos su sueño se había cumplido. Ahora el público descubría asombrado un mundo tan mágico como desconocido en Europa visto por los ojos de una mujer carente de los prejuicios de su tiempo y clase social. En sus elegantes y evocadoras cartas nunca escribió con superioridad acerca de los turcos —que la mayoría de europeos tachaba de «salvajes»— y, al contrario, se mostró fascinada por su grado de refinamiento y rica cultura.

La hija de la escritora, sin embargo, no recibió con agrado el revuelo que ocasionó la correspondencia privada de su madre y menos aún la notoriedad que adquirió como escritora. El propio lord Byron, gran admirador de la Montagu, consiguió comprar seis cartas muy íntimas y comprometedoras, dirigidas a su amante el conde Francesco Algarotti. Aunque el poeta romántico reconocía que su francés no era muy bueno, «los sentimientos de la dama eran sublimes». Poco antes de morir en 1794 lady Bute quemó el diario personal que su madre había llevado desde su matrimonio con sir Wortley hasta su muerte, quedando así gran parte de su vida sumida en el misterio. Un acto calificado por los admiradores de lady Mary como «de auténtico vandalismo sólo comparable a la destrucción de las memorias del poeta lord Byron». Sólo nos queda imaginarla vestida con sus elegantes caftanes bordados en oro y amplios calzones de seda, fumando el narguile o charlando animadamente con las mujeres en el harén. Un espacio femenino donde la dama inglesa pudo sentirse al fin libre y trasladarse a los evocadores escenarios de la princesa Sherezade.

Lady Hester Stanhope
1776-1839

He sido coronada reina del desierto bajo el arco triunfal de Palmira. Nada ha tenido tanto éxito como esta jornada, que parecía ser tan peligrosa. Todos me rindieron homenaje. Si quisiera podría ir ahora mismo a La Meca sola. No tengo nada que temer. Pronto contaré con tantos nombres como Apolo. Soy el sol, la estrella, la perla, el león, la luz del cielo y la reina.

LADY HESTER STANHOPE, Palmira (Siria), 1813

La eremita del Líbano

Cuando en 1817 lady Hester Stanhope se instaló a vivir con su corte de sirvientes y esclavos en Djoun, un remoto convento en las montañas del Líbano, ya era una leyenda. La aristócrata inglesa tenía entonces cuarenta y siete años, montaba a caballo con la destreza de un beduino, vestía como un druso, fumaba en su larga pipa turca y vivía alejada de la civilización. Su autoridad y poder en la zona llegaron a ser tan grandes que ni siquiera el sultán otomano se atrevió a desafiarla. En todo Oriente Próximo comenzaron a respetarla el día que llegó a las puertas de la ciudad romana de Palmira y se convirtió en la primera europea en conseguir tal hazaña. Lady Hester había atravesado el inhóspito desierto sirio al frente de una caravana de cincuenta camellos y escoltada por una tribu de beduinos. En Palmira fue aclamada por sus habitantes como una moderna Zenobia, la mítica reina que se enfrentó al Imperio Romano en el año 270 d.C. Muchos árabes a partir de ese instante la consideraron un ser sobrenatural, una diosa procedente de otro mundo.

Para los europeos era un personaje fantástico, irreal, sobre el que circulaban muchas leyendas. Decían que se había casado con un atractivo jeque árabe y que recibía sentada en un trono de marfil y oro tapizado de encaje y seda, en un palacio espléndido de suelos de mármol cubiertos con ricas alfombras persas. La única visitante femenina que lady Hester recibió en Djoun fue una dama nacida en Bagdad que formaba parte del harén del emir Bashir, que describe así a la viajera inglesa: «Reclinada al lado del venerable druso se encontraba una figura alta y espléndida, con las piernas cruzadas a la oriental y fumando un narguile. Vestía una larga túnica de color azafrán, con rayas rojas sujeta el cuello con una cadena de oro y su apariencia, aunque algo desvaída, era de una dignidad majestuosa. Su mano derecha sujetaba una larga pipa, mientras que la izquierda tenía un largo rosario de ámbar cuyas cuentas iban resbalando de sus dedos, una tras otra en lenta sucesión. La dama se dirigió a mí con gran cortesía y maneras benevolentes en árabe, idioma que hablaba con gran fluidez; poco después se levantó y se despidió de nosotros acompañada de su gran séquito. Un caballo la esperaba a la puerta y la dama lo montó con gran ligereza al estilo oriental, como si se tratara de un hombre. Partió de inmediato y galopó por las montañas con una velocidad que hubiera honrado a un mameluco. Tenía mucha curiosidad por conocer el nombre de esta excéntrica europea y le pregunté a mi anfitrión que me respondió: "Ésta es lady Hester Stanhope"».

A pesar de que en Oriente todos la conocían tras su entrada triunfal en Palmira como «la reina de los árabes», lady Hester siempre vivió en su fortaleza del Líbano más como una eremita que como una princesa de cuento. Cuando en 1810 decidió abandonar su país atraída por esta región del mundo entonces salvaje y desconocida, renunció a todos los privilegios de su clase. La dama británica, que en sus últimos años vivía recluida como una monja en su refugio de la montaña y que tuvieron el raro privilegio de conocer escritores como Alphonse de Lamartine o Alexander William Kinglake, había sido en el pasado la sobrina preferida del primer ministro William Pitt. El brillante político inglés siempre admiró su capacidad para gobernar, su determinación y su extraordinario valor. «Si fueras hombre, te enviaría al continente con sesenta mil hombres y te daría carta blanca. Estoy seguro de que no fallaría ninguno de mis planes», le confesó a la joven cuando las tropas de Napoleón I amenazaban con invadir Gran Bretaña. El problema es que su sobrina nació en una época en que a lo único que podían aspirar las mujeres de su posición social era a realizar un buen matrimonio, tener hijos y cuidar del hogar. Lady Stanhope llegó a aborrecer su sexo —y en general, a las mujeres— porque se sentía capaz de llevar a cabo grandes empresas y la sociedad la condenaba a llevar una vida monótona y aburrida.

A diferencia de otras viajeras, como lady Mary Wortley Montagu, a quienes les complacía ser inmortalizadas por los más grandes artistas de su tiempo, Hester siempre se negó a posar para un pintor. Tampoco escribió un diario sobre su apasionante vida, aunque sí se la contó a su mejor amigo y confidente, el doctor Charles Meryon, que la acompañó en sus viajes durante veintiocho años como médico de cabecera. Gracias a las dos obras que publicó el doctor sobre la intrépida dama inglesa, *Memoirs of the Lady Hester Stanhope* (1845) y *Travels of Lady Hester Stanhope* (1846), conocemos su extraordinaria personalidad y las audaces aventuras que protagonizó en Oriente Próximo. Su fiel Meryon, que siempre admiró su valor y grandeza política, dijo de ella: «El sueño de la vida de lady Hester fue el poder y el mando, y la cuestión era que no podía acceder ni al uno ni al otro. Se veía excluida por su sexo de virreinatos y gobernaciones: tenía el genio de un héroe, pero no podía mandar flotas ni ejércitos, ni presidir consejos de Estado».

Un espíritu indómito

Ya desde su más tierna infancia la hija del tercer conde de Stanhope se mostró orgullosa, testaruda y muy dominante. Había nacido el 12 de marzo de 1776 en Chevening, en el condado de Kent; era la mayor de las tres hermanas y la que más se parecía a su padre. Lord Stanhope era un hombre de talento y algo extravagante que compaginó sus tres grandes aficiones: la política, la literatura y la investigación científica. La madre de Hester fue su primera esposa, lady Hester Pitt, hija del primer conde de Chatham y la hermana favorita del primer ministro inglés William Pitt. Murió inesperadamente cuando la niña tenía apenas cuatro años de edad y Hester fue educada por niñeras e institutrices extranjeras. De aquel primer matrimonio nacieron además Griselda en 1778 y Lucy dos años después.

Tras la muerte de la señora Pitt, su esposo se sintió incapaz de cuidar de sus tres hijas pequeñas y decidió casarse de nuevo. Esta vez la elegida fue la señorita Louise Grenville, hija del honorable Henry Grenville, gobernador de Barbados, y prima de su anterior esposa. De este segundo matrimonio nacieron tres hijos varones, Philip, Charles y James. Hester muy pronto descubrió que su madrastra nunca se iba a ocupar de ella ni de sus hermanas y que lo único que le interesaba era frecuentar los círculos de la alta sociedad inglesa. El ambiente que se respiraba en la mansión de Chevening era muy tenso; Louise trataba con gran dureza a las niñas y pasaba largas temporadas en Londres asistiendo a fiestas y eventos culturales. Hester se refugió en el cariño de su padre, al que siempre admiró porque era un genio de la mecánica y un gran inventor. Entre sus más originales creaciones se encontraba una máquina de calcular, un sistema para proteger los edificios del fuego y el diseño del primer barco de vapor, que le costó veinte años de sacrificios y mucho dinero de su bolsillo.

En política describían al padre de lady Hester como el primer laborista inglés y hacia 1790 se paseaba por Londres con el cabello sin empolvar haciéndose llamar «ciudadano» Stanhope. En Ginebra se hizo republicano y durante la Revolución francesa en un violento jacobino. Fue entonces cuando decidió cambiar de vida: vendió la cubertería de oro, arrancó los tapices antiguos de las paredes de su casa y se deshizo de los caballos y los carruajes para gran disgusto de su esposa. Se opuso a cualquier tipo de lujo, dormía en su habitación sin alfombras y con todas las ventanas abiertas. Se negó a enviar a sus hijos a la universidad y él mismo —con ayuda del reverendo Jeremiah Joyce— educó a los muchachos, mientras las niñas quedaban al cuidado de una estricta gobernanta francesa que, según Hester, no les enseñó absolutamente nada.

Cuando Hester cumplió los diez años ya tenía el título de lady aunque sus gustos no correspondían a los de una joven de su posición social. No le interesaba la música, la danza ni la pintura, sólo sentía pasión por los caballos y la caza. Físicamente resultaba una joven imponente: medía cerca de un metro ochenta, era de complexión fuerte, voz profunda y ya entonces prefería la compañía de los hombres a la de las mujeres. Era también una magnífica amazona —algo que le daría gran prestigio entre los árabes cuando veinticinco años después se instaló en Siria— y solía acompañar a su padre cuando éste salía de cacería con los amigos. Nunca fue una mujer hermosa, pero su atractivo residía en su ingenio, energía inagotable, audacia e inteligencia. A medida que las hermanas de Hester crecían, fueron abandonando la casa familiar de Chevening, que se había convertido en un lugar insoportable para vivir. Primero fue lady Lucy, quien a los dieciséis años se fugó con el farmacéutico del pueblo; después lady Griselda se refugió en casa de unos tíos en Walmer hasta que se casó con un oficial del ejército británico. Hester se quedó con su padre hasta que cumplió los veinticuatro años y entonces aceptó la invitación de su abuela, lady Chatham, y se fue a vivir con ella a su mansión campestre de Somerset. Juntas se instalaron una temporada en Bath, ciudad termal de moda, donde Hester, además de tomar las aguas, se dedicó a bailar, flirtear y rodearse de admiradores. En 1802 se animó a hacer un corto *tour* por el continente europeo, visitó a su hermano pequeño Charles en Francia, atravesó los Alpes a lomos de mula y paso el invierno en Italia.

Cuando regresó a Inglaterra se encontró con que su abuela había fallecido y no tenía adónde ir. En el seno de su propia familia se sentía una extraña, así que se dirigió desesperada a su tío, el político inglés William Pitt, quien la aceptó encantado. Hester, que siempre se creyó superior por pertenecer a la aristocracia, estaba muy orgullosa de ser una Pitt, y era, al igual que su brillante tío, una «ambiciosa imperialista». El primer ministro vivía entre su castillo de Walmer y su residencia oficial londinense, aún hoy en el número 10 de Downing Street. Por fin lady Hester era feliz en un universo exclusivamente masculino: «Soy sumamente afortunada, precisamente en la clase de sociedad que más me gusta. Generalmente residen en la casa tres o cuatro hombres; cenamos nueve o diez casi todos días. Los grandes personajes del Ejército y de la Armada están constantemente aquí; no hay mujeres, supongo que porque no pintan nada. Ya te puedes figurar, en consecuencia, la cantidad de cumplidos que me hacen».

Como Pitt era soltero, su emprendedora sobrina asumió muy

pronto el papel de ama de casa, recibía a los ilustres huéspedes que les visitaban y se desvivía para que su tío llevara una vida confortable. Era la perfecta anfitriona, en Downing Street presidía la mesa y todos se quedaban impresionados ante su porte majestuoso. Tenía veintisiete años y un gran parecido a su tío: «... su cara era alargada y muy llena, tenía una nariz grande que le imprimía carácter, los ojos de un gris azulado y unas manos grandes y fuertes. Era tremendamente pálida, lo que hacía que destacara su abundante cabello negro. Se parecía mucho a los retratos y bustos de mister Pitt». Sin embargo, sus modales no eran tan elegantes como su apariencia. Tenía un temperamento impetuoso y una lengua muy afilada. Entre sus pasatiempos se encontraba el de ridiculizar a los políticos que le parecían mediocres poniéndoles motes del estilo de «su monótona excelencia» o «su simple señoría».

Durante los tres años que Hester vivió con su tío se ganó muchos enemigos entre la clase política. Pitt estaba muy compenetrado con su inteligente sobrina, que cada vez influía más en los asuntos de Estado. En 1804 Napoleón había sido coronado emperador y se preparaba para invadir Gran Bretaña. El país estaba en grave peligro y para contrarrestar la amenaza de la invasión napoleónica se construyeron torres y defensas a lo largo de toda la costa del sur. Lady Hester también se vio arrastrada por el fervor patriótico que barrió el país y le pidió a su tío el mando de dos regimientos voluntarios, el Ligth Dragoons y la Berkshire Militia. Aunque se trataba de un cargo honorífico, era todo un orgullo para una mujer a quien le gustaba mandar y se sentía a sus anchas entre los soldados. En un gran baile celebrado en Londres al que fue invitada, dejó atónitas a unas damas al jactarse de «tener los oficiales de unos siete regimientos a mis pies». A los que reprochaban al primer ministro inglés la debilidad que sentía hacia su sobrina favorita les respondía: «La dejo hacer lo que quiera porque si se empeñase en engañar al mismo diablo, lo conseguiría». El 2 diciembre de 1805 Napoleón derrotaba a los ejércitos de Rusia y Austria en Austerlitz, una batalla decisiva que le convirtió en el dueño absoluto de Europa. Un mes después, William Pitt caía enfermo y fallecía en su residencia de

Downing Street el 23 de enero de 1806 a la edad de cuarenta y siete años.

Para Hester Stanhope la pérdida de su tío fue un duro revés del que tardaría tiempo en recuperarse. De nuevo estaba sola en el mundo. En el lecho de muerte William Pitt había ordenado que su sobrina recibiera la cantidad de 1.500 libras anuales —cifra que el Parlamento rebajó a 1.200—, un dinero insuficiente para mantener el estilo de vida al que lady Hester estaba acostumbrada. Así las cosas, y viendo cómo se esfumaba su influencia política, decidió trasladarse a una nueva casa en Montagu Square, donde residían sus hermanos Charles y James Stanhope cuando sus obligaciones militares se lo permitían. Pero allí no era feliz; estaba acostumbrada a ser el centro de atención, a vivir rodeada de personajes relevantes y ahora se sentía como una reina destronada.

Su única satisfacción era la relación que mantenía con el apuesto general sir John Moore, hombre de confianza de William Pitt, a quien había conocido durante su estancia en el castillo de Walmer. John tenía cuarenta y cinco años y estaba al mando de las tropas británicas que en 1808 se enviaron a España para resistir la invasión de los franceses durante la guerra de la Independencia. En octubre, el general partió a reunirse con su ejército y poco después los dos hermanos de Hester se unieron a él en el frente. A finales de aquel mismo año lady Hester recibía una terrible noticia: John Moore había muerto en La Coruña «como un héroe» al igual que su hermano preferido, Charles, que recibió un disparo en el corazón. Cuando James regresó a Londres le entregó a Hester un guante de su prometido manchado de sangre que guardó como una reliquia toda su vida. Las últimas palabras de John Moore antes de morir habían sido para ella: «Saludad afectuosamente a mi querida lady Hester».

Aquél fue un período dramático en la vida de Hester, no sólo había perdido a su hermano más querido sino también al único hombre que hasta el momento había amado de verdad. Londres era un lugar insoportable para ella y se retiró a una pequeña casa de campo en Builth, al sur de Gales, dispuesta a olvidar. La sobrina del primer ministro acostumbrada al lujo, ahora debía contentarse con vivir en una habitación «de apenas tres metros cuadrados» y con la única ayuda de dos doncellas. En aquel caluroso verano de 1809 la señorita Stanhope se convirtió en una tranquila mujer de campo que dedicaba su tiempo a hacer mantequilla, cuidar una vaquería y atender a los pobres que vivían en los alrededores. Fue allí, sola y en medio de la naturaleza, donde decidió cerrar su casa de Londres y trasladarse a vivir al extranjero. Nada la retenía en Inglaterra, tenía pocos amigos y muchos enemigos, carecía de poder y las 1.200 libras anuales no le daban para vivir dignamente en Londres «como una Pitt». Ella misma, con su ironía habitual, decía: «Lo peor que se puede ser en este mundo es una hidalga pobre».

Así fue como se animó a partir con su hermano James, que por esas fechas debía viajar a España para reunirse con su regimiento. Su idea inicial era llegar a Gibraltar y de allí a Sicilia, entonces bajo el dominio británico. No viajaría sola, le acompañaba su doncella de confianza Elizabeth Williams, un sirviente y un joven médico, Charles Meryon. A pesar de su aparente fortaleza e inagotable energía, lady Hester era una mujer enfermiza. La muerte de su tío preferido y más tarde la de su querido hermano Charles agravaron aún más su ya débil salud, por lo que antes de partir decidió contratar los servicios de un médico de cabecera. Charles Lewis Meryon tenía ocho años menos que ella, había sido educado en Oxford, era amante de la literatura clásica y un tanto snob. Aceptó acompañarla en su crucero por el Mediterráneo creyendo que sólo estaría fuera un año. El doctor Meryon ignoraba que su viaje se prolongaría por un período de veintiocho años, durante los cuales acompañaría a lady Hester en sus viajes por Siria y Palestina. Aunque ella siempre lo trató más como a un criado que como a su médico personal, Meryon nunca le dedicó ni un solo reproche. Fue su mejor amigo y confidente, el único que llegó a conocer a la mujer que se escondía tras el personaje que más le gustaba representar, el de la poderosa «reina del desierto».

A la espera de encontrar un barco en condiciones para realizar su viaje, lady Stanhope escribió una carta al general Richard Grenville que da una idea de su talante: «Estimado señor, estoy decidida a irme de Inglaterra y espero ser aceptada en algún barco [...] pero no aceptaré un buque de carga cualquiera porque eso me costaría entre doscientas y trescientas libras [...] Si el señor Pitt añadió durante su administración seiscientos barcos a la fuerza naval de este país, un familiar o un amigo suyo debería ser fácilmente acomodado en uno de estos barcos. Estoy demasiado enferma, señor, como para estar preocupada y no le molestaré más con este asunto, ya que no pediré nunca otro favor y rechazaré cualquier oferta que no sea de mi agrado con el desprecio que merece...». Al poco tiempo le comunicaban que podría zarpar en una lujosa fragata de Su Majestad con sus tres acompañantes. Lo que en principio iba a ser un viaje de placer por el Mediterráneo de dos años de duración se convertiría en una gran aventura de la que nunca regresaría.

La duquesa de Gontaut, que conoció a Hester en aquellos meses previos a su partida, describió su encuentro en un libro autobiográfico titulado *Mémoires de la duchesse de Gontaut*: «Recuerdo que era una mujer muy alta, muy delgada y sobre todo muy decidida e independiente, siempre decía lo que pensaba aunque no fuera lo adecuado [...] Con el tiempo abandonaría Inglaterra para fijar su residencia en las más altas montañas del Líbano, rodeada de todo el lujo oriental y una corte de esclavos. Allí la visitarían los viajeros curiosos pero pocas veces los admitía, sobre todo si eran ingleses. Lamartine sí consiguió entrevistarse con ella y aun alababa su cutis de alabastro y espléndida figura».

Huida a Oriente

A principios de febrero de 1810 lady Stanhope, a punto de cumplir treinta y cuatro años, contemplaba por última vez desde la cubierta del barco las costas de Gran Bretaña. Cuando llegó a Gibraltar tras una penosa travesía donde estuvo a punto de naufragar, se despidió de su hermano James —al que nunca más volvería a ver— para continuar rumbo a Malta en la fragata *Erebus*. En esta diminuta isla del Mediterráneo protegida por murallas y colosales vigías, fue recibida con todos los honores por el gobernador, quien los alojó en una solariega casa de campo conocida como palacio de San Antonio. Sólo doce años antes, en mayo de 1798, el ejército de Napoleón Bonaparte había tomado Malta en apenas ocho días, cuando se dirigía a la conquista de Egipto. La colosal expedición estaba formada por trece barcos de guerra, seis fragatas, una corbeta, treinta y cinco naves más pequeñas y trescientos buques de transporte con diez mil marineros y treinta y cinco mil soldados. Tras instalarse en la isla, base estratégica para el control del Mediterráneo oriental, la flota francesa partió rumbo a Alejandría, donde desembarcó el 2 de julio. En Malta se había iniciado el gran sueño de Bonaparte, que duraría cuatro años y levantaría para el mundo occidental el velo sobre el islam. Aquí iniciaba también la dama inglesa la más osada de sus aventuras, que la iba a convertir en toda una leyenda entre los árabes.

A estas alturas de su vida, a lady Hester Stanhope le gustaba muy poco codearse con los miembros más distinguidos de la alta sociedad inglesa en Malta que, según sus palabras, «le aburrían hasta lo impensable». Por el contrario el doctor Charles Meryon —de origen más humilde que su ilustre paciente— se sentía inmensamente dichoso rodeado de duquesas, marquesas y gobernadores de remotos países. Durante su estancia de cuatro meses en la isla la viajera asistió a muy pocas fiestas, pero en una de ellas conoció a Michael Bruce, un apuesto joven que se encontraba dando la vuelta al mundo en compañía de su amigo lord Sligo. Nacido en Bombay en 1787, donde pasó buena parte de su infancia, Michael pertenecía a una noble familia de Escocia. Su padre, Patrick Craufurd Bruce, trabajaba para la Compañía de las Indias Orientales cuando el pequeño vino al mundo y más tarde regresó a Londres, donde se convirtió en un acaudalado hombre de negocios y miembro del Parlamento. El señor Bruce tenía debilidad por su hijo mayor, al que mimaba, colmaba de caprichos y protegía en exceso. El muchacho había estudiado en los centros más prestigiosos y exclusivos, primero en Eton y más tarde en Cambridge. Fue entonces cuando su padre decidió costearle un viaje al extranjero sin reparar en gastos como parte de su exclusiva educación. Michael Bruce partió hacia Estocolmo en junio de 1807, tres años después aún no había regresado a Inglaterra.

Cuando lady Hester lo conoció, el joven tenía ventiún años —once menos que ella— y le pareció que reunía todas las cualidades que admiraba en un caballero británico: educado, inteligente, ambicioso y muy atractivo. Ambos simpatizaron desde el primer momento y transcurrida una semana ya eran amantes. En una carta enviada a su padre, Michael le confesaba: «Lady Hester Stanhope, que es mi compañera de viaje ahora, es una mujer de un talento extraordinario. Ha heredado todas las grandes y espléndidas cualidades de su ilustre tío». El joven dependía económicamente de su padre y finalmente tuvo que contarle la verdad sobre su relación amorosa, pues por el momento no pensaba regresar a casa. Al señor Bruce la noticia le pareció perfecta; siempre había ambicionado que su hijo accediese al Parlamento y creía que su relación con la célebre sobrina de William Pitt le ayudaría a conseguir una sólida formación política. El 20 de agosto de 1810, el propio señor Bruce —que ignoraba la excéntrica personalidad de Hester— le escribía: «Querida señora, al unirse a usted, mi hijo se ha colocado bajo la dirección de una dama que tiene como antepasados a los mayores talentos de Inglaterra».

En el verano de 1810 lord Broughton, compañero del joven poeta Byron en su viaje iniciático por el Mediterráneo, recaló unos días en Malta, donde tuvo la oportunidad de conocer a lady Hester. En sus memorias publicadas en Londres le dedica a la viajera unas líneas que retratan su peculiar carácter: «Llegué a la isla y me presentaron al señor Michael Bruce y lady Hester Stanhope, una mujer masculina que decía que antes viviría con caballos de carga que con otras mujeres. Volví a encontrarla al día siguiente en una cena ofrecida en la residencia del gobernador. Me parece una persona violenta y prepotente». La dama inglesa no dejaba indiferente a nadie; sin embargo, su enamorado Michael sólo veía en ella un cúmulo de virtudes y la posibilidad de seguir viajando de la mano de una tutora de lujo. A principios de agosto la pareja decidió poner rumbo a Grecia. Hester sabía que por el momento no podía regresar a Inglaterra con su joven amante, cuya «escandalosa» relación ya sería de dominio público. Además, en esta hermosa región del Mediterráneo oriental podía vivir de manera holgada de la renta anual que le dejó su tío Pitt. Por entonces los ejércitos de Napoleón controlaban la mayor parte de Europa y el Mediterráneo occidental, así que como súbdita británica sólo le quedaba un territorio salvaje y peligroso a donde dirigir sus pasos. La legendaria Estambul sería la primera etapa de su viaje a Oriente.

Michael Bruce ignoraba que lady Hester deseaba llegar cuanto antes a la capital del Imperio Otomano porque tenía un plan secreto que llevar a cabo. Sólo Charles Meryon sabía lo que se proponía y así se lo contaba en una carta a su familia en Inglaterra: «Teníais que haber oído contarlo a la misma lady Hester, como lo he hecho yo, para creer que se pueda concebir un proyecto como el que os voy a mencionar. Intenta entablar amistad en Constantinopla con el embajador francés y obtener, por este medio, un pasaporte para viajar a Francia. Protegida por este pasaporte, partirá para Turquía y después se dirigirá a París a través de Hungría y Alemania. Una vez allí, espera caer en gracia a Bonaparte, estudiar su carácter y a continuación embarcar hacia Inglaterra con el fin de urdir algunos planes que puedan derrotar a Napoleón». Con esta descabellada idea en la cabeza lady Stanhope, en compañía de su amante Michael, el doctor Meryon y una nueva doncella inglesa —la señorita Fry—, embarcó en la fragata inglesa *Belle Poule* hacia Atenas. En esta ciudad, donde pasó un mes, coincidió con lord Byron, que aún no era el poeta romántico por el que suspirarían todas las damas inglesas, sino un joven aristócrata que había publicado un pequeño libro de poemas y realizaba el tradicional Grand Tour europeo. El encuentro no fue del todo cordial aunque, según Meryon, tras unas horas de intensa conversación «lady Hester le obligó a abandonar su idea de que el intelecto femenino era muy bajo y acabaron siendo amigos». Los dos tenían más en común de lo que pudieran imaginar entonces; ambos eran ingleses románticos, de carácter indómito, almas errantes en busca de escenarios que inspiraran sus obras o sus actos. Para Byron ésta era la primera visita a Grecia y, cuando dos años después regresó a Inglaterra, sería uno de sus escritores más aclamados. Con el tiempo su hija Ada Byron le daría una nieta que heredaría su espíritu romántico y engrosó la larga lista de intrépidas británicas que encontraron en Oriente un lugar donde hacer realidad sus sueños. Se llamaba lady Anne Isabella Noel Blunt y sería la primera occidental en recorrer el corazón de Arabia, el terrible desierto del Neyed, en busca de caballos de raza árabe para sus cuadras de Inglaterra.

A mediados de octubre de 1810 lady Hester y su séquito partieron en un barco griego rumbo a Estambul. La dama lo alquiló por veinticinco libras y las bodegas iban cargadas de cereal para pagar el tributo a los turcos. El pobre Meryon tuvo que conformarse con dormir en cubierta, ya que el único camarote que había lo compartió Hester con su aterrorizada doncella, que le tenía pánico al mar. La noche del 3 de noviembre desembarcaron en el puerto de Topkhana para dirigirse a Pera, el distrito cristiano de Estambul. En medio de la más absoluta oscuridad, lady Hester fue llevada en una silla de mano por una empinada colina precedida por un dragomán turco que alumbraba la oscuridad con una potente antorcha. Para Hester era su primer contacto con el misterioso Oriente; muy pronto su vida anterior en Inglaterra le parecería insignificante en comparación con las excitantes aventuras que aquí iba a protagonizar.

Cuando la viajera llegó a la capital del Imperio Otomano, éste y Gran Bretaña eran aliados en la guerra contra Francia. En todo el país reinaba una gran inseguridad, había motines y conflictos entre los gobernadores provinciales. Para un extranjero era muy peligroso adentrarse por estas tierras; los bandidos y desertores del ejército saqueaban a los viajeros con total impunidad. Por entonces gobernaba el sultán Mahmut II, hijo de Abdul Hamit y su favorita Aimée Dubucq de Rivery, una hermosa criolla natural de la isla de Martinica, entonces colonia francesa. La historia de Aimée era bien conocida entre los residentes extranjeros instalados en Pera y más al ser prima de la emperatriz Josefina Bonaparte, primera esposa de Napoleón I. Marie-Josèphe-Rose de Tascher —verdadero nombre de Josefina— creció en una plantación de azúcar de Martinica y en 1804, cuando fue coronada emperatriz de Francia por Napoleón en la catedral de Notre-Dame, se convirtió en la mujer más influyente de su tiempo. Aimée, desde su reclusión en el serrallo del palacio de Topkapi, se mantuvo siempre en contacto con su prima y la colmó de valiosos regalos, entre ellos cien chales de cachemira que le envió en una ocasión a su residencia en el palacio de las Tullerías.

La vida de Aimée o Naksh «la más bella», como la llamaban en el interior del serrallo, recuerda un cuento oriental. Nacida en 1763 en el seno de una noble familia de Martinica, perdió en su infancia a sus padres y fue educada en un convento de monjas. Más tarde se trasladó a Nantes para completar su formación y cuando regresaba en barco a la isla fue raptada en alta mar por corsarios argelinos. Ante la belleza y el porte elegante de la joven, el gobernador de Argel decidió enviársela como regalo a su amigo el sultán Abdul Hamit. Así fue como Aimée, que entonces contaba veintiún años, llegó al serrallo de Topkapi en 1784. Gracias a su hermosura, inteligencia y cultura, muy pronto destacó entre todas las concubinas y se convirtió en la favorita del sultán. El 20 de julio de 1785 nació su hijo Mahmut y pasó a ocupar el puesto de *valide sultan* o madre del sultán reinante en el harén imperial. Cuando lady Hester llegó a Estambul, la poderosa Aimée tenía cuarenta y siete años, vivía en su propio palacio dentro del serrallo con su corte personal y disponía de buenos ingresos. Murió en 1817 tras haber pasado casi la mitad de su vida entre las paredes de Topkapi, muy lejos de la exuberante isla que la vio nacer. Su hijo Mahmut pasaría a la historia por abolir el corrupto cuerpo de los jenízaros y por emprender importantes reformas en el Imperio Otomano, que sentarían las bases de la Turquía moderna.

A diferencia de lady Mary Wortley Montagu, quien en su condición de esposa del embajador inglés ante la Sublime Puerta pudo conocer al entonces sultán Ahmet III, lady Hester se tuvo que contentar con los relatos de los embajadores extranjeros acreditados en Estambul. El diplomático británico sir Robert Adair acudió en julio de 1810 a una audiencia con el sultán Mahmut II acompañado de dos insignes viajeros ingleses que acababan de llegar a la ciudad, lord Byron y su compañero lord Broughton. Este último describiría en sus memorias al sultán y la pompa que aún se mantenía en su corte: «Mahmut estaba sentado en el centro del trono, con los pies reposando sobre el suelo [...] Iba ataviado con un manto de satén amarillo, con un ancho ribete de la más oscura marta cibelina; su daga, y un ornamento que lucía en el pecho, se hallaban recubiertos de diamantes; la parte delantera de su turbante azul y blanco brillaba con un triple medallón de diamantes, que sirve para sujetar un penacho alto y estirado de plumas de ave del paraíso». Aún tendrían que pasar unos años para que Mahmut II oyera hablar de una indómita dama inglesa llamada lady Hester Stanhope que, atrincherada en su monasterio, desafiaba al pachá negándose a pagar los impuestos y a acatar sus órdenes.

Las autoridades turcas acogieron a la aristocrática lady Stanhope con gran respeto y hospitalidad. La dama disfrutó de románticos bailes y elegantes cenas a la luz de las velas que le organizaron en sus palaciegas residencias los miembros más ilustres de la comunidad europea en Estambul. También navegó las aguas del Bósforo en los elegantes caiques impulsados por apuestos remeros, cuya masculinidad no pasaría inadvertida a otros viajeros como Théophile Gautier, para quien estos jóvenes eran «soberbios mozarrones albaneses o anatolios, casi todos de gran apostura viril y fuerza hercúlea. El aire y el sol que han curtido su piel les dan un color de bellas estatuas de bronce [...] sus pies y brazos lucen desnudos y su camisa abierta descubre pectorales fornidos, tostados por el oreo y la intemperie». Ante estas descripciones no es de extrañar que la mayoría de las damas europeas prefirieran la compañía de los guías y remeros nativos a la de sus flemáticos y encorsetados acompañantes británicos, tal y como reconocía la propia lady Hester.

Al doctor Meryon la ciudad de Estambul, la antigua Constantinopla, le resultó tan exótica como a la mayoría de los viajeros de principios del XIX. En su diario escribiría: «En esta ciudad todo lo que se ve es singular y extraño, pero es difícil explicar a otros en qué consiste esta extrañeza. El mero acto de andar por las calles tiene algo que es incompatible con el recreo. No hay carruajes ni vehículos de ninguna clase y, como consecuencia, las calles están tan silenciosas que puede oírse hablar a la gente como si estuviéramos todos en una habitación. Todas las tiendas están completamente abiertas y, por tanto, te encuentras sujeto a las miradas de los tenderos; con todo ello, la sensación es similar a la que se tiene al caminar por un gran vestíbulo en el que hubiese una fila de sirvientes a cada lado». En pocas semanas, y tras curar a un funcionario de la embajada danesa, el médico personal de la señorita Stanhope se convertiría en un personaje muy solicitado tanto por los europeos como por los vecinos de la ciudad, que demandaban a todas horas sus servicios. Para Meryon uno de los recuerdos imborrables de su paso por Estambul fue el poder presenciar la procesión semanal del sultán a la mezquita. En su diario describiría el esplendor que aún rodeaba al Gran Señor y cuyo boato apenas había variado desde los tiempos de lady Montagu: «Su persona estaba casi escondida por los suaves plumeros de los asistentes que le rodeaban y cada uno de los cuales llevaba una brillante armadura en forma de chaleco y un casco coronado de plumas en la cabeza. El caballo del sultán, un semental blanco como la leche, estaba cubierto con espléndidas gualdrapas tachonadas de rubíes, esmeraldas y otras piedras preciosas».

Durante su estancia en Estambul, lady Hester retomó su extravagante plan de viajar a Francia y entrevistarse con Napoleón. Para ello realizó una visita secreta al agregado de negocios francés, con la idea de conseguir su anhelado visado para viajar a París. Su plan se truncó cuando el embajador británico, sir George Canning, se enteró de la noticia. A partir de este momento se le prohibió la entrada en la embajada inglesa y la comunidad europea de Pera que la había recibido con los brazos abiertos, ahora le daba la espalda. Cuando unos días después Hester supo que le habían negado el visado para viajar a Francia, olvidó su osado proyecto y se marchó de Estambul.

Como su salud aún no era muy buena decidió pasar el invierno en Egipto y beneficiarse de su clima cálido y benigno. Entonces el país del Nilo aún no se había convertido en el destino de moda para los adinerados turistas británicos, tampoco existían sus lujosos hoteles de aire oriental a un paso del desierto y el viaje era incómodo y muy peligroso. A mediados de octubre de 1811 la dama y su particular comitiva embarcaban rumbo al puerto de Alejandría. Le acompañaban en esta ocasión trece personas, entre ellas su doncella la señorita Fry, el doctor Meryon, Michael Bruce, cuatro sirvientes, un cocinero griego y su pinche. Que aquella travesía iba a ser una pesadilla lo intuyó muy pronto la viajera cuando, al poco de zarpar, tuvieron que buscar refugio en una pequeña isla griega y esperar cinco interminables días a que amainara el fuerte temporal.

La audaz peregrina

El 23 de noviembre el doctor Meryon abría su diario de viaje con estas palabras: «Los vientos terribles de Levante abrieron una vía de agua en nuestro barco y mientras achicábamos el agua frenéticamente, el capitán puso rumbo a Rodas, una decisión sin duda fatal...». A mitad de camino de Alejandría una terrible tormenta azotó sin piedad el barco en el que viajaba lady Hester provocando graves desperfectos en el casco. Ante el peligro de naufragio, echaron un bote al mar donde se apiñaron todos los miembros de la tripulación y los pasajeros para intentar salvar sus vidas. Lady Hester dio la orden de que no cargaran su equipaje y le pidió a su doncella antes de abandonar el barco que metiese en una caja pequeña sus pertenencias más necesarias. Meryon dejó sus baúles en la cabina del barco y se llevó únicamente una bolsa con algo de dinero, un sable y su pistola.

Milagrosamente el bote con veinticuatro personas a bordo se mantuvo a flote en medio del mar embravecido y consiguieron alcanzar tierra firme en un islote rocoso frente a la costa de Rodas, que, al igual que Grecia, estaba en manos de los otomanos. Como no tenían agua potable ni víveres, el capitán decidió partir de inmediato con su tripulación para pedir ayuda. Lady Hester y el resto de los pasajeros quedaron abandonados a su suerte en aquel lugar desierto en medio de la nada. Durante más de treinta horas esperaron refugiados en una cueva, sin alimentos ni agua dulce; tampoco tenían ropa seca para cambiarse ni nada de abrigo que les protegiera del frío intenso de la noche. Por fortuna la tripulación griega regresó al día siguiente en una barca más grande y con buena cantidad de provisiones. Al fin consiguieron alcanzar la costa y llegar caminando hasta un molino de viento donde pasaron la noche.

Michael estaba admirado del coraje que había demostrado Hester durante el naufragio. En una carta a su padre le decía: «Me resulta imposible hacer justicia a lady Hester como se merece, por la frialdad y la intrepidez desplegadas durante esta penosa experiencia. Ella se encontraba ya muy mal antes del naufragio y las dificultades que hubo de soportar afectaron a su salud fuertemente, tanto que llegué a temer por su vida...». La dama, que en apariencia se mostraba tranquila, en una de las escasas cartas que envió a Inglaterra le contaba a un amigo el accidentado viaje: «Treinta horas sobre una roca pelada, sin tener tan siquiera agua fresca, medio desnuda y empapada. Después crucé el país, en el que casi no hay caminos, a través de espantosas rocas y montañas hasta llegar a un pueblo en el que permanecí unos días. Luego seguí a lomos de un asno y caminando durante seis horas diarias, lo que demuestra que me encuentro ya bastante bien de salud». Era sólo el aperitivo de las terribles penalidades que la aguardaban en sus travesías por el desierto sirio y las montañas del Líbano donde acabaría viviendo.

Al hundirse el barco lady Hester había perdido todas sus pertenencias y entonces se animó a vestirse como un hombre turco. Ya nunca abandonaría su indumentaria oriental masculina que le pareció más cómoda para moverse en estos parajes y pasar inadvertida. En una carta fechada el 12 de enero de 1812 describe su original atuendo: «... no tuve más remedio que vestirme como turco, no como los turcos que se suelen ver en Inglaterra, sino como un turco asiático con ropa de viaje. Se trata solamente de una especie de camisa de seda y algodón; encima de esto un chaleco a rayas de seda y algodón y encima una chaqueta corta con mangas, pantalones bombachos grandes, botas turcas, un fajín en el que colocar las pistolas, un cuchillo y una especie de espada corta, un cinturón de piel para llevar la pólvora y la munición que se lleva sobre el hombro y algunas bolsas para el mismo uso. En la cabeza luzco un turbante colocado en forma peculiar, con un ramillete de flores naturales a un lado». Como a lady Hester le resultaba muy complicado colocarse bien el turbante con su voluminoso cabello rizado, acabó por afeitarse la cabeza. Con su elevada estatura y su aspecto varonil los turcos casi siempre la confundían con un hombre.

Un mes después lady Hester llegaba a la ciudad de El Cairo, donde su presencia causó una gran expectación. Era la primera dama británica de cierto rango que visitaba Egipto y el pachá, Mohammed Ali, la invitó a su palacio de Ezbekieh. El dignatario se quedó cautivado ante el porte majestuoso de la importante dama, que se vistió para la ocasión con todo el lujo de una princesa oriental. Lady Hester lucía unos pantalones bombachos de terciopelo morado con ricos brocados de oro, botas turcas de color amarillo, un chaleco y una gran capa también en terciopelo morado y adornada con brocados de oro. En la cabeza destacaba su turbante hecho con un suave chal de cachemira y en la cintura llevaba un sable magnífico con empuñadura de piedras preciosas. Mohammed la recibió con todos los honores en un templete ricamente decorado en el jardín de su harén y la invitó a sentarse junto a él en un sofá donde charlaron animadamente. Al finalizar la velada obsequió a su invitada con un espléndido purasangre negro de sus afamadas cuadras.

En los días siguientes Hester se dedicó a hacer turismo por el país, asistió al descubrimiento de una momia, navegó las aguas del Nilo en un tradicional falucho de vela latina y preparó una gran expedición para visitar las pirámides de Giza. El desierto era entonces un lugar muy peligroso por la cantidad de bandidos que merodeaban en sus alrededores, así que la viajera contrató como escolta a una tropa de soldados mamelucos franceses vestidos con sus magníficos trajes. Los caballeros de la expedición subieron a lo alto de la Gran Pirámide de Keops, que entonces se podía escalar con un guía hasta su cima y merendar en su enorme plataforma. Lady Hester, que aún se sentía débil tras el terrible naufragio en Rodas, esperó cómodamente sentada en su tienda de campaña consultando mapas antiguos de la región. Finalmente no pasaría el invierno en Egipto y a mediados de mayo zarpó en un barco desde el puerto egipcio de Damietta hacia Palestina. El Cairo le pareció «una ciudad sucia, ruidosa y llena de pulgas»; sólo el árido desierto Arábigo salpicado de fortalezas habitadas por monjes y anacoretas le resultaría interesante. En cinco años Hester llevaría en su refugio de Djoun, en el Líbano, una vida de meditación y aislamiento muy similar a la de estos religiosos eremitas.

A medida que pasaban los meses el amor que Michael Bruce sentía por lady Stanhope era más intenso y auténtico. En las cartas que le envía a su padre reconoce que ha aprendido más estos años conversando con su tutora y compañera de viaje que en todos los libros que hasta el momento había leído. Fue en aquellos románticos días a orillas del Nilo cuando Bruce le pidió que se casara con él, pero Hester le rechazó sin muchos miramientos. El matrimonio no estaba entre sus planes; ahora sólo pensaba en recorrer la región de Tierra Santa y visitar Jerusalén, un lugar que tenía para ella un especial significado. Cuando vivía en Londres en casa de William Pitt, un adivino llamado Samuel Brothers, que cumplía condena en prisión por estafa, la mandó llamar porque le quería comunicar algo muy importante. Hester —que siempre fue muy supersticiosa— llevada por la curiosidad acudió al encuentro y escuchó atentamente la profecía del mago. Éste le aseguró que estaba destinada a peregrinar a Jerusalén, que viviría siete años en el desierto y que finalmente sería coronada reina de los judíos. A lady Hester, que desde muy joven creyó que había nacido para dejar su huella en la historia, esta predicción no le pareció ninguna tontería y más ahora que se encontraba en Tierra Santa recorriendo los escenarios bíblicos cargados de leyendas.

Cinco días después de abandonar Egipto, llegaron a Jaffa, uno de los puertos más antiguos del mundo y la primera etapa de su peligrosa travesía. Esta ciudad era la puerta de entrada para todos los viajeros y peregrinos que se dirigían a Jerusalén. Cuando en 1832 Alphonse de Lamartine realizó este mismo viaje, al llegar a Jaffa escribiría en su célebre libro *Viaje a Oriente*: «Plinio habla de ella como una ciudad antediluviana. En ella fue donde según las tradiciones fue atada Andrómeda en la roca y destinada a ser devorada por el monstruo marino; en ella fue donde se construyó Noé el Arca; allí fue donde llegaban por orden de Salomón los cedros del Líbano que habían de servir para construir su templo. Aquí embarcó el profeta Jonás 862 años antes de Cristo, y donde san Pedro resucitó a Tabita».

Hester y los demás miembros de la expedición se alojaron unos días en el convento y hospedería de los monjes franciscanos mientras la viajera ultimaba los preparativos para la larga travesía a Jerusalén. Alquiló once camellos para transportar la montaña de baúles que acarreaban y trece magníficos caballos árabes para ella y sus acompañantes europeos. El gobernador de Jaffa le envió dos soldados de escolta para protegerles de los bandidos que se escondían en el gran desierto. En esta ocasión lady Hester lució un vistoso y rico traje de mameluco, nombre con el que se conocía a los antiguos esclavos de origen asiático que gobernaron Egipto entre 1250 y 1517, cuando el país se convirtió en provincia del Imperio Otomano. «Se sentía muy cómoda con este atuendo, lucía un chaleco de satén que llegaba hasta la cadera con mangas largas y abotonado en la cintura y el cuello. Por encima llevaba una chaqueta de tejido rojo entreverada con brocados de oro, de manga corta; sus amplios pantalones bombachos también eran rojos y encima de todo ello portaba la tradicional capa blanca con capucha. El turbante era un suave chal de cachemira enrollado en la cabeza a la manera de los mamelucos y le sentaba muy bien. Montaba con solemnidad en su silla egipcia, cuyas bridas eran de terciopelo granate y brocados en oro», escribió Charles Meryon. De esta guisa la señorita Stanhope recorrió el estado de Jaffa y fue recibida en la aldea de Jeremías por Abu Ghosh, guardián de las llaves de Jerusalén. Este jefe árabe era —al decir del doctor— un astuto bandido que se aprovechaba de los peregrinos cobrándoles grandes sumas de dinero por atravesar el territorio bajo su control. Al *sheik* Abu Ghosh le impresionó tanto el espléndido aspecto de la dama inglesa que renunció a cobrarle su «impuesto de circulación» y mandó a sus cuatro jóvenes esposas a que prepararan un auténtico festín para sus invitados. Los hambrientos y fatigados viajeros nunca olvidarían las aromáticas carnes envueltas en hojas de parra, los vegetales rellenos de carne y arroz, las aves hervidas sepultadas bajo un gran plato de arroz y el cordero entero asado que degustaron aquella noche estrellada en la tienda del *sheik*.

Un día después Hester y su cortejo entraban a caballo en Jerusalén por la puerta de Belén, dominada por dos torres rematadas por almenas góticas. La ciudad estaba celosamente protegida por la inexpugnable muralla que mandó edificar Solimán el Magnífico en 1520 para protegerla de los ataques beduinos y las incursiones de los cruzados. El grupo se alojó en el monasterio franciscano destinado a albergar a los peregrinos, que según Meryon no era nada más que «unas cuantas habitaciones desprovistas de todo lo que no fueran pulgas». Hester se sentía decepcionada, no sólo porque nadie acudió a recibirles sino por la cantidad de mendigos que había en las calles y el mercantilismo que existía en torno a los Santos Lugares: «En Belén los pastores más parecían ladrones y a cada paso te asaltan vendedores de souvenirs que te ofrecen rosarios, cruces y reliquias....». Por el momento la profecía del adivino no se había cumplido, pero como Hester le confesó a su médico personal, quizá su destino se encontraba en otro lugar de Oriente.

Los viajeros ingleses abandonaron Jerusalén el 30 de mayo de 1812, tal como anotó Meryon en su diario. Al frente del grupo, que era cada vez más numeroso, cabalgaba solemne lady Hester vestida como siempre a la oriental. Los campesinos que se cruzaban con ellos les saludaban con respeto creyendo que era el séquito de una reina europea en peregrinación a Tierra Santa. Su destino siguiente era Nazaret y para llegar hasta allí tenían que enfrentarse a nuevos peligros en la región de Galilea que ahora se extendía ante ellos. Los ataques de bandidos, las epidemias, los graves enfrentamientos entre los turcos y los pueblos sometidos habían convertido estos parajes bíblicos en un lugar muy arriesgado para los viajeros extranjeros. En los días siguientes el ritual siempre sería el mismo: viajaban lentamente durante el día, acampaban en sus tiendas al anochecer cerca de un río y de una aldea donde poder comprar leche, huevos, gallinas, miel y leña para encender las fogatas. El jefe del campamento establecía el turno de las guardias para vigilar mientras los ingleses dormían. Se levantaban con el frío de la mañana y tras un frugal desayuno continuaban la marcha. Hacia el mediodía —la hora de mayor calor— Hester se echaba una siesta en su tienda mientras el doctor Meryon se adelantaba con los animales de carga para montar el siguiente campamento nocturno.

Al cabo de unos días llegaron a Nazaret, situada en el fondo de un verde valle. Sus casas de paredes blancas construidas en la pendiente de la montaña, la iglesia griega, los altos minaretes de las mezquitas y los conventos de piedra agradaron a Hester. En sus alrededores montaron las tiendas para pasar allí unos días y recorrer las callejuelas adoquinadas de la ciudad donde transcurrió la niñez de Jesús. Una noche los sirvientes avisaron a Bruce de que un árabe harapiento quería hablarles. Para su sorpresa, el hombre que les visitaba hablaba un inglés excelente: no era otro que el viajero y explorador suizo Johann Ludwig Burckhardt. Iba disfrazado como un mercader árabe con una tosca camisa blanca, un sucio turbante y unas raídas sandalias. Se hacía llamar Ibrahim ibn Abdullah y se dirigía en lentas jornadas rumbo a El Cairo explorando regiones ignotas del mar Muerto. En aquel tiempo muy poco se sabía del interior de estos vastos desiertos y nada de sus míticas ciudades aún sepultadas bajo la arena. Burckhardt se jugaba la vida, pero tanta audacia tuvo su recompensa al descubrir el 12 de agosto de 1812 la fabulosa ciudad nabatea de Petra, en Jordania, y un año después los templos egipcios de Abu Simbel. A Hester le desagradó su presencia y apenas habló con él, sin embargo el explorador era todo un erudito que antes de Richard Burton ya había visitado las ciudades sagradas de La Meca y Medina. Moriría en El Cairo en octubre de 1817, víctima de un ataque de disentería, a la edad de treinta y dos años.

Territorio prohibido

Cuando lady Hester llegó unos meses más tarde a Sidón, en el sur del Líbano, no imaginaba lo que aquella visita cambiaría su vida. Ocurrió que la viajera fue invitada por el emir Bashir II —también llamado Príncipe de la Montaña—, jefe de los drusos, a que conociera su palacio situado en las abruptas montañas cercanas a Deir el Qamar. El país druso había sido muy poco explorado por los europeos y nunca antes por una mujer. A lady Hester la atraía mucho este pueblo extraño y misterioso sobre el que circulaban terribles leyendas. Los drusos eran una secta religiosa, nacida en Egipto, que se había separado del islam en el siglo XI y buscado refugio en las fortalezas montañosas del sur del Líbano. En aquellos tiempos se conocía muy poco de ellos, excepto que eran muy belicosos y habían logrado mantener su independencia en la zona durante más de ochocientos años. Hester sabía que no iba a ser fácil entrar en contacto con estas gentes reservadas y muy desconfiadas hacia los extranjeros que se aventuraban en sus tierras. Aun así aceptó encantada la invitación del emir, quien le mandó una escolta de soldados junto a doce camellos, veinticinco mulas y cuatro caballos.

El 29 de julio de 1812 lady Hester, en compañía de sus inseparables Meryon y Bruce, emprendió viaje a los remotos pueblos drusos del Monte Líbano. La dama demostró ser una magnífica amazona y cabalgó con su habitual destreza por los empinados senderos. Quien sí se negó esta vez a acompañarla fue su doncella la señorita Fry, que detestaba tener que vestir como un hombre y se negaba a montar su burro a horcajadas como su intrépida señora por aquellos acantilados de vértigo. En su camino al país druso lady Hester pasó muy cerca de la aldea de Djoun donde la viajera pasaría los últimos veinte años de su vida. Pero este dato aún no lo conocía y por el momento se deleitaba ante la visión de unos paisajes majestuosos que la hacían olvidar el cansancio. Al llegar a Deir el Qamar, la capital drusa y una ciudad de unos ocho mil habitantes que se extendía en la ladera de una montaña, el grupo se alojó en la vivienda que el emir había preparado para ellos. Los viajeros ingleses se quedaron un mes en su territorio a la espera de recibir la invitación oficial de su príncipe para visitar su palacio. Por orden expresa de Bashir II, Hester tenía permiso para recorrer los lugares que deseara e investigar las costumbres y rituales de este primitivo pueblo. Los drusos, como pudo comprobar la viajera, no tenían lugares públicos de culto y tampoco hacían caso de las cinco oraciones diarias del islam. Sus creencias secretas eran un misterio fascinante a los ojos de los occidentales. «Me identifico de tal forma con este pueblo que puedo hacer preguntas que ninguna otra persona se atrevería a formular. Cualquiera que ose plantear una cuestión religiosa es asesinado sin que el Príncipe de la Montaña pueda castigar al asesino», escribiría al poco tiempo de llegar.

Entre las costumbres drusas que sorprendieron a lady Hester se encontraba la ingesta de carne cruda. En una carta a Inglaterra, la viajera pudo confirmar lo que hasta el momento sólo formaba parte de la leyenda: «Ahora voy a hablarte de los drusos, ese pueblo extraordinario y misterioso que como sabes habita en Monte Líbano. Tan sólo mencionaré un hecho que puedo afirmar que es cierto porque lo he visto con mis propios ojos: ellos comen carne cruda. Le compré a un druso un enorme cordero y ordené que lo llevasen a la aldea y reuniera a su gente para comerlo. Cuando llegué el cordero aún estaba vivo. En un instante lo sacrificaron, lo desollaron y pusieron sus trozos en un enorme plato hecho de estera y en menos de media hora lo devoraron. Las mujeres comieron tanto como los hombres: los trozos de grasa crudos que se tragaban estaban realmente malísimos».

Tras varios días de espera, el emir invitó a los ingleses a su palacio en lo alto de una montaña distante cinco horas de caballo desde Deir el Qamar. Hester era el primer viajero occidental al que se le permitía entrar en su interior, que recordaba un austero monasterio. Durante dos días disfrutaron de la hospitalidad de Bashir, que se mostró muy cortés con ellos y deseoso de atender bien a la dama inglesa que sabía emparentada con gente importante de Inglaterra. El doctor Meryon se mostraba más reticente;

sabía que el emir era un hombre muy peligroso, un caprichoso tirano que sembraba el terror en sus tierras. Antes de partir obsequió a Hester con un hermoso caballo de sus cuadras ricamente enjaezado. El príncipe no podía sospechar que esta inglesa vestida con ropas árabes y que ahora se despedía agradecida de sus dominios, en breve se convertiría en su más temido rival. Más de un siglo después, en 1927, otra gran viajera y orientalista, la señorita Freya Stark, atraída por el estudio de la fe islámica y dispuesta a desvelar el misterioso origen de los drusos se adentraría en sus territorios a lomos de burro. Su temeraria aventura casi provocó un incidente internacional porque en aquel tiempo la región siria del Yébel Druso o «Montaña de los drusos» se encontraba bajo la ley marcial francesa y un cordón militar impedía el paso a los civiles.

Tras su visita de un mes al país de los drusos, Hester y Bruce se separaron temporalmente porque el joven quería visitar las ruinas de Alepo, en Siria. La pareja, desde que se conoció en Malta dos años atrás, había recorrido miles de kilómetros explorando estas ignotas regiones. El problema es que el coste del séquito que llevaba Hester era muy elevado y era el padre de Bruce quien corría con la mayor parte de los gastos. En los ocho últimos meses habían gastado la suma de unas cien mil libras, un presupuesto con el que no podían ni soñar las más grandes expediciones geográficas del momento. En una carta el padre de Bruce informaba a su hijo de que atravesaba graves problemas económicos y no podía seguir costeando su viaje por Oriente. Michael Bruce aún amaba a Hester pero ahora sabía que nunca podría contraer matrimonio con ella y se sentía muy desilusionado. En una carta que se conserva dirigida a su padre y confidente le decía: «Deberían tener en cuenta que éste no es un caso común. No ha habido seducción ni promesas de matrimonio, no ha hecho uso de ninguna de las artes practicadas corrientemente por las personas de su sexo; por el contrario es una mujer que ha rechazado el matrimonio, la única compensación que puedo ofrecerle y un honor al que no tengo derecho de aspirar». Sólo sería cuestión de tiempo que sus caminos se separaran para siempre. La vida espartana y aislada que llevaría Hester en el Líbano no era la más idónea para un joven como Bruce, acostumbrado al confort y al que la aventura le gustaba siempre que no tuviera que renunciar a un buen baño de agua caliente. Antes de separarse, Hester le pidió que informara de su presencia en la zona al cónsul británico en Alepo con estas palabras: «Hazle saber a mister Barker que soy una persona extraordinaria y que no me gusta nada de lo que les suele gustar a los demás europeos. Tan sólo un buen caballo, un baño y algo de buen pan; es todo lo que necesito, siempre que el clima sea bueno».

Mientras Bruce partía rumbo a Alepo, Hester se preparaba para viajar a Damasco a pesar de que todos los funcionarios turcos de la costa y el propio pachá se lo desaconsejaban. La ciudad era muy peligrosa para los cristianos y en aquel tiempo estaba inmersa en una cruenta guerra civil entre el pachá Said Suleimán recién elegido y el jefe de la milicia. Aunque no era el mejor momento para hacer turismo por esta región, Hester se instaló en la ciudad del Líbano mientras el doctor Meryon marchaba a Damasco para encontrar una vivienda adecuada para su señora y anunciar su llegada a las autoridades. Damasco era entonces una de las ciudades más fanáticas del mundo y Hester estaba obligada a llevar velo si quería entrar en ella sin correr el riesgo de ser lapidada. A la viajera, independiente y de carácter autoritario, que le impusieran normas en su forma de vestir o de comportarse le molestaba especialmente. Así que ante el desconcierto de sus compañeros de viaje declaró con su habitual arrogancia que entraría en Damasco a caballo, sin velo, vestida de hombre y a plena luz del día. Poco antes de partir escribió una carta al padre de Bruce en los siguientes términos: «Odio a los cobardes, aunque desprecio la temeridad. Cerca de cuarenta mil árabes están actualmente en guerra unos contra otros en estas tierras, por lo que puede imaginarse muy bien el estado de cosas. Pero todo saldrá bien. Tengo un jenízaro turco que es el más perspicaz y capaz de realizar un viaje semejante. Mi criado griego también tiene gran valor. Por los demás, no daría ni seis peniques, pero no puedo prescindir de ellos. Hay que montar las tiendas y dar de comer a los caballos y a sus dueños».

Lady Hester Stanhope tardó tres días en alcanzar las puertas de Damasco, donde entró como tenía previsto el 1 de septiembre de 1812. Era la primera occidental que lo hacía y por fortuna la gente que encontró en las calles a su paso se quedó tan asombrada ante su presencia que tardó en reaccionar. La dama encabezaba su expedición a lomos de un hermoso purasangre negro, seguida por quince caballos y varias mulas de carga. El doctor Meryon que cada vez sentía más admiración por el coraje de su compañera, recordaba así aquel momento: «Una mujer desprovista de velo y vestida de hombre árabe se disponía a hacer su entrada, a plena luz del día, en una de las ciudades más intolerantes de Turquía. La gente nos miraba y todos los ojos se volvían hacia su señoría. Sus ademanes femeninos pasaron sin duda para muchos de ellos por los de un joven imberbe. Algunos se dieron cuenta enseguida de que podía ser una mujer, pero antes de que se hubieran podido recuperar de su sorpresa, ella ya había pasado».

Hester se instaló con su gente en una modesta vivienda del barrio cristiano de la ciudad que había alquilado días antes el doctor. Como la residencia no era de su gusto le pidió al pachá que le buscase otra en la parte más noble de Damasco y éste la complació inmediatamente. La nueva casa tenía seis amplias y soleadas habitaciones que rodeaban un patio de limoneros solado en mármol donde una hermosa fuente suministraba el frescor y la tranquilidad que tanto ansiaba Hester tras su agotador periplo. Charles Meryon, a quien a estas alturas del viaje le preocupaba seriamente la salud de la dama, pudo comprobar en los siguientes días cómo los retos más peligrosos eran el mejor remedio para su paciente. En una carta dirigida al señor Bruce recién llegada a Damasco, Hester escribía: «No debe creer que disfruto de buena salud porque disponga de tanta energía. Es mi naturaleza, el espíritu indómito de mi abuelo, porque tenía un pie en la tumba y podía mandar un ejército, incluso en Egipto [...] Tengo demasiada imaginación y temperamento como para vivir en la degradada Inglaterra».

Damasco, llamada por los árabes al-Sham, «un pedazo de tierra en el paraíso», fundada hacia el año 4000 a.C., era la ciudad más antigua del mundo y todo un símbolo para los musulmanes. Pocos europeos se habían atrevido a visitar la urbe que el gran Alejandro Magno arrebató a Darío el persa, la ciudad que Pompeyo conquistó para Roma y la que fuera esplendorosa capital del Imperio Omeya. En 1516 pasó a formar parte del Imperio Otomano y la ciudad se convirtió en una importante etapa para los peregrinos que venían de Turquía antes de la dura travesía de tres semanas por el desierto rumbo a La Meca. El sultán otomano era desde entonces el guardián de los Santos Lugares —La Meca y Medina— y el responsable de la seguridad y avituallamiento de los miles de peregrinos que se daban cita en Damasco para emprender la *hajj* o peregrinación que todo buen musulmán debía realizar al menos una vez en su vida. Hester sentía en su interior que en esta región de Oriente Próximo, cuna de las civilizaciones y de los primeros imperios, había encontrado al fin su morada definitiva. No le confesó a nadie —ni siquiera a su discreto médico de cabecera— que no pensaba regresar jamás a Inglaterra, un país del que ahora sólo conservaba vagos recuerdos.

Cinco años atrás, en agosto de 1807, el célebre Ali Bey —el catalán Domingo Badía, nacido en Barcelona en 1767— había llegado a Damasco en su viaje de peregrinación por Palestina y Tierra Santa. El viajero, que sentía una gran admiración por lady Hester, intercambió algunas cartas con ella pero nunca llegaron a conocerse. En enero de aquel mismo año, Ali Bey al-Abbasi, haciéndose pasar por un musulmán de origen noble, consiguió entrar como un peregrino más en La Meca. En su famoso libro *Viajes de Ali Bey en África y en Asia*, publicado por primera vez en París en 1814, describe con su habitual precisión el ambiente y los edificios más notables de Damasco. Una ciudad que le parece la más saludable de Oriente y donde destaca su magnífica mezquita, sus calles bien empedradas y sus bazares muy bien abastecidos, así como la belleza de sus mujeres «realmente hermosas, de cutis blanco, fino y hermosos colores».

En 1818 Ali Bey se encontraba de nuevo en Oriente con la disparatada idea de repetir su peregrinación a La Meca y llegar a Tombuctú, en Malí. Pero este ilustrado peregrino ahora tenía cincuenta y un años y no gozaba de muy buena salud. Al llegar a Siria, se instaló en Alepo con la intención de visitar a lady Hester en su convento de Djoun, en el Líbano, pero finalmente tuvo que partir para no perderse la caravana que se dirigía a La Meca. Nunca llegó Ali Bey a la ciudad santa del islam: murió por el camino el 31 de agosto de 1818. Lady Hester adquirió algunos objetos personales del viajero catalán y en una carta a Chateaubriand le escribiría sobre las extrañas circunstancias que rodearon su muerte: «Tengo una carta escrita por Ali Bey poco antes de morir, y también un paquete de ruibarbo envenenado al que creía deber su muerte. Quiso que estos dos objetos fuesen enviados al Ministerio de Marina de Francia. Hasta ahora no he osado confiarlos a nadie. Prométame que los entregará cuando quiera que vuelva usted a París y se cumplirá la última voluntad del viajero».

Lady Stanhope se recuperó durante unos días del cansancio y luego se animó a recorrer las callejuelas y bazares de Damasco sin velo y vestida con ropas árabes. Pronto se dio cuenta de que la gente la trataba con gran respeto y cuando salía a cabalgar a las afueras de la ciudad las mujeres la vitoreaban y arrojaban granos de café a su paso. Aquí fue la primera vez que oyó que la llamaban *meleki*, reina, lo que constituía todo un honor. Al parecer había circulado el rumor entre los habitantes de la ciudad de que la mujer extranjera era en realidad de ascendencia turca y que por sus venas corría sangre árabe aunque hubiese nacido en Inglaterra. Sea como fuere, Hester estaba encantada del trato recibido por las temidas gentes de Damasco y aceptó la invitación del pachá, que también quería conocerla. El palacio de Said Suleimán era muy lujoso y confortable en comparación con la monacal residencia del príncipe druso Bashir. En una carta al señor Craufurd Bruce le decía: «El palacio del pachá de Damasco es el mejor de todas las cosas que he visto hasta ahora. Tiene más de sesenta habitaciones y su magnificencia supera toda descripción. Comparado con él, todo lo que tenemos en Inglaterra no es más que una choza. Los bellos patios a los que dan todas las habitaciones están pavimentados con mármol de colores llenos de fuentes, naranjos y flores. Las habitaciones tienen en su interior cascadas, fuentes y gran cantidad de porcelana». El pachá le obsequió un semental árabe y ella una bonita caja de rapé que impresionó al dignatario. Su escolta le confirmó que le habían dado una recepción digna de una reina y Said la despidió con estas palabras que nunca olvidaría: «Mi querida lady, usted lleva el esplendor de la realeza en la frente y la humildad de un derviche en el corazón».

En contra de todo pronóstico lady Hester Stanhope pasó unos días inolvidables en Damasco. Los mercaderes más ricos se la disputaban para presentarle a sus esposas recluidas en sus harenes, y un importante jefe beduino, Mahannah el Fadel, la invitó a visitar su pueblo en el desierto y a disfrutar durante unos días de la vida nómada junto a sus cuarenta mil hombres. A ella, que amaba los caballos y la vida salvaje, el espectáculo de miles de camellos y jinetes montados en hermosos caballos árabes trasladándose por las extensas llanuras la conmovió. Desde la muerte de su tío Pitt, Hester no había encontrado hasta ese momento un lugar donde se sintiera más a gusto y pudiera ejercitar sus cualidades de mando. Estos caballerosos beduinos la hacían sentir una mujer importante, la mantenían al día de sus asuntos internos y le pedían consejo como si fuera uno de ellos.

Fue durante su estancia en el desierto, alojada en las amplias tiendas beduinas de pelo de cabra y escuchando junto al fuego a los viejos poetas de las riberas del río Éufrates, cuando a Hester se le ocurrió viajar a la ciudad romana de Palmira. A su regreso a Damasco dio a conocer al doctor Meryon sus intenciones y éste, asustado, creyó que la dama había perdido la razón. En aquellos tiempos era muy arriesgado para un europeo realizar esta travesía, ya que los beduinos no estaban bajo la autoridad del pachá de Damasco y tomaban prisioneros a los viajeros, por los que pedían un elevado rescate. Eran los dueños y señores del desierto, los más temidos por su ferocidad, y toda caravana que pretendiera atravesar sus dominios sin contar con su protección —por la que cobraban una suma considerable de dinero— corría un serio peligro. También la informaron de que en el caso improbable de que saliera con vida de un *ghazu* —las mortíferas emboscadas de bandidos beduinos— tendría por delante una travesía infernal de más de doscientos kilómetros por una desolada llanura de tierra, maleza, piedras y polvo.

Del grueso de los exploradores y científicos extranjeros que habían intentado alcanzar hasta entonces la fabulosa ciudad romana sólo tres lo habían conseguido, disfrazados como mercaderes sirios. En 1753 dos aventureros británicos, Wood y Dawkins, permanecieron unos días en Palmira, los suficientes como para realizar un buen número de bocetos y dibujos de los diseños de sus ruinas que fascinarían a los historiadores y artistas de su época. Sus magníficas ilustraciones tuvieron gran influencia en el posterior estilo arquitectónico neoclásico que se pondría de moda en toda Gran Bretaña. Ilustres y ricos personajes del XVIII construyeron sus palaciegas mansiones imitando el estilo helénico y romano de la legendaria Palmira. Más tarde, en 1783 el escritor y viajero Volney, con apenas veinticinco años y una ligera mochila a la espalda, visitaba las ruinas de Palmira enterradas bajo un mar de arena del que sobresalían como mástiles los hermosos capiteles de sus columnas. Su diario de viaje, publicado en 1787 con el título de *Voyage en Égypte et en Syrie*, tuvo un enorme éxito y fue considerado una obra maestra en su género.

El pachá, viendo que no convencería a la intrépida dama con ningún argumento, le ofreció una escolta de mil soldados turcos para acompañarla en su aventura. Sin embargo, Hester finalmente confió la protección de su caravana al joven Nasar —hijo del jefe Mahannah el Fadel que la había invitado a su aldea— y a sus beduinos, que conocían muy bien esta peligrosa franja del desierto. Como era su costumbre, mandó al doctor Meryon por delante, solo y sin escolta, para que le buscara un buen alojamiento en Palmira. En esta ocasión Charles Meryon no tuvo mucha suerte y fue capturado por un jefe beduino que lo mantuvo prisionero once días en su campamento. Cuando finalmente llegó sano y salvo a las ruinas de Palmira tuvo que compartir una miserable choza de adobe llena de ratas con una familia numerosa de campesinos, sus dos camellos y un burro. A su regreso a Damasco, estuvo a punto de morir de frío entre la nieve. En total, el doctor Meryon estuvo veintiocho días desaparecido —y dado por muerto para el cónsul británico— y como más tarde recordó en su diario personal «de aquellos infernales días que pasé lejos de Damasco, quince de ellos no pude ni lavarme ni cambiarme de ropa».

El sueño de Palmira

Al amanecer del 4 de abril de 1813 Hester Stanhope partía de Damasco al frente de una majestuosa caravana de camellos que causó una gran expectación entre los habitantes de la ciudad. Su amante Michael Bruce había regresado unos días antes de Alepo para sumarse a esta travesía, que no pensaba perderse a pesar de los riesgos que implicaba. En una carta a su padre le decía: «Si lady Hester triunfa en esta empresa, le habrá cabido al menos el mérito de ser la primera mujer europea que ha visitado la antaño célebre ciudad. ¿Quién sabe si ella será capaz de demostrar que es una nueva Zenobia y está destinada a restaurar su antiguo esplendor?». Ni Bruce ni el cónsul mister Barker pudieron convencer a lady Hester de que hiciera el viaje a Palmira en un cómodo palanquín, donde estaría más protegida en caso de un ataque beduino. A ella, que era una experta amazona y siempre encabezaba su caravana, la idea de ocultarse tras las cortinas de una silla de mano le pareció insultante.

Lady Hester abría el cortejo, vestida espléndidamente para la ocasión como un beduino y montando el semental que le había regalado el pachá. En una carta describe con detalle su «pesada» vestimenta: «Llevo en la cabeza un largo pañuelo de algodón basto y seda doblado de esquina a esquina y puesto encima de mi bonete rojo. Rodeando la cabeza para sujetar este pañuelo se llevan varias filas de cordón grueso hecho con pelo de caballo que dan tres o cuatro vueltas. Una camisa, un par de amplios pantalones superpuestos y una especie de chaqueta de algodón y seda roja sujeta a la cintura por un cinturón de cuero. Sobre la camisa llevo una pelliza de piel de cordero blanco y sobre la misma una inmensa túnica llamada *abba* con dos orificios para pasar los brazos, hecha de un tejido similar al de las alfombras con llamativos colores y motivos geométricos».

Detrás de la dama inglesa marchaba su vistosa guardia personal, un nutrido grupo de beduinos que portaban largas lanzas adornadas con plumas de avestruz. Le acompañaban también la señorita Fry —que acababa de recuperarse de un peligroso ataque de pleuresía pero que esta vez no pudo negarse al viaje—, el señor Bruce y el doctor Meryon que, al igual que lady Hester, no pasaba inadvertido con «su cabeza afeitada excepto una larga coleta en la parte de la coronilla, y cubierto con una piel de oveja de color cobrizo y sin separarse nunca de su pipa turca que mide cerca de metro ochenta». Un pequeño ejército de sirvientes, cocineros y mozos de establo árabes cerraba la singular caravana. Treinta y dos camellos cargaban el pesado equipaje, las tiendas de campaña, alimentos y provisiones como leña, sacos de arroz, harina, café, azúcar y tabaco, sin olvidar los utensilios de cocina y las herramientas. Nueve camellos llevaban el pienso para alimentar a los caballos y finalmente otros ocho iban cargados exclusivamente con pellejos de agua para el viaje. Lady Hester tenía por delante más de doscientos kilómetros de árido desierto, sin caminos y donde les aguardaban los bandidos. En 1893 el escritor Pierre Loti en su peregrinación por Tierra Santa ya mencionaba a los temidos árabes nómadas dedicados al pillaje y los asaltos a las caravanas: «Son los más salvajes e intratables de entre los beduinos. Todos ellos son ladrones y sus ataques, que recuerdan los de los amalecitas, llegan hasta el desierto de Siria, en las proximidades de Palmira».

Palmira, lejana y aislada, era para los viajeros del XVIII uno de los lugares de la Antigüedad más románticos de Oriente. En medio de la inmensidad del desierto aparecía junto a un oasis de palmeras una ciudad de amplias avenidas adornadas con ricas columnas de capiteles esculpidos, imponentes templos decorados con esculturas y magníficas tumbas e hipogeos revestidos de llamativos murales. Desde tiempos remotos, la ciudad oasis de Palmira —también llamada por los árabes Tadmor— soportó un buen número de invasiones hasta que los franceses y británicos se repartieran el territorio de la actual Siria. Aquí florecieron grandes civilizaciones como la sumeria, babilónica, romana y la griega mientras los mercaderes de Palmira continuaban acumulando grandes riquezas con sus negocios. Ya en el siglo I a.C., el comercio de caravanas que hacían la ruta de la seda y traían esclavos, sedas, especias, ébano, marfil o joyas convirtieron Palmira en una ciudad tan rica que despertó el interés de Roma. Los acaudalados mercaderes levantaron grandiosos templos y vivían en lujosas mansiones revestidas de mármol, decoradas con pinturas murales. Era su manera de demostrar a los visitantes una opulencia por la que pagarían un alto precio.

A Hester, que no era muy amante de la historia ni de la arqueología, lo que más le interesaba de Palmira era la figura de la reina Zenobia con la que se identificaba espiritualmente. Las leyendas sobre la misteriosa soberana que desafió al Imperio Romano se desgranaban a la luz de las fogatas beduinas en el desierto sirio y su historia se mantenía viva de boca en boca. En el año 267 d.C., tras el asesinato de su marido, el rey árabe Odenato, Zenobia se proclamó a sí misma reina de Palmira, ocupando el cargo en nombre de su hijo menor Wahballat. Famosa por su belleza, refinada cultura y gran inteligencia, debió de ser una mujer muy ambiciosa y de extraordinario valor. Montaba a caballo como el mejor de sus soldados, hablaba varias lenguas —entre ellas el arameo, el griego y el egipcio— y se creía descendiente directa de Cleopatra. Su gran sueño al alcanzar el trono de Palmira era crear su propio imperio y conseguir la independencia total de Roma. Cuentan los cronistas de su época que llegó a proclamarse Augusta, acuñó monedas con su efigie y desafió al emperador Aureliano. De sus caros y sofisticados gustos nos hablan algunos de los edificios que mandó levantar durante su reinado, entre ellos el baño de Zenobia de aguas termales construido en piedra de granito traída de las canteras de Asuán. Dotado de sus correspondientes salas de agua caliente, fría y templada, era para su uso exclusivo.

En el año 272 Aureliano, viendo con inquietud que las tropas de Palmira habían conquistado toda Siria y el bajo Egipto y que marchaban hacia Asia Menor, declaró la guerra a Zenobia. El emperador, al frente de su ejército, cercó Palmira y le pidió a su reina que se rindiese. Pero Zenobia se atrincheró tras las murallas de la ciudad dispuesta a resistir. Cuando los víveres y el agua comenzaron a escasear la reina se vio obligada a abandonar la ciudad en compañía de su hijo y una reducida escolta. En su huida fue descubierta y capturada por los romanos cuando intentaba llegar a Persia en busca de auxilio. Los habitantes de Palmira, sin su reina y sitiados por las tropas de Aureliano, acabaron rindiéndose al enemigo. En el 273, el pueblo de Palmira se levantó de nuevo contra los romanos y éstos saquearon e incendiaron la ciudad asesinando a todos los rebeldes. Palmira cayó en el olvido y las arenas del desierto fueron ocultando su majestuoso pórtico, la larga avenida coronada por columnas, el teatro, las termas, los templos dedicados a las deidades y los cuidados jardines que rodeaban las casas patricias.

En cuanto al destino de Zenobia, hay leyendas para todos los gustos. Unas hablan de que tras su captura a orillas del Éufrates la reina sufrió la terrible humillación de tener que desfilar encadenada por las calles de Roma en un cortejo que celebraba la victoria de su emperador y moriría más tarde en una celda. Otra versión más romántica apunta a que Aureliano le perdonó la vida y acabó casada con un senador romano viviendo como una feliz matrona en una villa palaciega a orillas del Tíber. Para Hester era una heroína y todo un ejemplo por su coraje y determinación. A la viajera no le importaban las tormentas de arena, los animales salvajes, la amenaza de los bandidos o la escasez de agua con tal de pisar el mismo escenario que su ilustre antecesora.

Al día siguiente de su partida de Damasco mientras se adentraban en el desierto, lady Hester escribió: «Todo el mundo está sorprendido de mi valor. Estos hombres no temen a nada. Pero por suerte para mí soy bien conocida para unos cuantos miles de habitantes que me han visto cabalgando con su jefe. Creo que tengo mucho menos que temer que ninguna otra persona. La dificultad de esta aventura era que el gran jefe Mahannah el Fadel, cuyo hijo me guiaba, estaba en guerra con los poderosos árabes de El Faydan, y por culpa de ellos teníamos miedo a ser atacados, particularmente desde que corrió la voz de que por mi captura podrían conseguir 25.000 piastras».

La primera noche acamparon a orillas del río Orontes; para su seguridad Hester contaba con la protección de un esclavo sudanés, llamado Guntar, que montaba guardia a la puerta de su tienda armado con una enorme hacha de doble filo. Según el irónico doctor Meryon, «tenía un aspecto tan amenazador y un hacha tan afilada en la mano que casi siempre aterrorizaba a aquellos que tenía que proteger y los *sheiks* que visitaban a lady Hester se negaban a traspasar la puerta de su tienda». Al día siguiente ocurrió algo inesperado: corrían rumores de que el grupo iba a ser atacado y los ingleses descubrieron que su guía Nasar y los beduinos que les escoltaban habían desaparecido abandonándoles a su suerte en medio del desierto. Al anochecer Hester organizó el campamento y tras montar las tiendas ordenó a todos los hombres de la expedición que tomaran sus armas y se colocaran en puntos estratégicos de defensa. No sufrieron ningún ataque y ya entrada la noche apareció por el campamento el joven Nasar con sus hombres sin dar ninguna explicación. Lady Hester entendió que habían querido poner a prueba su valor para subir el ya excesivo precio de sus servicios. Pero los beduinos no conocían el carácter indómito de la extranjera, a quien a partir de este instante no osaron defraudar.

A los ocho días de marcha y sin más contratiempos, la caravana llegó a las afueras de la antigua ciudad de Palmira. El 29 de marzo un millar de personas esperaban a la «gran reina blanca» que montaba un caballo, regalo del pachá de Damasco, que viajaba con libros sagrados y mapas para encontrar tesoros y una bolsa de hierbas mágicas mediante las cuales podía transformar las piedras en oro. Al menos eso es lo que habían escuchado decir a los nómadas que llegaban de Damasco acerca de la mujer europea que vestía como un beduino. Esta vez el recibimiento no defraudó a la viajera, que a medida que marchaba por la calle principal no daba crédito a lo que veían sus ojos: «El jefe y trescientos hombres salieron a recibirnos a dos horas de distancia de la ciudad. Él y algunos de sus nobles montaban espléndidas yeguas árabes y vestían con chales de seda y grandes turbantes. Los hombres, en su mayoría, iban desnudos excepto un taparrabos ornamentado con pedazos de piel, cuentas, dientes de mono y todo tipo de extraños abalorios. Todos iban armados con pistolas y me rodearon disparando justo al lado de mi rostro, dando gritos salvajes, cantando y bailando. Toda esta exhibición duró hasta que llegamos al arco triunfal de Palmira».

Hester y su séquito fueron conducidos por la calzada de la avenida principal coronada de esbeltas columnas que antaño sostenían los bustos de los personajes más insignes de Palmira. La misma por la que solía desfilar Zenobia al frente de su ejército, vestida con su manto de púrpura y morrión dorado, aclamada por el público. El doctor Meryon, testigo del singular recibimiento, anotaría en su diario: «Cuál sería nuestra sorpresa al ver, a medida que avanzábamos por la avenida, que varias jóvenes hermosas se habían colocado en estos pedestales, en las posturas más graciosas y con guirnaldas en las manos. Mientras avanzaba hacia ellas lady Hester, estas esculturas vivientes permanecían inmóviles en sus pedestales, pero una vez que había pasado, saltaban a tierra y se unían para danzar a su lado». El momento culminante de aquella marcha triunfal fue cuando un niño que se había subido al arco colocó una corona sobre la cabeza de la viajera. Hester Stanhope se sentía inmensamente feliz: «He sido coronada reina del desierto bajo el arco triunfal de Palmira», le confesaría emocionada a un amigo de Inglaterra. Por fin la profecía se había cumplido.

Los viajeros levantaron sus tiendas junto al templo del Sol que durante los siguientes días sería su residencia. Sin embargo, Hester no iba a poder disfrutar durante mucho tiempo las mieles del éxito porque había corrido la voz de que el motivo real de su visita era encontrar valiosos tesoros escondidos bajo tierra. Fue el propio Nasar quien le advirtió de la presencia en la ciudad de miembros de la tribu enemiga de El Faydan y el riesgo que corrían sus vidas. La dama, que por una vez en la vida se mostró razonable, prometió a sus acompañantes que la caravana partiría en breve. Antes de abandonar la mítica ciudad Hester, Michael Bruce y Meryon recorrieron sus edificios más emblemáticos, incluido el magnífico teatro con su fachada de capiteles corintios y asientos esculpidos en piedra, y grabaron sus nombres —como era costumbre entonces— en un lugar bien visible para la posteridad.

La caravana de lady Stanhope llegó unos días más tarde y sin incidentes a la tranquila ciudad de Hama. Sus habitantes salieron al encuentro de la inglesa gritando entusiasmados: «Bienvenida, reina y señora». El viaje a Palmira la había convertido ya en un personaje célebre y este hecho iba a cambiar definitivamente su destino. Durante un mes se quedó a vivir en esta ciudad siria rodeada de hermosos jardines cultivados a orillas del río y mecida por el sonido inconfundible de sus enormes norias impulsadas por las aguas del Orontes. Cuando se recuperó de su aventura en Palmira, la viajera escribiría acerca de su estancia en Hama: «Cuando desmonté del caballo me estiré en el suelo como si hubiera estado muerta, no de miedo sino de fatiga y de sed. Cuando bebí me recuperé y en un cuarto de hora estaba tan animada como siempre. Nos quedamos treinta días con estos árabes cuyo carácter he podido estudiar bastante bien. El objetivo de Bruce era ver Palmira, el mío observar la vida de los beduinos. Me gustan las bellas artes pero si he de decir la verdad, estoy mucho más interesada en las obras de Dios que en las del hombre. Estos salvajes, guiados por sus habilidades y que han reducido las necesidades de la naturaleza humana prácticamente a nada, daban un extraordinario ejemplo de fortaleza física y mental. Además, la belleza de algunas zonas del desierto al principio de la primavera resulta difícil de describir. Algunas de las plantas que más nos cuesta hacer crecer florecen aquí en quince días como por arte de magia, florecen entre innumerables hierbas aromáticas desconocidas para nosotros y tan rápido como crecen mueren a causa del calor y los vientos secos».

La monja del Líbano

El 10 de mayo de 1813 lady Hester y su grupo partían de Hama rumbo al puerto de Latakia para pasar el verano. Hester y Bruce alquilaron una casa que aunque estaba bastante deteriorada era espaciosa, soleada y disponía de varias habitaciones abovedadas muy frescas. El doctor Meryon —cuya fama era tan importante a estas alturas como la de su señora— quería ejercer su profesión y ocupó una vivienda más pequeña donde instaló su consulta. En realidad los viajeros ingleses huían de las devastadoras epidemias de peste que por esta época azotaban la región. Un año antes en Estambul habían muerto más de doscientas mil personas víctimas de esta enfermedad contagiosa. Si lady Hester había elegido esta apacible aldea de pescadores era porque la costa siria se creía libre de epidemias.

Pero en junio la peste llegó a Latakia y el doctor Meryon atendió a las primeras víctimas de esta mortífera enfermedad. Lady Hester supo que a Damasco —distante unos trescientos kilómetros— no podía regresar pues habían muerto hasta el momento cien mil personas como consecuencia de la epidemia. En aquellos días de incertidumbre, cuando lady Hester no sabía muy bien adónde encaminar sus pasos, su amante Michael Bruce decidió regresar a Inglaterra. Estaba harto de viajar por estas regiones de Oriente y a diferencia de su compañera detestaba a los árabes. En tres años nunca se molestó en aprender su idioma y la pasión que sentía por la excéntrica dama hacía tiempo que se había extinguido. Habían pasado muy buenos momentos juntos pero ahora Hester sólo le encontraba defectos; creía que lo había sobrevalorado cuando en realidad el joven no estaba destinado como ella a realizar grandes empresas. En una dura carta dirigida por esas fechas al señor Craufurd Bruce, lady Hester se quejaba de su hijo en los siguientes términos: «Monta sumamente mal para ser un hombre que se pretende refinado y le he recomendado que vaya a una escuela de equitación. No hay nada tan necesario para un inglés como montar bien a caballo [...] Debería además aprender a utilizar bien los cubiertos, pues tengo que estar constantemente pendiente de él en la mesa. Espero que preste usted una especial atención a esto, puesto que el hecho de no comportarse bien en la mesa es una de las mayores vulgaridades que pueden cometer los hombres. Sus hermanas deben de vigilarle también. Si le prestan un poco de atención, espero que podrá perder sus malas costumbres».

Michael regresó a Londres precedido por la reputación de haber sido el joven amante de la legendaria lady Hester Stanhope, una fama que le convirtió en objeto de deseo de muchas mujeres. En 1815 se instaló en París, donde al parecer estuvo trabajando como espía enviándole información a su padre sobre el ejército francés. Napoleón lo mandó a la cárcel acusado de haber ayudado a huir al general Lafayette, al que Bonaparte había condenado a muerte. Regresó a Inglaterra tras cumplir seis meses en prisión y en 1818 se casó con una dama de la alta sociedad, la hermosa Marianne, viuda del capitán sir Peter Parker. Tuvo tres hijos y su anhelado escaño parlamentario, y se dedicó a ejercer el derecho. Nunca más volvería a ver a lady Hester Stanhope ni tampoco regresaría a Oriente, pero se mantuvo en contacto con ella hasta su muerte. Hester, en sus últimos años de vida, ignoraba que tanto el doctor Meryon como el señor Bruce habían pagado sus deudas en Inglaterra para evitar que fuera desalojada de su refugio de Djoun.

Unos días después de la partida de Bruce, Hester cayó gravemente enferma, con seguridad a causa de la peste. En pocas horas el doctor Meryon también se vio obligado a guardar cama con los síntomas de esta enfermedad. Era el mes de noviembre de 1813 y la casa de Hester parecía un hospital pues hasta la señorita Fry sufrió un violento ataque de disentería. Temiendo por la vida de la dama, su amigo el cónsul británico en Alepo le pidió al doctor que se trasladara a vivir a la casa de Hester y no se separara de ella. Meryon, débil y deshidratado, pasó quince días junto al lecho de la enferma sin apenas probar bocado ni cambiarse de ropa. Todos sobrevivieron milagrosamente a la epidemia. A pesar de estos contratiempos y de que en más de una ocasión temió por su vida, lady Hester se sentía feliz en Siria: «Me siento como en casa en este país, la gente corriente me guarda el mismo respeto que le guardan al Gran Turco y los grandes hombres me tratan como a uno de ellos. En definitiva, soy muy feliz en mi peculiar forma de serlo y siempre encuentro cosas que me distraen y ocupan mi mente».

Cuando el peligro hubo pasado y lady Hester recobró las fuerzas, abandonaron Latakia para seguir explorando la región. En los siguientes meses visitó en el Líbano el monasterio de San Antonio, donde los monjes no permitían la entrada a las mujeres —ni siquiera a los animales de sexo femenino— en su recinto. Hester les amenazó con quejarse a su amigo el sultán de Estambul si no le daban alojamiento una noche y finalmente consiguió entrar en San Antonio a lomos «de una burra», como recalcó irónica a una amiga. En octubre la incansable viajera, que ya había recuperado de nuevo las fuerzas, organizó una expedición a la ciudad de Baalbek, la antigua Heliópolis —ciudad del Sol— de los griegos. En esta ocasión la caravana fue más modesta que la que la acompañó en su marcha triunfal a Palmira. Viajaban todos a lomos de burro por expreso deseo de lady Hester, que se sentía deprimida y abandonada por los suyos, y quiso hacer este camino a la manera de los peregrinos más humildes que viajaban a Jerusalén. Iban con ella el doctor Meryon —que siempre fue un entusiasta de la cultura e historia clásica—, un intérprete, cuatro sirvientes, una esclava y ocho mozos. Llevaban quince mulas para transportar el equipaje, que incluía tiendas de campaña, camas, utensilios de cocina, café, arroz, jabón, velas, aceite, vino, vinagre, fideos y macarrones, así como queso, té, azúcar, sirope para preparar sorbetes y petróleo para uso exclusivo de lady Hester. Tardaron seis días en llegar intentando evitar las aldeas a donde había llegado la peste. La ciudad de Baalbek, que en tiempos de los romanos fuera un famoso oráculo consultado por el emperador Trajano antes de emprender sus campañas, era tan sólo un conjunto de ruinas abandonadas.

Poco después lady Hester organizó una gran expedición arqueológica para buscar tesoros en las ruinas romanas de Ascalón donde, según un manuscrito antiguo que había caído en sus manos, se escondían fabulosos tesoros. La dama, creyendo en la autenticidad del documento, pidió autorización al sultán de Estambul para excavar entre las ciudades de Ascalón y Sidón. Con el permiso del sultán en su mano, en febrero de 1815 Hester se puso de nuevo al frente de una gran comitiva formada por un ejército de asistentes de campo, veintidós sirvientes para montar las tiendas, dos mulas con pellejos de agua y doce camellos para transportar el equipaje. Esta vez lady Hester, para mayor comodidad, aceptó ser llevada en una mecedora de pequeño tamaño, sujeta por dos pértigas y adornada como una carroza con terciopelo rojo. Llevaba una escolta de cien hombres a caballo y se le asignó para dormir una espléndida tienda —con mobiliario, alfombras y bañera— que más tarde ocuparía el príncipe de Gales en su visita a Oriente Próximo.

En los primeros días de excavación reinaba el entusiasmo entre los hombres pues creían —tal como habían oído— que la dama inglesa tenía poderes para descubrir tesoros. Sin embargo, tras dos intensas semanas de trabajo y mil contratiempos, sólo encontraron ruinas romanas, columnas y una estatua magnífica de colosales proporciones de un emperador romano, pero no el fabuloso tesoro. Meryon estaba encantado con los antiguos vestigios que iban saliendo a la luz a diferencia de Hester que se sentía defraudada: «Es mi intención romper esta estatua en pedazos y tirarla al mar para que nadie se entere de mi fracaso, porque si me pasara eso perdería toda mi credibilidad ante los turcos». El sueño de encontrar grandes riquezas se esfumó, la viajera estaba arruinada y le debía dinero al cónsul británico de Alepo, mister Barker. Por primera vez desde su partida de Inglaterra, pensó en regresar a su país, pero no fue ella quien se fue, sino su doctor, quien tras siete años de ausencia quería completar sus estudios de medicina en Inglaterra y formar una familia.

El 18 de enero de 1817, Charles Meryon partía para Londres y Hester decidía abandonar su vida nómada para asentarse definitivamente en algún lugar de estas montañas. En los últimos cinco años había recorrido palmo a palmo los antiguos castillos de los cruzados, las aldeas romanas, los yacimientos arqueológicos y los escenarios bíblicos. Había cabalgado de Jaffa a Jerusalén, se había aventurado por las abruptas montañas del Líbano y atravesado el desierto de Palmira al frente de una caravana digna de un sultán. Había recorrido muchos kilómetros a horcajadas de su caballo vestida como un turco y a lomos de burro como la más humilde peregrina. Ya no cabalgaría más por esos paisajes que tanto la habían impresionado cuando llegó la primera vez diecisiete años atrás. Estaba decidida a establecer su propia corte en el corazón del país druso y a vivir a la manera oriental.

Poco después de que se marchara Meryon, alquiló a un mercader de Damasco por veinte libras al año una enorme mansión de cuarenta habitaciones que más parecía un monasterio en ruinas. Situada en lo alto de una pequeña colina, en el pueblo druso de Djoun, estaba rodeada de extensos prados y campos de árboles frutales; al fondo, en el horizonte, se podía ver en un día despejado el mar Mediterráneo. No podía haber encontrado un lugar más remoto, inaccesible y a la vez mejor situado. Con renovadas energías Hester se dedicó a planificar la que sería su definitiva vivienda. Sus nociones de arquitectura eran nulas, pero consultó planos antiguos del edificio, mandó derribar muros, añadió nuevas habitaciones y secretos túneles hasta que el edificio adquirió la forma de un laberinto. Diseñó también un extenso jardín que era su mayor orgullo y al que sólo podía acceder ella desde su propia habitación. Un alto muro de piedra rodeaba todo el complejo convirtiéndolo en una inexpugnable fortaleza.

Dentro de la austeridad que imprimió a su refugio de Djoun no faltaban los jardines de flores ni las fuentes de mármol. Un viajero inglés llamado mister Madden que la visitó en 1827 describía así el lugar: «Una vez que se abrieron las enormes puertas, me sorprendió observar un millar de pequeños detalles en la disposición de los paseos y en la distribución de los jarrones de flores en los patios que atravesaba. Todo era salvaje y bárbaro en el exterior, pero lo que se contemplaba en el interior ponía de manifiesto el buen gusto [...] Me parecía estar en un palacio encantado».

Por aquel entonces lady Hester tenía a su cargo a unas cuarenta personas dedicadas a su servicio, entre ellas, un *maître d'hotel* italiano llamado Paolo Perini, siete esclavos negros, su doncella siria Fatum, un cocinero, un pinche, un porteador, dos mozos de establo, cuatro muleros y aguadores, dos mensajeros y veinte campesinos que trabajaban en sus campos. También trabajaban para ella M. Chasseaud, su secretario privado, que vivía en la aldea con su esposa, y Logmagi, pescador de esponjas que la mantenía informada de las últimas noticias que recogía en los bazares y el puerto de Estambul. Con el tiempo Logmagi sería su único contacto con el mundo exterior.

Aislada de todos, rodeada de su extraña corte de sirvientes y esclavos uniformados, lady Hester gobernaba a su antojo y con sus propias leyes en su mansión de la colina. Djoun se convirtió en una especie de santuario donde libaneses o sirios desamparados y perseguidos podían sentirse a salvo, pues nadie se atrevería a prenderles si se encontraban bajo su protección. Cuando el ejército egipcio invadió Siria las tropas no osaron entrar en Djoun, donde la dama inglesa había acogido a cientos de refugiados. Durante el terremoto que azotó Sidón sus habitantes buscaron cobijo en la mansión de la dama extranjera, allí se les cuidó y alimentó hasta que pudieron regresar a sus casas.

Sin embargo, lady Hester Stanhope no gobernaba sólo en su fortaleza de Monte Líbano y aunque el pueblo más cercano a Djoun debía obediencia al emir Bashir, en realidad se encontraba bajo su mando. El emir no podía tolerar que la inglesa le desafiara de esta manera y aunque su amistad se remontaba a años atrás, cuando visitó por primera vez el país druso, ahora era su más irreconciliable enemigo. Su rivalidad con el emir se convirtió en obsesiva. Bashir ordenó que ningún musulmán trabajase para ella, bajo pena de muerte, pero ninguno de sus criados la abandonó. Ella, sin embargo, se sentía prisionera en su montaña, dormía por las noches con una daga afilada bajo la almohada y durante el día se paseaba siempre armada. Los soldados del emir rondaban por los alrededores de la casa, asesinaban a campesinos que trabajaban para ella y dejaban los cadáveres mutilados ante su puerta, pero no consiguieron asustarla. Finalmente el Príncipe de la Montaña se dio por vencido y la dejó en paz.

Con el paso del tiempo su carácter se hizo cada vez más violento. Castigaba a sus criados muy severamente y sus extravagantes caprichos dictaban la vida diaria en Djoun. Se mostraba muy supersticiosa y obsesionada con las profecías vaticinadas tiempo atrás por el adivino Brothers. En sus cuadras Hester tenía sus dos yeguas «sagradas» —que sólo podía montar ella— y estaba convencida de que en una de ellas cabalgaría como reina de los judíos y entraría con el Mesías en Jerusalén. De vez en cuando dejaba a algún visitante especial contemplar estos bellos ejemplares, pero no sin antes estudiar su carta astral para comprobar que no pudiera hacer ningún daño a los animales. Los habitantes de la región la llamaban «la monja del Líbano» y «la mujer profeta» porque creían que tenía poderes sobrenaturales y entendía el lenguaje de las estrellas.

Diez años después de que el doctor Meryon partiera a Inglaterra, lady Hester le envió una carta donde le insinuaba que deseaba verle. En 1825 la viajera había recibido la noticia de la muerte de su querido hermano James Stanhope y se sentía completamente destrozada. A partir de ese momento su vida cambió, permanecía recluida en sus oscuros aposentos y ya no salía a pasear al jardín ni montaba a caballo. Charles Meryon en este tiempo se había casado y tenía una hija de pocos meses. La carta de lady Hester le conmovió de tal manera que el 7 de septiembre de 1827 embarcaba en el *Fortuna* con su familia rumbo al Líbano. Llegaron a Beirut el 8 de diciembre tras un viaje dramático, pues a la altura de Creta fueron atacados por piratas griegos y salvaron la vida de milagro.

Lady Hester se sentía feliz de poder conversar como antaño con el doctor hasta altas horas de la madrugada mientras tomaban café y fumaban en pipa turca. Meryon la encontró algo cambiada pero gozaba aún de buena salud, tenía una memoria privilegiada y su conversación resultaba tan amena como siempre. Sin embargo, al doctor le preocupaba el trato frío y distante que Hester le daba a su esposa. La señora Meryon —que tardó un tiempo en recuperarse psicológicamente del terrible ataque pirata— tampoco simpatizó con su extravagante anfitriona y no estaba dispuesta a acatar sus órdenes ni someterse a sus caprichos como hacía su esposo. Dieciocho meses después de su llegada Charles Meryon decidió regresar a Inglaterra porque la situación entre las dos mujeres se había vuelto insostenible. Tardaría seis años en regresar a Djoun, cuando Hester ya se encontraba muy enferma.

En los siguientes años lady Hester recibió en Djoun a algunos ilustres viajeros. Ningún europeo que se preciara pasaba por esta región sin intentar entrevistarse con la «reina de los árabes». Y eso que su refugio en lo alto de la montaña era entonces un lugar remoto y bastante inaccesible. Se tardaba al menos diez horas en llegar a caballo desde Beirut siguiendo un empinado y sinuoso camino de tierra. Hester sabía que su fama se había extendido desde Londres a la India y no defraudaba a los que hacían tan largo camino para conocerla. Preparaba a conciencia la puesta en escena, que era siempre la misma; recibía a sus huéspedes sentada en su sofá vestida como un druso y nunca antes de las cuatro de la tarde. Mantenía en penumbra su habitación, fumaba su larga pipa turca y se perdía en interminables soliloquios sobre lo humano y lo divino. Alphonse de Lamartine, uno de los poetas románticos franceses más importantes, la visitó en 1832 y su residencia le recordó «esos pobres conventos que uno encuentra en Italia o España, instalados en lo alto de una montaña y que pertenecen a órdenes mendicantes». En su libro *Viaje a Oriente* describía de esta manera aquel inolvidable encuentro: «Llevaba un turbante blanco con una estrecha banda de lana púrpura alrededor de la frente cuyas colas caían a los lados y los hombros. Su figura estaba envuelta en un largo chal de cachemira amarillo y una voluminosa túnica turca de seda blanca con amplias mangas. Tan sólo a través de una abertura que tenía esta túnica a la altura del pecho se podía ver otra pieza de abrigo, en seda bordada con flores, que le llegaba hasta la garganta donde se cerraba con un broche de perlas. Botas turcas de piel amarilla brocadas con seda completaban este hermoso disfraz oriental que ella vestía con la gracia y la libertad de alguien que no ha vestido otra cosa en muchos años». Lady Hester tuvo una larga conversación con Lamartine, al cual le informó de que «por la forma de sus pies debía de ser descendiente de árabes como ella». Al finalizar le envió a cenar a otra dependencia tras aclararle que ella nunca comía en compañía y que su dieta se basaba exclusivamente en un poco de pan y algo de fruta.

Otro célebre escritor que la visitó en el Líbano fue Alexander Kinglake, un brillante abogado y aventurero que publicó en 1844 una pequeña obra maestra, *Eothen*, sobre su viaje por Oriente.

Llegó a Djoun a finales de otoño de 1835 y en su obra dedica emotivas palabras al encuentro con la excéntrica viajera británica. Lady Hester había sido en el pasado amiga de su madre y de niño el escritor había oído fabulosas historias acerca de ella: «Su nombre se me había hecho tan familiar en mi infancia como el de Robinson Crusoe; ambos iban asociados al espíritu de aventura. Pero mientras que la ficción del marinero náufrago nunca dejó de parecerme real, la verdadera historia de esta mujer inglesa que gobernaba sobre árabes me sonaba a fábula». Hester tampoco le defraudó, le recibió con todos los honores en su feudo de Djoun; tomaron café y fumaron sin parar, al tiempo que la mística dama recordaba detalles de algunas de sus aventuras por la región y del día que fue coronada reina en Palmira.

En el invierno de 1837 lady Hester cayó gravemente enferma a causa de una pulmonía. Por entonces ya no tenía a ninguna de sus doncellas europeas y tampoco a ningún médico de confianza que pudiera atenderla. De nuevo Meryon acudió en su ayuda y se quedó unos meses con ella. La encontró débil y anémica —tenía la costumbre de desangrarse cuatro o cinco veces al año—, fumaba incesantemente y una terrible tos sacudía su cuerpo. Su vista se había debilitado mucho hasta el punto de que no podía leer ni escribir. Tuvo que guardar cama hasta marzo de 1838 pero los intensos dolores no pudieron con su fortaleza de ánimo. Cuando se acostaba lo hacía tan abrigada como durante el día, tal como describió el doctor Meryon: «El frío le calaba los huesos y eso lo odiaba, su cama era apenas unas tablas sobre las que había instalado un enorme colchón. No usaba sábanas y sus mantas estaban llenas de agujeros de la ceniza de sus pipas. El suelo de la habitación era de cemento sin alfombras y una serie de nichos en la pared le servían de armario para guardar sus escasas pertenencias».

Hester atravesaba graves problemas económicos, el gobierno británico le había retirado la pensión que cobraba presionado por los acreedores y no tenía ni para pagar a sus sirvientes. Su antes espléndida mansión de Djoun era ahora un edificio ruinoso porque no podía costear su rehabilitación. Como ya no era capaz de mantener el orden entre sus sirvientes, éstos la robaban sin piedad. Bajo la almohada de su cama escondía algunas cucharas de plata y delicadas servilletas de seda, los únicos objetos de valor que había podido salvar de la rapiña. A Meryon le preocupaba el estado de abandono en el que vivía; su habitación estaba sucia, llena de pipas y trozos de cordel, y el techo apuntalado con vigas para evitar que se derrumbase. Durante los últimos quince años de su vida lady Hester raramente abandonó la cama. Controlaba Djoun desde su alcoba haciendo sonar su campanilla y amonestando al servicio como antaño. Vivía rodeada de al menos treinta gatos que se comían su cena, asaltaban la despensa y de noche no dejaban dormir a nadie con sus maullidos y peleas. Pero a ella le gustaban y le hacían compañía, así que nadie se atrevía a molestarles. A estas alturas lady Hester, que contaba sesenta y un años, vestía en harapos pero aún se mostraba muy digna: «Si el sultán me viera ahora en mis ajados ropajes me respetaría igual que siempre. Después de todo, ¿qué es el vestido? Mira mi túnica hecha harapos; no vale ni seis peniques pero ¿crees de verdad que esto afecta a mi valor? Mi única ambición es agradar a Dios, yo sería exactamente la misma en lo alto de una pila de excrementos».

En agosto de 1838 lady Stanhope le pidió a su amigo Charles Meryon que regresara a Inglaterra; él tenía una familia que cuidar y ella ya no podía pagarle sus servicios. El doctor, que había compartido con ella veintiocho años de aventuras, se negaba a dejarla sola pero finalmente, y obligado por su esposa, tuvo que aceptar. Había despedido a todos sus sirvientes y ahora sólo cinco vivían con ella. Hester comenzó a actuar como si hubiera perdido la cabeza: mandó degollar a las cabras y ovejas de sus rebaños porque decía que ya nadie los podía alimentar. Antes de que Meryon y su familia abandonaran para siempre Djoun le solicitó al doctor un último favor, que mandara buscar un albañil para tapiar la puerta principal de su mansión dejando sólo una pequeña abertura lateral «para que pudiera entrar un burro cargado con pellejos de agua».

Lady Hester aún vivió diez meses más y tuvo fuerzas para escribirle la última carta a su fiel amigo Meryon, que se había aposentado como médico en la Costa Azul. El 6 de mayo de 1839 le informaba de que su salud era buena, pero no era verdad. Se encontraba postrada en la cama, sin cuidados médicos y en la única compañía de sus gatos. En la misma se despedía de él con estas palabras: «No te preocupes por mi futuro. He hecho lo que consideraba mi deber. No tengo nada que reprochar a nadie». Murió en su cama el 22 de julio de 1839, «cubierta de harapos, en un ambiente sórdido y rodeada de más de cuarenta gatos que no cesaban de maullar». El día anterior anunció a los criados que seguían con ella que no estaría viva al amanecer y así fue.

Cuando la noticia de su muerte llegó a Beirut, su amigo el cónsul británico y un misionero americano se trasladaron de inmediato hasta su residencia en la colina. Encontraron su cuerpo postrado en la cama, con el rostro plácido y sin signos aparentes de sufrimiento. A medianoche, a la luz de las antorchas, la enterraron en un rincón de su jardín de rosas, en el lugar exacto elegido por ella. El cónsul mandó sellar las treinta y cinco habitaciones de la casa para evitar el robo, aunque estaban llenas de mohosas provisiones y extraños objetos que le gustaba coleccionar. En una de ellas guardaba sus magníficas sillas de montar árabes y las de su guardia personal, ahora comidas por las polillas y la suciedad.

Cincuenta años después de su muerte, una sobrina suya, la duquesa de Cleveland, quiso conocer el lugar exacto donde se había refugiado su célebre tía, lady Hester Stanhope. En 1895 ya no quedaba en pie ni un solo edificio, los jardines y las terrazas habían desaparecido y el terreno se había alquilado a un campesino que vivía allí con su familia. Sin embargo, el lugar seguía siendo magnífico, desde la montaña se divisaban los frondosos valles, las montañas del Líbano y a lo lejos el mar azul. Ya nada quedaba de aquel «palacio oriental» donde habitó una mujer extraordinaria a quien el poder y la gloria le fueron negados en Inglaterra y que aquí, en su fortaleza de las nubes, pudo hacer realidad su sueño de reinar entre los árabes. El doctor Meryon se enteró de su muerte en Niza, donde residía con su familia, y cuando un periodista le preguntó por aquella extravagante dama con la que había compartido tantos años de aventuras, le respondió: «No era una excéntrica como muchos decían, sino una mujer iluminada, de alta cuna, muy culta, gran estadista y en ocasiones una especie de Circe. Siempre se las ingeniaba, aun en los momentos más difíciles, para esparcir a su alrededor una mágica ilusión que cautivaba a quien la conocía».

Lady Jane Digby
1807-1881

Hablaba nueve lenguas a la perfección, vivía la mitad del año en Damasco y la otra mitad con su esposo, en su tienda de beduino. Había tenido la vida más romántica y aventurera que podamos imaginar, era la digna sucesora de lady Hester Stanhope.

ISABEL BURTON, Damasco (Siria), 1870

Alma beduina

En abril de 1853 lady Jane Digby embarcaba en el puerto de El Pireo (Grecia) rumbo a Oriente. La aristócrata inglesa tenía cuarenta y seis años y dejaba atrás tres matrimonios, seis hijos y un buen número de ilustres amantes. Una intensa vida amorosa que escandalizó a la refinada sociedad de su tiempo e inspiró media docena de novelas que se convirtieron en un éxito de ventas. Lo suyo era una huida en toda regla: quería olvidar su último y apasionado amor con un general albanés, la trágica muerte de su hijo más querido de seis años de edad y encontrar la paz en un lugar remoto donde nadie conociera su pasado. Había leído con enorme interés el libro *Eothen* de Alexander William Kinglake, un original y entretenido libro de viajes publicado en 1845 que tuvo una gran acogida entre el público inglés. Su autor era un joven y aventurero abogado londinense que durante quince meses recorrió Tierra Santa con sus dos sirvientes europeos armado con una pistola al cinto. A lady Jane le interesó muy especialmente el capítulo en el que Kinglake hablaba de su encuentro con «una gentil dama tremendamente excéntrica» a la que visitó en su remota fortaleza de las montañas del Líbano. Se trataba de lady Hester Stanhope, la indómita viajera inglesa que durante años gobernó como una auténtica reina oriental desde su refugio de Djoun y consiguió entrar en la ciudad de Palmira. Lady Jane soñaba con seguir sus pasos, explorar las ciudades romanas enterradas en la arena, peregrinar a Jerusalén y disfrutar de la vida nómada de los beduinos. Creía que en estas tierras de Oriente podría comenzar una nueva vida lejos de los recuerdos que aún la atormentaban.

Lady Jane, mujer culta y lectora voraz, no ignoraba lo temerario de su aventura. En aquellos años del siglo XIX la región de Siria era la más peligrosa del Imperio Otomano para los viajeros europeos. El gobierno sólo tenía autoridad en las principales ciudades como Damasco, Alepo y Homs; en el resto del país reinaba la más absoluta anarquía. Los despóticos pachás, las mortíferas emboscadas, los grupos de fanáticos musulmanes y las epidemias de peste y cólera desalentaban a los viajeros. Pero Jane ya se había enamorado de Oriente, como otros compatriotas, a través de las evocadoras lecturas de los libros de viajes y los sensuales cuadros de los orientalistas.

El día en que con el corazón destrozado se despedía de su pasado, la dama inglesa ignoraba que en la legendaria Damasco viviría la más apasionante de sus aventuras. Tras varios matrimonios frustrados y sonados romances —incluido uno con el excéntrico monarca Luis I de Baviera— encontraría el verdadero amor entre los beduinos del desierto sirio. Abdul Medjuel, un culto y refinado jefe árabe de la tribu de los Mezrab, sería su cuarto y último esposo. Con él compartiría veinticinco años de feliz matrimonio y se adaptaría sin problemas a la dura vida beduina. La pareja viviría medio año en su casa de Damasco y el resto en las tiendas de pelo de cabra típicas de los nómadas. Al convertirse en lady Jane Digby el Mezrab, la elegante aristócrata que fuera en el pasado lady Ellenborough, baronesa Venningen y condesa Theotoky, se transformó en una auténtica beduina. Vestía un largo caftán, lucía dos largas trenzas que le llegaban al suelo, maquillaba sus ojos con *kohl*, fumaba en narguile y montaba a caballo con gran destreza.

Al explorador y orientalista sir Richard Burton, cónsul británico en Damasco en 1869, lady Jane le pareció de todos los residentes europeos el personaje más fascinante y misterioso. Su esposa Isabel Arundell se convirtió en una de sus más íntimas amigas y fue testigo de la adoración que sentía la inglesa hacia su esposo beduino: «Se la honraba y respetaba como si fuese la reina de aquella tribu, ataviada con su túnica azul, con su hermoso cabello partido en dos crenchas que llegaban hasta el suelo, y ordeñaba las camellas, servía a su esposo, le preparaba las colaciones, se sentaba en el suelo, le lavaba los pies y le daba café; mientras su esposo comía, permanecía en pie, atendiéndole, glorificándole. Tenía un aire espléndido con su vestimenta oriental».

Cincuenta años antes que T.E. Lawrence —más conocido como Lawrence de Arabia— consiguiera unir durante la Primera Guerra Mundial a las tribus beduinas de la región del Hiyaz bajo las órdenes del príncipe Faisal para luchar contra los turcos, lady Jane Digby ya había adoptado las ropas árabes y se encontraba a sus anchas en el infinito desierto rodeada de nómadas orgullosos que no sabían de fronteras. Ningún europeo hasta entonces había llegado a conocer tan íntimamente a los beduinos y compartido su primitiva forma de vida. El desierto cambió a Jane al igual que en su día a Lawrence, quien en su libro *Los siete pilares de la sabiduría*, escribió: «Nadie puede vivir esta vida y salir de ella como entró. Llevará consigo la impronta del desierto, el sello que marca al nómada, el deseo de volver».

Amores prohibidos

En sus primeros años de vida Jane llamaba la atención por su exultante belleza y expresividad. La pequeña había nacido el 3 de abril de 1807 en la mansión de Forston House, en el condado de Dorset, en el seno de dos importantes familias aristocráticas inglesas, los Digby y los Coke. Aunque sus padres deseaban un niño la presencia de aquella criatura angelical de cutis de alabastro, cabello rubio y ojos azules les llenó de felicidad. Su madre, Jane Elizabeth, era la hija mayor de Thomas Coke, uno de los plebeyos más ricos y famosos de Inglaterra al que apodaban cariñosamente «el rey Coke». Era un hombre entusiasta, que introdujo importantes reformas en el campo de la agricultura y fue diputado en la Cámara de los Comunes en representación del condado de Norfolk. Sir Thomas tuvo tres hermosas hijas a las que buscó maridos con un futuro brillante. Jane Elizabeth se casó a los diecinueve años con Charles Nevinson Howard, vizconde de Andover, pero la felicidad del matrimonio duró apenas cuatro años. En el invierno de 1800 la joven pareja se encontraba en la residencia de Holkham Hall para asistir a una cacería. Lady Andover le suplicó a su esposo que no se uniera a la partida porque había soñado que sufriría un terrible accidente. Charles, para tranquilizarla, se quedó con ella pero al mediodía el tiempo era magnífico y salió con su escopeta al hombro. Dos horas después le comunicaban que su marido había muerto de un disparo accidental sin que nada se pudiera hacer por salvar su vida.

A lady Andover sus biógrafos la describen como una artista frustrada —y bastante esnob— discípula del gran paisajista y retratista Thomas Gainsborough. Como no tenía, al parecer, mucho talento se dedicaba a copiar cuadros de Poussin, aunque nunca consiguió tener un estilo propio. En 1806 la joven viuda —que siempre quiso conservar el título de lady Andover— se casó en segundas nupcias con el apuesto y aventurero capitán de la Marina Henry Digby. El almirante Digby tenía veinticinco años, era «un curtido y astuto lobo de mar» y héroe de la batalla de Trafalgar. En aquel tiempo estaba al frente de una pequeña fragata, *La Aurora*, dedicada a capturar barcos enemigos de Francia y España, y enriquecerse con sus suculentos botines. Muy pronto el capitán Digby se hizo muy rico, lo que le permitió construirse una elegante mansión en Dorset, donde nació Jane.

Lady Jane Digby heredaría la vena aventurera de su padre, el inconformismo de su abuelo Thomas Coke y la belleza de su madre, a quien el príncipe de Gales —el futuro rey Jorge IV— consideraba «la mujer más hermosa de toda Inglaterra». La niña creció en la suntuosa residencia de Holkham Hall que su extravagante abuelo construyó en el condado de Norfolk. El edificio, un palacio de estilo neoclásico, rodeado de cuidados jardines y una espectacular fuente, parecía por su opulencia la residencia de un rey. Al cruzar el umbral del enorme vestíbulo, construido a la manera de un templete romano con esbeltas columnas y todo revestido de mármol, el visitante se encontraba con amplios salones decorados con antigüedades y magníficas obras de arte —entre ellas cuadros de Rubens y de Leonardo da Vinci— que fue coleccionando a lo largo de su vida. El abuelo Coke era muy rico e influyente, pero además era un hombre culto, amante de la lectura, que compró miles de libros para su biblioteca, considerada aún hoy un tesoro literario.

En este ambiente se crió la pequeña Jane, cuya educación corrió a cargo de institutrices y profesoras particulares. Aprendió música, dibujo, costura, buenos modales y a leer la Biblia. Aunque sin duda su mejor tutor fue su abuelo, a quien estaba muy unida y que desde la más temprana edad le animó a interesarse en asuntos «tan poco femeninos» como llevar una granja, montar a caballo, leer a los clásicos, estudiar las civilizaciones antiguas y tener algunas nociones de política moderna. La suya fue una infancia privilegiada entre unos padres que la adoraban, un abuelo que le consentía todo y sus dos hermanos pequeños —Edward y Kenelm— de los que nunca se separaba.

Jane comenzó a viajar muy pronto, cuando a su padre le nombraron almirante y su esposa le iba a visitar a todos los puertos donde atracaba su flota. Con trece años la joven ya había recorrido buena parte de Europa en un gran convoy de elegantes carruajes acompañada de un nutrido servicio doméstico. Aunque Jane nunca fue a un internado como era habitual entre las niñas que vivían en la campiña inglesa, cuando cumplió los quince años la enviaron a una escuela de señoritas en el condado de Kent. Allí pasó un año que nunca olvidaría porque en su ausencia el abuelo Coke —que tenía setenta años— se había casado con una adolescente, lady Anne, hija de un íntimo amigo suyo.

En 1823 los Digby se establecieron en Londres y la vida de Jane dio un giro inesperado. Tal como mandaban los cánones tenía que ser presentada en sociedad y casarse con un hombre a ser posible rico y de buena posición, como ella. En los meses siguientes recibió clases de baile, aprendió a caminar en encorsetados trajes de noche y compró colecciones de sombreros, guantes, zapatos y chales. Su padre le regaló un caballo para que pudiera pasear al atardecer por Hyde Park vestida con traje de amazona. Lady Jane tenía una sólida formación y una cultura que no era habitual en una joven aristócrata de su tiempo. En aquella época ya hablaba a la perfección cuatro idiomas —italiano, francés, alemán e inglés— y era una notable artista con la acuarela y el lápiz. Tocaba el piano, la guitarra y el laúd, y tenía una buena voz capaz de interpretar un extenso repertorio de canciones de amor extranjeras.

La vida londinense de Jane transcurría entre elegantes cenas y bailes de salón a donde acudía lo más selecto de la sociedad británica. Muy pronto, gracias a su belleza y simpatía, se hizo muy popular entre los solteros más codiciados de la ciudad. En marzo de 1824, con diecisiete años recién cumplidos, lady Andover presentaba orgullosa a su hija al rey Jorge IV y su corte. En aquel baile coincidió con Edward Law, lord Ellenborough, un atractivo viudo de treinta y cuatro años que era, según lo establecido, «un magnífico partido», muy rico, influyente y educado en Eton y Cambridge. En realidad —como muy pronto descubriría la ingenua Jane— era un ambicioso político miembro de la Cámara de los Lores que soñaba con llegar a ser ministro y quería a su lado una esposa distinguida que le diera descendencia.

Fueron muchos los que se preguntaron entonces cómo una mujer tan ardiente e impulsiva como Jane pudo casarse con un hombre tan flemático y aburrido. Edward le doblaba la edad y en el amor era más experimentado y cínico que la soñadora muchacha. Bastaron unas poesías de amor que lord Ellenborough le escribió a Jane con el seudónimo de Oussey para que aceptara su proposición de matrimonio a los seis meses de conocerse. El 15 de septiembre de 1824 la pareja se casó en Londres y partió de luna de miel a Brighton. La relación fue fría y distante desde el primer momento, aunque Jane siempre reconoció que su noche de bodas fue muy satisfactoria. Edward, que tenía fama de seductor, no abandonó la costumbre de cortejar a las mujeres incluso ahora que estaba casado. Ya en su luna de miel se dedicó a coquetear con la hija de un pastelero que engrosaría su larga lista de amantes y con la que más adelante tendría un hijo.

Tres semanas después la pareja volvía a Londres y Edward se sumergía de lleno en su trabajo descuidando a su joven esposa. El sueño de Jane se esfumó el día en que acabó su corta luna de miel.

A su arrogante marido, que se encontraba en la cúspide de su carrera, sólo le interesaba la política. El matrimonio se mantuvo unido a los ojos de la sociedad, pero como estaba de moda entonces, lady Jane comenzó a coleccionar amantes. Su primera conquista fue un joven bibliotecario del Museo Británico llamado Frederick Madden, al que cautivó con sus dotes musicales. Para ser su primer adulterio no fue muy discreta. Al contrario, se llevó al joven a la mansión familiar de Holkham en marzo de 1827, dio vacaciones al personal y pasó varias semanas con él sin apenas salir de la habitación.

Su primo, el coronel George Anson, sería su segundo amante. Había sido elegido por la familia para escoltar en sus salidas a lady Jane y preservar su reputación. No fue una idea muy afortunada, ya que ante la indiferencia de su esposo, la joven encontró en su apuesto primo algo más que un acompañante. Jane se enamoró perdidamente de este hombre, diez años mayor que ella, que acababa de regresar como un héroe de la batalla de Waterloo y la pasión surgió de nuevo. Lo que no imaginaba lady Jane es que de aquella relación esporádica nacería su primer hijo, Arthur. Lord Ellenborough, que en aquel tiempo esperaba ser elegido miembro del gobierno y necesitaba todo menos un escándalo, reconoció al niño como suyo. Poco tiempo después fue nombrado ministro del gabinete presidido por el duque de Wellington.

Lady Jane no mostró gran interés por este niño enfermizo que nació con problemas respiratorios y dejó su crianza en manos de una niñera. Por aquella época la joven se sentía muy infeliz e insatisfecha en el amor. Con George Anson había pasado muy buenos momentos pero nunca quiso comprometerse. En el diario íntimo que escribiría hasta su muerte ocurrida en Damasco en 1881 confesaría: «La desgracia de mi naturaleza es considerar que el amor lo es todo; sin este sentimiento, la vida no es más que un triste vacío. La necesidad de amar y de ser amada es para mí como el aire que respiro y la única causa de todo lo que tengo que reprocharme a mí misma».

Un año después de dar a luz a su hijo, lady Jane retomó su intensa vida social. La noche del 10 de marzo de 1828 acudía sola a un baile de gala donde conoció al hombre que se convertiría, según sus propias palabras, «en una gran pasión absorbente». En esta ocasión se trataba del príncipe Félix Schwarzenberg, agregado en la embajada austríaca en Londres y miembro de una importante familia aristocrática de Bohemia. Era un hombre alto y apuesto de veintisiete años y penetrantes ojos negros que lucía un extravagante bigote que causaba sensación entre las damas. Jane tardó poco en sucumbir a sus encantos y al primer vals que bailaron juntos surgió el flechazo. A partir de ese instante pasearon su tórrido amor sin pizca de discreción y sin hacer caso del escándalo que provocaba su comportamiento. Lady Jane aún era la esposa del brillante político lord Ellenborough, quien estaba tan absorto en sus asuntos que tardó un tiempo en enterarse de las infidelidades de su mujer. El divorcio era inevitable y causó un gran revuelo en la sociedad británica de su tiempo. Durante meses la vida de la pareja ocuparía las portadas de los principales rotativos londinenses y las revistas satíricas exprimirían hasta la saciedad la jugosa historia de «el político despechado, el príncipe apasionado y la aristócrata enamorada». En abril de 1830, para sorpresa de sus lectores, el periódico *The Times* retiraba los anuncios habituales de su primera página para informar sobre el divorcio de lord Ellenborough y sacar a la luz los detalles más íntimos de la pareja.

Jane, a pesar de ser el centro de todas las miradas, se sentía amada y muy dichosa aunque sabía que esta nueva relación no iba a ser nada fácil. Al poco tiempo de comenzar su romance con lady Ellenborough, Félix fue llamado a Viena por su jefe, el príncipe Metternich, en un esfuerzo desesperado por salvar la brillante carrera de su protegido. Cuando a principios de mayo Félix le dijo a Jane que tenían que separarse porque le trasladaban a la embajada de París, ella le anunció que estaba esperando un hijo suyo. La noticia no hizo cambiar de planes a su amante, que regresó a Viena para preparar su traslado definitivo a Francia.

Fue aquélla una etapa muy dura en la vida de lady Jane; tras el anuncio público de su divorcio se le cerraron todas las puertas en Inglaterra y los miembros más distinguidos de su familia le dieron la espalda. A finales de verano huyó a París para estar cerca del príncipe austríaco y esperar la llegada de su hijo. A pesar de todo lo ocurrido su marido, lord Ellenborough, fue generoso con ella y le dejó una pensión vitalicia de 360 libras anuales. Mientras se llevaban a cabo los trámites de separación, el pequeño Arthur, de dos años de edad, murió de una pulmonía. Ellenborough nunca se volvió a casar y ningún hijo suyo pudo heredar sus títulos nobiliarios. Años después, cuando lady Jane residía en Damasco y estaba felizmente casada con su esposo beduino, se enteraría de que su primer marido había sido nombrado gobernador general de la India.

Lady Jane Digby en 1829 vivía en París bajo el seudónimo de madame Einberg. Se instaló con sus doncellas en un amplio y elegante piso cercano al Palacio Real mantenida por Félix Schwarzenberg. Unos meses después dio a luz a una niña a la que llamó Matilde. La fogosa Jane seguía muy enamorada del apuesto príncipe pero todos los indicios apuntan a que él había perdido el interés. Al igual que George Anson, no quería sacrificar su carrera como diplomático y la relación con esta dama liberal e independiente le comprometía seriamente. La pareja no volvió a encontrarse hasta principios de noviembre cuando Félix apareció por París. A pesar de tener una hija en común no estaba dispuesto a casarse con lady Jane, a la que siempre consideró su amante. Cuando en 1830 se quedó de nuevo encinta, Félix se negó a asumir la paternidad y la relación entre ambos se hizo insostenible. En Navidad nació el tercer hijo de Jane, al que bautizó con el nombre de Félix, pero moriría a los diez días. Un año después, en la primavera de 1831, el príncipe regresó a Austria y se despidió para siempre de ella; nunca más volverían a verse.

Lady Jane vivió sola en París tres años luchando por un amor no correspondido que la hirió profundamente. La ex mujer de lord Ellenborough era ya un personaje célebre en la capital francesa. Dispuesta a olvidar los continuos desaires del príncipe se zambulló en la extravagante vida artística de aquel París de los años treinta. Vivía en un pequeño círculo conocido como Le Beau Monde (El Bello Mundo), formado por los bohemios más célebres del momento. El ambiente estaba impregnado de un exotismo oriental que había puesto de moda el pintor Delacroix obsesionado con los sensuales interiores de los harenes. La escritora George Sand se paseaba vestida de hombre turco con pantalones bombachos, babuchas y capa oriental; Honoré de Balzac y el compositor húngaro Franz Liszt llevaban el típico fez rojo con borla de seda y fumaban narguile o pipa turca de agua. En aquellos años locos Jane conoció al legendario líder argelino Abd el-Kader, con el que volvería a encontrarse treinta años más tarde en Damasco siendo él un honorable exiliado y ella la esposa de un jefe de la tribu de los Mezrab.

La musa del rey

No se sabe muy bien por qué lady Jane, tras su ruptura definitiva con el príncipe Schwarzenberg, se trasladó a vivir a Munich. Dejó a la pequeña Matilde en París dispuesta a emprender una nueva vida y recuperarse de su profunda depresión. En 1831 Munich vivía su época dorada, era una de las ciudades más interesantes de Europa en el campo artístico y cultural. Eso se debía, en buena parte, a su rey, Luis I de Baviera, un auténtico mecenas de las artes y la literatura. El monarca era un hombre extravagante, refinado y erudito que aspiraba a convertir su ciudad en la Florencia de Lorenzo de Médicis. Además de las obras de arte sentía debilidad por las mujeres hermosas y cuando vio por primera vez a lady Jane sentada en la terraza del famoso café Tambosi, sucumbió ante su deslumbrante belleza. Era el mes de octubre de 1832 y muy pronto lady Jane —que gracias a su atractivo nunca pasaba inadvertida— se convirtió en su musa inspiradora. Luis I de Baviera sería en los años siguientes su más fiel amigo, confidente y amante esporádico, según algunos biógrafos. En las cartas más íntimas que se enviaban el monarca la llamaba en griego Ianthe (Jane) y ella se dirigiría a él como Basily (rey).

A la lady Jane el palacio del rey Luis le recordaba a la lujosa mansión familiar de Holkham Hall donde creció rodeada de caprichos y sirvientes. Jane y el monarca tenían gustos muy similares. Luis I había pasado largas temporadas en Italia y Grecia, donde desarrolló su gusto por las civilizaciones antiguas y clásicas. Al principio el monarca intentó consolar a lady Jane, que aún seguía enamorada del príncipe Félix, pero en realidad estaba cortejándola. Los rumores de que lady Jane Digby era su nueva amante comenzaron a circular por la corte. Luis I —que entonces contaba cuarenta y cinco años— estaba casado desde 1810 con la princesa Teresa, considerada según sus biógrafos «la más bella de toda Europa», y tenían siete hijos. Su esposa, de talante liberal, siempre estuvo al tanto de sus infidelidades que no parecieron afectar a su matrimonio basado en «el respeto y la complicidad».

El rey, obsesionado con la belleza de las mujeres, tenía en palacio su particular pinacoteca —conocida como la Galería de la Belleza— donde guardaba una colección de magníficos retratos de las mujeres más hermosas de su tiempo. Las modelos iban desde la hija de un zapatero de Munich, hasta la elegante esposa del primer ministro británico. No es de extrañar que el monarca le pidiera a la aristócrata inglesa que posara para el pintor de la corte, Joseph Stieler, un artista de gran talento que transformaba a todas sus modelos en heroínas románticas. El cuadro realizado según los cánones clásicos de belleza —piel transparente, facciones perfectas y simétricas— no hacía justicia a la verdadera hermosura de Jane. A ella nunca le gustó este retrato aunque no pudo evitar que se exhibiera en un lugar destacado de la pinacoteca real.

El caprichoso y mujeriego rey Luis I de Baviera pagaría años después su debilidad por las damas hermosas y temperamentales cuando en 1848 se vio obligado a abdicar tras mantener un apasionado romance con la bailarina Lola Montez. La cortesana —que decía ser natural de Sevilla aunque algunos biógrafos sitúan su nacimiento en Irlanda— llegó a Munich en 1847 para romper la monótona existencia del entonces sexagenario monarca. Lola fue algo más que una amante a la que el soberano colmó de valiosos regalos, le otorgó títulos nobiliarios y le llegó a transferir el gobierno del Estado. Los adversarios del rey no estaban dispuestos a tolerar semejante excentricidad y la expulsaron del país bajo la acusación de conspiración política. Poco tiempo después Luis I, forzado por las circunstancias, abandonó el trono.

Lady Jane vivía en Munich como en un cuento de hadas agasajada por un rey que la colmaba de regalos y atenciones. Fue entonces cuando hizo su aparición el barón Karl von Venningen, uno de los hombres más atractivos de Munich y perteneciente a una importante familia de Baviera cuyos orígenes se remontaban al siglo XI. Se enamoró de Jane un día que paseaba a caballo y ella se cruzó en su camino. El barón tenía veintiséis años y comenzó a cortejarla fogosamente con el beneplácito del rey Luis. El 27 de enero de 1833 lady Jane daba a luz en Palermo (Italia) a un niño al que llamó Heribert, que vino al mundo sin complicaciones en el parto, como era habitual en una madre que siempre gozó de excelente salud y forma física. El barón Venningen, que era un hombre de honor y todo un caballero, le pidió a Jane en matrimonio, pero ella no compartía los mismos sentimientos. Finalmente, aconsejada por el rey, que seguía siendo uno de sus mejores amigos, aceptó casarse para enderezar su vida y acabar con su mala reputación.

Jane tenía entonces veintiséis años, aún era una mujer muy bella y la posibilidad de unirse a un noble honrado y rico era muy tentadora. El 16 de diciembre de 1833, la dama se convertía en la baronesa Venningen y, aunque para ella no era más que un matrimonio de conveniencia, intentó comportarse como una buena esposa. La pareja se marchó a vivir a un impresionante castillo en Weinheim, cerca de la ciudad de Heidelberg, propiedad del barón alemán. A Jane la vida en el campo, aunque rodeada de todas las comodidades y de un auténtico ejército de sirvientes, le resultaba monótona y sin alicientes. Al poco tiempo de instalarse en el castillo se quedó de nuevo embarazada. En septiembre de 1834 nació su sexto hijo, una niña llamada Berta aquejada de una extraña enfermedad mental y que acabaría sus días internada en un sanatorio. El barón aceptó a la pequeña como suya aunque al parecer —y según su biógrafa Mary Lovell— era hija del rey Luis I de Baviera.

Karl von Venningen creía que la impetuosa Jane se convertiría en una respetable señora de su casa pero no fue así y muy pronto surgieron las tensiones en el matrimonio. En la primavera de 1835 la monótona rutina en que se había convertido la vida en Weinheim para lady Jane se vio alterada por la visita del célebre novelista francés Honoré de Balzac que iba camino de Viena. Balzac había conocido a la aristócrata inglesa en París en 1831 y admiraba su espíritu independiente y su fogoso temperamento. Gran conocedor de la psicología femenina, Balzac se inspiró en ella para crear el personaje de lady Arabella Dudley en *El lirio del valle*, una de las novelas de *La Comedia Humana*, y la describió con estas palabras: «Su cuerpo no sudaba jamás, aspiraba el fuego de la atmósfera y vivía en el agua. Por eso su pasión era completamente africana; su deseo marchaba como el torbellino del desierto, de un desierto cuya ardiente inmensidad reflejaban sus ojos, de un desierto lleno de grandeza y amor, con cielo inalterable y frescas noches estrelladas...». Treinta años antes de que la entonces baronesa de Venningen se convirtiera en la esposa de un jefe beduino, Balzac ya intuía que su destino se encontraba en los ardientes desiertos de Oriente.

Lady Jane y su esposo regresaron a Munich hacia 1835. Unos meses más tarde la baronesa acudió a un baile de disfraces donde conoció al conde griego Spiros Theotoky. Desde que había contraído matrimonio Jane intentó comportarse decorosamente pero ante la presencia de este apuesto aventurero, surgió de nuevo la pasión. Spiros era cuatro años más joven que Jane, pertenecía a una noble familia pero no tenía dinero y sí muchas ganas de divertirse. Era alto y moreno, y resultaba muy atractivo vestido con el traje nacional de fustán blanco y chaleco de terciopelo rojo con bordados de oro, lo que le daba un aire de príncipe oriental. Fue una atracción mutua, Jane creyó encontrar al fin su espíritu gemelo y una invitación a la aventura que anhelaba desde hacía tiempo. Además, ella se sentía muy a gusto en Grecia, su amigo el rey Luis le había transmitido su pasión por la cultura griega clásica e incluso le había enseñado algo el idioma. Para los ingleses de comienzos del XIX, Grecia era un lugar cargado de romanticismo gracias a Byron y otros intelectuales que habían dado su vida por liberar al país del dominio turco.

Cuando a finales de año el barón Venningen decidió regresar a su castillo, Jane y el conde griego ya eran amantes. Spiros se trasladó a vivir a un pueblo cercano a Weinheim y todas las noches la baronesa cabalgaba en su corcel negro hasta una posada para verse a escondidas con él. Su esposo, que no era tan iluso como lord Ellenborough, comenzó a sospechar que Jane le era infiel. Un día les encontró juntos en un carruaje cuando pretendían cruzar la frontera y el barón retó a duelo a Spiros. El aristócrata griego, poco hábil con las armas, cayó al primer disparo. Todos creyeron que estaba muerto por la cantidad de sangre que manaba de la herida que tenía en el pecho. En un acto de caballerosidad y temiendo por su vida le confesó a Venningen que su esposa y él sólo eran buenos amigos. El barón, arrepentido de su comportamiento, ordenó que su rival fuera trasladado al castillo para ser atendido por un médico.

A los pocos días el conde Theotoky, ya recuperado, decidió regresar a su isla natal de Corfú y le pidió a Jane que se fugara con él. La dama no se lo pensó dos veces, dinero no le faltaba y nada la retenía en Munich. Para el barón Venningen fue un duro golpe que agravaría su ya delicada salud; seguía amando con locura a su esposa y no entendía cómo podía abandonar de esta manera a los pequeños Heribert y Berta. A pesar de ello mantendrían una buena amistad durante más de cuatro décadas y cuando lady Jane vivía en Siria recibiría emocionada las cartas de su ex marido, quien le informaba sobre la vida de sus hijos a los que no volvería a ver.

En marzo de 1839 Jane y Spiros vivían juntos en París donde ella pasaba las tardes pintando en su caballete a orillas del Sena. Estaba de nuevo embarazada y se sentía más feliz que nunca. El 21 de marzo de 1840 daba a luz a Leonidas, el que sería su hijo más querido y deseado. Por primera vez se había despertado en ella el sentimiento maternal que no había tenido con sus anteriores hijos, a los que había abandonado con sus respectivos padres. Jane se casaría con Spiros Theotoky por el rito griego en Marsella tras convertirse a la fe ortodoxa y ser bautizada por inmersión.

Lady Jane Digby pasó unos años «maravillosos e inolvidables» con el conde griego Spiros. Tras la boda se fueron a vivir a Grecia, primero a la isla de Tinos, donde el padre de su marido era gobernador, y más tarde a Corfú, de donde provenía la familia. Jane disfrutaba de la vida al aire libre recorriendo campos de naranjos, viajando a lomos de mula por playas salvajes y saboreando deliciosas barbacoas de cordero junto al mar. Realizaban expediciones arqueológicas y excursiones para que Jane pintara los hermosos paisajes de la costa que al poeta Byron le recordaban los blancos acantilados de Dover en Inglaterra. En Tinos la dama inglesa comenzó su diario que escribiría de manera ininterrumpida durante trece años.

Lejos del esplendor y el boato de la corte de Munich, Jane encontró junto a Spiros el equilibrio emocional que andaba buscando. Le fascinaba el romanticismo de Grecia y su pintoresca belleza, que inmortalizó en un buen número de acuarelas. En Tinos vivían en una cala a un paso del mar, su vivienda era una rústica y sencilla casita de muros de piedra encalados pero no necesitaba más. Ambos amaban los caballos y solían galopar juntos al atardecer para contemplar las magníficas puestas de sol desde los abruptos barrancos. En aquellos días sólo una noticia enturbió su felicidad. En septiembre de 1842 murió su adorado padre, el único miembro de su familia que siempre la aceptó como era. El capitán Henry Digby le dejó una herencia de diez mil libras y quinientas libras anuales, de manera que lady Jane era ahora muy rica. En 1844 le ofrecieron a su esposo el cargo de ayudante de campo del rey griego Otón I, hijo del amigo de lady Jane, el rey Luis I de Baviera. Los años de dicha estaban a punto de finalizar.

Se trasladaron a vivir a Atenas y en verano Spiros presentó en la corte a su bella esposa británica, que causó gran sensación. La fortuna que ahora poseía lady Jane le permitía vivir en Grecia como una auténtica soberana. Se construyó una gran mansión de tres plantas a las afueras de Atenas que superaba en lujo al palacio de los reyes. Pronto la esposa del rey Otón —la también muy hermosa reina Amalia— se convertiría en su principal rival. Envidiaba a lady Jane no sólo por su belleza sino porque se había ganado la admiración de sus súbditos, que la consideraban una dama adorable.

Lady Jane, o la condesa Theotoky, era la dama más elegante de la ciudad. Todos los días salía a cabalgar con su espléndido caballo árabe blanco y vestida con su traje inglés de amazona. Muchos la confundían con la reina Amalia de Grecia y a su paso la saludaban con una reverencia. Hacia 1846 Jane comenzó a sospechar que su marido le estaba siendo infiel y, aunque le costaba creerlo, al final tuvo que aceptar la dolorosa realidad. Seguía muy enamorada del conde griego pero no estaba dispuesta a sufrir como antaño, así que le pidió que empaquetara sus cosas y se fuera de casa. Ella puso tierra de por medio y viajó a Italia con su doncella y su hijo Leonidas. En 1846 pasaban el verano en la Toscana en un hermoso palacio de Bagni di Lucca a un paso del mar. Una tarde cuando lady Jane atendía a unas visitas, su hijo de seis años de edad se escapó del cuidado de sus doncellas y cayó desde el balcón del tercer piso al patio. Murió en el acto a un paso de su madre. Para lady Jane fue el revés más duro de toda su vida; se quedó psicológicamente destrozada y creía que esta tragedia era un castigo por haber abandonado a sus otros hijos. Años más tarde, cuando vivía en el desierto de Siria y vestía como una beduina, siempre llevaba en el cuello un pequeño relicario de oro que contenía una foto y un rizo del cabello de su pequeño Leonidas.

En la corte de Atenas lady Jane Digby aún iba a protagonizar otro sonado escándalo. El día que conoció a Xristodolous Hadji-Petros, gobernador general de Albania y hombre de confianza de la reina Amalia, sintió que volvía a renacer. Este veterano bandolero de los legendarios Palikares (los valientes) tenía sesenta y cinco años de edad, era alto, atractivo, tenía gran sentido del humor y era un vividor. Vestía, como los albaneses, de color carmín y bordados en oro y llevaba al cinto sus pistolas y cuchillos. Para las aburridas damas de la corte este hombre representaba el fuego y la aventura. En realidad su aguerrido aspecto era imponente y recordaba a un personaje sacado del *Don Juan* de Byron. Se había ganado la vida saqueando a los viajeros que tenían la mala fortuna de caer en sus emboscadas hasta que en 1852 el rey Otón le encargó la defensa de la peligrosa frontera entre Grecia y Albania.

Jane —que siempre fue una romántica incorregible— cuando vio al anciano general vestido con su uniforme, montado en su caballo lujosamente enjaezado y rodeado de sus valientes guerreros se sintió muy atraída por él. Le pareció el hombre más valiente que había conocido en su vida y cuando le visitó en su remoto refugio de las montañas en Lamia, donde acampaba con sus hombres, decidió abandonarlo todo. Xristos —como Jane le llamaba— se sentía muy halagado al tener una hermosa y rica amante inglesa veinte años más joven que él. El espadachín albanés era además padre de un niño llamado Erini que muy pronto llenaría el vacío que había dejado en Jane la muerte de Leonidas. Tras conseguir el divorcio de Theotoky, la aristócrata vendió sus propiedades en Grecia y se trasladó a vivir al cuartel general de Xristos en Lamia.

De la mano de su bandolero albanés, lady Jane comenzó a llevar una vida dura y nómada en la región de los Balcanes que años más tarde le sería muy útil en el inhóspito desierto sirio. Durante los meses siguientes se adaptó sin problemas a la vida espartana de un campamento militar en las remotas montañas. Vivían como marido y mujer en cuevas que les servían de refugio para pasar la noche, ella cabalgaba siempre junto a él al frente de la tropa, cocinaba para los hombres y cuidaba del pequeño Erini. Lady Jane tenía cuarenta y cinco años, y aún era una mujer atlética y de una gran fortaleza física capaz de soportar largas jornadas a caballo. El viajero francés Edmond About, que la conoció en aquella etapa de su vida, diría: «Al día siguiente reinaba en toda Lamia. Toda la ciudad se había puesto a sus pies, y cuando salía a dar un paseo, redoblaban los tambores. Esta delicada mujer convivía con borrachos, galopaba por las agrestes montañas, comía literalmente de pie sobre la marcha, bebía *retsina*, dormía al aire libre junto a una gran hoguera y se encontraba en un excelente estado de salud».

El anciano y enérgico Xristos se hubiera convertido en el cuarto esposo de lady Jane si la reina Amalia de Grecia no hubiera intervenido a tiempo. La soberana —que siempre se había sentido muy atraída por el valiente albanés—, harta del comportamiento escandaloso de la pareja, decidió destituirle de su cargo. De nada sirvió que el veterano general, desesperado, escribiera una carta a la reina explicándole que en realidad la relación con la dama inglesa se basaba únicamente en el interés económico, ya que ella era muy rica y él era un pobre viudo que debía mantener a su familia. Amalia, celosa y herida, no estaba dispuesta a perdonarle y fue expulsado de la corte.

Hadji-Petros optó por mantener su relación con lady Jane y se marcharon juntos a Atenas, aunque la boda nunca se celebró. La aristócrata inglesa se enteró poco tiempo después de que su amante había intentado seducir en repetidas ocasiones a su doncella francesa Eugénie. Se sentía de nuevo traicionada y aunque seguía amando a Xristos decidió abandonarle para siempre. Sin despedirse de nadie, lady Jane Digby partió de su amada Grecia en compañía de su doncella rumbo a Oriente. Convencida de que su vida de aventuras había llegado a su fin, decidió emprender un largo viaje para olvidar y cambiar de aires. Un luminoso día de abril de 1853 las dos mujeres embarcaban en El Pireo (Grecia) con destino a Beirut. Lady Jane soñaba con peregrinar a los Santos Lugares, explorar las ruinas de ciudades legendarias como Palmira o Baalbek en el Líbano, y poder disfrutar de su gran pasión por la arqueología que le había transmitido veinte años atrás su amigo el rey Luis de Baviera. Ignoraba entonces la dama inglesa que en el ecuador de su vida iba a comenzar la mayor de sus aventuras y que en Siria encontraría lo que toda su vida había buscado, el verdadero amor.

La nómada apasionada

El primer destino de lady Jane fue Jerusalén. En el puerto de Jaffa había alquilado los servicios de un dragomán o guía local que le ayudó a preparar su peregrinación a Tierra Santa, un viaje entonces muy peligroso y poco recomendable para unas damas extranjeras. Las temidas emboscadas estaban a la orden del día, pero además había que contar con las tormentas de arena, el calor sofocante, la falta de agua dulce y la dureza de una travesía a lomos de camello. Ignorando todas las advertencias, lady Jane cabalgó con su doncella hacia la ciudad santa por las desoladas llanuras que tanto impresionaron al novelista francés Pierre Loti: «Ese rincón de soledades donde el aire ante nosotros parecía virgen, de un complejo olor beduino, olor almizclado de los camellos, olor feroz de los hombres». Antes de entrar en sus murallas, la viajera quiso contemplar la ciudad desde lo alto del monte de los Olivos y el valle del Cedrón; el panorama que se extendía a sus pies era «tan magnífico como irreal». Aprovechó para hacer algunos dibujos de la legendaria Jerusalén desde el mismo lugar donde en 1830 el pintor orientalista David Roberts realizó sus paisajes bíblicos envueltos en una atmósfera onírica.

Lady Jane permaneció unos días en la ciudad, recorrió sus callejuelas jalonadas por sinagogas, minaretes, patios interiores y ruinas arqueológicas; visitó la iglesia del Santo Sepulcro y la Vía Dolorosa como un peregrino más y disfrutó con Eugénie comprando telas, café y especias en el zoco, donde se concentraban «todos los perfumes de Oriente». Una mañana, antes de que los primeros rayos del sol aparecieran por el horizonte, la viajera puso rumbo a Damasco. A partir de este momento ya no podrían alojarse en las hospederías de los monjes franciscanos donde, tal como señalaba el escritor Kinglake, «se conservaban las mejores bodegas de vino de toda Tierra Santa». En los días siguientes tendrían que acampar en tiendas al aire libre, dormir al raso y comer lo que pudieran comprar en las aldeas que encontraban a su paso. Por lo general la dieta era siempre la misma, algo de arroz y un puñado de dátiles; cuando los hombres conseguían cazar una liebre del desierto era todo un festín. El único lujo de la viajera era su bañera portátil de lona en la que cada noche se sumergía en un reconfortante baño caliente. En ocasiones los síntomas de la malaria —las fiebres, temblores y fuertes jaquecas— la obligaban a guardar reposo, pero el viaje no les deparó mayores dificultades. Lady Jane, al igual que su antecesora lady Hester Stanhope, cambió muy pronto sus apretados corsés y faldas victorianas por una cómoda túnica de terciopelo de color carmín y una capa de satén verde que lucía sobre los hombros. Viajaba, eso sí, con sus valiosas joyas a cuestas, entre ellas, el brazalete de oro y turquesas que le regaló el rey Luis de Baviera.

Desde Jerusalén pusieron rumbo a Jericó; en esta ocasión contaban con la protección de una escolta de soldados turcos que se asombraron al ver lo buena amazona que era la dama europea y la soltura con la que hablaba en su mismo idioma. Cuando llevaba un mes de viaje, acamparon a orillas del río Jordán donde conoció a un joven beduino llamado Saleh. Era el primer encuentro de lady Jane con los hombres del desierto y lejos de los prejuicios raciales de muchos de sus contemporáneos encontró gran afinidad con ellos. Pasaron la noche en su campamento y Saleh invitó a la inglesa a que se uniera a ellos para la cena. Era algo inusual y todo un privilegio para un viajero extranjero ser invitado a una jaima para compartir una velada con los auténticos dueños y señores de estas tierras. A Jane el honor, el orgullo, la cortesía de los beduinos, su vida nómada sin ningún tipo de ataduras le fascinó. En su interior Jane también tenía un alma beduina como muy pronto iba a descubrir.

No resultó difícil que Jane acabara enamorándose de este atractivo y rudo muchacho beduino que vestía con su tradicional kefía —el pañuelo de algodón que los nómadas se enrollaban alrededor de la cabeza para protegerse del sol y el polvo— y su larga túnica blanca que le llegaba hasta los tobillos. Lady Jane, embelesada ante su romántica estampa, cambió de planes y se unió a la caravana de Saleh. Tras unos días de marcha, el grupo llegó a Nazaret donde las dos mujeres pudieron alojarse en un modesto hotel y dormir por fin en una cama. Aquella misma noche la impetuosa lady Jane invitó a su guía beduino a pasar la noche con ella en su habitación, a lo que el joven no se negó. Ajena a lo que pudiera sentir su nuevo amante, lady Jane estaba eufórica tal como confesaba en su diario: «Si no tuviese espejo ni memoria, creería que sólo tengo quince años». Tras unos días de viaje la caravana llegó a Tiberiades y lady Jane quiso visitar Damasco para preparar su viaje a Palmira. Le prometió a Saleh que muy pronto regresaría al Líbano para reunirse con él, pero el beduino debió creer que aquella excéntrica inglesa había perdido la cabeza en el desierto.

El cónsul británico en Damasco había sido informado por el de Jerusalén sobre los planes que tenía la viajera de visitar Palmira —o Tadmor, como ella siempre la llamaba en árabe— en el corazón del desierto de Siria. Como sabía que la intrépida viajera no atendería a razones le envió un mensaje informándole de que le enviaba una escolta con un hombre de toda confianza al frente que podría guiarla hasta la legendaria ciudad. Lady Jane se encontró con el grupo al norte del mar de Galilea y allí conoció al que sería su guía en la arriesgada travesía. Se trataba de Abdul Medjuel el Mezrab, hermano menor del jefe de esta tribu de beduinos con fama de caballerosos, cultos y honrados. Los Mezrab eran una tribu pequeña que no superaba el centenar de tiendas y que dependía para su subsistencia de su alianza con otras tribus. Sin embargo, eran muy poderosos y tenían una gran influencia en la zona porque en sus manos estaba el control de la extensa franja del desierto que rodeaba Palmira. A cambio de su protección recibían de los palmerienses un tributo de 150 camellos al año; asimismo, cobraban el acceso de las caravanas que viajaban entre Bagdad y Damasco. También escoltaban a los viajeros que como lady Jane querían recorrer esta región de Siria, ya que eran los únicos que sabían dónde se encontraban los pozos de agua y los «francos» —como aquí se apodaba a todos los europeos— pagaban muy bien estos servicios. Los Mezrab sólo luchaban en defensa propia, jamás se rebajaban a saquear caravanas o a secuestrar a los viajeros para pedir rescate por ellos. Miembros de esta noble tribu habían guiado con éxito a lady Hester en su viaje triunfal a Palmira en abril de 1813.

Desde el primer momento en que Abdul Medjuel vio a lady Jane se quedó prendado de ella. La diferencia de edad —Medjuel era tan joven que podría haber sido su hijo— no fue un obstáculo para que se sintiera muy atraído por esta mujer hermosa y tan valiente. Medjuel estaba acostumbrado a guiar a viajeros europeos, era amable, culto y sumamente educado. Iba vestido con la vaporosa túnica blanca de los jefes beduinos y sobre los hombros lucía una capa escarlata con la insignia dorada de un príncipe del desierto. Abdul pertenecía a una de las cuatro tribus más nobles del desierto y a la muerte de su hermano mayor —el jefe local *sheik* Mohammed— sería elegido su sucesor. Era todo un príncipe del desierto al que sus hombres trataban con gran deferencia y en su tienda se observaba una estricta etiqueta y protocolo.

Lady Anne Blunt, nieta del poeta lord Byron y la primera occidental que exploró el interior de Arabia, conoció a Medjuel durante su estancia en Damasco y lo describía con estas palabras: «Es bajo de estatura, esbelto de talle, con manos y pies pequeños, una tez de color oliva, una barba antaño negra que ahora empieza a blanquear, sus ojos son negros como sus pobladas cejas [...] No he visto nunca un nómada puro cuyos cabellos no fueran negros como sus ojos, cuya nariz no fuera aguileña». Anne era hija de Ada Byron —una brillante matemática que a comienzos del siglo XIX inventó el complicado lenguaje informático de los ordenadores— y estaba casada con el poeta, diplomático y orientalista Wilfrid Scawen Blunt. El matrimonio Blunt exploró buena parte de Oriente simpatizando con la causa árabe y comprando caballos purasangre para sus famosas caballerizas de Inglaterra. Al igual que otros viajeros decimonónicos, admiraban a los beduinos por su valor y sentido del honor; los consideraban unos «auténticos caballeros» y se identificaron plenamente con su forma de vida. En sus peligrosas travesías por los infernales desiertos de Arabia, el matrimonio Blunt, que siempre se presentaba como unos «ingleses de alto rango», vestía ropas árabes y dormía en una tienda diseñada por ellos mismos sin más comodidades que una alfombra que les servía de cama. Esta sensación de libertad que les ofrecía el desierto les cautivaría para siempre: «Uno de los encantos que encierra la vida en las tiendas es un sentimiento de absoluta propiedad que uno tiene sobre el pedazo de tierra en el que acampa, el derecho a hacer precisamente todo lo que uno quiera con él», escribió la aristócrata inglesa en su diario de viaje.

Lady Anne Blunt vivió ochenta intensos años y murió en 1917 en Sheik Obeid, su residencia a las afueras de El Cairo (Egipto). Escribió dos libros apasionantes sobre sus viajes —*Bedouin Tribes of the Euphrates* (1879) y *Viaje a Arabia* (1881)—, ambos ilustrados con sus excelentes dibujos. Su más arriesgada aventura fue la peregrinación al Neyed —la cuna del caballo árabe— atravesando el terrible desierto de arenas rojizas del Nefud. Lady Anne fue también la primera mujer europea en entrar en la ciudad medieval de Hail, cuartel general del emir Ibn Rashid, dueño de la más importante caballeriza del país. La segunda en conseguirlo sería otra célebre dama británica y experta arabista, Gertrude Bell, quien en 1914 alcanzaría las murallas de Hail montada en su camello dispuesta a entrevistarse con el gran emir. La señorita Bell fue hecha prisionera en Hail al ser tomada por espía.

No es de extrañar que cuando lady Anne Blunt y lady Jane Digby se conocieron en aquel mes de diciembre de 1878 en Damasco simpatizaran enseguida. Ambas tenían mucho en común: eran aristócratas excéntricas, ricas y cultas que habían cambiado el confort de sus mansiones inglesas por la espartana vida en el desierto. Sentían verdadera fascinación por la cultura árabe, amaban los caballos y eran excelentes amazonas; en sus viajes exploraron regiones sin cartografiar nunca antes pisadas por un europeo y demostraron un valor extraordinario. Las dos nómadas incorregibles acabarían sus días en el Oriente soñado, muy lejos de su Inglaterra natal. «Ese encanto del Oriente reside en la ausencia de vida intelectual, en esa libertad del espíritu que libera de la ansiedad cuando miras hacia delante, y del dolor cuando miras hacia atrás. Nadie aquí mira hacia el pasado o hacia el porvenir. Se ve sólo el presente y hasta el día de la muerte se supone que el presente será siempre tolerable», escribiría la nieta de Byron al poco de llegar a Siria.

Abdul Medjuel era sin duda un beduino atípico por su cultura y vasta formación. Su padre había confiado la educación de sus nueve hijos a un hombre sabio e instruido de la tribu de los Anazeh. De todos fue Medjuel el que más empeño puso en aprender y así —algo inusual entre los beduinos— sabía leer y escribir, y dominaba varios idiomas, entre ellos el turco, algo de italiano y el francés. Era además un enamorado de su tierra y conocía como nadie la historia de esta rica región de Oriente Próximo. Al principio lady Jane se mostró más interesada por el magnífico caballo árabe que montaba Medjuel que por él mismo. Le pidió si podía comprarlo y el beduino le respondió que era imposible, ningún nómada le vendería su caballo, ya que era su tesoro más preciado y la historia de cada semental estaba cuidadosamente registrada para guardar la pureza de la raza. Las tribus beduinas creían que el caballo árabe era un regalo de Dios y circulaba la leyenda de que este animal valiente, resistente y sensible había nacido del viento del sur que azotaba el desierto y era capaz de «volar sin alas».

Medjuel, que estaba dispuesto a conquistar como fuera el corazón de la viajera, quiso que la primera vista que tuviera su cliente de Damasco fuera la más hermosa. Así, condujo lentamente la caravana hasta el mirador donde, según la leyenda, el profeta Mahoma contempló por primera vez la ciudad cuando no era más que un humilde camellero y se negó a entrar en ella porque la sola visión del paraíso terrenal le pareció más que suficiente. Desde la montaña de Mahoma, Damasco recordaba a los viajeros del XIX una estampa oriental. Tras dejar atrás los áridos paisajes del desierto la visión de esta urbe rodeada de exuberantes jardines y fuentes parecía un espejismo.

Medjuel envió un mensajero a Damasco para avisar de su llegada y a pesar de que llegaron al amanecer un nutrido grupo de gente les aguardaba a las puertas de la ciudad. Medjuel el Mezrab era un personaje conocido y respetado pero sobre todo la gente acudía a ver a las damas «francas» que no eran misioneras ni iban con sus maridos. Algunos habitantes les acompañaron en su marcha tocando los tambores y cantando al tiempo que cruzaban los famosos jardines de Damasco. Para Jane esta exuberancia y frescor que ahora respiraba eran un regalo del cielo tras la ardua y sofocante travesía por las desoladas montañas. Se alojaron en el único hotel de la ciudad propiedad de Demetri, un griego educado y hospitalario que estaba ansioso por conocer a la ilustre inglesa. Antaño el hotel había sido la casa de un rico mercader, el patio estaba solado en mármol y en el centro destacaba una gran fuente de piedra con peces de colores; dos grandes limoneros daban sombra a los huéspedes y una parra trepaba por toda la fachada hasta lo más alto del edificio.

Damasco, fundada por Uz, nieto de Noé, es la ciudad más antigua del mundo, de la que ya se habla en el Génesis. Con sus minaretes blancos apuntando hacia el cielo, las cúpulas hinchadas tapizadas de mosaicos y los palacios dorados rodeados de extensos campos frutales y lujuriosos jardines, podía presumir de haber sido el centro del mundo en tiempos de los califas omeyas. El río Barada atravesaba la ciudad y sus frescas aguas abastecían fuentes, estanques y piscinas, que abundaban en Damasco. Al oeste se encontraba el monte Hermón cubierto de nieve incluso en el mes de junio; lejos hacia el sur estaban las montañas de Haurán y al este, la ruta de Palmira donde comenzaban las arenas del desierto sirio como «si la naturaleza hubiera dibujado una línea entre el verde y el amarillo».

Ninguna ciudad como Damasco ha provocado tantas impresiones diversas entre los viajeros europeos del XIX. A diferencia de Estambul, Beirut o El Cairo ofrecía al extranjero la oportunidad de sumergirse en una sociedad musulmana pura, no contaminada por influencias europeas. Sus habitantes, en su mayoría fanáticos islámicos, eran tristemente conocidos por su intolerancia hacia los cristianos. Este fanatismo la convertía en la ciudad más peligrosa del Imperio Otomano y muy insegura para dos damas cristianas como lady Jane y su doncella. «En Damasco odian tanto la presencia de los cristianos que rehúyen la relación con ellos. Hace sólo un año o dos un cristiano no se hallaba a salvo en las calles de Damasco. Es el purgatorio más fanático, aparte del de Arabia», escribiría un viajero inglés que la visitó en aquellos años. A pesar de los peligros e incomodidades que los europeos tenían que padecer durante su estancia en esta milenaria ciudad, el viaje merecía la pena, porque Damasco guardaba en su interior la esencia del Oriente más auténtico. Al escritor Mark Twain, que recalaría en esta ciudad quince años después de la llegada de lady Jane Digby, le pareció eterna: «Ha visto cuanto ha ocurrido en el mundo y, sin embargo, todavía vive. Ha contemplado los huesos secos de mil imperios y verá las tumbas de mil más antes de morir. Aunque el nombre se lo damos a otras el viejo Damasco tiene derecho a ser considerado también como Ciudad Eterna».

Lady Jane, ya recuperada del fatigoso viaje, acudió a un *hamman* y cenó una deliciosa comida europea en el restaurante del hotel Demetri. En los días siguientes se dedicó a visitar los lugares más emblemáticos de la ciudad y se paseó con Eugénie por el gran zoco para comprar las ropas que Medjuel le había recomendado para el largo viaje a Palmira. Jane se probó las cómodas túnicas beduinas y ya nunca más volvería a lucir los asfixiantes corsés, que guardó para siempre en sus baúles. Mientras Jane exploraba la ciudad, Medjuel preparaba a conciencia la pequeña caravana para atravesar el desierto y entrar a Palmira, donde muy pocos europeos habían conseguido llegar. Lady Hester Stanhope había hecho el mismo viaje treinta años antes y a lady Jane su aventura le había animado a repetir la misma hazaña. También como a ella le fascinaba el personaje de Zenobia, la reina que durante años gobernó desde su magnífico palacio todo el desierto, que conquistó en el año 270 Egipto, más tarde Antioquía (Turquía) y Siria, desafiando al emperador romano.

El cónsul británico en Damasco era ahora sir Richard Wood, quien invitó a la dama a cenar una noche en su residencia del barrio franco. De nada sirvió que, entre plato y plato, le contara a lady Jane que seis meses atrás unos nobles ingleses como ella habían hecho el mismo viaje y habían sido capturados por unos salvajes beduinos. Durante cuatro días nada se supo de su paradero; al parecer permanecieron encerrados y solamente la suerte y el dinero que pagaron por su rescate hizo que regresaran con vida a Damasco. Fueron abandonados desnudos, sin comida ni agua en medio del desierto hasta que una caravana los auxilió. Ya la célebre viajera Emily Beaufort, en su guía de Siria publicada en Londres en 1861, advertía sobre estos peligros: «Se debe ser inhumanamente fuerte para hacer el viaje de ida y vuelta a Palmira, cincuenta horas cabalgando a camello y ni siquiera veinte para dormir o descansar. Las ruinas tienen una extensión de unos cinco kilómetros de longitud y sólo da tiempo a echar un vistazo a sus edificios principales incluso si pasas diez horas recorriéndolos. El miedo a los beduinos y la necesidad de agua nos obligaron a cabalgar el último tramo del viaje en etapas de veinticuatro horas sin parar tanto a la ida como a la vuelta, a pocas personas les gustaría realizar semejante esfuerzo. A cada tribu hay que pagarle un salvoconducto que permite a los visitantes llegar hasta allí, son unas treinta libras por persona».

A pesar de los peligros un puñado de audaces damas se animaron a visitar la mítica Palmira a mediados del XIX. En 1872 la periodista rusa Lidia Paschkoff organizó un viaje a lo grande y lleno de glamour. Se necesitaron treinta y tres mulas para llevar sus baúles, treinta y cinco camellos para transportar el agua, veinte asnos para los conductores de los camellos y doce caballos para los soldados turcos que la escoltaron. Como la dama y sus doncellas europeas no podían soportar etapas muy largas, la caravana partía después de la comida y el viaje se limitaba a seis horas diarias. Lidia era una dama muy rica y pudo permitirse contratar una caravana propia de una princesa, pero lo más sorprendente fue el menú que ofreció a los jefes locales y que constaba de bogavantes, espárragos, paté de caza y deliciosos budines, todo ello regado con un excelente *bourgogne*. Al *sheik* de Palmira le pareció un sueño la excelente cena y el lujo de la tienda —con mobiliario incluido— donde se alojaba la periodista extranjera. Las mujeres beduinas, sorprendidas por los delicados vestidos que llevaba, le pidieron permiso para tocar las zapatillas de satén azul adornadas con encajes hechos en París con las que paseaba por el desierto.

A principios de junio de 1853 lady Jane se disponía a emprender la que llamaría su «mayor aventura» a Palmira de manera mucho más discreta a como lo hizo la sofisticada señorita Paschkoff. Abandonó al amanecer el hotel vestida con sus ropas árabes, una amplia capa llamada *abba*, la tradicional kefía sujeta a la cabeza por un cordón negro y botas de piel de cabra de color amarillo. Se encontró con Medjuel a las afueras de la ciudad y le sorprendió su indómito aspecto y rica vestimenta. Abdul Medjuel el Mezrab lucía una capa escarlata, una túnica larga blanca, un pañuelo de seda enrollado a la cabeza y en la cintura varios cuchillos y dos pistolas. Alrededor del cuello llevaba un cordón de seda rojo del que colgaba un afilado sable. En la muñeca portaba un halcón encapuchado y aunque lady Jane debió pensar que era un detalle para impresionarla, en realidad esta ave rapaz les servía para cazar pequeños pájaros durante el viaje, con los que se alimentaría la caravana.

Medjuel eligió dos camellos mansos para que viajaran la dama inglesa y su doncella francesa. Nunca habían montado en estos veloces animales y aunque al principio sufrieron alguna que otra aparatosa caída, muy pronto lady Jane manejaba las riendas con gran habilidad. La caravana era mucho más humilde que la que organizó lady Hester Stanhope cuando partió de Damasco, con sus cuarenta camellos y su séquito de sirvientes. Llevaban consigo poco equipaje, apenas algo de ropa, objetos de tocador, los útiles de pintura, unos cuadernos y algún libro de lectura. Por fin partieron hacia el desierto aclamados por las gentes de Damasco que se echaron a las calles para despedirles y desearles suerte. Lady Jane cabalgaba junto a Medjuel, que abría la comitiva con la solemnidad de un rey. Las sillas de las mujeres habían sido cubiertas por una mullida alfombra y decoradas con trozos de seda de colores, plumas de avestruz y pequeñas cuentas de turquesas para protegerlas del mal de ojo. Tras la algarabía que dejaban atrás entraron en un mundo de silencio, el interminable desierto sirio.

La primera noche Medjuel y sus hombres acamparon en un lugar protegido del viento y las tormentas de arena, cerca de una aldea donde podían abastecerse de comida. En los días siguientes la dieta sería siempre la misma: arroz, dátiles, leche de camello, naranjas, pasas y miel. Jane se sentía feliz al poder dormir de nuevo bajo las estrellas y poco a poco fue abriéndole su corazón a Medjuel. Lejos de escandalizarse con las historias de amor que la dama había vivido en el pasado, el beduino se sentía cada vez más atraído por esta mujer madura, valiente y apasionada, que parecía no temerle a nada. Lady Jane le habló también de la relación que había mantenido con el joven Saleh y de lo que sentía por él.

Cada mañana, antes de que saliera el sol, Medjuel despertaba a las mujeres con una taza de café caliente aromatizado con cardamomo para que entraran en calor, pues las noches eran muy frías. Tras recoger el campamento se ponían de nuevo en camino por una tierra árida y muy ventosa donde de vez en cuando se divisaban en la lejanía grupos de gacelas y algún que otro jabalí. El diario de Jane está lleno de románticas descripciones de los idílicos paisajes que rodeaban Palmira. Ella imaginaba un desierto de arena dorada y en lugar de eso le sorprendió encontrarse con una llanura llena de plantas aromáticas. En aquella época del año un manto de rojas amapolas tapizaba algunas partes del desierto y en los prados crecía muy alta la hierba. Cuando llegaba la noche en apenas quince minutos estaba montado el campamento, las tiendas de piel de cabra se instalaban en un círculo frente a una gran fogata. En su interior se dormía en el suelo sobre las mullidas alfombras beduinas tejidas por las mujeres en los telares tradicionales que sujetaban a las sillas de los camellos. A Jane las jaimas le parecían muy confortables y frescas: «Son largas y estrechas, cerradas por detrás y parcialmente abiertas al frente. Al caminar por el campamento se debe pasar siempre por la parte de atrás de la tienda y nunca curiosear por delante, al igual que no miraríamos por la ventana de una casa inglesa. Mirar dentro de una tienda árabe o pasar demasiado cerca de su entrada supone una de las peores ofensas que se puedan cometer». En ocasiones durante la noche se oía a los chacales merodear cerca del campamento, y la presencia de escorpiones y serpientes era habitual en el interior de las tiendas.

A lady Jane, tras una dura jornada de marcha, le gustaba sentarse junto al fuego y escuchar las fábulas que narraban los beduinos. Los camelleros solían cantar de noche hermosas canciones de amor a sus camellos y Medjuel se las traducía con paciencia para que ella pudiera descubrir la poesía que había en ellas. Algunas decían así: «Oh, camello, mi amor, mi belleza, sigue deprisa y las chicas más hermosas de la aldea saldrán a encontrarse contigo [...] Sigue y cuando te agaches las doncellas te acariciarán con sus dulces manos...». Lady Jane llegó a sentir una gran admiración hacia los camellos árabes —en realidad dromedarios, porque tenían una sola giba— que eran «un prodigio de resistencia y adaptación al medio más inhóspito». En sus largas travesías por el desierto la viajera descubriría que estos animales eran capaces de ver en la intensa oscuridad, aguantar hasta dos meses sin beber y transportar así en los trayectos cortos hasta media tonelada de peso. El beduino no podía vivir sin el camello en aquella geografía tan extrema. Lo aprovechaba todo de él, su leche para alimentarse, su orina para lavar las heridas y como purgante, su excremento como combustible, su pelo para tejer las mullidas alfombras que tapizaban las jaimas y su carne, que era muy apreciada.

La caravana partía siempre antes del alba para evitar el calor sofocante del mediodía. Mientras lady Jane se deleitaba con los magníficos amaneceres del desierto, Medjuel no bajaba nunca la guardia. Un día sus hombres le avisaron de que habían descubierto a unos extraños merodeando por su campamento. Al llegar la noche, y tal como temía Medjuel, fueron atacados por sorpresa por un grupo de beduinos montados a caballo que aullaban y agitaban sus lanzas en el aire. Su primer pensamiento fue proteger a las damas y salió de su tienda con una pistola en la mano y un sable en la otra. Comprobó que todos sus hombres habían huido y tuvo que enfrentarse él solo a los bandidos. Lady Jane y una aterrorizada Eugénie se ocultaron en su tienda mientras Medjuel luchaba cuerpo a cuerpo con los bandidos. No hubo disparos y cuando los asaltantes comprobaron que no había nada de valor en el campamento se dieron a la fuga. Por fortuna las joyas de lady Jane habían sido depositadas en la caja fuerte del cónsul británico de Damasco, y la viajera había entregado todo su dinero a Medjuel. Jane nunca olvidaría su primera emboscada y veinte años más tarde aún recordaría emocionada el día que Medjuel le salvó la vida. Sin embargo, aún estaba enamorada de Saleh y en el fondo de su corazón deseaba casarse con él.

Tras este incidente prosiguieron el viaje a Palmira; durante los dos días siguientes no acamparon por miedo a ser atacados de nuevo; descansaban ocasionalmente para comer unos pocos dátiles, beber café y echarse una breve siesta bajo los árboles. Los miembros de la caravana cayeron en una especie de sopor sólo interrumpido por las continuas órdenes de alerta de Medjuel hasta que al fin divisaron como un espejismo las ruinas de Palmira. La apatía se disipó y el grupo aceleró el paso para llegar cuanto antes a la antigua Tadmor, la llamada «Perla de Oriente». Medjuel les llevó hasta una colina cercana para que pudieran admirar la imponente ciudad romana desde lo alto. La vista era magnífica. Allí, a sus pies, lady Jane tenía los monumentos que hasta entonces sólo había visto en los grabados. Entre todos ellos destacaba el enorme templo consagrado a Bel, construido en el 32 d.C., la gran avenida de las columnas coronada por un monumental pórtico ricamente labrado y el teatro, cuyas gradas se encontraban sepultadas por la arena.

Los habitantes de Palmira salieron a recibirles y les transmitieron la invitación del jeque de Palmira para visitar su casa. Los exhaustos viajeros decidieron darse un baño en un manantial cercano de aguas sulfurosas que daban un olor fétido pero eran muy cristalinas. De noche lady Jane recorrió los edificios de la ciudad a la luz de la luna guiada por Medjuel. Al día siguiente madrugó para realizar algunos bocetos de la impresionante acrópolis y los edificios más emblemáticos. En aquel tiempo sólo se permitía por seguridad a los viajeros permanecer en Palmira veinticuatro horas, así que la caravana se puso en marcha al atardecer rumbo a Damasco a donde llegaron sin incidentes en diez días. Para Jane, de todos lugares de Siria, la antigua plaza fuerte de Tadmor ocupaba un lugar muy especial en su corazón. Dos años después de su primera visita como turista regresaría en su luna de miel convertida en la honorable lady Jane Digby el Mezrab, la esposa del jeque Medjuel. En otra ocasión, lady Jane viajaría sola desde Damasco a Palmira para encontrarse con su esposo pero al llegar comprobó que no estaba y se quedó viviendo varios meses en las ruinas. Fue entonces cuando realizó los dibujos y acuarelas de sus principales edificios que tanto agradaron a lady Anne Blunt cuando la visitó en su casa de Damasco.

La esposa del beduino

Cuando llegaron a Damasco Medjuel se despidió de lady Jane porque como buen musulmán debía hacer su peregrinación a La Meca. La viajera inglesa se quedó unos días en la ciudad para asistir a la partida de miles de peregrinos que realizaban la *hajj* a la ciudad santa del islam. A las afueras de Damasco, en una gran explanada, se preparaban las grandes caravanas, se vendían camellos, provisiones y se reunían las gentes llegadas de todos los rincones del Oriente Próximo en un espectáculo fantástico. El viaje de tres semanas de duración a La Meca era una aventura muy peligrosa; el extremo calor, la falta de agua y las epidemias causaban grandes bajas entre los peregrinos. Muchos perderían la vida en el camino sin poder llegar a ver la Kaaba, uno de los lugares más venerados del islam. Lady Jane aprovechó la ausencia de Medjuel para regresar a Grecia y resolver algunos asuntos que tenía pendientes, entre ellos, vender su lujosa mansión de Atenas. Por fortuna durante las seis semanas que pasó en la ciudad no coincidió con su antiguo amante Xristos Hadji-Petros porque había descubierto que el espadachín albanés le había robado un cofre con valiosas joyas.

El 9 de octubre de 1853 la viajera inglesa se encontraba de nuevo en Beirut y de allí partió a Jerusalén y Hebrón para encontrarse con Saleh. Las cosas no salieron como ella imaginaba pues su amante beduino se presentó junto a su joven y hermosa esposa Sabba, de dieciocho años, con la que se había casado. Lady Jane intentó reaccionar con elegancia pero en su interior se sentía traicionada por Saleh que —según ella— le había dado falsas esperanzas y se había aprovechado de ella. Desconsolada, regresó a Beirut y de ahí marchó a Damasco donde se reencontró con Medjuel y pudo desahogarse en su compañía. Le contó lo que le había ocurrido con Saleh y los planes que ahora tenía de construirse una casa en Damasco. Fue en ese instante cuando Medjuel, siempre perseverante, le preguntó si no le gustaría casarse en el futuro con un beduino. Lady Jane le respondió que si el hombre la amaba, ella podría plantearse semejante proposición siempre y cuando no estuviera casado. La inglesa sabía que Adbul Medjuel el Mezrab tenía entonces dos esposas, la mayor de las cuales, Mascha, era la madre de sus dos únicos hijos. Medjuel tendría que repudiar a su esposa, tal como mandaba el islam, y enviarla de regreso con su familia y toda la dote, si quería casarse con la dama.

Lady Jane y Eugénie se dedicaron en los meses siguientes a viajar entre Siria y la actual Irak. Medjuel no podía escoltarla como ella pretendía hasta Bagdad porque tenía que partir con los hombres de su tribu en busca de los pastos de invierno para sus rebaños. Así las cosas, lady Jane se unió a la caravana de un astuto beduino llamado *sheik* el Barak. Para mayor seguridad la viajera se disfrazó como una beduina y se hizo pasar por la esposa de Barak. La caravana estaba formada por veinticinco guardias encargados de la escolta, varios camelleros y sirvientes. Barak les advirtió antes de partir que no iba a ser un viaje de placer, en invierno el desierto podía ser muy frío y las lluvias torrenciales. A los pocos días de marcha lady Jane se dio cuenta del error que había cometido; apenas tenían comida, ni agua, por las noches en las tiendas se morían de frío y la única higiene posible era cada noche sacudir la arena de sus túnicas. Los beduinos les recomendaron que por la noche instalaran un quinqué frente a sus jaimas para espantar a los leones sin melena de Babilonia que aún abundaban en estos valles. Los leones no eran el único peligro, pronto encontrarían las improvisadas tumbas de europeos que habían sido brutalmente asesinados para robarles sus pertenencias.

A mitad de camino, cuando la columna avanzaba lentamente a través del desierto, sufrieron una emboscada. Frente a ellos apareció un grupo de salvajes beduinos gritando y disparando sus armas al aire. Obligaron al grupo a detenerse y Barak intentó llegar a un acuerdo razonable con los asaltantes. Estaba convencido de que ofreciéndoles una buena suma de dinero les dejarían libres, pero no fue así. Los bandidos querían más dinero y tras dos días de tensa negociación los liberaron a todos. Lady Jane y Eugénie fueron bien tratadas —aunque les robaron todas sus pertenencias— porque al vestir ropas árabes creyeron que eran esposas beduinas. Si hubieran descubierto que eran cristianas las dos inglesas hubieran sido violadas y vendidas como esclavas. Lady Jane escribiría en su diario: «Sus caras eran demoníacas, nunca olvidaré la expresión de sus rostros, pero no estoy disgustada con los beduinos ni con la vida beduina. En apenas diez días, *insallah*, estaremos en Bagdad».

Cuando la caravana llegó a las orillas del río Éufrates lady Jane escribió en su diario: «En este país desolado y ardiente he visto a un beduino en un magnífico caballo, he visitado a un *sheik* y a las mujeres de su harén que viven en un entorno de desgracia, en la más absoluta oscuridad [...] si mi madre pudiera verme aplaudiendo junto al harén y cantando con ellas...». Cerca de Bagdad la situación se volvió muy peligrosa: les faltaba agua, algunos camellos habían muerto y la lluvia caía sin cesar convirtiendo el camino en un lodazal. Para complicar las cosas, una noche Barak, el jefe de la caravana, se metió en la tienda de lady Jane, que acabó cediendo a sus instintos. Finalmente llegaron a Bagdad el 12 de febrero de 1854 tras un duro viaje de ocho semanas en el que las viajeras vieron muy cerca la muerte.

A lady Jane, como a muchos viajeros ingleses decimonónicos, Bagdad le decepcionó. Ya no era la esplendorosa ciudad de palacios dorados construida ocho siglos después del nacimiento de Cristo y que floreció durante quinientos años junto al río Tigris: «Ahora no era más que un puñado de casas bajas y pobres construidas en adobe. Las calles son estrechas y carecen de pavimentación. Desprovista de su antigua riqueza, Bagdad no tiene interés alguno, es una ciudad oriental sin más». Las sucesivas invasiones, la ocupación corrupta de los turcos, las epidemias, plagas e inundaciones habían destruido todo su esplendor. Lady Anne Blunt, que llegaría a Bagdad con su esposo Wilfrid en 1878 de camino al Neyed, escribiría acerca de la legendaria Bagdad : «La ciudad de los califas se divisaba a través de la tormenta, una grisácea y escuálida línea de casas de adobe que surgían de un mar de fango. Incluso los palmerales parecían encenegados y el Tigris lucía ese aspecto desesperado que tienen los ríos en mitad de una gran lluvia».

Lady Jane, que siempre había gozado de muy buena salud, ahora se encontraba enferma. Un fuerte ataque de malaria la obligó a guardar cama unos días en un modesto hotel de Bagdad. Cuando se recuperó le pidió a Barak que les permitieran seguir con ellos y volver a Damasco. Partieron a los pocos días y llegaron a la ciudad siria de Alepo, que a Jane le trajo muchos recuerdos porque su primo George Anson —el «héroe familiar» de su infancia— había muerto aquí veintisiete años atrás víctima de la peste cuando intentaba llegar a La Meca. Después de Alepo la caravana prosiguió a Hama, junto al río Orontes, una ciudad hitita que era en aquellos tiempos un importante centro comercial beduino. Hama estaba en el corazón del territorio de los Mezrab, así que lady Jane creyó que se encontraría con Medjuel, pero no fue así. Tendrían que pasar dos días para que en pleno desierto la viajera inglesa distinguiera en el horizonte una imponente figura a caballo que se dirigía hacia ellos. Era Medjuel que traía consigo un regalo que sabía que Jane apreciaría mucho, una espléndida yegua blanca para que entrara con ella en Damasco como una auténtica princesa del desierto. *Sheik* el Barak desapareció para evitar problemas con su rival Medjuel y la pareja continuó su viaje charlando animadamente.

En los días siguientes Jane fue descubriendo en aquel «simple hombrecillo» todas las cualidades que había buscado en un hombre a lo largo de tres décadas. Abdul Medjuel era todo un caballero, romántico y educado, estaba muy enamorado de ella y no la quería por su fortuna sino por sí misma. Por el camino el beduino le prometió que si se casaba con él se divorciaría de sus esposas y sólo existiría una mujer en su corazón. Lady Jane tendría tiempo para pensar en ello porque quería regresar a Atenas para traerse todo el dinero que allí guardaba y construirse una casa en Damasco. Cuando se separaron lady Jane Digby ya sabía que su destino se encontraba en Siria y le prometió a su enamorado Medjuel que regresaría con una respuesta sobre su oferta de matrimonio.

Cuando lady Jane apareció unas semanas después por Damasco, Medjuel supo que estaba dispuesta a casarse con él. No iba a ser fácil que alguien oficiara la boda; el cónsul inglés sir Richard Wood, al que fueron a visitar, se sintió muy ofendido ante semejante idea y creyó que lady Jane había perdido la razón. A Wood le parecía que esta súbdita inglesa exponía su vida al unirse a «un bárbaro sin civilizar», un bandido del desierto que se ganaba la vida asaltando caravanas. Así veían los europeos a todos los árabes sin distinción. Pero la dama lo tenía muy claro y nadie iba a evitar esa unión ahora tan deseada por los dos. Ni siquiera los miembros de la tribu de Medjuel, que veían con igual disgusto que uno de sus más nobles príncipes se casara «con una extranjera, una infiel, una mujer inferior en todos los aspectos», podrían impedir un enlace que no tenía precedentes en todo Oriente.

La boda se celebró finalmente según el rito musulmán en Homs y fue oficiada por un funcionario turco. Lady Jane tuvo que aceptar —entre otras costumbres musulmanas— que si su esposo se sentía insatisfecho sexualmente con ella, podría tomar otras esposas. En los veinticinco años que duraría su vida en común, Abdul Medjuel nunca necesitó otra mujer aunque no pudo darle los hijos que le hubiera gustado. Tras el enlace la pareja pasó su luna de miel en Homs, donde Medjuel tenía una casa, y realizaron románticas excursiones por el valle del Orontes. A Jane le gustaba esta región fértil y rica en contrastes, donde pudo explorar ruinas romanas perdidas en la inmensidad del desierto y castillos medievales construidos sobre imponentes rocas.

Medjuel le había prometido regresar a Palmira cuando ella fuera su esposa y así lo hizo. Llegaron a Tadmor en los últimos días de aquella primavera de 1855 e instalaron sus tiendas beduinas a las afueras de la acrópolis, tal como recordaba Jane en sus diarios: «Era el atardecer y nos detuvimos en un oasis junto a un manantial y bajo un grupo de palmeras. Aproveché para bañarme por la noche bajo una espléndida luna llena». Para Jane fue un instante cargado de belleza y romanticismo porque mientras nadaba y se quitaba la arena de su cuerpo desnudo Medjuel la observaba sentado en la orilla. En aquella ocasión no pudieron disfrutar de mucha privacidad en Palmira porque las mujeres de las aldeas, ansiosas por conocer a la dama europea, la seguían a todas partes asediándola con mil preguntas. Finalmente optaron por regresar a Damasco y Medjuel se tomó con buen humor la gran expectación que levantaba su esposa.

Cuando llegó el invierno tuvieron que separarse, pues Medjuel debía acompañar a su tribu a buscar pastos para el ganado. Lady Jane, que se sentía orgullosa de que su esposo no quisiera su dinero, anotó en su diario: «El deseo de enviar a sus hermanos un dinero que no salga de mi bolsillo le estimula». Por su parte, lady

Jane Digby el Mezrab, como ahora se la conocía tras su matrimonio con Abdul Medjuel, aprovechó su ausencia para regresar a Inglaterra. Era la primera visita que hacía a su país en veinte años; quería arreglar algunos asuntos personales, reconciliarse con su familia y dictar un testamento a favor de su esposo. Llegó a Londres el 16 de diciembre de 1856, y no le resultó nada fácil explicar a su familia y amigos más íntimos que había contraído matrimonio con un árabe del desierto. En aquellos tiempos los periódicos informaban puntualmente de las atrocidades cometidas en la India por los rebeldes cipayos contra los soldados y civiles británicos. El racismo estaba a la orden del día, cualquier persona que no fuera europea se consideraba un pobre salvaje al que había que convertir. Para su familia la excéntrica Jane se había casado con un «árabe, sucio, bárbaro y salvaje», así que prefirieron ser discretos y no hablar de la boda. En aquella puritana Inglaterra de la reina Victoria, donde a las jóvenes que iban a contraer matrimonio se les decía que su deber era «yacer, estar muy quietas y pensar en el Imperio», no había lugar para una mujer independiente y libre de prejuicios como lady Digby.

En primavera Jane cumplía cincuenta años aunque aparentaba muchos menos. Tenía un aspecto juvenil, lucía largas trenzas y los ojos pintados de *kohl* a la manera arábiga destacaban en su cutis blanco y terso. A medida que pasaban los días se daba cuenta de que en su propio país se sentía una extraña. Su espíritu era demasiado libre para acomodarse a la estricta moralidad imperante, y el clima de Londres la deprimía. Añoraba los colores y aromas de Oriente que tenía grabados a fuego en su memoria. Deseaba con todas sus fuerzas regresar a su amada Siria y vivir allí con su esposo compartiendo una vida salvaje y nómada que la llenaba plenamente. Cuando su barco llegó a Beirut, tenía tantas ganas de ver a Medjuel que cabalgó toda la noche para no perder ni un solo día. En su diario anotó: «Llegué a Damasco con el corazón en la boca. Medjuel, el querido, el adorado Medjuel, ha llegado también y en ese momento de felicidad he olvidado todo lo demás». Nunca más regresaría a Inglaterra; había cortado al fin todos los vínculos con su pasado y jamás se lamentaría de su decisión.

Lady Jane, más segura que nunca de que su futuro se encontraba en estas tierras de Siria, se dedicó a organizar su nueva vida junto a su esposo beduino. Acordaron pasar seis meses al año en su casa de Damasco y otros seis en el desierto con los miembros de su tribu. Lady Anne Blunt, que en diciembre de 1878 fue huésped de Jane durante la semana que pasó en Damasco cuando se dirigía a la península Arábiga, describió así su original residencia a las afueras de Damasco: «Tiene una casa preciosa en las afueras de la ciudad, rodeada de árboles y jardines; se levanta en el centro de un parque regado por aguas corrientes y cortado por senderos bordeados con flores según la moda inglesa, flores murales en especial [...] El principal cuerpo de la casa es muy sencillo en su estilo árabe poco ornamentado; pero un edificio separado y construido en el jardín está amueblado como un salón inglés, con sillones, sofás, estanterías llenas de libros y pinturas...». En realidad era una casa amplia y luminosa, que reflejaba la distinta personalidad de sus ocupantes. Lady Jane instaló su estudio de pintura en la parte trasera de la vivienda junto a un cuidado jardín inglés. Allí, en un salón decorado como las grandes mansiones europeas «con cornisas, paredes cubiertas de espejos y ventanas con cortinas de damasco», colocó el piano que había traído de París en su último viaje, su voluminosa biblioteca y su mesa de trabajo.

La escritora y viajera Emily Beaufort, que fue huésped de lady Jane cuando preparaba su viaje a Palmira en 1861, describía así el ambiente que se respiraba en la residencia de la dama inglesa: «Once camellos estaban arrodillados en su jardín, berreando, gruñendo y quejándose como si les fueran a matar [...] los conductores de los camellos y la escolta armada iban de un lado a otro de la casa, gritando en árabe. Las gacelas domésticas se escondían en un rincón del salón y varias hermosas yeguas árabes miraban asustadas desde los establos tanto revuelo y griterío....». La colección de animales domésticos que lady Jane Digby tenía en su casa también llamó la atención a la señorita Beaufort, quien dijo que su vivienda era un «auténtico zoológico». Podencos, pavos, gacelas, perdices, tortugas, palomas, un pelícano domesticado, varios dromedarios y más de cien gatos estaban al cuidado de la fiel doncella de Jane, Eugénie. Ella era la encargada de cuidar a los animales y servirles la comida «a cada uno en su correspondiente plato». Medjuel mandó construir grandes establos porque, como a la mayoría de los nobles árabes, le gustaba dedicarse a la cría de purasangres.

Cuando Jane abandonaba su confortable casa de Damasco y se iba a vivir seis meses al desierto lo hacía como una beduina más. Isabel Burton, la esposa del explorador británico, cuando la conoció unos años después diría: «Jane Digby era más beduina que los propios bedawi». Sin duda nadie hubiera reconocido a la hermosa lady Ellenborough de pelo castaño claro y rizado en aquella mujer de cabello negro —teñido como el azabache— que lucía dos largas trenzas hasta la cintura. Había aprendido a lavarse el pelo con orina de camello, porque ésta mataba los piojos, refrescaba el cuero cabelludo y daba al pelo un atractivo brillo, según le contaron las ancianas de la tribu. Vestía la típica bata de algodón azul, solía ir descalza y se pintaba los ojos con *kohl*. Sin embargo se negó a tatuarse los labios, los carrillos, la nariz, la frente, el pecho y el vientre como era costumbre entre las jóvenes.

Lady Jane siempre fue muy hábil con los caballos y esta cualidad era muy apreciada entre los beduinos, que permitieron a la extranjera acompañarles cuando salían a cazar con sus halcones y perros de caza persas. La dama también demostró su destreza con los camellos y era frecuente verla en medio del desierto compitiendo con otros jinetes a gran velocidad. Aquella vida de campo, al aire libre, le recordaba sus años en la residencia campestre de Holkham Hall. Jane nunca había sido una mujer de ciudad y los momentos más felices de su vida habían transcurrido en la campiña de Inglaterra, en los agrestes paisajes de las islas griegas o las montañas albanesas.

Muy pronto lady Jane descubriría la dura vida de la mujer beduina. En el campamento se levantaba al alba y ayudaba a desmontar las pesadas tiendas negras de pelo de cabra, ordeñaba las camellas, preparaba la comida a su esposo y le lavaba los pies. El respeto y entrega que mostraba hacia su esposo hizo que muy pronto la hostilidad de los Mezrab se transformara en una profunda admiración. La llamaban afectuosamente Umm-al Laban o madre de leche, por el color blanco de su piel. Supo que los miembros de la tribu la habían aceptado el día que delegaron en ella la responsabilidad de negociar con los europeos la escolta de los Mezrab para cruzar el desierto de Palmira. Aunque las tiendas beduinas carecían de total privacidad, era muy feliz en medio de aquellas gentes que desconocían la noción del tiempo y guiaban sus vidas por los ciclos del sol y la luna. Por entonces Jane —que ya hablaba nueve idiomas— se expresaba en árabe con bastante fluidez e incluso había adquirido el acento típico de su tribu, tal como observó el explorador Richard Burton al conocerla.

En noviembre comenzaba el largo viaje de los beduinos a través del desierto en busca de los anhelados pastos para sus rebaños de cabras y ovejas. Entonces Jane se preparaba para una larga y penosa marcha de más de tres mil kilómetros donde se juntaban miles de personas y animales. En mayo regresaba con su esposo a Damasco y así cada año. Era una vida muy sacrificada y carente de comodidades, pero a ella le sentaba muy bien. Muchos viajeros ingleses hubieran pagado fortunas por poder compartir como ella unos días con los orgullosos beduinos, dormir al raso, saborear un buen café en sus tiendas, escuchar sus leyendas junto al fuego y cabalgar de noche a la luz de la luna.

La reina del desierto

Al casarse con Medjuel, lady Jane formaba parte de una gran familia. Ahora tenía ocho cuñados, con sus respectivas mujeres e hijos, así como dos hijastros —los hijos de Mascha, la primera esposa— y aunque se llevaba bien con todos ellos los roces eran inevitables. En poco tiempo todos acudían a ella para solucionar sus problemas y le pedían consejo en temas tan variados como belleza, medicina o educación. Tampoco hay que imaginar que Medjuel y Jane no tuvieran sus peleas como cualquier pareja. El jefe beduino era un hombre posesivo y muy celoso porque conocía el carácter liberal de su esposa y temía que se enamorara de otro árabe. Por su parte Jane, que era cristiana aunque no practicante, trató de convertir a Medjuel al cristianismo, pero fue imposible y desistió de su empeño. En realidad sus distintas creencias nunca fueron un serio obstáculo en su relación porque entre ellos existía un gran respeto.

Sin embargo a lady Jane Digby el Mezrab lo que más le desagradaba era el incesante estado de guerra que existía entre las tribus beduinas. La lucha era muy importante para el nómada del desierto porque le permitía ejercitar su valor, su astucia y resistencia. La política de los funcionarios turcos, basada en el «divide y vencerás», mantenía a las tribus totalmente enfrascadas en sus guerras intestinas, como observaría lady Anne Blunt, de tal manera que nunca pudiesen unirse en un frente común contra sus opresores. En los primeros años de vida en el desierto sirio, Jane siempre temía por la vida de su esposo; entonces aún no era el jefe de su tribu pero a medida que pasaba el tiempo asumía más riesgos para demostrar su valentía. La aristócrata inglesa, que disponía de una importante renta anual, ayudó con su dinero a los Mezrab para que compraran los rifles más modernos y buenos caballos.

En 1859 tuvo lugar un terrible episodio en la historia de Siria. Aquel invierno el frío y las heladas acabaron con las cosechas y una gran hambruna sacudió a la población. En el mes de junio del siguiente año estalló en el Líbano una sangrienta guerra civil entre musulmanes fanáticos y cristianos. La ola de terror alcanzaría en el mes de julio de 1860 la ciudad de Damasco, donde los kurdos y los drusos incendiaron la ciudad y diezmaron a la población cristiana. En un solo día fueron asesinadas casi seis mil personas, hombres, mujeres y niños. Se quemaron la mayor parte de sus casas, las iglesias y los conventos de las órdenes religiosas. Para lady Jane aquélla fue una experiencia que jamás podría olvidar y que la dejaría marcada para siempre. Las calles estaban sembradas de cadáveres horriblemente mutilados, las mujeres eran violadas y los niños degollados sin la más mínima piedad.

El brote de violencia no sólo iba dirigido contra la población, los consulados extranjeros se convirtieron en el centro de todas las iras. Todos sus edificios —a excepción del consulado británico— fueron incendiados. El cónsul alemán fue asesinado en plena calle, el americano herido gravemente y el representante de Grecia se atrincheró en la azotea de su casa con un fusil y una botella de aguardiente. El héroe de aquella interminable jornada de odio y sangre fue el emir argelino Abd el-Kader, exiliado en Damasco y que durante quince años encabezó una auténtica guerra santa contra la ocupación francesa de Argelia. Después de rendirse en 1847, pasó varios años en prisión hasta que Napoleón le liberó y asignó una generosa renta anual que le permitió vivir en Damasco con su familia. Cuando el carismático combatiente se enteró de las revueltas anticristianas que azotaban la ciudad dio refugio en su residencia —un auténtico fortín— a cerca de tres mil cristianos que huían de la muerte.

Aunque la casa de lady Jane estaba situada en el sector musulmán de la ciudad, Medjuel temía por la seguridad de su esposa cristiana. Por este motivo pidió ayuda a sus hombres que, fuertemente armados, se instalaron con sus tiendas en los jardines de su residencia. Lady Jane, aterrorizada ante lo que estaba pasando, decidió abandonar la protección de los Mezrab y se echó a la calle para ayudar a los cristianos perseguidos. Durante horas atendió a los heridos, repartió comida y dio refugio en su casa a los más necesitados. El respeto que los habitantes de la ciudad tenían hacia la esposa de Abdul Medjuel el Mezrab quedó bien patente aquel día, pues nadie molestó a lady Jane ni siquiera cuando la vieron en las calles socorriendo a otros cristianos.

En 1869 lady Jane Digby cumplía sesenta y dos años de edad y en su diario escribiría: «Sesenta y dos años de edad y, sin embargo, una joven impetuosa y romántica de diecisiete no puede superarme en sentimientos ardientes y apasionados». La relación entre la pareja se había ido consolidando poco a poco, superando juntos momentos difíciles y trágicos como la matanza de Damasco o las guerras tribales entre hermanos. Jane seguía temiendo las largas separaciones cuando Medjuel la abandonaba durante varios meses para ocuparse de los asuntos de su tribu. En una ocasión recibió la noticia de que su esposo se encontraba muy enfermo en el desierto con fiebre muy alta. Galopó de noche en su caballo hasta el campamento y descubrió horrorizada que Medjuel se estaba muriendo de lo que parecía ser cólera. Le intentó curar con medicamentos europeos, pero al ver que no mejoraba dejó que los beduinos le trataran con su medicina tradicional: aplicándole una barra de hierro al rojo vivo cuatro veces en la frente. El remedio, un tanto rudo, surtió efecto, Medjuel empezó a sudar y entró en una fuerte crisis. Al día siguiente se había recuperado y estaba listo para montar su caballo y regresar con Jane.

En aquel tiempo la esposa inglesa del jefe beduino era ya muy popular en todo Damasco. Cualquier célebre viajero o escritor que recalara en la ciudad visitaba a la honorable lady Jane Digby el Mezrab. Todos se quedaban cautivados ante su «elegante porte y belleza propios de una reina», y a la vez sorprendidos al comprobar cómo se había adaptado a la extrema vida del desierto. En octubre de 1869 sir Richard Burton llegó a Damasco para hacerse cargo del consulado británico. Le acompañaba su esposa, Isabel, que muy pronto se convertiría en amiga íntima de lady Jane. La esposa de Medjuel sentía gran admiración hacia Burton por sus profundos conocimientos de la cultura árabe. Jane pasaría muchas noches en casa del matrimonio Burton charlando sobre temas orientales y le ofrecería a Richard valiosa información sobre las costumbres sexuales de las mujeres en los harenes que el escritor utilizaría más tarde en su célebre traducción de *Las mil y una noches*.

A la señora Burton le impresionó esta ilustre dama inglesa que en su madurez vivía como una beduina. En su autobiografía *The Romance of Isabel, Lady Burton*, publicada en 1897, Isabel dedicaba varios capítulos a la honorable lady Jane Digby: «No hay nada que no pudiese hacer lady Ellenborough. Hablaba perfectamente nueve idiomas y podía leerlos y escribirlos. Sus cartas eran espléndidas; en asuntos de negocios, nunca contenían una palabra de más o de menos [...] Su tribu la honraba y la respetaba como a una reina. Aparecía espléndida vestida al modo oriental y, al verla en el bazar, hubiera podido decirse que no tenía más de treinta y cuatro años». Isabel Burton, sin embargo, no entendía cómo una aristócrata culta y hermosa como ella podía compartir su vida con un árabe: «... me resultaba del todo incomprensible cómo podía haberlo abandonado todo en Inglaterra para vivir con ese sucio y pequeñajo negro o casi negro que tenía por marido [...] Podía entenderla huyendo de Schwarzenberg, pero me era imposible comprender cómo podía soportar el contacto con aquella piel tan oscura. Su jeque era muy moreno, más moreno que un persa y mucho más moreno de lo que generalmente son los árabes. Por otra parte él era un hombre inteligente y encantador, pero no tanto como para tenerlo de marido». En realidad la esposa de Richard Burton se atrevió a decir lo que la mayoría de los compatriotas pensaban de Medjuel pero por respeto a Jane callaban. La feliz esposa del jefe beduino se tomaba con buen humor semejantes comentarios, y solía responder que su esposo no era un bárbaro aunque hubiera tardado quince años «en enseñarle a utilizar correctamente el tenedor y el cuchillo».

En Damasco vivían entonces una treintena de europeos y entre ellos muy pocas mujeres. Isabel Burton durante los casi dos años que pasó en la ciudad necesitaba una confidente de su mismo sexo y la encontró en la «exótica» lady Jane Digby. En su autobiografía la señora Burton aseguraba que Jane le dictó de viva voz sus memorias con la idea de que un día vieran la luz. Según sus propias palabras, lady Digby le abrió su corazón y no escatimó ni un solo detalle de sus apasionadas relaciones íntimas con importantes personajes de la nobleza, ni tampoco omitió los recuerdos más amargos de su vida como la pérdida de su querido hijo Leonidas. Mary S. Lovell, autora de una de las más completas biografías de lady Jane Digby, en su libro *A Scandalous Life* pone en duda que la aristócrata inglesa deseara que la señora Burton redactara sus memorias. En sus cartas y diario personal —que escribió ininterrumpidamente durante treinta años— que se conservan en los archivos de la familia Digby queda bien claro el horror que sentía la viajera a que su vida se convirtiera en un espectáculo. Lady Jane no podría evitar que tras su muerte en Damasco y hasta nuestros días se publicaran cerca de doscientos libros inspirados en su cinematográfica existencia.

En 1872 había estallado en Siria una gran guerra entre las tribus beduinas más importantes. Lady Jane participó en la batalla junto a su esposo y pudo presenciar en primera línea cómo las tropas turcas atacaban a los Mezrab, que sufrieron muchas bajas, entre ellas, el hijo preferido de Medjuel, el joven Schebidd. En aquellos días de confusión corrió el rumor de que entre las víctimas se encontraban lady Jane Digby y su esposo. La noticia llegó a Beirut y desde allí a Europa, donde todos los periódicos se hicieron eco del suceso dedicando amplios reportajes a la excéntrica dama inglesa que ya daban por muerta. Los Burton se encontraban en su destino de Trieste cuando el 14 de marzo de 1873 leyeron sobrecogidos en *The Morning Post* la noticia de la muerte de su amiga lady Jane. A Isabel le enfureció la cantidad de absurdas mentiras que se decían sobre ella bajo el título de «Una vida notable»: «... Lady Ellenborough [...] su nombre fue una vez muy conocido por toda Europa [...] se fugó con el príncipe Schwarzenberg de la residencia de su primer marido [...] Más tarde marchó a Italia, donde se casó en seis ocasiones consecutivas. En 1848 contrajo matrimonio por octava vez, en esta ocasión con un viejo jefe palikare [...] Durante un viaje de Beirut a Damasco se enamoró de su joven guía camellero Abdul y lo eligió como noveno marido».

Isabel, que desde que abandonó Damasco en 1872 había mantenido correspondencia con lady Jane, aprovechó la ocasión para defender el honor de su buena amiga y de paso anunciar públicamente que sólo ella estaba autorizada a escribir su biografía. En una carta que envió a los principales periódicos británicos, la señora Burton aseguraba que durante su estancia en Damasco lady Jane Digby le había dictado sus memorias con la única promesa de no publicarlas hasta después de su muerte. Para su sorpresa, en el mes de abril Isabel recibió una carta de lady Jane, que no sólo no estaba muerta —por seguridad ella y Medjuel habían permanecido ocultos en el desierto con su tribu— sino que le pedía una explicación sobre el asunto de sus memorias y que le devolviera las notas personales que supuestamente obraban en su poder. En otra carta que se conserva escrita por lady Jane a su cuñada Théresa —esposa de su hermano Edward— en Londres acerca de la «defensa» que hizo Isabel sobre su persona, le aclara con rotundidad: «Siempre he despreciado la idea de publicar nada relacionado conmigo ni con mi anterior existencia, como ya puedes imaginar, y nunca hablé en absoluto con Isabel acerca de mis memorias, excepto para responder algunas de sus preguntas generales sobre del mundo en aquellos días. Lo de la promesa es un error puro y simple, porque tú sabes el horror y la aversión que siento hacia este tipo de cosas».

Del prestigio que lady Jane aún gozaba entre los Mezrab fue testigo de excepción un viajero inglés que la visitó en su casa de Damasco hacia 1876 y escribió en su diario de viaje: «Era una mujer muy observadora, una gran conversadora, muy ágil y aguda, que se interesaba por todo a pesar de su avanzada edad. Me contó muchas de sus experiencias en Oriente. En una ocasión, toda la tribu de su marido se congregó en Damasco, por error, y tomó posesión de su casa, durmiendo en las escaleras, en los descansillos y en cualquier parte donde pudieran echarse. Ella era la única mujer que había en la casa [...] Su único miedo consistía en que alguno de los muchos soldados turcos que había cerca de su casa pudiese hacer algún comentario despectivo de ella, porque, en ese caso, decía, no habría quedado vivo ni un solo turco que se encontrase en los alrededores. Los beduinos querían con pasión a la esposa de su jefe y todos y cada uno de ellos hubieran estado dispuestos a dar la vida por ella».

Sus últimos años de vida transcurrieron tranquilos, en 1877 lady Jane cumplía setenta años y seguía enamorada como una adolescente de su querido Medjuel. «Ha transcurrido un mes y veinte días desde que Medjuel durmió conmigo por última vez», se lamentaba en una carta tras veinticinco años de matrimonio. Los que la conocieron entonces aseguran que todavía conservaba su legendaria belleza, su cutis pálido de alabastro, sus luminosos ojos azules y esa elegancia principesca que tanto impresionó a lady Burton. En su diario personal lady Jane anotó en aquellos días con cierto orgullo que su hijo Heribert la había hecho abuela. Ella que nunca tuvo sentimientos maternales conservaba en un cofre las cartas y las fotos que le había enviado Heribert, al que abandonó cuando apenas tenía cinco años de edad en brazos de su padre. Lady Jane siempre mantuvo correspondencia con el barón Venningen y por él supo que su hija Berta cuando contaba veinticinco años de edad había sido ingresada en un hospital a causa de los graves trastornos mentales que padecía.

Sin embargo, a pesar de que lady Jane ya en su vejez aparentaba menos edad, sus energías no eran las mismas. A estas alturas de la vida le resultaba muy duro tener que pasar el invierno en un campamento beduino cuando acompañaba a su esposo en su emigración anual en busca de pastos. Ya no tenía la agilidad de antaño aunque seguía montando a caballo y le gustaba caminar por las montañas para mantenerse en forma. Decidió quedarse en su casa de Damasco mientras Medjuel iba y venía del desierto. Cuando cumplió setenta y cuatro años, su esposo —que siempre se mostró muy romántico y detallista— le regaló el caballo más hermoso de sus cuadras.

En el verano de 1881 una epidemia de cólera se extendió por la ciudad y la mayoría de los europeos huyeron a las colinas. Jane y Medjuel se quedaron en su casa disfrutando por primera vez en mucho tiempo de la soledad; ya no estaba con ellos su doncella Eugénie y los Mezrab se encontraban reunidos en su campamento del desierto. A los pocos días Medjuel descubrió con gran dolor que su esposa había enfermado de disentería y se encontraba muy débil. Nada pudieron hacer los médicos, el 11 de agosto lady Jane Digby el Mezrab moría mientras descansaba en su lecho. Con anterioridad había comprado una tumba en el pequeño cementerio protestante de Damasco, donde quería ser enterrada.

Abdul Medjuel nunca había asistido a un funeral cristiano y el ritual le pareció muy extraño. El cortejo fúnebre estaba formado por media docena de carruajes y la procesión, en un profundo silencio, cruzó el puente de madera sobre el río Barada y atravesó la antigua Bab Tuma, la puerta donde años atrás lady Jane había entrado a caballo por primera vez en Damasco acompañada como una reina por su noble guía beduino. Cuando el cortejo dejó atrás las murallas de la ciudad Medjuel, que se encontraba en el interior de uno de los carruajes, sintió que se ahogaba y salió huyendo ante el desconcierto de todos. Regresó al poco rato, justo en el momento que daban sepultura a su esposa, montando la yegua favorita de Jane. Le acompañaban algunos miembros de su tribu luciendo sus blancas túnicas que contrastaban con el luto de los asistentes. A ella le gustaba recordarlo así, como un orgulloso y noble hombre del desierto a lomos de un espléndido purasangre; porque Medjuel había representado en su vida toda la aventura y el romanticismo de Oriente.

Isabel Burton
1831-1896

Mi destino era Damasco, el sueño de mi infancia. Seguiré los pasos de lady Mary Wortley Montagu, lady Hester Stanhope y la princesa Tour d'Augverne, ese trío de famosas europeas que vivieron por decisión propia una vida completamente oriental. Yo procuraré ser la cuarta.

ISABEL BURTON, Londres, 1870

Pasión oriental

Desde muy temprana edad, Isabel Arundell sabía que para ser feliz debía conseguir dos cosas en la vida: casarse con Richard Burton y viajar a Oriente. De manera obsesiva, esta joven inglesa se propuso conquistar el corazón del hombre que reunía todos sus sueños. El elegido fue uno de los personajes más fascinantes del siglo XIX, un explorador atípico de espíritu renacentista al que veneró como a un dios hasta el final de sus días. El capitán Burton era un genio polifacético: militar, espía, diplomático, antropólogo, poeta y escritor prolífico. Su irresistible atracción por Oriente le llevó en su juventud a viajar a las regiones ignotas de la actual Arabia Saudí y penetrar en las ciudades sagradas del islam disfrazado de peregrino afgano. Burton era además un notable lingüista, hablaba con fluidez veintinueve lenguas, entre ellas el árabe y el hindi, y más de cuarenta dialectos. Hombre provocador y promiscuo —sus biógrafos apuntan a que era bisexual— escandalizó a la rígida sociedad victoriana con su traducción al inglés de *Las mil y una noches* y textos eróticos orientales como el *Kama Sutra*.

Cómo la hija solterona de una noble y puritana familia católica de Inglaterra acabaría compartiendo su vida con un hombre considerado casi un proscrito social resulta un misterio. Richard Burton enamoró a la romántica señorita Arundell desde su primer encuentro en Boulogne (Francia), donde el veterano oficial británico se recuperaba de su delicada salud tras una larga estancia en la India. Isabel, entonces una ingenua muchacha de diecinueve años, se sintió muy atraída por aquel hombre apuesto y de gran magnetismo: «Tiene el cabello muy oscuro, negras cejas sagaces y bien delineadas; semblante moreno y curtido, y auténticas facciones árabes; su boca y su barbilla expresan un carácter decidido y están cubiertas por un enorme bigote negro. Sin embargo, lo más notable de su aspecto son sus dos grandes ojos, negros y brillantes, que te traspasan al mirarte».

Desde aquel día en el bosque de Boulogne donde Isabel sintió que «acababa de tropezar con la luz de su destino», viviría pendiente de las hazañas protagonizadas por el capitán Burton. Aún tendrían que pasar diez largos años para que se convirtiera en la fiel esposa de este indomable aventurero. Mientras Isabel llevaba una vida aburrida y superficial en Londres, su «héroe» conseguía entrar disfrazado de árabe en La Meca y Medina, penetrar en la ciudad prohibida de Harar en Etiopía, cruzar el África Central en busca de las míticas fuentes del Nilo y escribir un buen número de magníficos libros sobre sus viajes. Isabel ya tenía muy claro que su futuro se encontraba junto a este hombre con fama de libertino, extravagante, ambicioso y de difícil carácter aunque para ello tuviera que sufrir todo tipo de penalidades. En una carta dirigida a su madre tras haber conocido al audaz explorador, le escribía: «Me gustaría ser un hombre. Si lo fuese, sería Richard Burton; pero como sólo soy una mujer, seré la esposa de Richard Burton».

En 1869 Isabel Burton pudo al fin cumplir su sueño de viajar a Oriente y seguir los pasos de sus admiradas antecesoras, como la misteriosa lady Hester Stanhope. Su esposo fue nombrado cónsul británico en Damasco (Siria) y allí vivieron durante dos años en una palaciega mansión rodeados de una corte de sirvientes como auténticos emperadores. A diferencia de la apasionada dama británica lady Jane Digby, casada con un noble beduino, la señora Burton siempre consideró a los árabes inferiores. Sin embargo, aunque algunos autores la describen como la típica inglesa victoriana que nunca consiguió desprenderse de los prejuicios inherentes a su clase y a su edad, fue una mujer valiente, bondadosa y totalmente entregada a su extravagante marido. Los Burton formaban una extraña pero compenetrada pareja; Isabel no sólo se preocupaba de la intendencia de los viajes y del bienestar de su esposo, sino que en su calidad de «secretaria privada» le ayudó en la traducción de numerosos manuscritos y buscó incansablemente editores que publicaran sus obras. Sin la ayuda y el empeño de Isabel quizá Richard Burton no hubiera pasado a la historia como uno de los más grandes exploradores y orientalistas de su tiempo.

Burton no pudo encontrar mejor compañera de viaje, una mujer que en vida le idolatró y que tras su muerte sólo tuvo una idea en su mente: conseguir el reconocimiento que le había sido negado y limpiar su honor perdido. Para ello no dudó en escribir una biografía oficial sobre su esposo —ofreciendo una absurda «versión» católica del personaje— titulada *The Life of Captain Sir Richard Burton*, en censurar párrafos enteros de sus libros y quemar sus obras más comprometedoras sobre temas sexuales. A su muerte en 1890 la señora Burton encendió en el jardín de su casa de Trieste una gran hoguera y arrojó a las llamas un buen número de manuscritos, entre ellos la traducción al inglés de la obra erótica *El jardín perfumado*, de la que Burton se sentía especialmente orgulloso. Era, tras treinta y cinco años de servil matrimonio, la primera decisión que tomaba por ella misma. Un hecho calificado de «atroz y terrible» que la convertiría en un personaje odiado por sus contemporáneos aunque —como apuntan algunos biógrafos— tal vez sólo fuera un acto de liberación para una mujer que se esforzó toda su vida en representar el papel de perfecta esposa.

La profecía

En su biografía Isabel recordaba que nació un día de domingo «a las nueve menos diez minutos de la mañana», el 20 de marzo de 1831 en Great Cumberland Place, Londres. Era muy precisa en estos detalles porque a lo largo de toda su vida mostró un gran interés por la astrología. La niña descendía de los Arundell, una noble, conservadora y muy distinguida familia católica de Inglaterra cuyos orígenes se perdían en el tiempo. Isabel siempre le prestó mucha atención a su ilustre linaje y le gustaba decir que sus antepasados se remontaban a la época de Guillermo el Conquistador. Entre los primeros Arundell destacaron valientes guerreros y nobles —emparentados con el rey Eduardo VIII— de los que Isabel se jactaría de haber heredado su espíritu aventurero y errante.

Su padre, Henry Raymond, era un Arundell pero no poseía fortuna. Educado para no trabajar, como cualquier joven de su posición, acabó dedicándose al comercio de vinos para mantener a su numerosa familia. Henry tuvo catorce hijos, de los cuales diez fallecieron a temprana edad; sólo sobrevivieron Isabel y sus tres hermanas. Isabel era la mayor de los hijos de su segundo matrimonio con Eliza Gerard, una fanática católica, hija de aristócratas, que educó a las niñas con gran severidad. Isabel, que sentía un gran aprecio por su padre, tenía sentimientos encontrados hacia su madre: «Era una mujer de gran capacidad intelectiva, temperamento vivo, fanática y absolutamente espartana, al menos con sus dos hijas mayores. Temblábamos en su presencia, pero la adorábamos». Su devota madre sería la mayor oposición al matrimonio de su hija con el explorador Richard Burton, al que hasta el final de sus días consideraría un «salvaje y degenerado».

La infancia de Isabel, a la que apodaban Puss (gatito) porque «tenía la expresión inteligente y curiosa de los felinos», no fue un período feliz. Los primeros años de su vida los pasó en el impresionante castillo de Wardour en Wiltshire, propiedad de un primo de su padre, lord James Everard Arundell. Lord Arundell, padrino de Isabel, les permitió ocupar un ala de la fortaleza y la pequeña, siempre fantasiosa, tardó muy poco en sentirse la dueña de aquel paraíso. En Wardour se llevaba una intensa vida social; fiestas, bailes hasta la madrugada, cenas de etiqueta a la luz de los candelabros y visitas de damas aristocráticas a la hora del té ponían en movimiento a un enjambre de sirvientes uniformados. Mientras, la vida de los niños, confinados en la planta superior del edificio, era bastante más dura y aburrida. Isabel, al igual que sus hermanos, fue educada por estrictas institutrices que les enseñaron principalmente «buenos modales, limpieza, educación y temor a Dios». Los niños tenían muy poco contacto con sus padres; Isabel recordaba que sólo por las tardes se la vestía con lazos de satén azul y un incómodo traje de muselina blanca y se le permitía estar un rato en el salón principal con los mayores. La joven resumía así aquella vida marcada por el protocolo y una rígida disciplina: «No podíamos hablar a no ser que nos hablaran primero; no podíamos pedir nada a no ser que nos lo ofrecieran antes. Le besábamos la mano a nuestro padre y a nuestra madre, les pedíamos su bendición antes de volver escaleras arriba y todo el tiempo que estábamos en su presencia debíamos estar de pie junto a ellos». Entre los escasos momentos de felicidad que Isabel recordaba se encontraban los paseos por el parque que de vez en cuando realizaba con su madre en un elegante carruaje negro conducido por lacayos vestidos con librea y peluca. Tampoco olvidaría sus primeras clases de hípica impartidas en la enorme cocina del castillo, donde las hermanas Arundell aprendieron a montar a caballo trotando alrededor de la mesa.

Cuando murió lord Arundell, el padre de Isabel —cuyos ingresos seguían siendo muy modestos— decidió trasladarse con su familia a Londres para mejorar su fortuna. Alquilaron una casa en el número 14 de Montagu Place y al poco tiempo el señor Henry montó un negocio de vinos en Mayfair que resultó muy próspero y le permitió comprar una pequeña finca en Essex. Los Arundell abandonaron su casa londinense en 1841 y comenzaron una nueva vida en la campiña inglesa. Como para alguien con el apellido Arundell trabajar para vivir era un hecho socialmente inaceptable, las actividades vinícolas de Henry Arundell fueron el secreto familiar mejor guardado.

La finca de Furze Hall donde Isabel pasaría los siguientes siete años era en realidad una casa de campo antigua y casi en ruinas que funcionaba como granja. El edificio principal, construido en piedra y cubierto de enredaderas, se encontraba algo alejado de la carretera y rodeado de bosques y extensos prados. Isabel se sentía feliz en contacto con aquella naturaleza salvaje, disfrutaba de la compañía de sus perros y se dedicaba con esmero al cuidado de los caballos y limpieza de las cuadras. Los paseos con sus hermanos por el campo, el patinaje y las largas cabalgadas, le permitieron adquirir una destreza y buena forma física que le serían muy útiles en sus posteriores viajes por América Latina y Oriente. Cuando al poco tiempo de instalarse en la finca Isabel cogió el tifus y los dos médicos que la examinaron la dieron por muerta, sorprendió a todos con su fortaleza y capacidad de sufrimiento. A raíz de este suceso, del que salió milagrosamente viva, Isabel siempre tuvo pánico a que la enterraran viva.

Isabel Arundell tenía diez años cuando fue internada en una escuela de monjas flamencas en un convento a unos treinta kilómetros de la finca. El centro, fundado por los antepasados Arundell para los hijos católicos de la clase alta, era un lugar de élite donde se educaba a las jóvenes para ser esposas y madres ejemplares. Isabel, que era una alumna aplicada sería recordada por sus maestras como una niña «brillante, inteligente y muy curiosa». Su padre pagaría parte de su costosa educación en este colegio con vino y jerez de su tienda, muy apreciado por las monjas.

La joven también dedicó los años que pasó en la finca de Essex a «la lectura y a la contemplación». Los momentos de soledad los aprovechaba para leer aunque había un libro del que no se separaba, el *Tancredo* de Benjamin Disraeli. Esta obra —que según ella la marcaría profundamente— era fruto del viaje que hizo su autor por Oriente Próximo en 1830 cuando contaba veintiséis años. Isabel pasó muchos meses en el jardín de su casa inmersa en unas páginas que la hacían soñar con exóticos parajes: «*Tancredo* me inspiró todas las ideas y el anhelo de una vida salvaje, oriental». Este libro le quedó tan grabado en su memoria que cuando llegó a Damasco por primera vez en 1869, siendo ya la esposa de Burton, confesaría emocionada: «Tuve la sensación de que había vivido en esta ciudad varios años antes».

Fue su interés por Oriente, inspirado en aquellas y otras lecturas, lo que la llevó a visitar a unos gitanos que habían acampado en los alrededores de su finca, pese a la prohibición de sus padres de acercarse a ellos. En *The Life of Captain Sir Richard Burton,* su particular biografía del explorador donde incluyó numerosos recuerdos de su vida en común, Isabel afirmaba: «Sentía auténtico entusiasmo por los gitanos, por los árabes beduinos, por todo aquello que resultase oriental y místico, y muy especialmente por una vida salvaje que no obedeciera a ley alguna». En aquellas visitas al campamento de gitanos se hizo amiga de una tal Hagar Burton, una mujer muy influyente de su tribu que un día le leyó el horóscopo y le vaticinó: «Tu vida será como la de quien nada a contracorriente, pero Dios estará contigo, así que siempre te saldrás con la tuya. Llevarás el nombre de nuestra tribu, y con razón te enorgullecerás por ello. Serás como nosotros, pero mucho más grande que nosotros. Tu vida será errar, cambiar, afrontar la aventura. Un alma en dos cuerpos, en la vida o en la muerte, pero ya nunca más separada. Enséñale eso al hombre que tomes como esposo».

Seguramente la gitana Hagar Burton sólo existió —como tantas otras cosas— en la imaginación de Isabel. Cuando estudiaba en el Trinity College de Oxford, Richard Burton solía visitar en sus tardes libres un campamento cercano de gitanos y es probable que le contara a su esposa algunas anécdotas vividas con ellos que Isabel pudo incorporar como propias. En aquellos días de aventuras y auténtica pasión por todo lo oriental, la inquieta muchacha cumplía dieciséis años y se sentía muy acomplejada por su físico. «Nunca en mi vida fui más fea» escribiría en su diario, donde nos ofrece un autorretrato de cómo se veía a sí misma: «Era alta, regordeta y rubia, pero siempre estaba morena o con la piel enrojecida por el sol. Sabía bien cuáles eran mis puntos fuertes, qué muchacha no lo sabe. Tenía los ojos grandes, azul oscuro, la mirada clara y unas largas pestañas negras, así como unas cejas que parecían disminuir de tamaño a medida que crecía yo. Tenía los dientes muy blancos y regulares, y las manos, como los pies y la cintura, muy pequeñas».

Isabel se había convertido en una adolescente y sus padres decidieron que era el momento de regresar a Londres y presentar en sociedad a su primogénita. Como todas las jóvenes de su posición debía realizar su debut en los salones de Almack. Este famoso club —en realidad el mercado matrimonial de la alta sociedad victoriana— organizaba durante doce semanas al año fastuosos bailes supervisados por un comité de distinguidas damas británicas. En Almack tras la diversión se acudía a encontrar un buen partido y todos los gastos eran pocos si se trataba de conseguir un marido rico e influyente. Por lo general, tras dos temporadas se esperaba que Isabel estuviera comprometida. No era fácil ser admitido en alguno de sus bailes pero los Arundell tuvieron por madrina a una dama muy ilustre, la duquesa de Norfolk.

Isabel, que siempre fue muy romántica, nunca olvidaría su primer baile en los salones de Almack: «... vestía un elegante y vaporoso vestido largo de muselina blanca y seda en tonos rosados. Mi pelo, que era muy abundante, estaba trenzado de una forma indescriptible por Alexander y repleto de pequeñas rosas naturales. Llegamos a Almack alrededor de las once. La escena era brillante y sorprendente: la gran escalinata y la antecámara estaban cubiertas de guirnaldas y festones dorados. El resplandor de las luces, el olor de las flores, los perfumes, los diamantes y los magníficos vestidos de la flor y nata de la aristocracia británica embotaban mis sentidos. Todo era nuevo para mí y todo era maravilloso».

La mayor de los Arundell no era demasiado atractiva ni aportaba una buena dote pero tenía linaje y un apellido ilustre. Desde su primera aparición Isabel no pasó inadvertida, le encantaba bailar y era una amena conversadora. La joven tuvo mucho éxito y aguantó con serenidad las miradas fijas de los asistentes: «Yo no sabía que a todas las debutantes se las estudiaba con tanta atención en su primer día; me sentía confundida y, aunque pueda parecer vanidosa y creída, he de decir que escuché a unas damas diciéndole a mi madre que me habían mencionado como la nueva belleza del club. Imagínate, la pobre feúcha que yo fui». La señorita Isabel Arundell estaba radiante, por primera vez se olvidó de los complejos y aceptó gustosa las invitaciones de sus admiradores. A los bailes siguieron la ópera, las cenas de gala, las visitas a las lujosas mansiones donde vivían sus nuevas amigas y las salidas de compras por las tiendas más elegantes de la ciudad. Pero Isabel muy pronto descubriría que su ideal de hombre no se encontraba en aquellos ambientes frecuentados por apuestos galanes y muchos cazafortunas: «Los jóvenes de entonces pasaban ante mí sin dejar la más mínima huella. Mi ideal no se encontraba entre ellos».

La primera temporada en Londres acabó sin ninguna novedad, para desesperación de la madre de Isabel, que veía cómo su hija no tenía la menor intención de casarse. En su biografía Isabel describe con detalle cómo debía ser su «hombre ideal»: «Tendrá uno ochenta de estatura, sin una onza de grasa en todo el cuerpo, con los hombros anchos y musculosos, el pecho amplio y poderoso; es un hércules. Ha de tener el cabello negro y ser moreno de tez, con una frente inteligente, los ojos grandes, negros, maravillosos —esos extraños ojos, de los que una no se atreve a apartar la mirada—, con largas pestañas. Ha de ser soldado y muy viril; estará acostumbrado a mandar y ser obedecido [...] será un caballero en todos los sentidos de la palabra, y por supuesto, será inglés [...] Sólo me casaré con un hombre así. Amo a este mito de mi juventud —porque se trata de un mito— cercano a Dios y sigo la estrella que la gitana Hagar me dijo que era la estrella de mi destino». Se supone que cuando Isabel escribió estas líneas no conocía aún a su futuro esposo. Sin embargo, la descripción que hace del compañero de sus sueños es exacta a la de Richard Burton. Fantasía o no, la joven tenía muy claro con quién quería compartir su vida; si no lo lograba, pensaba ingresar en la orden religiosa de San Vicente de Paúl dedicada a las obras de caridad.

Un amor obsesivo

A finales de verano de 1850 el señor Arundell decidió trasladarse con su familia fuera de Inglaterra a un lugar menos caro y más tranquilo que Londres. El destino elegido fue Boulogne, un apacible pueblo de la costa francesa donde vivían algunos parientes de la familia Arundell. Isabel se sintió muy desdichada al tener que abandonar Inglaterra en un momento tan dulce de su adolescencia. Le gustaba la vida en sociedad, tenía buenos amigos, más de un rendido admirador y mudarse a Boulogne era como marchar al exilio. Su padre alquiló una casa sencilla y barata en la Haute Ville, el antiguo barrio medieval situado en lo alto de una colina y rodeado por los imponentes baluartes del siglo XIII. A la joven este pintoresco puerto, que muchas familias británicas elegían como lugar de veraneo por su tranquilidad y su saludable clima, le decepcionó. Sólo los paseos al atardecer por los baluartes y la amistad que hizo a escondidas de su madre con las mujeres del puerto encargadas de vender el pescado, limpiar los botes y preparar el cebo, le ayudaron a olvidar su brillante temporada londinense.

En Boulogne la vida social de las hermanas Arundell había llegado a su fin. Isabel y su hermana Blanche pasaban todo el día en el colegio del convento del Sacré-Coeur donde aprendían francés, música y dibujo. La señora Arundell ejercía de estricta carabina de sus hijas escoltándolas en todas sus salidas por el pueblo. En otoño de 1850, en uno de aquellos paseos en compañía de su hermana, ocurrió algo que cambiaría por completo la vida de Isabel. Ese día iban solas y las dos muchachas —vestidas con el uniforme del colegio— se sentían libres paseando a sus anchas rumbo a los baluartes cuando un apuesto joven se les acercó en dirección opuesta. Era Richard Burton, un oficial del ejército de las Indias, marginado y controvertido, a quien le perseguía el escándalo. A Isabel le impresionó su imponente aspecto, era alto, de fuerte complexión y muy moreno; tenía el rostro curtido por el sol y una mirada penetrante: «... la parte más notable de su apariencia externa eran sus ojos negros, grandes, centelleantes, de largas pestañas, que te atravesaban de parte a parte. Su expresión era a un tiempo feroz, orgullosa y melancólica, y cuando sonreía, lo hacía como si le doliese, contemplando con impaciencia y desprecio todo cuanto le rodeaba. Iba vestido con una levita negra, corta, algo abolsada, con un bastón al hombro, como si estuviese en guardia», recordó Isabel en su biografía. En aquel primer encuentro no hubo ni un cruce de palabras, tan sólo Isabel sintió que Burton la miraba especialmente y ella, magnetizada, le comentó a su hermana: «Ese hombre se casará conmigo».

Isabel y Richard volvieron a encontrarse al día siguiente y, siempre según la versión de la señorita Arundell ofrecida en su autobiografía, Burton escribió en tiza sobre una de las piedras de los baluartes: «¿Puedo hablar con usted?», a lo que ella respondió con la misma tiza: «No, mamá se enfadaría mucho». Y así ocurrió, porque la señora Arundell, enterada del fugaz encuentro, hizo que sus dos hijas se sintieran aún más prisioneras al no dejarlas solas ni un instante. Tuvieron que pasar unos días hasta que la pareja fue formalmente presentada por una amiga común; cuando la joven escuchó el apellido del atractivo soldado y recordó la profecía de la gitana Hagar sintió que se había encontrado con su destino. Al capitán Burton no pareció haberle marcado mucho su primer encuentro con Isabel, acostumbrado como estaba a flirtear con todas las jóvenes que le gustaban. Sin embargo, los sentimientos de la señorita Arundell eran muy distintos: «Jamás desperdicié la menor ocasión de verle, mientras que a mí no me pudiera ver, y como solía ponerme colorada o muy pálida, y me sentía toda sofocada y fría de repente, mareada y a punto de desmayarme, enferma y temblorosa, y como a veces las rodillas cedían bajo mi peso, mi madre mandó llamar al médico».

Cuando Isabel conoció al capitán Burton ella tenía diecinueve años y él diez más. Hacía un año que Richard había regresado de la India, donde había servido como oficial en el ejército nativo de las Compañía de las Indias Orientales durante la guerra entre Gran Bretaña y la provincia de Sind. En Boulogne se reponía de sus graves problemas de salud en compañía de su madre y su hermana Maria. El hombre que quitaba el sueño a la mayor de los Arundell había nacido en Torquay, Inglaterra, el 19 de marzo de 1821 y a diferencia de Isabel ni era católico ni tenía linaje. Su padre, el teniente coronel del ejército británico Joseph Burton, era un «auténtico caballero» que educó a sus tres hijos en Francia e Italia. Su madre, Martha Barker, hija de un hacendado inglés, era al decir de los biógrafos una mujer «sencilla y muy simple» que intentó disciplinar sin éxito a los díscolos niños contratando a severos tutores. Los frecuentes viajes de la familia en busca de un clima adecuado para el señor Burton, que era asmático, contribuyeron a desarrollar en Richard su legendaria habilidad para aprender nuevos idiomas.

En 1840 su padre le envió a estudiar al prestigioso Trinity College de Oxford, pero muy pronto el joven descubrió que odiaba Inglaterra y que una persona como él no encajaba en el rígido ambiente académico. Richard sólo aguantó dos cursos en Oxford y como se sentía aburrido y ansiaba nuevas experiencias decidió viajar a la India. El 18 de junio de 1842 el teniente Burton, que entonces tenía veintiún años, partía a Bombay para reunirse con su regimiento. Tardaría cuatro meses en llegar a la India donde entró en contacto con un mundo que le cambiaría para siempre.

No sabemos si la señorita Isabel Arundell estaba al tanto de las experiencias vividas por su admirado Burton durante los siete años que pasó en la India. Además de perfeccionar su árabe, aprender hindi y hasta doce lenguas locales, el joven se dedicó con igual esmero en Bombay a practicar con una amante nativa las artes sexuales del *Kama Sutra*. En Karachi, disfrazado de mercader persa, frecuentó los burdeles homosexuales para elaborar un informe por encargo de sus superiores. Las relaciones íntimas con niños y eunucos que allí tenían lugar y que Burton describía con todo lujo de detalles serían utilizadas más tarde por sus detractores para hundir su carrera militar. Comenzó entonces a circular el rumor de que Richard había participado en estas prácticas sexuales, que describía de manera tan realista, y el escándalo le perseguiría el resto de su vida. En 1849 un Burton enfermo y deprimido regresaba a Inglaterra dispuesto a olvidar su amarga experiencia y a convertirse en escritor.

Éste era el hombre del que Isabel se había enamorado y que ahora se alojaba en un antiguo hotel de la Haute Ville, no muy lejos de donde residían los Arundell. Al tiempo que recuperaba su maltrecha salud, Burton se dedicó de lleno a escribir sobre sus experiencias en la India —cuatro voluminosos libros en apenas dos años— y a practicar la esgrima, otra de sus grandes pasiones. El intrépido soldado ya tenía treinta años y resultaba muy atractivo a las muchachas de Boulogne, a las que hechizaba con los relatos de sus peligrosas aventuras en el Lejano Oriente. Tras su presentación oficial, Isabel no volvió a ver a Richard hasta unos meses después en un baile ofrecido por una amiga de su madre. La joven, siempre muy dada al dramatismo, consiguió bailar un vals con su apuesto galán y en las páginas de su diario anotaría: «Conservé el echarpe sobre el que había estado colocada su mano en mi cadera durante todo el baile, los guantes cuya tela había tocado. Nunca volví a ponérmelos». Se iniciaría entonces un interminable cortejo que duraría diez largos años y que sumiría a Isabel en un estado de perenne angustia. Nadie imaginaba entonces que la relación entre aquella puritana joven inglesa y el polémico oficial acabaría en boda.

A principios de mayo de 1852 murió un hermano de Isabel —el pequeño Raymond, de dos años— y la familia, hundida en el dolor, desmanteló su casa de la Haute Ville y regresó a Londres. Isabel no volvería a ver a Richard en cuatro años, mientras el explorador protagonizaba algunas de sus más osadas hazañas, entre ellas entrar disfrazado de musulmán en La Meca y en la ciudad prohibida de Harar, en Etiopía. Ya instalados en su casa londinense la madre de Isabel intentaría de nuevo casar a su hija, que rechazaría con firmeza uno tras otro a los magníficos y aburridos «partidos» que le presentaban. Con veintiún años el comportamiento de la joven era un enigma para la señora Arundell que ignoraba el amor obsesivo que sentía su hija hacia Burton. A su hermana Blanche, su mejor amiga y confidente, le confesaría: «Si Richard y yo no nos casamos, Dios hará que nos encontremos en el otro mundo. No nos pueden separar, pertenecemos el uno al otro».

Poco tiempo después de que la familia Arundell abandonara Boulogne, Richard Burton regresaba a Londres decidido a organizar su temerario viaje a la ciudad sagrada de La Meca. Seguramente el explorador ya no recordaba a la colegiala que había tratado de seducir en los baluartes de Boulogne porque fueron varias —aunque no serias— sus conquistas femeninas durante aquellos dos años en la costa francesa. Ahora sólo pensaba en recorrer los vastos e inhóspitos desiertos de Arabia, aún sin explorar, con el firme propósito de «acabar con uno de los principales oprobios de la aventura moderna, esa inmensa mancha blanca que en nuestros mapas aún denota las regiones del este y el centro de Arabia». Se trataba del famoso Territorio Vacío —el vasto espacio conocido como Rub al-Jali— que hasta bien entrado el siglo XX sería una tierra desconocida para los viajeros occidentales. La legendaria Arabia, la tierra de fábulas y riquezas por donde transitaban antaño las caravanas de camellos cargadas de oro, incienso, mirra y apreciadas especias, se había convertido con el paso del tiempo en una península árida y desolada. Aquellos que conocían sus regiones centrales hablaban con horror del ardiente sol, los vientos abrasadores, las tormentas de arena y la sed que mataba lentamente cuando no se conocía la situación de sus pozos de agua. En estas latitudes extremas sólo los beduinos, los nómadas del desierto, conseguían sobrevivir adaptándose como camaleones a su infernal geografía. Richard Burton —al igual que otros viajeros británicos decimonónicos— encontraría en el desierto un espacio sin contaminar, de una pureza salvaje, que le cambiaría para siempre: «Era una tierra arisca, infestada de fieras salvajes y de hombres aún más feroces pero una vez que los propios apetitos han logrado adaptarse a la calma extrema de este viaje, se sufre verdadero dolor al regresar a la vorágine de la civilización».

Hacia 1850 apenas una docena de europeos se habían atrevido a recorrer el interior de Arabia —entonces toda la región estaba en manos del Imperio Otomano— y Burton no iba a ser el primero. De entre el puñado de exploradores que le habían precedido admiraba sobre todo al suizo Johann Ludwig Burckhardt, que partió con destino a Oriente en 1808 enviado por la Asociación Africana con la intención de penetrar en las regiones interiores del continente negro. El osado Burckhardt llegó a Alepo (Siria) un año después disfrazado de árabe; se hacía llamar *sheik* Ibrahim ibn Abdullah. Tras descubrir las ruinas de Petra, en 1813 remontó un tramo del Nilo y cruzó el desierto de Nubia hasta llegar a las orillas del mar Rojo. Desde allí a principios de 1815 comenzó su peregrinación a La Meca, donde viviría durante tres meses seguidos y tomaría un buen número de notas sobre la ciudad santa. Burckhardt nunca pudo descubrir el nacimiento del río Níger y a su regreso a El Cairo en 1817 moriría de disentería. Tenía treinta y tres años y fue enterrado por voluntad propia en el cementerio de la ciudad con el nombre que había usado en sus viajes, el del peregrino Ibrahim ibn Abdullah.

El ambicioso capitán Richard Burton, que pensaba superar

las hazañas de Burckhardt, pasó cinco meses en Londres preparándose para el viaje. Contaba con el apoyo y la financiación de la prestigiosa Royal Geographical Society de Londres y un año de permiso que le permitiría realizar la anhelada *hajj*. Una expedición de estas características implicaba un gran riesgo personal; si un infiel era descubierto en los Santos Lugares del islam era ejecutado de inmediato. De ahí que Burton no dejara ni un solo detalle al azar, si quería hacerse pasar por un musulmán su disfraz debía ser perfecto. Para ello se afeitó la cabeza, se dejo una poblada barba y bigote, se tiñó la piel con tinte de aleña y se hizo circuncidar. No sólo tenía que dominar el idioma sino también las costumbres árabes, la forma de sentarse, caminar, orar y rezar. Cuando el 3 de abril de 1853 un médico y derviche persa de nombre Mirza Abdullah, vestido a la oriental con turbante y vaporosa túnica blanca, embarcaba rumbo a Alejandría, nadie podía imaginar que se trataba del inglés Richard Burton.

Isabel se enteró de su partida por la prensa, le hubiera gustado despedirle en el puerto de Southampton, donde embarcó en el elegante vapor *Bengal* rumbo a Egipto; sin embargo, a partir de ahora tendría que contentarse con vivir sus hazañas en la distancia. Aunque se sentía triste porque ignoraba cuándo volvería a verle —en el caso de que sobreviviera a su aventura—, estaba orgullosa de él. La futura señora Burton siempre admiró la capacidad de Richard para identificarse con todos los aspectos de la vida y la fe musulmanas. Desde su primer encuentro en Boulogne siendo una romántica colegiala le habían atraído especialmente «sus exóticos y perfectos rasgos árabes». Para Isabel, Richard en sus viajes no se limitaba a disfrazarse sino que se convertía en un árabe auténtico y vivía como tal: «Mi esposo había vivido como derviche en Sind, y esto le sirvió de gran ayuda; había estudiado cada cosa útil hasta dominarla, incluso el oficio de herrero, para poder herrar él mismo sus caballos. Lo que implicaba vivir pendiente de un hilo, en medio de las más salvajes y extrañas compañías, teniendo que adoptar sus exóticas maneras, y viviendo durante nueve meses en el más cálido e insalubre de los climas, comiendo comidas repugnantes; implicaba vivir en el más completo y absoluto de los aislamientos, apartado de todas aquellas cosas que hacen la vida tolerable [...] con el cerebro continuamente en tensión pero sin apartar ni un minuto su mente del papel que había adoptado», escribiría Isabel Burton el 24 de mayo de 1893 en el prefacio de una edición conmemorativa del famoso libro de su marido, *Mi peregrinación a Medina y La Meca*. Isabel viviría pendiente de Burton y trazaría en un mapa los itinerarios de sus extraordinarios viajes que por el momento ella no podía compartir.

La larga espera

Mientras Richard Burton navegaba por las tranquilas aguas del Mediterráneo rumbo a Egipto, Isabel se consagraba a las labores sociales y atendía a las prostitutas de los barrios más pobres de Londres. La joven ignoraba lo que su futuro esposo opinaba sobre el empeño que obsesionaba a tantas damas victorianas de asistir a los enfermos y salvar sus almas: «Cuando contemplo a esos enjambres de mujeres que por lo visto tienen un placer morboso en ocuparse de heridos moribundos, no puedo menos de ver en ello un tributo a la sexualidad que no pueden satisfacer de una manera normal o a la que hacen ascos». Richard mostró a lo largo de toda su vida un gran desprecio hacia las abnegadas mujeres inglesas victorianas y, en general, a los convencionalismos sociales de su tiempo. La hija mayor de los Arundell tenía una gran cantidad de obligaciones domésticas que la mantenían muy ocupada en casa y los escasos ratos libres de los que disponía se sumergía en la lectura de libros sobre la India. Isabel pensaba que debía haber algo más en la aburrida y monótona vida de la mujer inglesa convencional. En su diario de aquellos años escribiría: «Nosotras las mujeres nacemos, nos casamos y morimos. ¿Quién nos echa de menos? ¿Por qué no podemos llevar una vida útil y activa? ¿Por qué teniendo espíritu, cerebro y energía las mujeres se dedican a hacer punto y a llevar las cuentas de la casa? Esto me pone enferma y no lo haré jamás». Isabel seguía rebelándose ante un destino que por el momento a su familia le parecía inevitable, el de la típica solterona dedicada al cuidado de los más necesitados.

Cuando Richard llegó a la luminosa Alejandría de murallas encaladas y laberínticas callejuelas se sintió atrapado por el encanto de Oriente. Lejos de la mojigata y aburrida Inglaterra que tanto detestaba, el explorador se encontraba frente a un mundo salvaje y voluptuoso que le llenaba de felicidad: «El paladeo de la existencia puramente animal; el gozo pasivo de los sentidos; la plácida languidez, la tranquilidad soñadora, la construcción de castillos en el aire que en Asia ocupa el lugar de la intensa, apasionada y vigorosa vida europea». Burton pasó un mes en la milenaria ciudad dedicado a pulir su disfraz de derviche ambulante con el que pensaba seguir rumbo a Medina y La Meca. Disfrutó del animado ambiente de sus barrios más antiguos, visitó los baños árabes, los cafés y pasó largas horas fumando hachís que le postraba en un estado de sensual relajamiento. A finales de mayo de 1853 abandonó Alejandría rumbo a El Cairo y remontó el Nilo en un pequeño vapor bautizado como *El pequeño asmático*. En el lento y tedioso viaje pudo practicar el persa y el hindostaní con otros pasajeros; se sentía orgulloso de que nadie hasta el momento hubiera descubierto su falsa identidad.

En los días que pasó en El Cairo y que coincidieron con el mes sagrado del Ramadán, «durante dieciséis horas seguidas, se nos prohibía comer, beber, fumar, inhalar y hasta tragar saliva a propósito», el explorador se dedicó a refrescar sus conocimientos sobre el islam y a practicar la medicina. Ahora su prioridad era contratar criados de confianza para llevar a cabo su peregrinación a La Meca, hacer acopio de provisiones y conseguir tomar notas sin que nadie las pudiera ver. Cuando ya tuvo el pasaporte en regla, Mirza Abdullah, que era de nuevo su nombre, partió de la capital egipcia y se unió a un grupo de beduinos que se encaminaba a Suez.

Burton siempre recordaría su primera y terrible experiencia en el desierto, donde se enfrentaría a la más absoluta soledad y un calor infernal: «Arriba, a través de un cielo terrible de una impoluta belleza, a través de los esplendores de una luz implacable y cegadora, el simún acaricia al viajero con su flamígero aliento de león. En torno, las dunas móviles, sobre las que deja su huella, con sólidas ondulaciones cada soplo del viento; con ellas las rocas resquebrajadas, verdaderos esqueletos de montañas y la llana e interrumpida extensión». Alquiló dos camellos y, acompañado de dos sirvientes nativos, recorrió los ciento cincuenta kilómetros de ardiente desierto que separaban El Cairo de la ciudad de Suez sentado sobre una incómoda silla de madera. Por primera vez iba a conocer la dura vida de los beduinos con los que enseguida sintió gran afinidad. El explorador inglés, al igual que Lawrence de Arabia, consideraba a estos árabes del desierto unos seres extraordinarios por su hombría y coraje: «El hábito del peligro en sus correrías y mortales enemistades, la continua incertidumbre en que se veía envuelta su existencia, el desierto, la caza, la dureza de la vida [...] todo ello les habituaba a mirar a la muerte a la cara, como hombres». En esta lejana región del mundo el capitán Burton encontraría su hogar espiritual y siempre se referiría a Arabia como su «tierra predilecta». Todo lo que a partir de este momento viera o sintiera lo plasmaría en sus libros repletos de datos etnográficos que darían a conocer a los ingleses del siglo XIX el fascinante —y aún desconocido— mundo árabe.

Tras su duro viaje por el desierto Burton llegó a Suez, donde compró un pasaje en un *sambuk* que debía llevarle al puerto árabe de Yembo. En el velero de dos mástiles con capacidad para sesenta tripulantes se hacinaban casi un centenar de peregrinos. La travesía por el mar Rojo duró doce interminables días; el opresivo calor en cubierta era insoportable y al atardecer los pasajeros desembarcaban para dormir en la playa. Una de esas noches al pisar tierra firme Burton sintió un agudo dolor en el pie: le había picado en un dedo un erizo de mar venenoso. Este absurdo accidente estuvo a punto de frustrar su intento de llegar a La Meca pues durante toda su peregrinación le resultaría imposible curarse la herida. Cuando llegó finalmente a Yembo y todos los peregrinos desembarcaron para proseguir su viaje, el explorador descubrió que el intenso dolor en el pie le impedía caminar. Sufría una infección tan virulenta que se vio obligado a alquilar dos camellos e instalar sobre uno de ellos una litera especial cubierta con un toldillo para viajar más cómodamente. El grupo de Burton se unió a una caravana que se dirigía a Medina compuesta por doscientos peregrinos escoltados por un puñado de soldados turcos. El camino que iban a emprender era muy inseguro debido a la presencia de bandidos que atacaban a los viajeros para robarles sus pertenencias o asesinarles a sangre fría.

El 25 de julio de 1853, tras una ardua travesía de casi doscientos kilómetros a través de ardientes desiertos, campos de lava y desfiladeros de vértigo, Burton divisaba la ciudad de Medina, en cuya suntuosa mezquita se encontraba la tumba del profeta Mahoma. La visión de sus exuberantes jardines y vergeles le pareció un espejismo tras la desolación que dejaban atrás. Aquí pasaría un mes en casa del jeque Hamid el Samman, que le había acompañado desde Suez, recuperándose de su dolorosa herida del pie. Durante este tiempo se dedicó a orar en las mezquitas, visitar las tumbas de santos, tomar notas en secreto de todo cuanto veía y recorrer las bibliotecas en busca de manuscritos antiguos que tanto apreciaba. El viajero pudo confirmar durante su estancia en Medina que a las niñas, desde la más temprana edad, se les practicaba la brutal «circuncisión femenina» o extirpación del clítoris y en sus libros describiría esta mutilación sin ahorrarse ni un escabroso detalle. Burton había conseguido una parte de su objetivo pero aún le quedaba por delante su mayor reto, La Meca.

Isabel se enteró de la gran noticia en su casa de Londres. Todos los periódicos destacaban en sus primeras páginas de aquel 11 de septiembre de 1853 que el capitán Richard Burton, disfrazado de musulmán, había entrado como un peregrino más en la ciudad santa de La Meca. La joven se sentía muy dichosa porque creía que Richard regresaría pronto a Londres para dar cuenta de su hazaña ante los responsables de la Royal Geographical Society, que le había financiado el proyecto. A miles de kilómetros de distancia, el audaz explorador tenía ante sí un escenario que muy pocos europeos habían conseguido contemplar, la Kaaba, el lugar exacto hacia el que todo musulmán se orienta para realizar sus plegarias.

La señorita Arundell leyó con enorme interés todos los detalles de la peregrinación de Burton, así como sus exploraciones por los vastos desiertos del interior de Arabia. El viajero inglés, siempre bajo la falsa identidad de Mirza Adbullah, se había unido a la gran caravana de Damasco que congregaba a cerca de siete mil peregrinos escoltados por mil soldados turcos. El grupo —una auténtica riada humana— había abandonado Medina al amanecer del 31 de agosto de 1853 siguiendo una ruta más al interior por la que ningún europeo había transitado y la más peligrosa debido a la escasez de agua. El viaje, como más tarde Burton describiría en su libro, había sido muy duro debido a las temperaturas extremas, la sed insaciable y la desolación de un paisaje «poblado únicamente por el eco, un lugar mortífero».

En la madrugada del 11 de septiembre Burton, vestido de blanco como los demás peregrinos, entraba emocionado en La Meca: «Allí estaba al fin la meta de mi larga y fatigosa peregrinación». En los días siguientes el explorador participó de todos los ritos religiosos como un devoto musulmán y tomó un buen número de apuntes. Cuando ya había visitado las principales mezquitas, explorado y medido a conciencia el edificio de la Kaaba instalado en el centro del enorme patio de la Gran Mezquita, y besado con respeto su piedra negra, llegó el momento de partir. Se encontraba exhausto, sin dinero, cansado de tomar notas en secreto y fingirse quien no era. Cuando llegó a Yiddah, en la costa de Hiyaz, experimentó un gran placer al sentir de nuevo la brisa del mar y allí esperó durante diez días la llegada del barco que le llevaría a El Cairo. A bordo del vapor inglés *Dwarka* el viajero recuperó su identidad y pudo vestir de nuevo ropas inglesas. Isabel Arundell respiró tranquila al saber que había llegado sano y salvo a la capital egipcia y esperaba verle pronto en Londres. Sin embargo, el inquieto explorador tenía otros planes que por el momento le mantendrían alejado de su futura esposa. Isabel descubriría muy pronto que había algo en la naturaleza de Richard Burton que le impulsaba constantemente a llevar una vida nómada y a emprender las más difíciles aventuras.

En Inglaterra el explorador británico era el héroe del momen-

Lady Mary Wortley Montagu

Lady Mary Montagu, retratada por el célebre pintor Thomas Gainsborough en 1718.

LADY MARY WORTLEY MONTAGU.

A la viajera inglesa le gustaba vestirse "a la turca" para pasar desapercibida durante su estancia en Constantinopla.

En el siglo XVIII, la legendaria Constantinopla, a orillas del Bósforo era considerada la ciudad más hermosa del mundo e inspiró a un buen número de artistas, escritores y viajeros.

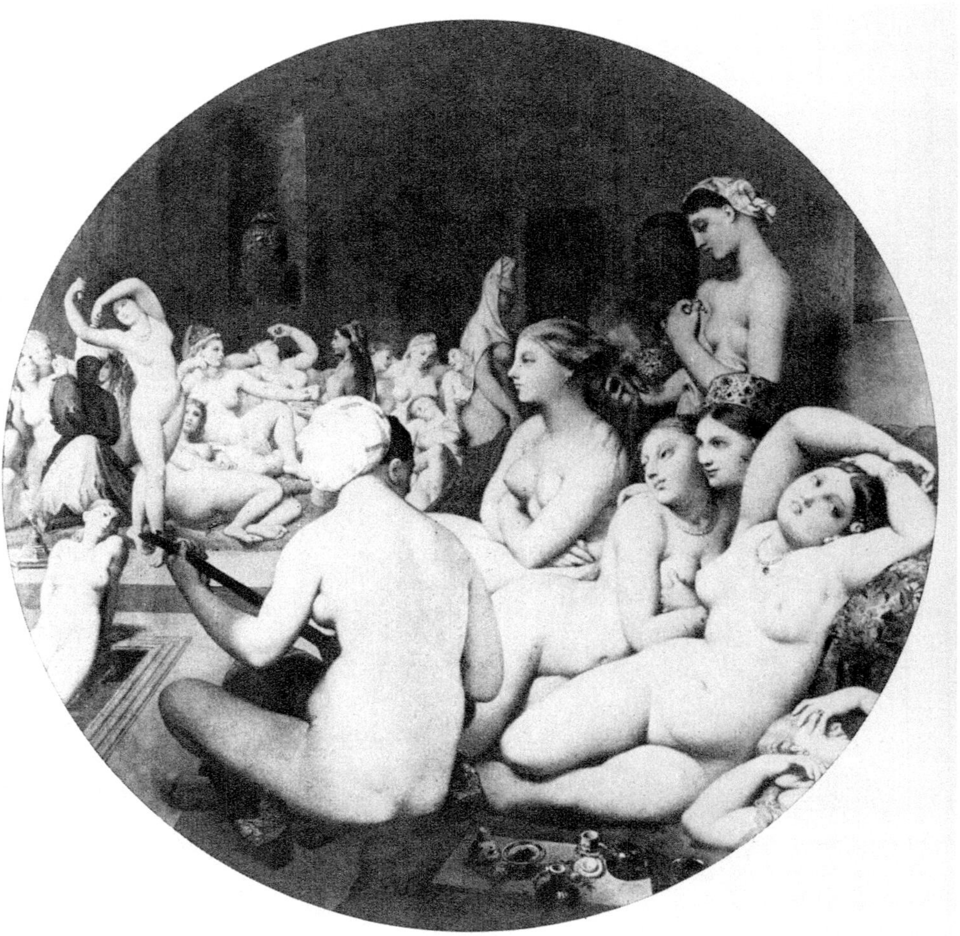

El pintor francés Ingres se inspiró en la descripción que hiciera lady Mary Montagu del *hamman*, en su libro *Cartas desde Estambul*, para crear su cuadro más célebre, *El baño turco* (1862).

LETTERS

Of the Right Honourable

Lady M—y W—y M—e:

Written during her Travels in

EUROPE, ASIA and AFRICA,

TO

Persons of Distinction, Men of Letters, etc. in different Parts of Europe.

WHICH CONTAIN,

Among other curious Relations,

Accounts of the POLICY and MANNERS of the TURKS.

Drawn from Sources that have been inaccessible to other Travellers,

COMPLETE IN ONE VOLUME.

BERLIN:

Sold by August Mylius.

M DCC XC.

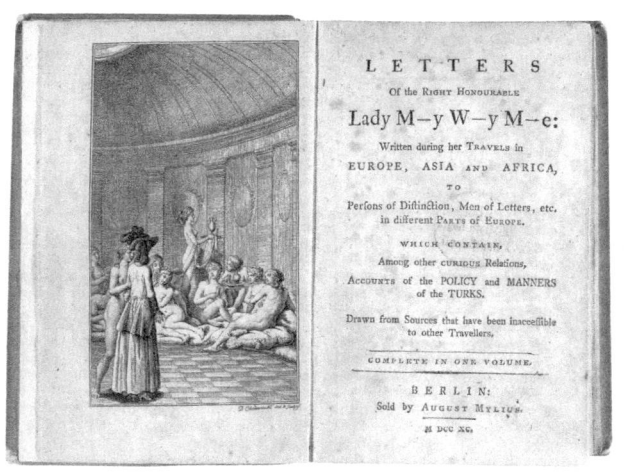

A la muerte de lady Mary Montagu se publicó su libro *Cartas desde Estambul* (1790); cuyo original, en la fotografía, se conserva en la Biblioteca de la Universidad de Navarra, Pamplona.

El harén otomano inspiró a un buen número de artistas y pintores del XVIII, aunque la realidad poco tenía que ver con el universo sensual y exótico que plasmaban en sus obras.

Lady Hester Stanhope

Lady Stanhope montaba a caballo con la destreza de un beduino y vestía siempre a la oriental.

Uno de los escasos retratos que se conservan de la excéntrica aristócrata lady Hester Stanhope, quien en 1810 abandonó Inglaterra y acabó instalándose con su corte de sirvientes en Djoun, un remoto convento en las montañas del Líbano. Allí vivió como una eremita labrándose su propia leyenda.

Lady Hester Stanhope, era la sobrina favorita del primer ministro británico William Pitt (1759-1806) y siempre se sintió orgullosa "de ser una Pitt".

Lady Hester Stanhope fue en 1813 la primera europea en llegar a Palmira a través del peligroso desierto de Siria. Al frente de una espléndida caravana de cincuenta camellos y escoltada por una guardia de beduinos, entró triunfal en la ciudad donde fue recibida como una reina.

Retrato de la legendaria Zenobia, que reinó en el año 267 d.C en Palmira y desafió al Imperio romano.

Lady Hester recorrió los pueblos drusos de las montañas del Líbano y describió el original tocado de sus mujeres conocido como "el cuerno".

Lady Jane Digby

Únicos retratos que se conservan de la aristócrata inglesa lady Jane Digby y su esposo Medjuel el Mezrab en 1859, vestidos como beduinos. La pareja vivía medio año en su casa de Damasco y el resto en las tiendas de su campamento beduino en el desierto sirio.

Lady Jane Digby era famosa por su belleza. Así posó para el pintor de la corte Joseph Stieler en 1831, Munich.

Mujeres beduinas en el desierto sirio. Lady Jane viviría como ellas al casarse con el jefe Medjuel el Mezrab.

Para los viajeros ingleses románticos, los beduinos –los nómadas del desierto– eran los auténticos árabes, hombres libres y nobles que no sabían de fronteras. Lady Jane Digby consiguió ganarse su respeto al casarse con uno de sus jefes y la llamaban afectuosamente *Umm al-Laban* o "madre de leche", por el color blanco de su piel.

Lady Anne Blunt (1837-1917), nieta del poeta lord Byron, fue otra gran dama británica enamorada de Oriente. Casada con el poeta y orientalista Wilfred Scawen Blunt, en 1878 se aventuró por el corazón de Arabia y atravesó el terrible desierto del Neyed, en busca de caballos purasangre para sus famosas caballerizas de Inglaterra.

Isabel Burton

Isabel Arundell se casó con el gran explorador británico y arabista Richard Burton, y le acompañó en su viaje a Damasco (Siria) en 1869. Mujer religiosa y puritana, a la muerte de su esposo quemó sus manuscritos sobre temas eróticos y sexuales.

Fotografía inédita de Isabel Burton en el año 1869, vestida a la manera beduina durante su estancia en Damasco. En sus escapadas al desierto junto a Richard, la solían confundir con un hombre.

Gertrude Bell

Gertrude Bell fue una mujer atípica y extraordinaria en su tiempo. Hija de una rica familia de la alta burguesía británica, consiguió graduarse en Oxford, viajar sola al interior de Arabia central, dedicarse a la arqueología, explorar tierras desconocidas, trabajar como agente para el servicio de inteligencia británico y convertirse en una de las mayores especialistas en la compleja política de Oriente Próximo. En la foto superior aparece frente a las pirámides de Gizeh, junto a Winston Churchill y T.E. Lawrence, en la Conferencia de El Cairo de 1921 cuando era la mujer más poderosa del Imperio británico.

En 1921, el emir Faisal fue proclamado rey de Irak con el apoyo de Gertrude Bell.

Thomas Edward Lawrence, más conocido como Lawrence de Arabia, vestido como un príncipe del desierto hacia 1918.

Fotografía de los participantes en la Conferencia de El Cairo de 1921. Gertrude (a la izquierda) era la única mujer entre los hombres más poderosos de la política internacional británica, entre ellos, Winston Chuchill y T.E. Lawrence, sir Percy Cox y Arnold Wilson.

Vista panorámica de Bagdad, capital de Irak, durante el mandato británico en 1920. El país alcanzaría su independencia en 1932. Gertrude Bell, en calidad de secretaria para Oriente, ayudó a trazar las fronteras del actual Irak tras la Primera Guerra Mundial.

Gertrude Bell realizó temerarias expediciones por los desiertos de Mesopotamia y Arabia, levantó mapas, visitó la ruinas de sus antiguas ciudades enterradas en la arena y exploró castillos como el de Ujaydir (Irak) que le valieron el reconocimiento de la Real Sociedad Geográfica de Londres quien le concedió la medalla de oro.

Freya Stark

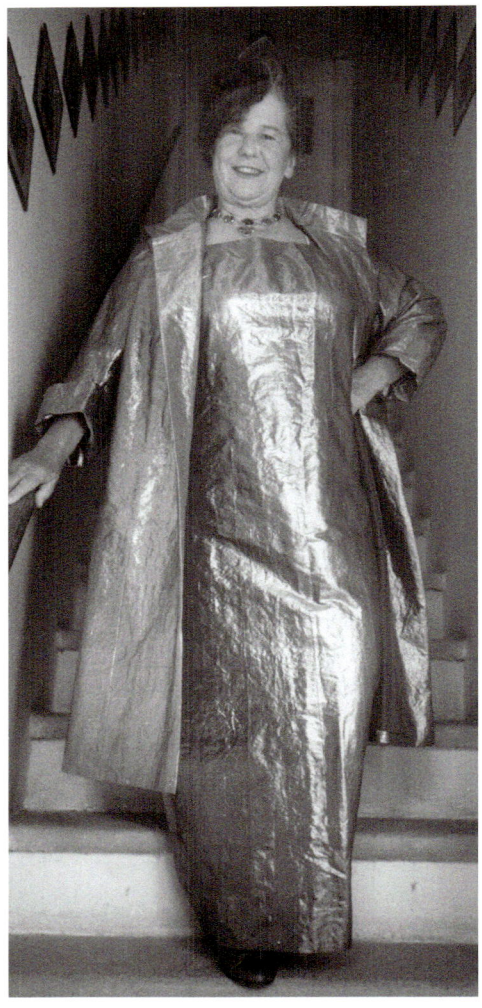

Freya Stark fue una gran viajera y profunda conocedora de los países de Oriente Próximo. Al igual que Gertrude Bell era una nómada solitaria que se sentía a gusto entre los beduinos y amaba la arqueología. Vivió cien intensos años en los que llevó una vida de extraordinarias aventuras. Hablaba nueve idiomas –entre ellos el árabe, turco, persa y algo de kurdo–, viajó sola desde Persia al Yemen, donde exploró ciudades perdidas, y rellenó espacios en blanco de los mapas británicos.

Freya Stark en 1947 se casó con Stewart Perowne. Ella tenía cincuenta y cuatro años de edad y él cuarenta y seis. La felicidad del matrimonio duró poco porque su esposo acabó confesándole su homosexualidad. Freya siempre lamentó no haber nacido hermosa; sin embargo era una mujer coqueta y extravagante a la que le gustaba impresionar con sus llamativos vestidos confeccionados con exóticas telas que traía de sus viajes. En la foto superior la vemos en una fiesta en su casa de Asolo (Italia) en 1960.

Freya Stark no dejó nunca de viajar ni escribir magníficos libros sobre sus viajes. Con más de ochenta años recorrió el Lejano Oriente y a los noventa viajó por las montañas del Himalaya a lomos de mula.

Hombre druso a principios del siglo XX. Freya estudió sus costumbres en el Yébel Druso, al sur de Siria.

Vista de la ciudad de Sanaa, actual capital del Yemen, donde en 1940 Freya Stark trabajó dos meses como espía y proyectó películas de propaganda británica.

Agatha Christie

Agatha Christie descubrió Irak de la mano de su segundo esposo, el arqueólogo Max Mallowan. En la foto, la escritora en 1955 desayunando en el balcón de su casa en Bagdad, a orillas del Tigris, donde también se encontraba la Escuela Británica de Arqueología.

Agatha Christie acompañó a su esposo, Max Mallowan, en las diversas excavaciones que entre 1928 y 1958 realizó en todo el Oriente Próximo. La famosa novelista se convirtió en su más eficaz ayudante de campo: restauraba y limpiaba objetos de marfil, reconstruía piezas de cerámica, catalogaba el material encontrado, investigaba datos y tomaba fotografías de las piezas. El Simplon-Orient Express, que hacía el trayecto Calais-Estambul, se convirtió en su medio de transporte preferido.

La gran "dama del crimen" pasaba muchas horas contemplando el trabajo de campo de los arqueólogos a los que llamaba "los detectives de la Antigüedad". Algunas de sus novelas más famosas están ambientadas en Siria, Irak o El Cairo, lugares que conocía muy bien.

Agatha viajó por primera vez a El Cairo en 1910; entonces era el destino preferido por los británicos para pasar el invierno por su buen clima. La agencia Cook se encargaba del transporte y alojamiento de los turistas que visitaban las pirámides.

Agatha Christie, supervisando los trabajos de los hombres en las excavaciones de Chagar Bazar (Siria) en 1935. La famosa novelista se adaptó a la incómoda vida en los campamentos y ayudaba estrechamente a su esposo Max Mallowan. En su libro *Ven y dime cómo vives* (1946) describe las cuatro temporadas de excavaciones arqueológicas que pasó en Siria e Irak y explica con humor cómo era su nueva vida de arqueóloga en Oriente Próximo.

to. Su peregrinación a La Meca había ocupado muchas páginas en los periódicos y el público admiraba su valor y osadía. Para los musulmanes la aventura del «infiel» viajero había sido una blasfemia que nunca le perdonarían. Pero el capitán Burton, que seguía siendo un oficial del ejército de las Indias a quien sus superiores le habían dado un año de permiso, tenía ahora la obligación de reunirse con su regimiento en Bombay. Decidió descansar unos días en El Cairo, se alojó en el famoso hotel Shepheard, se dio su primer baño caliente en muchos meses y comenzó a redactar el manuscrito de su aventura por las ciudades sagradas del islam. También tuvo tiempo para la diversión, disfrutó de las noches de El Cairo, recorrió los burdeles y pasó buenos ratos con sus amigas prostitutas. En aquel viaje —según algunos de sus biógrafos— Burton pudo contraer la sífilis. Isabel, ajena a la disoluta vida que llevaba su admirado héroe, no volvería a verle en tres años cuando en el verano de 1856 de nuevo el destino los uniera en Londres y se comprometieran formalmente.

Durante su estancia en El Cairo, Burton conoció al misionero alemán Johannes Ludwig Krapf, un valiente explorador y lingüista que junto a su compañero, el también misionero Johan Rebmann, en la década de 1830 habían recorrido el interior de África Central para abrir nuevas misiones. Los dos viajeros habían oído hablar a los nativos de la existencia de un par de enormes montañas coronadas de nieve y de un extenso mar interior donde podía nacer el Nilo Blanco. En 1848 Rebmann descubría en medio de una llanura la imponente silueta del volcán Kilimanjaro —el techo de África con sus 5.895 metros— y un año después Krapf alcanzaba las laderas del monte Kenia, la montaña sagrada de los kikuyu. En su momento sus descubrimientos no fueron tomados en serio por los geógrafos, que no creían que en pleno ecuador pudieran existir cumbres nevadas. El nacimiento de las míticas fuentes del Nilo seguía siendo un misterio y Burton, animado por su éxito en La Meca, estaba decidido a partir en su búsqueda. Su plan era organizar una gran expedición que se iniciara en Somalia, en el llamado Cuerno de África, para después avanzar hacia el interior, entrar en la legendaria ciudad de Harar y proseguir hacia el sur con la esperanza de hallar las anheladas fuentes. Por el momento la Royal Geographical Society sólo estaba dispuesta a financiarle la primera parte de su viaje de exploración por Somalia y sus puertos costeros. La idea de intentar entrar en la ciudad santa y prohibida de Harar que ningún blanco —ni el propio Krapf— había conseguido visitar era tan excitante como el reto de alcanzar La Meca.

Mientras soñaba con las fuentes del Nilo, Richard Burton llegó a Bombay y comenzó su vida rutinaria en el regimiento. Aprovechó el tiempo para trabajar a buen ritmo en el manuscrito de su libro y en menos de un año ya tenía listo dos de los tres volúmenes, que fueron publicados en Londres en 1855. El tercero aún tardaría otros dos años en ver la luz; *Mi peregrinación a Medina y La Meca* sería su obra más completa y un clásico en su género. En mayo de 1854 Burton daba su primer paso para la ansiada exploración del interior del continente africano y embarcaba rumbo a Adén, un pequeño y sofocante puerto al sur de la península de Arabia, en el actual Yemen. En esta ocasión la expedición a Somalia no tenía carácter oficial; el teniente Richard Burton viajaría por su cuenta y riesgo en calidad de simple viajero.

Isabel Arundell tras el regreso de Burton a El Cairo y su posterior llegada a Bombay se sentía completamente desdichada. En su diario había anotado: «Richard ha regresado de La Meca convertido en un héroe, sólo que en vez de volver a casa se ha marchado a Bombay, a unirse con su regimiento. Me enorgullezco de su gloria. ¡Gracias a Dios!». Su vida en Londres era como siempre aburrida y monótona, dedicada por entero a las labores domésticas y el cuidado de los más necesitados. La joven se muestra como siempre crítica e irónica con la sociedad inglesa y en su diario plasmaría estas reflexiones: «Siempre se da por sentado que el "hombre sensato y correcto" es un sujeto adinerado, grueso, suave, que reside en su hacienda, mientras su esposa como mucho será lectora de Almack [...] Yo no podría vivir como un vegetal en el campo. No podría imaginarme con delantal blanco, con un manojo de llaves, regañando a las criadas, contando los huevos y la mantequilla, con un buen marido algo entrado en carnes (¡cómo detesto a los hombres gruesos!), de enorme estómago y sombrero de ala ancha». La señorita Arundell en secreto se sentía cada vez más preparada para llevar una vida nómada de aventuras junto a su amado Burton: «Preferiría un trozo de pan reseco, privaciones, dolores [...] Que pueda desposarme con un marido de mi elección, con el cual pueda batallar y al cual pueda cuidar en su tienda de campaña, así como seguirle bajo el fuego de diez mil mosquetes. Sería su compañera en las estrecheces y las dificultades, prepararía sus comidas cuando estuviese débil, su cama cuando estuviese fatigado, y sería su guardiana y su ángel... ¡una felicidad tan exquisita que no cabe en palabras!».

El compromiso

Cuando Isabel se enteró de que Burton emprendía viaje a Somalia creyó que no volvería a verle con vida. En pleno siglo XIX, el interior de África era un territorio desconocido lleno de peligros que echaban para atrás al más curtido de los viajeros, aunque nunca a un explorador nato como Burton. Los libros de los escasos misioneros que se habían internado por sus inhóspitas regiones hablaban de enfermedades mortales, fieras salvajes, nativos «devoradores de hombres» y terribles monstruos que habitaban sus espesas junglas. Cada vez le sentía más lejos, y sus días transcurrían entre la euforia y la decepción, tal como reflejan estas líneas de su diario personal: «Estoy sola y sin amor [...] ¿es que no me queda esperanza ninguna? [...] Puedo reír, bailar y cantar como las demás, pero hay una tiniebla que siempre me reconcome el corazón y que acaba poco a poco conmigo».

Isabel no sólo se sentía deprimida por la ausencia de Burton sino por los aires de guerra que sacudían toda Europa en aquel año de 1854. Inglaterra iba a declarar en breve la guerra a Rusia y en el campo de batalla de Crimea miles de jóvenes ingleses iban a perder la vida ante el horror del mundo. Burton, ajeno a lo que se avecinaba, se había instalado en Adén y preparaba minuciosamente su aventura por Somalia. Entre los miembros de la expedición se encontraba el capitán John H. Speke, con quien tres años más tarde partiría al corazón del África Central en busca de las míticas de fuentes del Nilo y que acabaría convirtiéndose en su más odiado enemigo. Ambos exploradores iban a protagonizar una de las polémicas más agrias de la historia en torno al nacimiento del gran río africano.

Richard Burton adoptó de nuevo la personalidad de Mirza Adbullah que había asumido en su viaje a La Meca para visitar Harar. Esta ciudad amurallada, importante centro del lucrativo tráfico de esclavos, era famosa por su hostilidad hacia todo aquel que no fuera musulmán. Desde tiempos remotos sus fanáticos gobernantes habían prohibido la entrada a los blancos y amenazaban de muerte a cualquier infiel que se atreviese a traspasar sus murallas. Existía la superstición de que si un extranjero llegara a entrar en la ciudad, ésta iniciaría su decadencia y caída. Todos estos peligros y leyendas hacían más atractivo el viaje a los ojos de Burton, que finalmente pudo abandonar Adén y adentrarse con su caravana en el desierto de Somalia.

El viaje se convirtió en una auténtica pesadilla para el explorador, que estaba exhausto y muy enfermo. En este crítico estado tuvo que soportar largas marchas a lomos de mula bajo un sol abrasador y en permanente tensión ante la amenaza de una emboscada. Las noticias corrían como la pólvora y a estas alturas la señorita Arundell, en Londres, ya sabía que Burton tenía serias dificultades aunque no imaginaba lo cerca de la muerte que se encontraba. Mientras él luchaba por salvar su vida en el inhóspito desierto, ella seguía escribiendo sus sentimientos en su diario, su único refugio en aquellos años de soledad: «Sé que ha emprendido una terrible expedición [...] Me encuentro llena de tristes presentimientos. ¿Volverá a casa alguna vez? Qué extraño resulta todo, pero ¡cuánto sigo confiando en el destino!».

Isabel pasó la Navidad en Londres rodeada de su familia, pero sus pensamientos se encontraban muy lejos de allí. En algún lugar perdido de aquel mapa de África que no dejaba de contemplar, el capitán Burton se enfrentaba a peligros que ella no podía intuir. Por primera vez en su vida se encontraba tan débil y enfermo

—apenas podía caminar a causa de una deshidratación aguda— que creyó seriamente que iba a morir. Sin embargo, estaba decidido a entrar en Harar aunque fuera para expirar tras sus inaccesibles murallas. Ajena a los sufrimientos del explorador, Isabel preparaba en su casa de Londres la gran cena de fin de año que los Arundell celebraban en familia. Unos días después, el 3 de enero de 1855, la joven se enteró por un comunicado de la Royal Geographical Society de que Burton había conseguido entrar en Harar y entrevistarse con su emir. Richard Burton pasó diez días en esta ciudad, donde no se atrevió a tomar ni una sola nota por miedo a ser descubierto y ejecutado. Una vez recuperado de su enfermedad y con renovadas energías se dedicó como de costumbre a frecuentar a las mujeres nativas. Durante su estancia en Somalia, Burton no se limitó a alabar y describir la belleza de sus mujeres, también recopiló valiosa información sobre algunas de sus más bárbaras costumbres. En aquel viaje por la región del Cuerno de África el explorador pudo comprobar que las muchachas somalíes —al igual que las de Egipto o Arabia— eran sometidas a la brutal infibulación o costura de los labios de la vagina con el fin de «garantizar su virginidad y castidad hasta el día de su matrimonio».

A mediados de enero, como no se tenían noticias de Burton, corrió el rumor en Londres de que el explorador había sido condenado a muerte por el gobernador de Harar. Cuando finalmente el viajero consiguió llegar a Berbera, el principal puerto de Somalia, se supo que había sobrevivido a su temeraria aventura. Antes de regresar a Inglaterra aún tendría que enfrentarse a otro trágico incidente al ser atacado su campamento por trescientos guerreros somalíes. El explorador fue gravemente herido por un lancero enemigo que le atravesó las mejillas con su jabalina pero, al igual que Speke, consiguió escapar. Había salvado de nuevo su vida pero el médico que le atendió en Adén ante la gravedad de sus heridas le recomendó viajar a Inglaterra para recibir tratamiento. Isabel Arundell, al conocer la tragedia de Berbera, le confesó a su hermana Blanche: «No creo que Richard llegue nunca a recuperarse de este viaje».

Cuando Richard Burton regresó a Londres apenas podía articular palabra debido a las lesiones sufridas en el ataque. Tenía el paladar destrozado y las dos mejillas perforadas; su rostro apenas era reconocible. A partir de este momento luciría una profunda cicatriz en la mejilla izquierda de la que se sentía especialmente orgulloso. El regreso a Inglaterra del intrépido explorador que había conquistado al fin la mítica Harar —era el primer blanco en conseguirlo— pasó totalmente inadvertido para la prensa y el gran público. La guerra de Crimea, donde valientes muchachos morían a diario bajo el fuego de las tropas del zar o víctimas del cólera y otras enfermedades, tenía conmocionada a la sociedad inglesa. Burton se sentía herido en su amor propio y con la sensación de que sus hazañas de nada habían servido; ni siquiera su exploración y estudios pioneros de las regiones más desconocidas de Somalia fueron tenidos en cuenta por la Royal Geographical Society.

A Isabel Arundell le parecía una «irreparable injusticia» que las hazañas del capitán Burton hubieran quedado eclipsadas por las noticias de la guerra. Durante toda su vida lucharía de manera obsesiva para que los logros de su esposo no cayeran en el olvido, a veces sin demasiado éxito dada la excéntrica personalidad del viajero. En realidad el impacto de la guerra de Crimea era tan grande que incluso Richard Burton decidió ofrecer sus servicios y partir al frente. En octubre de 1853 Rusia y Turquía se habían declarado la guerra y ante esta situación Inglaterra —aliada con Francia— envió a sus hombres para apoyar a los turcos. Cuando los aliados atacaron Sebastopol, la gran base naval del ejército ruso en el mar Negro, se inició una de las guerras más trágicas y sangrientas del siglo XIX.

El capitán Richard Burton, llevado por su espíritu patriótico, embarcó rumbo a Estambul con la intención de combatir contra los rusos en primera línea de fuego, pero la función que le asignaron fue otra muy distinta. Se tuvo que conformar con organizar una unidad de soldados turcos —en realidad un cuerpo de mercenarios de los Balcanes— que con su falta de disciplina militar desesperaban a los oficiales ingleses. Cuando llegó a los oídos de Isabel que Burton había partido a Crimea intentó por todos los medios que la enviaran allí para atender a los miles de heridos que se hacinaban en los hospitales militares de Scutari, un suburbio de Estambul situado en el lado asiático del Bósforo. Su determinación era tal que se presentó ante la mismísima Florence Nightingale dispuesta a formar parte de su cuerpo auxiliar de enfermeras, pero fue rechazada. Por el momento tendría que vivir separada de Richard aunque muy pronto demostraría que su entereza y capacidad de sacrificio hubieran sido muy útiles en Crimea.

Florence Nightingale fue otra intrépida dama atrapada por el encanto de Oriente aunque en su caso su interés fue de índole humanitaria. Había nacido en Florencia en 1820 en el seno de una familia acomodada y al decir de sus biógrafos era una joven atractiva, culta e inteligente que siempre se negó a un matrimonio de conveniencia y una vida anodina entre las cuatro paredes de su casa. Su primer contacto con el mundo árabe fue un viaje de placer que realizó a Egipto cuando contaba veintinueve años y que le llevó a remontar en *dahabié* el majestuoso Nilo. Su romántico periplo no evitó lo que Florence escribiría en una de sus cartas a la familia: «... la política europea es repugnante, decepcionante o deprimente, pero aquí no hay política de ninguna clase, sólo intrigas de harén y una pobreza absoluta, profunda y embrutecedora». Cinco años después, la señorita Nightingale regresaba a la tierra de los faraones dispuesta a cambiar el mundo y servir a los más necesitados.

La breve pero cruenta guerra de Crimea impulsó a Florence a abrir un hospital de campaña en Estambul para mejorar la terrible situación en que se encontraban los soldados heridos. Su labor en el frente fue extraordinaria, la señorita Florence inventó en su cuartel de Selimiye las técnicas de la moderna enfermería y puso todas sus energías en demostrar que la higiene y la limpieza podían salvar muchas vidas. Además de mejorar la situación sanitaria de los hospitales de campaña creó un sistema de lavanderías, cocinas y salas de recreo donde los soldados podían durante unas horas olvidarse de la guerra. Nadie hasta el momento se había preocupado de la atención psicológica a los soldados, en su mayoría muchachos traumatizados por el horror que habían visto en el campo de batalla. Como reconocimiento a su labor cuando el 13 de julio de 1856 se declaró el fin de la guerra de Crimea, Florence —ya convertida en una leyenda— recibió una medalla de honor de manos del sultán reinante Abdul Mecit. Era la primera mujer en conseguir semejante distinción de un sultán que, curiosamente, vivía obsesionado por la limpieza hasta el extremo de lanzar por las ventanas de su palacio cualquier pieza de su vajilla o fina cristalería en la que advirtiese una mancha. A su regreso a Londres, Florence Nightingale crearía el St. Thomas Hospital, una escuela de enfermería pionera en la incorporación de las mujeres al mundo de la medicina y la cirugía.

Mientras Burton trataba de inculcar en Gallípoli disciplina militar a sus «salvajes mercenarios», Isabel hacía oídos sordos a los inquietantes rumores que le llegaban acerca de la escandalosa vida del explorador. Se decía que Richard había sido sorprendido en un harén turco y que por ello había sido castrado. También se comentaban sus correrías por los barrios bajos de Estambul en busca de literatura turca pornográfica a la que era tan aficionado. Isabel, educada en una estricta moralidad y devota cristiana, reconocía en su diario: «Las madres más piadosas se persignaban al oír el nombre de Burton, e incluso los hombres de mundo lo mencionaban pidiendo disculpas». La joven tendría que armarse de mucho valor para anunciar a sus padres —sobre todo a su severa madre— que el hombre con el que deseaba casarse y formar una familia era justamente aquel «diabólico y pervertido» oficial inglés.

Un mes después del fin de la guerra de Crimea, Isabel Arundell paseaba con Blanche por el Jardín Botánico de Kew cerca de Londres cuando una vez más el destino cambiaría el rumbo de su vida. Según cuenta en su biografía personal, que Isabel publicó en 1897 bajo el título de *The Romance of Isabel, lady Burton: The Story of her Life Told in Part by Herself*: «Un día de verano, en agosto de 1856, paseaba yo con mi hermana Blanche Pigott y con una amiga, cuando nos encontramos a Richard [...] nos detuvimos de inmediato y nos estrechamos la mano, y nos hicimos el uno al otro un millar de preguntas». Habían transcurrido cuatro años desde la última vez que se vieron en Boulogne y según palabras de Isabel fue como si dos antiguos amigos volvieran a encontrarse. La señorita Arundell llevaba bajo el brazo su libro de cabecera, el *Tancredo*, y Burton se quedó un rato hablando con ella sobre esta obra y recordando los «viejos tiempos en Boulogne». Al día siguiente volverían a encontrarse en el mismo lugar, en esta ocasión Burton la esperaba sentado en un banco escribiendo unos poemas. Tras aquel encuentro fortuito Isabel escribió en su diario personal que había notado un cambio de actitud de Richard hacia ella: «Habíamos empezado a conocernos, y lo que antes había podido ser un ideal ahora era realidad. Así transcurrieron catorce días. Yo flotaba en las nubes».

Fue en aquellos días que pasaron juntos en Londres cuando al parecer Burton se atrevió a pedirle en matrimonio con estas palabras: «¿Podría imaginar usted algo tan enfermizo como renunciar a la civilización? Si obtuviese el puesto de cónsul de Damasco, ¿se casaría usted conmigo, vendría conmigo a vivir allí?». Isabel, que llevaba seis años esperando este momento, le respondió: «Desde que le vi por primera vez en Boulogne he rezado cada mañana y cada noche por usted. He seguido paso a paso su carrera. He leído cada palabra que ha escrito y preferiría comer pan seco y vivir con usted en una tienda de campaña que ser reina de todo el mundo sin usted, y por eso digo ahora: ¡sí, sí, sí!». El capitán Burton sabía que la familia Arundell se opondría a esta unión y antes de separarse de Isabel le dijo: «Sus padres no estarán de acuerdo [...] Sea firme y yo también lo seré».

Lo que Burton no le contó a su prometida es que de nuevo tendrían que separarse y que tardarían tres años en volver a encontrarse. Richard, que odiaba las despedidas, antes de partir escribió una carta a la hermana de Isabel en la que le pedía que le comunicara a la joven que iba a realizar una ambiciosa expedición científica en el continente africano. En otoño de 1856 el explorador —que entonces tenía treinta y cinco años— ponía rumbo a El Cairo dispuesto a resolver uno de los últimos misterios geográficos, el origen del Nilo. En esta ocasión le acompañaría su antiguo compañero de fatigas en Somalia, el teniente John H. Speke, con el que compartiría una de las más románticas y duras exploraciones de su tiempo.

La señora Burton

Isabel Arundell había cumplido ya los veinticinco años y era a los ojos de la sociedad victoriana la típica solterona dedicada a las obras de caridad. Sin embargo, la joven se sentía muy dichosa porque al fin estaba comprometida con el hombre que había amado desde que era una colegiala y esta nueva situación le daba fuerzas para soportar la larga separación. En su diario, pocos días después de la partida de Richard, escribiría: «Amo y soy amada. Cualquiera que fuesen las penalidades que me depare el futuro, él me ha amado. Mi futuro está unido al suyo con todas las consecuencias. Mi corazón celoso rechaza cualquier compromiso. Quiere que se haga su voluntad o se romperá». A partir de este instante el único vínculo de Isabel con su prometido fue un poema suyo que guardaba celosamente en una bolsita alrededor del cuello y las cuatro cartas que le escribió Richard durante los treinta y tres meses de ausencia.

La expedición en busca de las míticas fuentes del Nilo había comenzado bajo malos augurios. Las mil libras esterlinas que les había dado la Royal Geographical Society no fueron suficientes para contratar a los porteadores que en realidad necesitaban para este ambicioso viaje y tuvieron que dejar atrás buena parte de su equipo científico. Las incesantes lluvias les habían obligado a demorar la partida y tardaron más de cuatro meses en alcanzar su primer destino, Kazeh. Para entonces los dos exploradores estaban muy débiles a causa de la malaria y debían ser transportados en hamaca a través de la impenetrable selva, «cuyo suelo oscuro y empapado despedía un mortífero olor a podredumbre». El clima insalubre, la mala alimentación, la deserción de algunos porteadores, el robo de alimentos y las persistentes enfermedades tropicales, convirtieron la travesía en un infierno. Aun así, Burton y su compañero Speke decidieron seguir adelante y el 13 de febrero de 1858 —tras ocho interminables y penosos meses— divisaron al fin un extenso espejo de agua: era el lago Tanganika. Fueron los primeros europeos en contemplarlo pero estaban tan enfermos que apenas pudieron disfrutar de su descubrimiento. Durante unos días permanecieron en la aldea de Ujiji, a orillas del gran lago, recuperándose de sus múltiples dolencias. Speke se había quedado casi ciego a causa de una inflamación ocular y Burton, al que una infección en la lengua le impedía alimentarse correctamente, estaba casi paralítico de piernas y un brazo.

En Londres, Isabel ignoraba que a estas alturas del viaje la vida de Burton de nuevo pendía de un hilo. El correo tardaba meses en llegar y el explorador en sus cartas no quería preocupar a su prometida con sus problemas de salud y los graves peligros que acechaban a la expedición. Poco tiempo después de que Richard abandonara Londres, Blanche, la hermana de Isabel, contraía matrimonio y la pareja invitó a la joven a que les acompañara en su viaje de novios. A la depresiva señorita Arundell el cambio de aires le resultó muy beneficioso, aunque no dejó de pensar en Richard ni un instante durante el periplo de seis meses por Europa que les llevó a Venecia, Niza y Ginebra. En esta ciudad suiza Isabel descubriría bien pronto que aún resultaba atractiva a los hombres. Entonces tenía veintiséis años, y aunque era algo regordeta conservaba sus hermosos rasgos y unos luminosos ojos azules. Entre los pretendientes que le declararon abiertamente su amor se encontraban desde un excéntrico millonario viudo americano dueño de importantes minas de oro en California a un veterano general ruso propietario de una docena de palacios en su país natal. A Isabel no parecieron impresionarle ni los galones ni la fortuna de sus rendidos admiradores; tenía muy claro quién era el hombre con el que iba a compartir el resto de su vida. Cuando quedaban pocos días para finalizar el *tour* europeo, Isabel regresó a Londres antes de lo previsto para dejar unos días solos a los recién casados.

Por entonces las relaciones entre Burton y Speke se había deteriorado considerablemente. Tras descubrir decepcionados que la altitud del lago Tanganika era demasiado baja como para permitirle alimentar al gran río Nilo, los dos hombres se separaron. Speke siguió solo hacia el norte en busca de otro gran lago del que habían oído hablar a los nativos y Burton, mientras, intentó recobrar su maltrecha salud y explorar la región. El 3 de agosto Speke alcanzó las orillas del Nyanza, un gran lago que bautizó con el nombre de Victoria en honor a la reina. Sin detenerse a explorarlo detenidamente, regresó a Kazeh para anunciar que había localizado las fuentes del Nilo. Richard Burton, convencido de que el origen del Nilo se encontraba en el Tanganika, nunca creyó las teorías de Speke. Fue un gran error que pagaría muy caro y el principio del declive de su brillante carrera como explorador. El tiempo demostró que Speke tenía razón y el poderoso río nacía en la extremidad norte del lago más grande de África.

De nuevo en Adén los dos exploradores decidieron regresar por separado a Inglaterra aunque se comprometieron a no desvelar sus investigaciones hasta encontrarse juntos en Londres. Speke llegó a la capital británica el 8 de mayo de 1859 y no esperó a su compañero de fatigas para anunciar al mundo su fantástico descubrimiento. En los días siguientes se convirtió en el personaje más famoso del momento al proclamarse el descubridor del gran mito africano. Cuando Isabel se enteró por la prensa de la llegada de Speke se sintió muy preocupada. Aquellos fueron días muy duros para ella, no entendía por qué Burton aún no había regresado y pensaba que a lo mejor habría muerto en alguna perdida aldea de la costa africana. Cuando una vez más comenzaba a barajar la idea de ingresar en un convento leyó aliviada en *The Times* el inminente regreso del explorador británico a Inglaterra. El 21 de mayo un Burton «débil y envejecido» regresaba a casa y comprobaba decepcionado la traición de su compañero.

En su diario personal Isabel Arundell dedica un buen número de páginas a su encuentro con Richard tras la angustiosa separación de casi tres años. El 22 de mayo fue a visitar a una amiga sin saber que Richard había llegado el día anterior a Londres. Se encontraba esperándola en el salón cuando sonó el timbre de la puerta y oyó una voz conocida que preguntaba por la dirección de la señorita Arundell. Se abrió la puerta y allí estaba el capitán Burton: «Nunca olvidaré a Richard tal como era entonces. Había sufrido veintiún episodios de fiebre, había padecido una parálisis y ceguera parciales. Era un mero esqueleto andante, con pronunciadas ojeras y los ojos salidos de las cuencas, y con los labios muy separados de los dientes». En los días siguientes Isabel se dedicó en cuerpo y alma a cuidar de él. No parecía importarle el lamentable estado en el que ahora se encontraba su valiente héroe. Seguía idolatrándole, tal como muestran estas líneas que escribió en aquellos felices días: «Regresó pobre y desanimado, con toda clase de molestias y contratiempos, pero seguía siendo pese a todo —cuán grande había sido su éxito, pese a haber tenido a todos en su contra— mi rey y mi dios en esta tierra; podría haberme hincado de rodillas en su presencia y haberle adorado. Estaba sumamente orgullosa de él; me sentaba a su lado, le miraba y pensaba: "Eres mío, y no hay en la tierra hombre que pueda igualársete"».

Más decidida que nunca, Isabel intentó que su familia aceptara a Richard pero todos los esfuerzos fueron en vano. A su padre le agradaba Burton, pero la señora Arundell se opuso a este matrimonio con todas sus fuerzas. «No es cristiano y no tiene dinero», fue la única respuesta que Isabel recibió de su madre. En realidad el capitán Richard, aunque no era católico —durante toda su vida Isabel se empeñó en que lo fuera—, sí tenía dinero suficiente como para mantener a su esposa y formar una familia. En este período de su vida en el que se sentía enfermo y traicionado estaba más dispuesto que nunca a casarse y sentar la cabeza, incluso a comprometerse por escrito en educar a sus hijos en la fe católica. Pero por el momento los planes de boda deberían posponerse.

En aquel año de 1860 Richard Burton recuperó poco a poco la salud al tiempo que completaba sus voluminosos manuscritos sobre la región de los grandes lagos del África Central. Los días transcurrían entre los encuentros secretos con Isabel, las visitas a los amigos y estancias en el balneario de Vichy para tomar sus beneficiosas aguas. Por su parte la señorita Arundell rezaba a diario para que su madre accediera al fin a que se casasen; estaba convencida de que odiaba a Burton porque no le conocía lo suficiente. En un último intento por aplacar las iras familiares, Isabel le escribió a su madre una larga carta en la que le imploraba que no rechazara a su prometido, ya que era el único hombre al que había amado en toda su vida. La respuesta fue un «no» rotundo, pero a estas alturas Isabel no estaba dispuesta a acatar las órdenes de su madre y comenzó a prepararse para ser la «perfecta» esposa del explorador. En los meses siguientes tomó clases de esgrima en Londres «para defender a Richard cuando le ataquen», se retiró al campo para aprender a ordeñar vacas, montar a caballo, conducir un carruaje, plantar un jardín, guisar y pescar. Finalmente —tras la mediación de un cardenal— el padre de Isabel accedió a que la boda se celebrara sin el conocimiento de la señora Arundell y sin que ningún miembro de la familia asistiera a la ceremonia para no agravar su delicada salud.

El martes 22 de enero de 1861 Isabel abandonaba su casa londinense con lágrimas en los ojos tras despedirse de su familia. Vestida con un sencillo traje de color beige, una capa negra bordada y un bonete blanco se dirigió a la Iglesia Bávara, donde Richard la esperaba impaciente en la escalinata. Tras la ceremonia y el banquete nupcial, la pareja se trasladó a la que sería su nueva vivienda, la casa de soltero de Burton en St. James a donde Isabel había enviado todas sus pertenencias. Por fin, tras once años anhelando este momento, se había convertido en su esposa y comenzaban una vida en común que no sería un lecho de rosas. El capitán Burton, que tras una vida entera de servicio a la Corona soñaba con un puesto diplomático de responsabilidad en algún lugar de Oriente —Damasco era su destino predilecto—, tuvo que contentarse con el consulado de Fernando Poo (actual Bioko) en el África ecuatorial. En esta ocasión Isabel no podría acompañarle a esta isla entonces olvidada y aislada conocida como «la tumba del hombre blanco» por su clima mortífero. Aunque Isabel se rebeló en silencio ante esta nueva separación y gozaba de mejor salud que su esposo para vivir en el trópico, sólo le quedaba rezar por él.

Llegado el momento de la partida la pareja se despidió en Liverpool, donde Burton embarcó el 24 de agosto de 1861 rumbo al golfo de Guinea. Isabel, resignada, se marchó a vivir con sus padres y se convirtió en la gran defensora de Richard ante todos los ataques y controversias que seguían provocando sus libros. Ya entonces era ella la encargada de revisar todos los manuscritos que su marido le enviaba —eliminando sin ningún escrúpulo aquellos párrafos que por su contenido pudieran resultar moralmente «escandalosos»— y buscar editores para sus nuevas obras. En los tres años que el diplomático británico pasó en Fernando Poo —entonces bajo influencia británica— se dedicó la mayor parte de su tiempo a beber y explorar la región. Isabel, más preocupada que nunca por su bienestar y su futuro profesional, recorrió día tras día, los despachos del Foreign Office (ministerio inglés de Asuntos Exteriores) intentando conseguir un nuevo destino para Richard. La señora Burton no estaba dispuesta a ser una esposa en la distancia: «Le dije que no podría seguir viviendo así durante demasiado tiempo; era muy triste, con mi esposo en un lugar al que no me estaba permitido ir, así como seguir viviendo con mi madre, como una niña pequeña: no era esposa, ni doncella, ni viuda, de modo que me llevó con él». La pareja decidió reunirse de vez en cuando en la isla de Tenerife, donde el clima era más saludable, para poder así aliviar su soledad. Aquellas citas, cargadas de romanticismo, permitieron a Isabel no caer en la desesperación ante la ausencia del hombre que ahora absorbía todos sus pensamientos.

«Paga, embala y sígueme»

Los esfuerzos de Isabel Burton por sacar a su marido del «infierno» de Fernando Poo dieron por fin sus frutos en 1865. Richard fue nombrado cónsul británico en Santos, un pequeño puerto en la costa de Brasil, y esta vez su esposa le acompañaría. El lugar no era un paraíso tropical, abundaban los insectos y las serpientes, el clima era malsano y las epidemias causaban estragos, pero la perspectiva de poder vivir juntos les hizo olvidar todos los peligros. Isabel estaba feliz y aunque en su interior creía que Richard sería destinado a Oriente, superó su frustración y se preparó para el gran viaje aprendiendo a conciencia el portugués. Tras dos meses de vacaciones en Irlanda y en Portugal que fueron una verdadera luna de miel, los Burton se separaron. Richard mandó a su esposa a Londres para «pagar, embalar y seguirle» mientras él se adelantaba a Río de Janeiro. Unas semanas después Isabel llegaba a Brasil cargada de baúles —incluidas dos camas de hierro a prueba de termitas— y juntos marcharon a su nuevo destino en Santos. Richard descubrió muy pronto que aquella pequeña ciudad portuaria, tórrida, sucia y húmeda no era el lugar más adecuado para instalarse con su esposa, así que optaron por vivir más al interior, en São Paulo. En una carta escrita a su familia Isabel les decía: «Hay aquí garrapatas grandes como la uña de un meñique, arañas como cachorros de terrier, hormigas inmensas y serpientes por todas partes. Las tempestades son muy frecuentes, a menudo con tal fuerza que se rompen los cristales y por el aire vuelan bolas de fuego».

Isabel eligió como residencia un antiguo convento de la ciudad y destinó una amplia habitación como oficina en la que Richard despacharía sus asuntos consulares. Con el permiso del obispo dispuso de la capilla para predicar entre los esclavos negros que, según descubriría más tarde, se habían educado en la creencia de que por el color de su piel no tenían alma. La señora Burton se iba a enfrentar por primera vez en su vida al horror de la esclavitud en un país donde ésta aún no había sido abolida. La visión de esclavos amarrados a los árboles y condenados a latigazos o arrojados como castigo a hormigueros atados de pies y manos, era algo corriente en estas latitudes. Durante su estancia en Brasil la devota Isabel sólo lograría convertir a un esclavo, un simpático enano llamado Chico que traicionaría su confianza el día que asó vivo al gato preferido de Isabel en el horno de su cocina.

A pesar de los exuberantes paisajes tropicales que les rodeaban, los bosques habitados por aves multicolores y tapizados de exóticas flores, los Burton sabían que su nuevo destino era un auténtico infierno al igual que Fernando Poo. Isabel cayó gravemente enferma al poco tiempo de llegar, víctima de unas fiebres espantosas. Richard temió por su vida al verla presa de «náuseas, vómitos, cólicos, delirios, sed e incapacidad para ingerir alimentos». Tras probar sin éxito los remedios locales, el capitán recurrió a una de sus prácticas predilectas, la hipnosis, para restablecer la salud de su esposa. Tras varias sesiones Isabel —que solía automedicarse ingiriendo grandes cantidades de cerveza negra— comenzó a mejorar y a los pocos días se levantó de la cama.

A la esposa de Burton no le resultó nada fácil adaptarse a esta sociedad salvaje y sin ley en la que se consumían grandes cantidades de alcohol; sólo las visitas a los emperadores de Brasil —que les incluyeron entre sus más ilustres huéspedes— y la posibilidad de salvar el alma de algún esclavo, conseguían animarla. A pesar del clima terrible y la miseria que la rodeaba Isabel trataba de mantenerse en forma para «no perder del todo la razón», practicaba la esgrima, hacía gimnasia, tomaba baños fríos y salía a menudo de excursión a explorar la selva. Las mujeres de la colonia europea observaban con asombro cómo aquella elegante dama inglesa cruzaba descalza los riachuelos recogiéndose sus largas faldas, cazaba serpientes y pintaba las desvencijadas paredes de su casa.

En los meses siguientes Isabel descubrió que su esposo comenzaba a desatender sus obligaciones consulares y desaparecía varios días sin darle explicaciones. En más de una ocasión ella desempeñó en secreto el cargo de cónsul y se encargó de mantener las apariencias frente al Foreign Office mientras Burton exploraba las ruinas de ciudades precolombinas perdidas en la selva o buscaba oro en alguna mina para hacerse rico. Wilfrid Blunt, el poeta y esposo de la viajera lady Anne Blunt, conoció a Isabel Burton cuando era un joven diplomático y escribió acerca de ella: «Se había convertido en una mujer muy sensible y muy habladora, inteligente, pero al mismo tiempo algo tontuela, que a todas horas contaba historias en las que el héroe era siempre su marido. La devoción que sentía por él era auténtica; estaba enteramente bajo el dominio de su esposo, un dominio hipnótico del que Burton solía jactarse».

Cuando llevaban un año en Brasil Isabel escribiría en una carta a su madre: «He domesticado a Richard, o al menos lo he domado un poquito». En realidad la señora Burton, cada vez más sola y angustiada, había ido adoptando una actitud totalmente sumisa hacia Richard, a pesar de lo egoísta que éste había demostrado ser al despreocuparse de su bienestar y abandonarla largas temporadas. Isabel, harta de sufrir sus penas en silencio, sin tener a nadie con quien compartir sus preocupaciones soñaba con huir de su destino: «Odio Santos, el clima es atroz, la gente es blanda, el hedor, los bichos, la comida, los negros [...] todo junto. Ni siquiera puedo salir a pasear. Si voy en una dirección me hundo hasta la rodilla en pantanos de mangles, si voy en la otra regreso a casa cubierta de niguas».

Tras dieciocho meses «sepultado» en Santos, Richard Burton solicitó un permiso para regresar a Inglaterra con su esposa alegando problemas de salud. El médico le recomendó que descansara una temporada en Buenos Aires antes de embarcarse a Londres. La estancia en Brasil tocaba así a su fin, como de costumbre, Isabel viajó a Londres para ver si podía encontrar un destino más digno a su marido e intentar que algún editor se interesara por sus libros escritos en Brasil. Durante seis meses los Burton no volvieron a verse; Richard se dedicó a beber y divertirse en las tabernas de Buenos Aires, explorar la pampa y los Andes y recorrer los campos de batalla de Paraguay, que sufría una sangrienta guerra con sus vecinos. Finalmente, consumido por el alcohol y enfermo, se enteró en Lima de que acababa de ser nombrado cónsul británico en Damasco. El 1 de junio de 1869 envejecido, macilento y vestido casi con harapos, el capitán Richard Burton se reencontraba con su esposa dispuesto a compartir el sueño de cualquier orientalista: vivir en la milenaria Siria. Isabel, que entonces tenía treinta y ocho años, estaba más preparada que nunca para seguir a su esposo tras su dura experiencia en Sudamérica.

En Inglaterra los Burton visitaron a los amigos y familiares, dieron conferencias ante un público ávido de conocer a la singular pareja de exploradores y descansaron unos días en el sur de Francia. Cuando llegaron a Turín se despidieron una vez más, Richard pasó un mes entero recluido en el balneario de Vichy y finalmente zarpó en un elegante crucero rumbo al Líbano. Isabel regresó a Londres para cerrar su casa, arreglar los asuntos pendientes de Richard y preparar el equipaje para la larga travesía. Burton llegó a Beirut el 1 de octubre de 1869 y se presentó en el consulado de Damasco dos días después. Su esposa apareció a las seis semanas acompañada de una doncella inglesa, su perro San Bernardo y los pesados baúles. Habían recorrido los ciento veinticinco kilómetros que separaban Beirut de Damasco en una vieja tartana y aunque en su primer tramo la carretera —construida por dos ingenieros franceses— era buena, al cruzar un profundo valle se encontraron en medio de un lodazal. Si la diligencia oficial tardaba unas doce horas en cubrir esta distancia, Isabel necesitó dos días para llegar a Damasco. Acostumbrada a la exuberante naturaleza de Sudamérica, el desolado paisaje de la extensa meseta del Antilíbano en invierno le decepcionó. Sólo cuando alcanzó el desierto sirio y vio a un beduino apoyado en una roca con su fusil en la mano y su caballo pastando junto a él, sintió que se encontraba ante un paisaje de la Biblia.

La señora Burton se dirigió directamente al Demetri, el único alojamiento oriental «decente» en Damasco aunque el servicio y sus espartanas habitaciones dejaran mucho que desear. Cuando Richard apareció en el vestíbulo Isabel lo encontró tan envejecido y enfermo que casi no le reconoció. El explorador llevaba más de un mes alojado en este hotel de ambiente decadente y se sentía muy deprimido. La última comunicación con Isabel había sido un telegrama que ésta le envió antes de abandonar Londres. Desde ese momento no había tenido noticias de ella y en más de una ocasión, llevado por la angustia, había viajado a Beirut para comprobar si se encontraba entre los pasajeros que cada semana desembarcaban en el puerto. El clima y la soledad habían tenido un efecto pernicioso en Richard «tanto mental como físicamente», según anotó Isabel en su diario. Sin embargo, con su llegada el explorador se animó de nuevo y estaba ansioso por encontrar una vivienda confortable y adecuada a su rango para trasladarse lo antes posible. Richard solía jactarse ante sus amigos de que Isabel era capaz «de transformar una mina asquerosa de carbón en un hogar».

Para Isabel, la misteriosa Damasco era el escenario de su libro de juventud, *Tancredo*, el lugar con el que tanto había soñado: «Era mi Perla, el Jardín del Edén, la Tierra de Promisión, mi hermosa y blanca ciudad, llena de cúpulas henchidas y de minaretes resplandecientes, cuyas deslumbrantes lunas crecientes estarían engastadas en todos los matices del verde». Sin embargo, el exotismo de la ciudad superó sus expectativas y por primera vez se sentía inmensamente dichosa de estar lejos de Inglaterra. Richard, mucho menos romántico que Isabel, era muy consciente de que su trabajo como cónsul británico en Damasco iba a ser muy delicado. Su elección había sido desde el principio controvertida; eran muchos los que consideraban inaceptable que un hombre con su escandaloso pasado y que había entrado disfrazado en La Meca sin ser musulmán, fuera el representante británico en esta agitada región de Oriente Próximo. Isabel, que siempre le defendió de todas las acusaciones, escribiría: «Era el ejemplo perfecto de un hombre que no nació musulmán, emprendió la peregrinación a La Meca y vivió luego en amistad con los musulmanes. Ellos le consideraban persona grata —alguien más civilizado que la mayoría de los "francos"—, le llamaban Hayji Abdullah y le trataban como a uno de los suyos». Controversias aparte, el Foreign Office sabía que el capitán Richard Burton era un erudito arabista que conocía como ningún europeo el mundo musulmán y creían que podía desempeñar un importante papel en esta fanática ciudad.

Los Burton se instalaron en la aldea kurda de Salahiyeh situada a escasos quince minutos a caballo del centro de la ciudad. A Richard no le gustaba residir en Damasco porque estaba rodeada de altas murallas cuyos portones se cerraban por la noche y le producían una extraña sensación de claustrofobia. En Salahiyeh —que contaba con quince mil habitantes— gozaban de mayor libertad y estaban a un paso del desierto que tanto les atraía. Su nueva vivienda tenía el aspecto de un palacio oriental de muros encalados, con un hermoso patio central lleno de naranjos y limoneros desde donde se divisaban las cúpulas de las mezquitas y sus esbeltos minaretes. Isabel admitía que a pesar de su deslumbrante aspecto exterior, la vivienda era un lugar de «segunda clase» situado junto a una vieja mezquita y un animado *hamman*. En su interior el vestíbulo era muy amplio, contaba con un comedor en la planta baja y una sala de estar en el primer piso que daba a una magnífica terraza. En las noches cálidas solían encender lámparas de aceite, echaban alfombras en el suelo y se sentaban a la oriental bajo las estrellas mirando hacia Damasco y «aspirando el aire el desierto».

Lo mejor de la residencia era el frondoso jardín de flores y árboles frutales que se extendía hasta las orillas de un río: «Abundaban las rosas, los jazmines, las parras y los limoneros a un paso del Chrysorrhea de color azul joya», recordaba la señora Burton en su diario. Isabel alquiló un establo con capacidad para doce caballos aunque sólo tenían cuatro de su propiedad y ningún purasangre «para que nadie pudiera acusarnos de corruptos». En las cuadras vacías se alojaban los animales que la señora Burton rescataba de la calle porque no soportaba ver sufrir a un animal. En realidad la casa más parecía un Arca de Noé donde convivían juntos asnos, camellos, pavos, perros, ovejas, palomas torcaces, cabras, corderos, un hermoso gato persa, gallinas y una pantera que comía de la mano de Isabel.

En Damasco los Burton vivían como auténticos príncipes orientales. Isabel tenía numerosos sirvientes árabes bastante consentidos y le gustaba recibir en su casa a gente importante e influyente. Entre su séquito privado se encontraban cuatro guardias consulares ataviados con llamativas casacas de color escarlata, que no sólo protegían las dependencias del consulado británico y decoraban el salón de Isabel sino que la acompañaban cuando salía de compras por la ciudad. La élite de Damasco acudía todos los miércoles a su residencia, donde la señora Burton —vestida como para tomar el té en un salón inglés— recibía durante todo el día a sus ilustres invitados. Los europeos solían sentarse en cómodos sillones y los orientales en divanes tapizados de seda mientras se fumaba cigarrillos o pipas de narguile. Al principio Isabel intentó integrar a sus huéspedes mezclando a los hombres con las mujeres, pero al final tuvo que recibir en dos salas distintas porque «los hombres se negaban a servir a sus esposas al considerarlo humillante».

En verano, cuando el calor en Damasco resultaba sofocante, los Burton partían a su refugio veraniego en Bludan, una pequeña aldea cristiana en las montañas del Líbano donde el clima era más fresco. La casa, muy rústica y sencilla, con amplias terrazas desde donde se divisaban unos paisajes excepcionales, la había comprado el anterior cónsul británico como lugar de reposo y se encontraba a cinco horas a caballo de la ciudad. A Isabel le gustaba este refugio donde pasaban sus días leyendo, realizando excursiones por las montañas, recibiendo a los jefes locales y a algún turista británico que se acercaba a saludar al célebre explorador. En estas ocasiones Isabel tocaba su pequeño piano para distraer a las visitas o sorprendían a sus huéspedes con sesiones de espiritismo o hipnosis. Sus amigos ingleses llamaban a este lugar «el nido del águila».

Richard no tenía demasiado trabajo en el consulado; apenas vivían una treintena de residentes europeos en la ciudad que se encontraban bajo la protección de los ingleses y su función se limitaba a recabar información sobre los proyectos de los turcos, negociar asuntos comerciales y ayudar a cualquier viajero inglés que recorriera la zona. Uno de sus mejores amigos en aquel tiempo fue el legendario líder argelino Abd el Kader, que vivía un exilio dorado en Damasco. El hombre que años atrás había encabezado la lucha contra la ocupación francesa de Argelia era ahora un venerable y místico anciano de casi setenta años que dedicaba buena parte de su tiempo a la teología y a la filosofía. Isabel consiguió convencerle para que le permitiera visitar su harén: «Tenía cinco mujeres, una de ellas era muy hermosa. Les pregunté cómo eran capaces de vivir juntas, mimar a los niños de cada una de las demás; les dije que en Inglaterra, si una mujer tuviese pruebas de que su marido tenía otra esposa o una amante, estaría dispuesta a matarle. Todas se rieron de mí a carcajadas, como si les hubiera contado un magnífico chiste».

A lady Burton, en calidad de esposa del cónsul británico, le llovían las invitaciones para visitar los harenes y asistir a fiestas sociales o religiosas. Como no hablaba ni árabe ni turco, la única solución para que la dejaran entrar en el harén era acompañada de un intérprete masculino que llevara los ojos vendados. Al final consiguió una doncella árabe que hablaba inglés y las visitas a estos lugares prohibidos a los hombres resultaron más sencillas. Cuando llevaba un año en Damasco fue invitada a apadrinar a un niño que iba a ser circuncidado. La circuncisión era una ceremonia pública al igual que las bodas y los funerales, aunque Isabel quedó muy impresionada del espectáculo que presenció: «Bailaban y cantaban durante tres días [...] El ruido de la música y los disparos de las pistolas ahogaban los gritos terribles del niño y con un rápido movimiento de un cuchillo circular la operación finalizó en un momento. La parte cortada se exhibía en una bandeja de plata y se pasaba entre los presentes para atestiguar que el rito se había llevado a cabo. Me sentí enferma; el pudor inglés fue más fuerte que mi curiosidad y no pude mirar».

Isabel Burton, que en algunos de sus escritos ridiculizaba a las feministas de su época, sin embargo se mostraba indignada ante el trato de inferioridad que se daba a las mujeres en el mundo árabe. Cuando algún amigo musulmán les invitaba a su casa, Isabel exigía que se permitiera a las mujeres sentarse junto a ella y se les ofreciera dátiles y café, lo que provocaba el desconcierto entre los hombres. En una ocasión un jeque que les visitó en su residencia le dijo a la señora Burton: «Por favor, no enseñe a nuestras mujeres cosas que no conocen y que sólo las confunden». Durante el tiempo que vivió en Siria —y a petición de Richard—, Isabel visitó en varias ocasiones los *hamman*, donde era muy bien recibida por las mujeres. Sin embargo, a diferencia de la romántica viajera lady Mary Montagu que encontró toda la sensualidad de Oriente en estos espacios femeninos, la señora Burton los describió sin pizca de encanto: «Me quedé más bien perpleja. Las mujeres se acurrucaban desnudas, bajo el sol; desprovistas de sus vestidos, de sus tocados y sin nada de maquillaje la mayoría de ellas eran realmente horribles. Su piel parecía un pergamino, y su cabeza, tan calva como una bola de billar. El poco cabello que lucían lo tenían teñido completamente de un color rojo anaranjado a causa de la henna. Parecían las brujas de *Macbeth*, o al menos seres venidos del infierno [...] Una dama inglesa normal parecería una hurí comparada con ellas; su comportamiento era bestial, por utilizar una palabra moderada». En sus escapadas a Damasco la esposa del cónsul británico tenía la obligación de ir siempre acompañada por los cuatro guardias armados vestidos con la librea consular, aunque a ella lo que más le gustaba era pasar inadvertida y perderse por los bazares a lomos de su burro blanco.

Una vida salvaje

En aquel tiempo Isabel conoció a una extraordinaria mujer inglesa afincada en Damasco desde hacía casi veinte años. Se trataba de lady Jane Digby, una hermosa y rica aristócrata que tras una azarosa vida sentimental se había casado con un auténtico jeque beduino, el *sheik* Medjuel el Mezrab. Lady Jane y también Abd el Kader visitaban con frecuencia a los Burton en su residencia de Salahiyeh; les gustaba sentarse en el suelo de la terraza, conversar y fumar en sus narguiles o pipas de agua —las dos damas inglesas eran grandes fumadoras— hasta altas horas de la madrugada. Richard solía decir que Jane era la mujer más inteligente que jamás había conocido aunque en ocasiones desconfiaba de ella porque era más beduina que europea. Isabel, que admiraba su porte y elegancia, no entendía cómo una mujer de su clase podía haber sacrificado su placentera vida en Inglaterra para «casarse a los cuarenta y ocho años de edad con un sucio negro». Cuando tuvo oportunidad de tratar más a Medjuel, Isabel reconoció que no era un árabe cualquiera, que se notaba su nobleza de linaje en su educación y buenos modales. El matrimonio de lady Jane que causaría un tremendo escándalo en la Inglaterra decimonónica iba a durar nada menos que veinticinco felices años.

La esposa de Burton nunca olvidaría aquellas agradables reuniones donde se hablaba apasionadamente sobre política y temas orientales. Se sentía privilegiada por poder formar parte de este reducido grupo de arabistas e intelectuales y en su diario recordaría con nostalgia: «... los cojines y colchones extendidos en la azotea de casa, la cena preparada en la terraza y allí nos encontrábamos con los personajes más interesantes de Damasco, los que jamás supieron lo que era el miedo: el legendario Abd el Kader y la hermosa lady Ellenborough». Fue en aquellas conversaciones cuando lady Jane le pasó a Richard valiosa información sobre las costumbres sexuales de las mujeres árabes en los harenes, que utilizaría más tarde en su polémica traducción al inglés de *Las mil y una noches*.

La señora Burton y lady Jane Digby se hicieron buenas amigas aunque en realidad eran mujeres muy distintas. A Isabel —como a Richard— le gustaba disfrazarse de árabe para pasear por Damasco o explorar el desierto, pero en su interior nunca dejó de ser una puritana dama inglesa en un país salvaje y sensual cuyas sutilezas era incapaz de comprender. Su vida transcurría entre recepciones oficiales, visitas a los baños turcos, compras en los bazares y representar a la perfección el papel de esposa del cónsul británico. Admiraba la elegancia y juvenil belleza de lady Jane —que entonces contaba sesenta y un años—, su vida nómada y salvaje en el desierto pero nunca hubiera podido vivir como ella: «Cuando vivía en el desierto era una beduina más aunque se la honrase y se le respetara como si fuese la reina de aquella tribu».

En su diario de aquel año de 1869 Isabel escribe: «Nuestra vida en Damasco es sagrada, solemne y salvaje». En realidad quien llevaba de nuevo una vida salvaje y aventurera era Richard, que cuando se cansaba de los aburridos asuntos consulares se disfrazaba de musulmán para vagar a sus anchas por las calles de la ciudad y perderse por sus bazares y mezquitas. En una ocasión realizaron juntos una excursión arqueológica a Palmira que estuvo a punto de costarles su amistad con lady Jane Digby el Mezrab. Uno de los sueños de Isabel era visitar las ruinas de la antigua Tadmor, pero Richard no estaba dispuesto a pagar el oneroso «peaje» de doscientas cincuenta libras que exigían los miembros de la tribu de los Mezrab por su protección. Al enterarse lady Jane de que sus amigos europeos se negaban a pagar montó en cólera. Finalmente y tras suplicar a Richard que no partiera solo y sin escolta, los Burton abandonaron Damasco al amanecer en compañía del cónsul ruso. Isabel, a lomos de su camello, soportó la larga y dura travesía de ocho días con el mismo valor que su antecesora lady Stanhope. El terrible calor, la escasez de agua, las marchas forzadas de noche y el riesgo a sufrir un ataque no intimidaron a la señora Burton que ante la visión de las ruinas en medio del desierto exclamó: «Palmira tan extensa, tan desnuda, tan desolada [...] esta espléndida ciudad de los muertos [...] con su solitaria grandeza. Te sientes aquí como adentrándote en un mundo olvidado».

Los Burton dedicaron los días siguientes a tomar dibujos, descifrar inscripciones, explorar las torres-tumba y desenterrar fragmentos de estatuas y cerámica que enviaron al Instituto Antropológico de Londres. Para la romántica Isabel el viaje a Palmira, lleno de peligro, aventura y romance, fue el momento culminante de su vida. Richard, que ahora bebía mucho menos, se sentía rejuvenecer cuando salía al desierto y aquel primer año al frente del consulado lo dedicaría casi por entero a cartografiar «espacios en blanco», localizar ruinas de ciudades milenarias enterradas en la arena, levantar mapas de la región y visitar a los jefes de las tribus beduinas. En una ocasión los Burton hicieron una excursión a las ruinas romanas de Baalbek en el Líbano. A diferencia de Palmira, se las podía visitar sin ningún peligro y aunque su acrópolis no era tan extensa como la antigua Tadmor, a Isabel le fascinaron sus templos dedicados a Júpiter y a Baco. La esposa de Burton, que tomaba buena nota de todas sus excursiones, comenzó por esta época a publicar sus relatos de viaje en algunos periódicos ingleses bajo el seudónimo de «nuestro corresponsal en Damasco». Todos estos viajes de exploración, que Burton hacía solo o en compañía de Isabel, levantaron muy pronto las sospechas de las autoridades turcas y comprometieron a Burton con falsas acusaciones.

El matrimonio Burton regresó de Palmira en apenas cuatro días y sin haber sufrido ningún percance. Tan sólo Isabel, a mitad de camino, enfermó de malaria y Richard la trató con quinina. Aunque estaba muy débil se negó a ser transportada en camilla y continuó con la caravana a lomos de su camello. Cuando llegó a su casa de Damasco tampoco pudo reposar porque en la aldea de Salahiyeh se desató una epidemia de cólera y tuvo que atender a todos los enfermos que llegaban a su jardín. A diferencia de lady Jane Digby, que sentía un miedo paranoico hacia las enfermedades infecciosas y cuando oía la palabra cólera o tifus abandonaba la ciudad, Isabel pensaba que era su obligación atender a los enfermos aunque el riesgo de contraer la enfermedad fuera muy grande. Tras varias semanas cuidando día y noche a numerosos pacientes que se hacinaban en los pasillos de la residencia, Isabel cayó enferma con los síntomas del cólera. Richard se la llevó a regañadientes a Beirut para que tomara unos baños en el mar y descansara en un ambiente más relajado. A los pocos días Isabel ya estaba dispuesta a asistir con su mejor vestido de gala al cumpleaños de la reina Victoria, que se celebraba por todo lo alto en el consulado general de Beirut.

Isabel Burton, como ocurriera en Brasil, comenzó a llevar en Damasco una vida muy ocupada. Se encargaba de la casa, los sirvientes, los establos, los animales y el cuidado del jardín que mantenía impecable. Además, era la secretaria confidencial de Richard y le llevaba toda la correspondencia con Londres que no podía confiar a ningún subordinado del consulado. Todas las mañanas se vestía con su traje azul de amazona —su uniforme para las excursiones ecuestres— y se cubría con un amplio delantal blanco para atender a los enfermos que la esperaban en el jardín desde primeras horas. Al igual que a lady Jane Digby, los árabes la consideraban una mujer noble y estaba obligada por su posición a atender a la gente. A media mañana, tras atender a unos quince pacientes diarios, Isabel se vestía formalmente para recibir la visita de algunos notables de la ciudad. El escaso tiempo libre que tenía lo dedicaba a la lectura, el piano y a escribir largas epístolas que enviaba a su familia. Por esta época comenzó a tomar lecciones de árabe y Richard le hacía aprender diez palabras cada día para que las usara en la conversación.

Pero la vida privada de los Burton no era tan idílica como podía parecer a los ojos de sus amigos. La pareja hacía ocho años que se había casado y aún no tenían hijos. Isabel le confesó a lady Jane Digby que su única «queja» en su matrimonio era la falta de hijos, pero que tiempo atrás ambos se habían resignado a no tener descendencia. La falta de hijos creó entre ambos una dependencia más estrecha y Richard aceptaba gustoso el amor «maternal» que le prodigaba su mujer. En su diario Isabel recordaba que las mujeres de los harenes al saber que no tenía hijos, no sólo sentían lástima por ella sino que le daban consejos para quedarse embarazada. Para la mujer musulmana el no poder ser madre era una tragedia porque sus maridos podían repudiarlas y tomar otra mujer. Por este motivo a Isabel le preguntaban si no tenía miedo de que su esposo la enviara de vuelta a Inglaterra y tomara una segunda esposa, a lo que ella con humor les respondía: «Richard se puede casar sólo después de que yo me muera, pero nunca antes».

Otro tema que les distanciaba era el de la religión. Isabel consideraba que todos los esfuerzos para ser una esposa ejemplar serían en vano si no lograba convertir a su esposo al catolicismo. En su interior la señora Burton creía en la vida eterna y no deseaba abandonar sola este mundo; quería tener a su lado a Richard «más allá de la muerte». En torno a este tema, que la llegó a obsesionar hasta el final de sus días, escribiría: «Quiero llevar todo con alegría, como una expiación, para salvar a Richard [...] Tengo que soportar las dificultades y el dolor con valor, incluso fervientemente. Como siempre he deseado tanto esta misión, es decir, no ser otra cosa que la esposa de Richard, no debo olvidar nunca pedir humildad y soportar todas las exigencias que ello significa».

Aunque Isabel a menudo se sentía sola en Damasco, los escasos momentos que podía compartir con su marido los disfrutaba al máximo. En ocasiones partían al amanecer rumbo al desierto y galopaban sobre sus caballos sintiendo el aire fresco en su rostro. Isabel —que contaba cuarenta años y tenía el aspecto de una robusta matrona— se vestía para la ocasión con ropas árabes masculinas y le divertía que la confundieran con el hijo de Burton: «Llevo una túnica de tejido azul oscuro [...] un par de botas altas y para que me resulte más fácil saltar encima y fuera del caballo, remeto los bordes de la túnica en las botas y dejo el resto flotando como unos peculiares y nativos pantalones bombachos. En la cintura llevo un cinturón de piel con un revólver y un cuchillo de campo. El pelo lo llevo en recogido en un moño apretado en lo alto de la cabeza que está cubierta por un fez rojo y sobre éste la kefía, el pañuelo de seda y dorado que cubre la cabeza y cae sobre el pecho y los hombros hasta la cintura, ocultando completamente la figura, y que se sujeta con un cordón de pelo de camello teñido de color chocolate. También llevo un pequeño rifle colgado a la espalda».

Cuando llegaba la noche acampaban en sus tiendas al abrigo del viento, encendían una hoguera y escuchaban en medio del silencio las jaurías de chacales que les recordaban «los gritos de guerra de los beduinos». Isabel, aunque no hablaba el árabe con la misma soltura que su esposo, se adaptó sin problemas a la vida en el desierto: dormía sobre las alfombras y fumaba en narguile con Richard. «Jamás podré olvidar algunas de aquellas noches adorables en el desierto, cuando las mulas, los asnos, los camellos, los caballos y algunas yeguas resoplaban, relinchaban, daban coces y piafaban, el cargamento apilado, las altas hogueras, las tiendas negras, los soldados turcos, las pintorescas figuras con toda clase de atuendos, los hombres de feroz aspecto y maravillosos avíos tumbados por acá y por allá, cantando o bailando sus bárbaras danzas», escribiría en su biografía. Burton, a quien los nómadas llamaban el Hermano del León, se sentía a sus anchas entre los árabes y éstos le respetaban porque lo consideraban uno de los suyos.

Durante su estancia en Damasco Isabel escribió un curioso libro titulado *The Inner Life of Syria, Palestina and the Holy Land* que se publicó en Londres en 1875. Era un libro de viajes escrito para mujeres por una persona «experta» en Oriente Próximo, tal como rezaba en la portada. Sin embargo, la obra va más allá de la descripción de los lugares bíblicos y revela hasta qué punto la convivencia con Richard se había convertido para la señora Burton en un acto religioso. En uno de los capítulos la autora describe un sueño en el que un ángel de la guarda la conduce en presencia de la reina Victoria de Inglaterra. Isabel, tras un largo e incoherente discurso, le confiesa finalmente el motivo de su inesperada visita y le habla —cómo no— de Richard Burton: «Majestad, no es un hombre como los demás [...] no soy digna de atarle ni siquiera los zapatos. Durante treinta y dos años ha trabajado sin descanso, minuto a minuto, por Inglaterra y mi reina [...] otros se encuentran en la cumbre del éxito, se les honra, pero una suerte adversa le ha privado de la recompensa que merecen sus méritos. Nunca ha ascendido. Nunca ha sido honrado». Isabel, tras describirle todas las hazañas y la brillante carrera profesional de su amado esposo, le pide finalmente un único deseo: «¡Honor para quien merece honor! El cargo de embajador especial para Oriente Próximo, un rango de honor en el ejército».

En la vida real, lejos de las fantasías de Isabel, el cargo de Richard peligraba más que nunca. Desde su llegada a Damasco el explorador se había entrometido demasiado en la política local y el gobernador turco, Rashid Pachá, era su más ferviente enemigo. Además, Burton nunca dudó en mostrar sus simpatías hacia los árabes en contra de los judíos y cristianos, que estaban bajo la protección británica. Por su parte Isabel —que siempre llevaba con ella un frasquito de agua bendita— emprendió una particular cruzada para convertir al mayor número posible de musulmanes, lo que provocó el rechazo de las autoridades turcas en la ciudad. Los días de Richard Burton como cónsul británico en Damasco estaban contados.

En el mes de agosto de 1871, cuando Richard e Isabel descansaban en su residencia de Bludan, inesperadamente se presentó ante ellos un mensajero que traía una carta urgente para Burton. La misiva le comunicaba que había sido cesado de su cargo y que el cónsul general en Beirut, sir Thomas Jago, le reemplazaba. Richard se quedó perplejo, intuía que su presencia resultaba incómoda para las autoridades turcas pero no imaginaba que el Foreign Office londinense le despachara de esta manera: «Ha sido un cese ignominioso, a los cincuenta años de edad, sin recibir siquiera un mes de plazo, ni una indemnización, ni una notificación en persona». Burton, nervioso y encolerizado, regresó a Beirut dejándole una nota a su esposa en la que le decía: «No te excites. He sido cesado. Paga, haz el equipaje y sígueme cuando puedas».

Las veinticuatro horas siguientes al cese de su esposo son narradas por Isabel Burton en la biografía del explorador con su habitual dramatismo. Según sus palabras, la noche del 19 de agosto en la que partió su marido ella no pudo conciliar el sueño y tuvo tres visiones en las que Burton la llamaba. Así que se vistió, ensilló su caballo y partió en plena noche campo a través. Cabalgó por las montañas durante nueve horas seguidas hasta llegar a la posta de Shtota, a punto para coger una diligencia que la llevara a Beirut. Quería despedirse de su marido antes de que embarcase en un vapor rumbo a Inglaterra. Los Burton pasaron su último día «consolándonos los dos juntos» y disfrutando de la hospitalidad del cónsul francés. De nuevo se separaron y la señora Burton regresó a su residencia del Líbano para hacer el equipaje, despedirse de los amigos y arreglar los asuntos pendientes de Richard.

Cuando Isabel, todavía muy afectada por la marcha de Richard, llegó a Bludan no daba crédito a lo que veía. Los alrededores de su casa parecían un campamento de nómadas. De todos los rincones de Siria habían llegado beduinos para montar sus tiendas negras y acompañar a la esposa del hombre que tanto apreciaban. Incluso el jeque Medjuel el Mezrab, el esposo de lady Jane Digby y cabeza de la gran mezquita de Damasco, envió una nota a la señora Burton en la que le decía: «El afecto de vuestro siervo es demasiado grande para poderlo expresar con la pluma [...] Rezamos todos por vuestro regreso a esta tierra, maldecimos a aquel hombre culpable de vuestra destitución y deseamos su perdición. Alá es misericordioso». Ningún cónsul extranjero en Damasco había despertado jamás tantas muestras de afecto entre los árabes del desierto.

En las semanas siguientes Isabel Burton desmanteló su casa de Bludan y cerró para siempre las puertas de su residencia de Damasco, donde tan buenos momentos había compartido con Richard. Durante estos días previos a su partida recibió la visita de personas de muy distintos credos, que se acercaban hasta su casa para manifestarle su pesar por la marcha de su esposo. Un amigo del matrimonio, sir Charles Drake, se encargó de vender los muebles de su residencia y «colocar» a todos los animales adoptados por Isabel. El día antes de su partida lady Jane Digby invitó a su amiga a una excursión a caballo a través de una montaña tapizada de manzanilla. Quería que su Isabel viera por última vez y desde un lugar privilegiado, el atardecer sobre los minaretes y cúpulas de Damasco. La esposa de Burton estaba visiblemente emocionada; en su interior sabía que aquella etapa de felicidad llegaba a su fin.

El 13 de septiembre Isabel abandonaba Siria y en su diario escribía: «¿Cómo podré arrancar Oriente de mi corazón?». Tras una agitada travesía llegó a Londres a mediados de octubre con su voluminoso equipaje, los perros de Richard y en compañía de Khamour (Luna). Isabel había recogido a esta hermosa muchacha siria cuando tenía quince años de edad en la escuela de una misión de Damasco para que le ayudara a cuidar a Richard, que se encontraba muy enfermo. Isabel acabó contratando a la joven y ahora la traía a Inglaterra para que fuese su doncella. El problema es que la señora Burton siempre trató a la muchacha como si fuera su hija y la colmó de atenciones. En Londres la consentida Khamour no encajó con el resto del servicio y se vieron obligados a devolverla a Siria con una pequeña dote y un buen número de regalos. Al poco tiempo los Burton recibieron una carta en la que Khamour les informaba de que iba a casarse.

Isabel estaba muy preocupada por la salud de Richard y su estado de ánimo. Le habían llegado noticias de que se encontraba completamente hundido y muy irascible. Una vez más, la esposa del explorador no estaba dispuesta a que se tratase de manera tan humillante a su marido y recurrió al Foreign Office con la esperanza de que las autoridades reconocieran su error. En los días siguientes la infatigable Isabel movilizó a la prensa y exigió al entonces ministro inglés de Asuntos Exteriores, lord Granville, una explicación pública de los motivos por los que se había cesado a su esposo. Tras meses de asedio al Foreign Office se decidió ofrecer a Richard un remoto puesto consular para alejarle de Inglaterra. Isabel rechazó ofendida el consulado británico de Pará, una calurosa y diminuta ciudad al norte de Brasil aún más miserable que Santos. La señora Burton soñaba con regresar a Oriente y solicitó un destino como Teherán pero ante su decepción el cargo se lo ofrecieron a otra persona. La situación económica de los Burton era deplorable, Richard estaba completamente arruinado e Isabel lo único que tenía eran quince libras. Pero aun así disfrutaban en Londres de una intensa vida social, que en nada hacía imaginar su situación económica.

En aquellos difíciles momentos Isabel tuvo que sufrir la pérdida de su madre, que falleció en junio de 1872 tras nueve años inválida y condenada a una silla de ruedas. Mientras velaba el féretro junto a su hermana Blanche, recibió una carta en la que lord Granville le ofrecía a su esposo el consulado en Trieste, una ciudad situada a orillas del mar Adriático que formaba parte del Imperio Austro-húngaro. Por fin Isabel respiró tranquila, no era sin duda un puesto de relevancia política pero necesitaban dinero y no les quedaba elección. Una vez más Isabel Burton —que ya tenía cuarenta y dos años y su salud no era muy buena— se dedicó con esmero a preparar el equipaje para emprender el que sería su último y definitivo destino.

Una extraña pareja

A Isabel desde el principio le gustó el animado puerto de Trieste y la mezcla de gentes —italianos, austríacos y eslavos— que allí habitaban. Richard, en cambio, nunca dejó de odiar esta ciudad y en su interior siempre soñó que le transferirían a Oriente Próximo, donde podía ser más útil al gobierno. Que al mejor arabista de su época se le «desterrara» en este destino sin relevancia era sin duda desperdiciar a un gran talento, pero lord Granville quería tener lejos a Richard para que no les causara más trastornos. Con la idea de que Trieste sería un destino provisional, Isabel alquiló el ático de una casa, con diez habitaciones y magníficas vistas al Adriático. La nueva vivienda —pequeña para los cánones victorianos— refleja la distinta personalidad de cada uno; Isabel ocupaba su propia suite, cuyas paredes estaban literalmente cubiertas de objetos de arte sacro: crucifijos, retratos de la Virgen, cirios, medallas, escapularios y reliquias de varios santos. En cambio, las dependencias donde ambos recibían a los invitados tenían un marcado aire oriental: tapices, divanes, alfombras para la oración y mesitas con incrustaciones de nácar para tomar café traídas de las tiendas del desierto. Isabel solía vestir a la oriental, con una larga bata de suave pelo de camello y en la cabeza lucía un *tarbush* del mismo tejido.

En su nuevo destino consular los Burton llevaban una vida muy activa. Richard se centró en las traducciones al inglés de importantes obras de la literatura árabe que le darían el anhelado reconocimiento. En una amplia habitación Isabel había instalado hasta once mesas distintas de madera para que su esposo pudiera trabajar —como era su costumbre— en varias obras a la vez. En una de ellas descansaba una de las obras que más fama y dinero dieron a Richard, la traducción al inglés del manual erótico hindú conocido como *Kama Sutra,* que el autor enriqueció con todos sus conocimientos sexuales adquiridos durante su estancia en la India. El libro se publicó en Londres en 1883 y se convirtió en un éxito de ventas sin precedentes.

En la casa de Trieste el orden del día era muy estricto. Richard se levantaba a las cuatro de la mañana, tomaba el desayuno y se encerraba en su estudio inmerso en sus traducciones. Tras el almuerzo dedicaba unas horas a despachar sus asuntos consulares y por la noche invitaba a un pequeño círculo de amigos. Isabel también estaba muy ocupada: atendía la casa, recibía clases de italiano y alemán, se dedicaba a la beneficencia y una vez a la semana organizaba, como en Damasco, sus célebres veladas donde reunía a los miembros más distinguidos de la alta sociedad de Trieste. A Isabel le gustaba como antaño la vida social, en cambio Richard consideraba esas reuniones de hasta cincuenta comensales como una invasión a su intimidad. Los dos, a pesar de sus achaques, trataban de mantenerse en forma, hacían excursiones, nadaban una hora diaria en las frías aguas del Adriático, practicaba el montañismo e Isabel tomaba clases de esgrima con el famoso maestro Reich.

En 1875 Isabel y Richard viajaron de nuevo a Oriente, aunque esta vez como simples turistas. Burton estaba decidido a salir de la pobreza y acariciaba la idea de encontrar diamantes en la India. Para el explorador el viaje tenía un especial significado porque iba a recorrer algunos de los lugares que visitó en su famoso peregrinaje de juventud a La Meca, aunque esta vez acompañado por Isabel. Una vez más la señora Burton haría el equipaje y seguiría a Richard, aunque en esta ocasión navegarían por primera vez a través del canal de Suez, inaugurado cinco años atrás, que acortaba considerablemente las distancias entre Europa y Asia. Cuando pusieron el pie en Suez, a la pareja les invadió la nostalgia, se encontraban de nuevo con el paisaje que había marcado sus vidas: el extenso desierto salpicado de las tiendas negras de los beduinos. Cuando llegaron al puerto de Yiddah, a Isabel le hubiera gustado entrar en la ciudad de La Meca pero era imposible y se contentó con pasear a lomos de su caballo por las afueras de la ciudad sagrada. «Nos sentíamos dichosos en aquella atmósfera y las voces árabes nos sonaban agradables y familiares», escribió en su diario. Por fin Isabel podía recorrer junto a su esposo, como tantas veces había imaginado, los escenarios donde transcurrieron sus más grandes aventuras de juventud. Para Richard, que veinte años atrás había llegado allí como explorador y aventurero, el verse caminando ahora del brazo de su esposa que lo protegía del sol con su sombrilla, le debió de resultar muy duro y deprimente.

Isabel nunca olvidaría la travesía de catorce días en un barco de peregrinos que les llevó a Bombay. En las páginas de su diario describe la deplorable situación en que se encontraban cerca de ochocientos musulmanes llegados de todos los lugares del mundo que se hacinaban en cubierta. «Fue un viaje atroz. Nunca olvidaré sus cuerpos sin lavar, su estado a causa del mareo y sus heridas, los muertos y moribundos en sus andrajos, sus comidas. Los que morían a diario no perecían por enfermedad, sino por agotamiento, hambre o sed». Una vez más Isabel demostró su extraordinaria fortaleza para sobreponerse al terrible viaje y durante la travesía se dedicó a limpiar las úlceras de los enfermos y a alimentar a los que no podían ni incorporarse. Cuando finalmente pusieron pie en la India olvidaron las tormentas y el hedor del barco. En los días siguientes Richard se reencontró en Bombay y Karachi con sus antiguos compañeros del ejército y amigos hindúes. En todo su recorrido los residentes británicos les recibían con fiestas y organizaban en su honor picnics y excursiones a lomos de elefante. Cuando el calor comenzó a ser sofocante y los monzones amenazaban con dejarles aislados en el interior, los Burton decidieron regresar a Trieste tras seis meses de ausencia. A su paso por Suez bajaron a tierra e hicieron su última excursión por el desierto, tal como recordaba Isabel: «Era un atardecer dorado. Las montañas y las dunas se confundían en la puesta de sol. El lugar más romántico era una pequeña fuente debajo de una palmera solitaria. El árbol estaba completamente solo en un montículo de arena en pleno desierto. Dije a Richard: Ese árbol y esa fuente han sido creados el uno para el otro como tú y yo».

Tras su viaje a la India —donde Richard descubrió decepcionado que la explotación de diamantes se había suspendido en todo el país— los Burton se resignaron a pasar el resto de sus días en Trieste. En 1877 los fantasmas del pasado regresaron. Henry Stanley había explorado a conciencia el lago Victoria y se demostró sin lugar a dudas que Speke tenía razón: las fuentes del Nilo estaban en este inmenso mar interior. Durante un tiempo el matrimonio recorrió Europa y visitó a los amigos, y en 1882 Richard regresó a Oriente Próximo, esta vez sin Isabel. Su amigo, el erudito Edward Palmer, había desaparecido en el desierto de Arabia mientras realizaba una misión secreta y el gobierno le pidió que participara en su búsqueda. A pesar de que Burton se sentía envejecido a causa de sus dolorosos ataques de gota, zarpó en un vapor rumbo a Palestina con la esperanza de encontrarle con vida. Mientras Isabel, que cada vez llevaba peor separarse de su esposo y temía constantemente por su vida, se retiró a un convento en Austria para dedicarse a la oración y la meditación. «Tengo que aprender a vivir y trabajar sola, y cuando lo haya logrado me permitiré volver a visitar a algunos de mis amigos», confesaría Isabel en las páginas de su diario. A estas alturas de su vida la esposa de

Burton sufría continuas depresiones y se le había detectado un cáncer de lento desarrollo que no quiso revelar a nadie pero que cercenó sus energías. Cuando Richard regresó de Arabia tras seis semanas de ausencia sabía que sus viajes por el desierto habían acabado para siempre y se metió de lleno en la traducción de *Las mil y una noches* y otras obras eróticas. Este trabajo le permitía seguir unido a unos escenarios que nunca olvidaría y regresar con la imaginación a su tierra predilecta, Arabia.

En 1883 los Burton se trasladaron a una nueva casa más grande y confortable a las afueras de Trieste. En realidad, se trataba de una mansión palaciega de veinte habitaciones rodeada de un extenso jardín y situada en lo alto de una colina con unas vistas espléndidas sobre el mar. Allí pasaron los últimos siete años de su vida, cada uno enfrascado en su trabajo y absorto en sus aficiones. Ya entonces formaban una extraña pareja, los dos se aplicaban *kohl* alrededor de los ojos como hacían en el desierto sirio para protegerse del sol y el polvo. Richard se teñía el pelo de negro, lo que le daba un aire más juvenil, pero su salud se debilitaba paulatinamente. Por su parte, la belleza de Isabel se había marchitado; en las fotos de aquella época vemos a una mujer muy gruesa que trata de ocultar su voluminosa complexión tras vaporosas túnicas orientales.

Aunque tenían problemas de dinero, el matrimonio no dejó de viajar por Europa, siempre en trenes de primera clase y alojándose en los mejores hoteles. Cada viaje se preparaba como si fuese una gran expedición geográfica. A los interminables baúles había que añadir su colección de animales domésticos —cinco perros y un gallo de pelea propiedad de Isabel—, dos doncellas, un médico privado y la biblioteca de Richard. En 1886, cuando se encontraban en Tánger, recibieron un telegrama donde se les informaba de que Burton había recibido el título de caballero en agradecimiento a los servicios prestados a la corona. A partir de este instante el explorador británico se convertía en sir Richard Burton aunque este título nobiliario le llegaba demasiado tarde y no le sacaba de la pobreza. Lo que sí le haría ganar una buena fortuna sería la traducción al inglés de *Las mil y una noches*. Richard escribió con su habitual ironía: «Durante cuarenta y siete años he tratado de distinguirme de todas las maneras posibles. Nunca coseché un elogio, nunca un "muchas gracias" o un solo céntimo. Por fin traduzco un libro de dudoso contenido y me embolso dieciséis mil libras. Ahora que conozco el gusto de Inglaterra, al menos nunca me faltará el dinero».

El éxito inesperado del libro animó a Burton a dedicarse por entero a la traducción de un célebre manuscrito sobre el amor, *El jardín perfumado*, una obra de trescientos años de antigüedad atribuida al erudito tunecino Nefzawi. Si para Richard iba a ser su obra cumbre, para la puritana Isabel sólo se trataba de una obra pornográfica de la que no quería ni oír hablar. En sus últimos años Burton seguía obsesionado con viajar, y junto con Isabel recorrió a finales de 1889 el Mediterráneo, con escalas en Túnez y Argel, ciudad donde permanecieron un mes entero. El carácter de Richard se fue volviendo cada vez más difícil y se mostraba casi siempre malhumorado. Los cuidados maternales y obsesivos de su esposa agravaron aún más su comportamiento. Cuando en el mes de septiembre de 1890 regresaron a su frío *palazzo* de Trieste, Richard sufrió un ataque de gota. Durante días y a pesar de los fuertes dolores que padecía se despertaba de madrugada y trabajaba afanoso hasta el atardecer en aquel último manuscrito en que, según sus propias palabras, «había invertido su vida entera y hasta la última gota de su sangre».

El 19 de octubre de aquel mismo año Burton fallecía en su cama ante el horror de Isabel. Su esposa se negó a aceptar su muerte y permaneció todo el día junto a él esperando que regresara a su lado. Cuando el párroco acudió a la residencia Isabel le imploró que le diera la extremaunción, aduciendo que en su interior más profundo Richard siempre fue un buen católico. Por fin Isabel Burton respiró tranquila y mandó embalsamar el cadáver que fue enterrado días después en Londres. Tras el pomposo funeral celebrado por las autoridades de Trieste, Isabel se encerró en una de las habitaciones de su mansión por espacio de dieciséis días. Su único propósito era repasar los manuscritos de su esposo, clasificar sus papeles y ordenar todo su trabajo. No sabemos qué le llevó a encender una noche su tristemente célebre pira funeraria, donde echó a las llamas más de cuarenta obras de Richard, entre ellas sus diarios privados y las mil doscientas páginas de su traducción de *El jardín perfumado*, «ese maravilloso filón de sabiduría oriental», como él lo bautizó. La columna de humo se divisaba desde el centro de la ciudad, pero nadie imaginó que en aquellas llamas se extinguía parte de la vida de Burton. Cuando la noticia llegó a Londres fue un auténtico escándalo; para muchos Isabel era un monstruo, una mujer que llevada por la locura y el desenfreno había cometido un acto terrible. Ella lo justificaba de otra manera: decía que su esposo se le había aparecido en sueños y le había indicado aquellos manuscritos que debía quemar. Algunos biógrafos de Isabel Burton hablaron de un acto de venganza contra un hombre que sólo vivió para sí mismo. Otros apuntaban a un ritual de liberación tras una vida de servidumbre dedicada a ser la perfecta esposa del célebre aventurero.

La vida en Trieste tocaba a su fin y por última vez en su vida Isabel embaló, pagó y arregló los asuntos pendientes de Richard tras dieciocho años al frente del consulado británico. Llegó a Londres en febrero de 1891 y decidió construir en el cementerio católico de Mortlake un mausoleo digno de su esposo. Isabel consiguió recaudar fondos para levantar una impresionante tienda árabe esculpida en mármol blanco de Carrara que sorprendía por su realismo y allí fue depositado el féretro que contenía el cuerpo de Richard. Después, Isabel asumió el papel de viuda y durante los seis años que sobrevivió a su marido se dedicó a escribir su novelada biografía oficial y a visitar editores para que publicaran los manuscritos inéditos de Burton que se salvaron de las llamas. Vivía prácticamente recluida en su casa londinense y en marzo de 1896 falleció a causa de aquel cáncer que le habían detectado años atrás y al que se enfrentó con enorme valentía. Fue enterrada junto a su adorado esposo en su original tienda árabe; al fin estaban de nuevo juntos para cabalgar en sueños por los ardientes desiertos de Arabia.

Gertrude Bell
1868-1926

Cuando uno acaba de llegar a Oriente, existe un momento en que se da cuenta de que el mundo empieza a menguar por un extremo y a crecer por el otro, hasta que toda su perspectiva de la vida cambia.

GERTRUDE BELL, Damasco (Siria), 1909

La reina de Irak

Hay una fotografía de Gertrude Bell que muestra hasta dónde llegó esta solitaria victoriana que encontró en Oriente Próximo su razón de existir. La imagen fue tomada durante la Conferencia de El Cairo en 1921, donde Winston Churchill —entonces ministro británico de Colonias— reunió a los mayores expertos del Imperio Británico en esta región para decidir el futuro de Mesopotamia, Cisjordania y Palestina. En ella aparece la indómita señorita Bell subida a lomos de un camello luciendo uno de sus inconfundibles sombreros de plumas y posando orgullosa frente a la imponente Esfinge de Gizeh. A su lado se encuentran su amigo T. E. Lawrence —el famoso Lawrence de Arabia— y Churchill, que trata de mantener el equilibrio sobre su camello. Ninguna mujer de su tiempo llegó a alcanzar tanto poder como ella y a codearse con los personajes más influyentes, ya fueran diplomáticos, gobernadores o reyes.

Gertrude tenía entonces cincuenta y tres años y era considerada la mayor especialista en la compleja política de esta región. Su larga relación y profundo conocimiento de los países árabes había culminado con su nombramiento de secretaria para Oriente, el puesto clave del Servicio de Inteligencia británico. Nadie como ella conocía estos vastos territorios y a sus principales jeques tribales. Tras la Primera Guerra Mundial, la señorita Bell ayudaría a trazar las fronteras del moderno Irak y utilizaría todo su poder para colocar al rey Faisal en el trono de este país. Muchos la apodaban la «Lawrence de Arabia femenina», pero esta enérgica diplomática solterona tuvo mucha más autoridad en esta zona que su romántico amigo. A ella nunca le gustó la fama y popularidad, aunque era una mujer vanidosa que necesitaba ser reconocida y admirada para ahuyentar los fantasmas de la soledad. En Oriente Próximo consiguió ser alguien importante y respetado, era tratada como un hombre y eso la halagaba especialmente. En 1920, en un discurso, el jefe supremo de la tribu de los Anazeh dijo refiriéndose a ella: «Hermanos, habéis oído lo que esta mujer tiene que decirnos. Es sólo una mujer, pero es fuerte y poderosa. Todos sabemos que Alá hizo a la mujer inferior al hombre. Pero si las mujeres de los ingleses son como ella, los hombres deben ser como leones en fuerza y valor. Será mejor que hagamos las paces con ellos».

Ya desde muy joven, Gertrude Bell, nacida en el seno de una rica familia de la alta burguesía británica, rechazó el destino que se preveía para una señorita de su posición. Consiguió graduarse en Oxford, viajar sola por las regiones más peligrosas de Arabia Central, dedicarse a la arqueología, explorar tierras desconocidas por encargo de la Royal Geographical Society y escalar importantes montañas, antes de convertirse en un destacado personaje de la política internacional. Y todo ello sin dejar de ser una coqueta y excéntrica dama que vestía siempre a la moda —sentía una auténtica obsesión por la ropa cara— incluso en el árido desierto. En todas sus expediciones viajaba con un abultado equipaje que incluía vestidos franceses, sombreros, corsés, enaguas de encaje y sombrillas. Nunca renunció a tomar el té en su vajilla de porcelana, comer con su cubertería de plata y fina cristalería y darse un baño en su bañera plegable de lona aunque estuviera en el lugar más remoto de Arabia.

La lista de sus logros resulta extraordinaria; fue la primera mujer que se licenció en Historia Moderna en la Universidad de Oxford, medalla de oro de la Royal Geographical Society, condecorada con la Orden del Imperio Británico y directora honoraria del Museo Arqueológico de Bagdad. Publicó siete libros e infinidad de artículos que la consolidaron como escritora y experta arabista. El escritor John Dos Passos la conoció en Bagdad en 1921 cuando trabajaba para el *New York Tribune* y la recordaba así: «Tenía un increíble dominio de las lenguas de Oriente Próximo. Conocía todos los dialectos. Sabía al dedillo las historias tribales y familiares de los beduinos. Viéndola, no era difícil creer lo que me habían contado de cómo llegaba en su avión a los campamentos árabes rebeldes y les soltaba tales rapapolvos en su propio dialecto que inmediatamente recogían sus tiendas y desaparecían». Oriente la cautivó desde su primer viaje a Persia en 1892, pero fue en Irak donde iba a encontrar su verdadero hogar.

Gertrude Bell, a la que muchos consideraron, tras la gran contienda, la mujer más poderosa del Imperio Británico, era en realidad un ser humano lleno de contradicciones. A pesar de sus conquistas alcanzadas en un mundo exclusivamente masculino y no sentirse limitada por su sexo, era una convencida antisufragista que se oponía ferozmente al voto de las mujeres. Aunque se jugaba la vida recorriendo sola a lomos de su camello los yermos desiertos y se enfrentaba a largas marchas bajo un sol implacable, antes de emprender una nueva aventura le pedía autorización a su padre, a quien idolatraba. Los que la conocían hablaban de su encanto, su arrebatadora personalidad y su inagotable energía. Nadie, ni sus amigos más íntimos, fueron capaces de intuir que tras «la dama de hierro» se ocultaba una mujer depresiva y necesitada de afecto, una mujer que se sentía muy sola. Cuando aquel caluroso día de verano de 1926 en Bagdad, Gertrude Bell decidió acabar con su vida, muchos no dieron crédito a la noticia. Tenía cincuenta y ocho años y la terrible sensación de que ya no encajaba en ningún lugar.

La hija del magnate

El 14 de julio de 1868 el periódico *The Times* anunciaba el nacimiento de Gertrude Margaret Lowthian Bell en el condado de Durham, Reino Unido. No era una niña cualquiera, se trataba de la primera nieta del gran magnate de la siderurgia sir Isaac Lowthian Bell y la noticia bien merecía una destacada reseña. El importante industrial había fundado en 1844 junto a sus dos hermanos la Bell Brothers, una empresa que muy pronto produciría un tercio del hierro utilizado en el país y daría trabajo a más de cuarenta mil empleados. El abuelo de Gertrude era un hombre polifacético, brillante empresario, político comprometido —fue alcalde de Newcastle y diputado del partido liberal— humanista y prestigioso científico miembro de la Royal Society de Londres. La pequeña heredaría no sólo su fortuna sino su inteligencia, su talento para los negocios y su inagotable vitalidad. Cuando abrió una planta química a pocos kilómetros de Newcastle, se trasladó con su esposa a una imponente mansión de estilo gótico que muy pronto se llenaría de niños.

Hugh Bell, el hijo mayor de Lowthian y padre de Gertrude, era un auténtico caballero victoriano que heredó el espíritu emprendedor del patriarca y acabó dirigiendo el próspero negocio familiar. Hombre culto y sensible, mantuvo siempre una estrecha relación con su hija, basada en la complicidad y la mutua admiración. Hugh, el soltero más codiciado de la alta sociedad británica, atractivo y deportista, acabó casándose en 1867 con una joven de aspecto frágil y finos modales llamada Mary Shield. La pareja, tras la luna de miel, se instaló en la mansión del abuelo Bell, donde vino al mundo la pequeña Gertrude. A los dos años se trasladaron a Red Barns, su nueva residencia próxima a Middlesborough, en la costa de Inglaterra junto al mar del Norte. La niña, de pelo rojizo e intensos ojos azul verdoso, creció en esta enorme casa de catorce dormitorios donde el servicio doméstico —un ejército de niñeras, doncellas e institutrices— era tres veces mayor que la gente que vivía en ella. Rodeada de extensos jardines de flores y un manto de césped que parecía terciopelo, estanques, invernaderos y una pista de tenis, Red Barns era un paraíso sólo apto para alguien con el apellido Bell. La educación de la pequeña recayó en las estrictas institutrices que contrataban sus padres y que la prepararían para ser en el futuro una buena madre y esposa victoriana.

Este mundo perfecto se vino abajo cuando Gertrude tenía apenas tres años y su madre murió al poco tiempo de dar a luz a su hermano Maurice. Una neumonía se llevó a la delicada Mary Bell y sumió a su esposo en una profunda tristeza. Hasta que Gertrude cumplió los ocho años recordaría a su padre afligido y solitario. Hugh sólo encontró consuelo en su adorada hija con la que salía a cabalgar, pasear por las montañas o cuidaba del jardín, una de sus grandes aficiones. Durante varios años rechazó la idea del matrimonio pero finalmente, tras dos años de relaciones, el señor Hugh Bell se casó en 1876 con la señorita Florence Olliffe. La madrastra de Gertrude era una brillante escritora y dramaturga de veintiséis años que había crecido entre la élite literaria y artística de París. La familia Olliffe estaba muy bien relacionada con la alta sociedad y entre sus amigos se encontraban escritores como Charles Dickens o Henry James, diplomáticos y distinguidos políticos. Florence llevó al hogar de los Bell toda la cultura, creatividad artística y respetabilidad social que tanto había soñado el abuelo Lowthian para los suyos. También trajo la felicidad para el inconsolable viudo y su hija que desde el primer instante la recibió con los brazos abiertos y la llamó «mamá». Todavía ignoraba Gertrude la influencia que iba a ejercer sobre ella su nueva madre: ella le amplió sus conocimientos literarios y fue la primera en leerle los cuentos orientales de *Simbad el Marino* y *Aladino* que la harían soñar con príncipes enjoyados y fabulosos palacios. Pero Florence, que muy pronto se mostraría severa y muy estricta en lo concerniente a la educación de los niños, no aceptó ni una sola imperfección en aquella niña de nueve años que se esforzaba por agradarla aunque no siempre con éxito. Gertrude era terca, desobediente y muy temperamental, unas cualidades que agotaban la paciencia de su madrastra y las niñeras contratadas para su cuidado, que solían durar muy poco a su servicio.

Cuando nacieron sus tres hermanos, Elsa, Molly y Hugo, Gertrude fue enviada a pasar largas temporadas con sus primos y sus abuelos que ahora residían en Rounton Grange. Esta espléndida mansión de piedra de seis plantas, rodeada de árboles centenarios y magníficos jardines —que con los años iría diseñando la propia Gertrude— sería siempre su refugio preferido. Tenía entonces diez años y entre sus aficiones se encontraba la lectura, los caballos —era muy buena amazona— y en general la vida al aire libre en contacto con la naturaleza. Siempre llevaba encima un libro de poesía o historia y solía importunar a Florence con complejas cuestiones filosóficas que sorprendían a los mayores. Hasta los quince años Gertrude fue educada en casa, como todas las muchachas de su clase social, por estrictas institutrices y cuando cumplió los diecisiete ya estaba preparada para un ritual al que era difícil escapar: su presentación en sociedad. Por fortuna sus padres, conscientes del talento y las aptitudes de la joven, accedieron a que recibiera una educación más amplia. Cuando su hermano Maurice ingresó en Eton, Gertrude fue enviada a Londres, donde ingresó en un prestigioso colegio femenino, el Queen's College. Era el año 1884 y la feliz estudiante se alojó en la casa de la madre de Florence —la señora lady Olliffe— donde entraría en contacto con arqueólogos, diplomáticos y orientalistas que serían muy importantes en su futuro profesional.

En poco tiempo la señorita Bell se revelaría como una estudiante excepcional aunque se sintiera muy sola en aquel frío ambiente académico, lejos de su familia. Para consolarse escribía casi a diario a sus padres unas cartas interminables que ya entonces demostraban su extraordinaria capacidad de observación y gusto por el detalle. Unas cualidades que le serían muy útiles cuando se dedicó a recopilar información en Oriente Próximo para el gobierno británico. Su profesor de historia, impresionado por la inteligencia de Gertrude y el interés que mostraba por esta asignatura, al final del segundo año le sugirió a sus padres que podría continuar sus estudios en Oxford. En aquellos tiempos no era usual que una chica fuera a la universidad pero, tras pensarlo bien, Hugh Bell le dio su consentimiento. La joven estaba muy satisfecha de poder acceder a este selecto y privilegiado centro docente —hasta 1879 un universo exclusivo de hombres— aunque tuvo que tragar saliva cuando a su llegada a clase el primer día, el deán le dio la bienvenida con las siguientes palabras que nunca olvidaría: «Dios os hizo inferiores a nosotros y permaneceréis inferiores hasta el final de los tiempos». Tampoco le importó que en las aulas siempre instalaran su pupitre en un rincón de la tarima, lejos de los alumnos o que su profesor de historia internacional le pidiera que se sentara de espaldas a él. Sin embargo Gertrude, que ya tenía dieciocho años, estaba muy convencida de su superioridad, algo que irritaba a sus compañeros masculinos. Lejos del ambiente opresivo y exclusivamente femenino del Queen's College, Gertrude fue muy feliz en Oxford y de nuevo su nombre aparecería publicado en *The Times* veinte años después de su nacimiento. En esta ocasión el motivo la llenaba de orgullo, era la primera mujer que había obtenido un sobresaliente en Historia Moderna.

Concluidos sus brillantes estudios universitarios se había convertido en una muchacha de veinte años coqueta, arrogante y bastante egocéntrica, lo que hacía huir a sus escasos pretendientes. En las fotos que se conservan de aquella época —en ninguna sonríe— vemos a una joven de facciones duras y mirada penetrante que sin ser guapa resulta atractiva e interesante. Ante la cámara, a pesar de su juventud, mostraba una gran seguridad en sí misma y un fuerte carácter. Su debilidad por la ropa era ya muy aparente y nunca pasaba inadvertida con sus elegantes trajes chaqueta de corte clásico, sus abrigos y estolas de piel y sofisticados sombreros. Incluso cuando vivía en Bagdad las peticiones urgentes a su familia solían incluir «medias de seda, camisas Crêpe de China o un traje de amazona de lino» para mantener bien abastecido su armario. Tenía muchos motivos para sentirse realizada, pero de cara a la sociedad de su tiempo había fracasado en una asignatura mucho más importante: el matrimonio.

Fue en esta época cuando Florence decidió mandarla a Rumania donde un amigo, Frank Lascelles, era entonces el embajador británico. Estaba convencida de que frecuentando los círculos diplomáticos la joven mejoraría sus modales y tal vez encontrara un marido que estuviera a su altura. Tras cuatro meses de intensa vida social en Bucarest, donde nadie pidió su mano pero se divirtió de lo lindo, Gertrude viajó a la fascinante ciudad de Estambul bañada por el Bósforo. En aquel año de 1888 el antaño todopoderoso Imperio Otomano se encontraba en plena decadencia debido a la codicia, la corrupción e ineptitud de sus gobernantes pero a ella, por el momento, los problemas políticos no parecían interesarle mucho. Escribió efusivas cartas a Florence y a su padre donde les contaba sus románticos paseos en caique por las aguas del Cuerno de Oro, los aromas sensuales de los bazares, la belleza de sus esbeltos minaretes y la visita a palacios revestidos de deslumbrante mármol. Cuando regresaba tras su exótica aventura en el elegante vagón de primera del Orient Express, algo en su interior le hizo sentir que en el futuro su vida transcurriría en las regiones de Mesopotamia.

De nuevo en Inglaterra, no pudo librarse del ritual del matrimonio y en 1890, con veintiún años, fue presentada en sociedad por todo lo alto. Tenía que encontrar pronto un marido de su clase y fortuna si no quería convertirse en la típica solterona de quien todo el mundo se compadecía. Para una joven rebelde e independiente como ella, fue una etapa humillante en su vida; se sentía incómoda en los encorsetados vestidos de noche esperando junto a otras jóvenes que alguien la invitara a bailar. Pasaron así tres interminables temporadas en las que la señorita Bell no encontró un solo hombre tan brillante y preparado como ella. Estaba furiosa por haber perdido el tiempo de manera tan absurda y verse obligada, al estar soltera y ser de buena familia, a ir siempre escoltada por una «carabina» si quería asistir a una exposición de arte o simplemente visitar a unos amigos. Tres años en busca de pareja la habían hecho muy infeliz. Pero no estaba dispuesta a tirar la toalla y tomó una decisión que cambiaría por completo su vida: viajaría a Persia —actual Irán— con la excusa de visitar a su amigo Frank Lascelles, ahora embajador británico en Teherán. Con veintitrés años, se había preparado a conciencia durante el invierno para este viaje aprendiendo durante seis meses el persa. El 7 de mayo de 1892 llegaba a Teherán en compañía de su tía Mary, dispuesta a olvidar esos años terribles y conquistar de nuevo su independencia. Esta ciudad de rico pasado, imponentes mezquitas, palacios decorados con finos mosaicos y jardines de ensueño la cautivaría desde el primer instante.

Lejos de casa

Instalada en la opulenta residencia británica de Teherán, rodeada de perfumados jardines de rosas y fuentes de agua, se encontraba en el paraíso. A su alrededor revoloteaban atentos criados vestidos de librea que se inclinaban a su paso y la hacían sentir una princesa en su palacio oriental. En las cartas que enviaba a Florence le describía con su habitual meticulosidad todos los detalles de su nueva vivienda: los amplios salones decorados con magníficas antigüedades, las escaleras de mármol en forma de caracol y los soleados dormitorios de invitados tapizados de ricas alfombras con sus enormes camas ocultas tras vaporosas mosquiteras. También le explicaba cómo era el personal de la embajada, que la recibió con todos los honores, en especial un apuesto diplomático al que dedicaba palabras de admiración: «El señor Cadogan es un auténtico tesoro; es realmente desconcertante e inmerecido haber tenido que viajar hasta Teherán para encontrar por fin a alguien tan encantador». Gertrude había tenido que hacer muchos kilómetros para encontrar al fin un hombre que le agradara.

Henry Cadogan, secretario de la embajada británica, era todo un *gentleman*, culto y encantador, amante de la historia y la literatura clásica como ella, además de un gran deportista. Fue él quien le mostró por primera vez la grandeza y belleza del desierto. Aquel día —que no olvidaría jamás— Henry la invitó a cabalgar a las afueras de la ciudad, donde descubrió «la inmensidad del vacío». Por primera vez se sentía radiante y completamente libre de todas las ataduras sociales. En sus cartas a Inglaterra se muestra muy sensual y conmovida por el ambiente que la rodea: «¿No te parece tranquilizador para el espíritu echarse en una hamaca colgada entre dos palmeras, en un jardín persa, leyendo los poemas de Hafiz en un libro de piel extrañamente encuadernado, comprado en un bazar? Así paso las mañanas en esta ciudad. Un arroyo murmura cerca de donde estoy, y los jardineros zoroastros conducen sus aguas por medio de layas hasta pequeñas acequias que se pierden por los macizos de flores dispuestos alrededor. El diccionario, que está junto a mi hamaca, quizá no es tan poético como los otros objetos del decorado. De modo que lo escondo bajo mi falda».

Gertrude Bell se había enamorado y durante los tres meses siguientes se veía a diario con el apuesto Henry. Acudían a fiestas, organizaban románticos picnics junto al río Lar, cabalgaban por las montañas al atardecer, jugaban al tenis y paseaban por las callejuelas de la ciudad en busca de sus tesoros artísticos: «Aquí soy yo, mi yo femenino que es un cántaro vacío que los transeúntes llenan a placer, ahora se está llenando de un vino del que jamás había oído hablar en Inglaterra», confesaría en su diario. La joven se sentía flotar en una nube, atendida en todo momento por un hombre atractivo y maduro —diez años mayor que ella— que le susurraba los misteriosos versos de los poetas persas mientras la estrechaba entre sus brazos. La pareja comenzó a hacer planes de futuro y a ilusionarse con una vida en común. Gertrude se imaginaba a sí misma como la esposa elegante y culta de un embajador destinado en cualquier rincón del mundo, preferiblemente en Oriente Próximo. Por entonces la ensoñadora señorita Bell no podía imaginar que el futuro le depararía un puesto más importante que el de esposa de un diplomático y que llegaría a convertirse en una gran estratega.

Cuando Henry Cadogan le propuso matrimonio, Gertrude escribió inmediatamente una carta a sus padres pidiendo autorización para comprometerse. La respuesta tardó un mes en llegar y como temía, su padre se negaba rotundamente a esta unión. Sin duda Henry era adorable, pero el señor Bell deseaba para su primogénita un marido rico, influyente y con buenas perspectivas de futuro. El hombre por quien suspiraba su hija no reunía a sus ojos ninguna de estas condiciones; si bien provenía de una ilustre familia —era nieto del tercer conde de Cadogan— no tenía fortuna, su sueldo de diplomático era muy bajo y había acumulado un montón de deudas a causa del juego. Cuando Gertrude leyó la respuesta envió otra carta a Florence donde le decía que si no aceptaban a su prometido por su precaria situación financiera, ella estaba dispuesta a esperar a que fuera ascendido y ganara más dinero. Pero de nada sirvieron sus ruegos, Hugh no iba a cambiar de opinión y Gertrude incapaz de desobedecerle, acató su decisión con el corazón destrozado.

A finales de octubre de 1892 la señorita Bell regresaba a Inglaterra con la remota esperanza de poder convencer aún a su padre; seguía muy enamorada y deseaba ser la esposa de Henry Cadogan. En los ocho meses siguientes, para que Gertrude dejara de un lado sus asuntos amorosos, Florence la animó a que escribiera un libro sobre sus experiencias en Persia —*Persian Pictures* vería la luz en 1894— y aprendiera el árabe. Un día de agosto de 1893 cuando estaba a punto de finalizar su manuscrito y los recuerdos de su estancia en Persia regresaban aún con más intensidad, llegó un telegrama desde Teherán anunciándole una tragedia. El señor Cadogan había muerto víctima de una neumonía tras caer de su caballo a las heladas aguas del río Lar. Nunca supo con certeza si había sido un accidente o si Henry se había quitado la vida. Para Gertrude fue un golpe terrible, en los nueve meses que habían estado separados sus sentimientos hacia él no habían cambiado. Tardaría veinte años en volver a enamorarse y por primera vez se sentía terriblemente sola en el mundo.

Para olvidar tanto dolor, Gertrude —que ya tenía veinticinco años— se sumergió en el trabajo y viajó todo lo que pudo. En los siguientes dos años tradujo los poemas de Hafiz que le hiciera descubrir Henry en sus románticos encuentros en Teherán. El libro, *Divan of Hafiz*, se publicó en Londres en 1897 y tuvo unas críticas excelentes. Nadie como ella, que había sentido la pasión amorosa y la muerte del ser amado con tanto dolor, fue capaz de interpretar a este magnífico poeta persa del siglo XIII. A pesar de los tristes recuerdos que le traía su estancia en Persia, Gertrude siempre quiso regresar a esta región donde había sido tan feliz. Continuó con sus clases de árabe mientras disfrutaba a la vez de sus primeros éxitos literarios. Cuando el frío y húmedo invierno envolvió Londres decidió huir una temporada y se apuntó con su hermano Maurice a un viaje alrededor del mundo organizado por la agencia Thomas Cook. Durante seis meses Gertrude, convertida en una sofisticada turista, se dedicó a una intensa vida social en Panamá, Hong Kong, Tokio o la India, frecuentando a los miembros más distinguidos del gobierno de Su Majestad en las colonias. Entre ellos conoció a Percy Cox, el representante británico en el golfo Pérsico, quien le puso al día de la delicada situación que atravesaba Arabia central y las luchas internas entre las principales tribus del desierto. Ignoraba entonces Gertrude que quince años después, sir Percy —entonces alto comisionado británico en Irak— la nombraría secretaria para Oriente, un puesto de gran relevancia que la convertiría en la mujer más poderosa de Oriente Próximo.

A su regreso, en compañía de su padre o su hermano, recorrió las principales ciudades europeas descubriendo sus museos y tesoros artísticos. En Francia, atraída por las imponentes cumbres nevadas de los Alpes, se dedicó al montañismo, un deporte entonces en boga entre los ricos aristócratas y que se iba a convertir en otra de sus pasiones. Los que creían que Gertrude se contentaría con tranquilas excursiones por los glaciares, es que no conocían a esta intrépida inglesa amante de los mayores retos. En poco tiempo se labró una buena reputación como escaladora tras alcanzar su primera montaña seria, el Meije, de casi cuatro mil metros de altitud, a los treinta y un años.

En el mes de noviembre de 1899 Gertrude, aburrida de tantas excursiones culturales y cruceros de placer, se dispuso a regresar a Oriente. Esta vez el destino elegido sería Jerusalén; allí vivía la familia Rosen, a la que había conocido durante su estancia en Teherán. Frederick Rosen era el cónsul alemán en Jerusalén y la había invitado para que perfeccionara el árabe y se adentrara en una cultura que la atraía poderosamente. Pensaba quedarse en la ciudad unos cuatro meses, así que para tener más independencia alquiló una confortable y amplia suite en un hotel cercano a donde residía la colonia alemana. Allí instaló sus pesados baúles-armario llenos de ropa, zapatos, sombreros, objetos de tocador, mapas, cámara de fotos, carretes fotográficos y pilas de libros. Las generosas ayudas de su padre le permitían vivir con todo el confort en el hotel Jerusalén: «Mi apartamento consiste en un dormitorio muy bonito, con un gran salón que da a un pequeño vestíbulo que ocupa todo el primer piso del hotel. Mi sirvienta es un educado señor con un fez que me prepara el baño caliente por la mañana y está siempre atento y a mi servicio».

A las veinticuatro horas de su llegada Gertrude ya se sentía como en casa, había encontrado un buen profesor de árabe para sus lecciones y adquirido un caballo. En los días siguientes estudió árabe cuatro horas por la mañana y dos por la tarde. Ella, que según sus amigos «se tragaba los idiomas como aspirinas» —por entonces hablaba con fluidez el alemán, el francés, el italiano, el turco y el persa—, escribía con ironía a su padre: «Mis días aquí son completos y muy agradables pero no creo que llegue a aprender bien el árabe: hay cinco palabras distintas que significan pared y treinta y seis maneras de formar el plural, todo lo demás es muy parecido. Pero continúo intentándolo con la esperanza de mortificar a la Providencia con mi insistencia. Ahora ya consigo balbucear varias palabras con mi doncella —el señor del fez— y él está encantado». Muy pronto la aplicada alumna sería capaz de mantener una conversación con su sirviente, algo que la llenaría de orgullo.

Los escasos ratos libres de los que disponía Gertrude los aprovechaba para perderse por las laberínticas callejuelas del centro de la ciudad antigua o explorar los yacimientos arqueológicos del desierto. Con su cámara de fotos Kodak inmortalizó en cientos de fotografías en blanco y negro los monumentos religiosos más emblemáticos de Jerusalén, la dura vida de los beduinos en el desierto o las ruinas de ciudades legendarias como Palmira que, junto con las de Petra en Jordania y las de Baalbek en el Líbano, constituían el sueño de cualquier arqueólogo. En los archivos de la Universidad de Newcastle se conservan mas de siete mil fotografías tomadas por Gertrude entre 1900 y 1918 en sus expediciones por Oriente Próximo, que hoy constituyen un importante documento histórico. El clima cálido de estas latitudes, tan distinto del de Inglaterra, le sentaba a las mil maravillas y por primera vez en siete años, desde la muerte de Henry Cadogan, se sentía renacer.

Fue su amigo el cónsul Frederick Rosen quien la animó a cruzar por primera vez el desierto y conocer a los grandes jefes beduinos que allí habitaban en sus tiendas negras. Ella, que amaba los desafíos, iba a enfrentarse en el desierto a una naturaleza implacable y unos peligros que ahora no imaginaba. Era su primera expedición en solitario y la organizó a conciencia, contrató a un buen cocinero y a dos muleros, a los que mandó por delante junto con su voluminoso equipaje. Una mañana muy temprano partió sola a galope de Jerusalén; a medio camino se encontró con su guía Tarif y juntos pusieron rumbo a Jericó. Muy pronto iba a descubrir el encanto de la vida de campamento; al anochecer sus sirvientes montaban las tiendas, encendían una gran fogata, calentaban café y daban de comer a los animales. Mientras, ella se calentaba junto al fuego y fumaba un cigarrillo antes de relajarse con un buen baño de agua caliente en su bañera de campaña. Al amanecer, el grupo se ponía en marcha tras un reconfortante desayuno beduino a base de dátiles, leche de camella y café amargo, que les aliviaba del intenso frío de la noche. En los días siguientes la aventurera británica cabalgaría por unos paisajes de grandes contrastes: el desierto de arena y piedras daba paso a campos verdes tapizados de flores y regados por manantiales de aguas cristalinas. Tras recorrer el valle del Jordán llegó finalmente a las ruinas de Petra, en el sur de Jordania, la milenaria ciudad que los nabateos convirtieron en una de las más importantes en la ruta de las caravanas de Oriente y en la capital de su próspero reino. Oculta entre altas montañas y rodeada de áridos desiertos, la primera visión de sus templos de columnas clásicas tallados en la piedra rosa la estremeció. Gertrude acampó aquella noche a escasos metros de Bab es Sik, el estrecho paso abierto entre la roca que conducía a la entrada de la necrópolis, y al día siguiente se dedicó a explorar sus templos y tumbas en compañía de su guía.

Cuando Gertrude regresó a Jerusalén estaba más decidida que nunca a seguir con aquella vida nómada que tanto le gustaba y un temerario plan comenzó a rondar por su cabeza. En aquellas noches junto al fuego había oído hablar a los beduinos de una región de Arabia central apenas explorada y llena de peligros que le atraía como un imán, el terrible desierto del Neyed. Allí luchaban a muerte los dos jefes más poderosos del gran desierto vacío, el cruel emir Ibn Rashid que dirigía una facción de la tribu Shammar y su poderoso enemigo el emir Ibn Saud, jefe de los beduinos de la tribu Anazeh. Aunque Gertrude ya hablaba árabe con bastante soltura y era capaz de organizar su propia caravana, aún no estaba preparada para adentrarse en aquellas inhóspitas tierras de las que muy pocos viajeros europeos habían conseguido salir con vida.

Gertrude nunca vestiría ropas árabes —al contrario de sus antecesoras las viajeras lady Jane Digby o Anne Blunt—, que le hubieran resultado mucho más cómodas para sus travesías por el desierto, porque no estaba de acuerdo en parecer lo que no era. En una de sus largas cartas a su padre le decía: «No hay que intentar congraciarse con los orientales intentando copiar sus hábitos. Hay que tratar las leyes de los demás con respeto pero también uno será más respetado si sigue las suyas propias. Para una mujer esta regla es de gran importancia, ya que una dama inglesa nunca podrá disfrazarse de forma efectiva. El que se sepa que una mujer viene de un linaje alto y honorable, cuyas costumbres son inviolables, es la mejor tarjeta de presentación entre estos pueblos». El uso de la silla de montar masculina —hasta el momento siempre cabalgaba como una amazona— sería la única concesión que se permitiría: «No volveré a usar sillas femeninas para un largo viaje —les anunció a sus padres—. Nunca, nunca más viajaré de otra forma que ésta; jamás hasta ahora me había sentido cómoda montando a caballo. Todo el mundo piensa que soy un hombre hasta que empiezan a hablar conmigo. No pienses que no tengo la falda de montar más elegante y decente que pueda existir, pero como los hombres aquí también llevan largas túnicas esto no sirve para que me distingan».

Antes de regresar a Inglaterra, la viajera dedicó su tiempo a entrenarse para su gran aventura en el Neyed. Como aperitivo recorrió la llanura rocosa de Hauran en dirección a las montañas donde habitaban los drusos. Era éste un territorio peligroso apenas visitado por un puñado de europeos —entre ellos la intrépida lady Hester Stanhope— que se extendía entre Galilea, Líbano y el sur de Siria. Los drusos habían despertado la fascinación de los viajeros occidentales por su misteriosa religión —descrita por algunos como una secta secreta del islam donde se mezclaban las enseñanzas del cristianismo, budismo y judaísmo— y su fama de fanáticos y belicosos. Para llegar hasta ellos, Gertrude tenía que burlar primero la vigilancia de las autoridades turcas, que no veían con buenos ojos que un extranjero visitara a este pueblo de «salvajes» que durante siglos había luchado para mantener su independencia. Después, a lomos de burro, emprendió el fatigoso camino rumbo a las aldeas desperdigadas por el Yébel Druso sin saber cuál sería la reacción de aquellas gentes ante su presencia. Contra todo pronóstico y al igual que le ocurriera a su compatriota lady Stanhope, la exploradora atravesó pueblos, ruinas y extensos viñedos sin el menor incidente. En todos los lugares donde descansó fue recibida por grupos de hombres vestidos con sus túnicas negras y grandes turbantes blancos que escuchaban divertidos cómo una mujer había conseguido burlar a sus enemigos otomanos. Su visita acabó con éxito y pudo entrevistarse con el jefe de los drusos, Yahya Bey, que le pareció un gran señor, de porte majestuoso. Tras invitarla a comer con sus hombres, el jefe le ofreció una escolta para seguir explorando libremente su territorio. De nuevo la señorita Bell se había salido con la suya.

El 11 de mayo Gertrude abandonaba la región drusa y llegaba agotada pero exultante a la ciudad de Damasco. Aún quería visitar las ruinas de la mítica Palmira, donde pasó dos días explorando esta ciudad flanqueada por un oasis de palmeras en medio del desierto, donde habitó la hermosa y valiente reina árabe Zenobia «Un paisaje excepcional [...] Hay una enorme cantidad de columnas alineadas en largas avenidas, agrupadas en templos, o bien rotas y caídas en el suelo, o aisladas, como un dedo largo y solitario que apunta hacia el cielo. Detrás está el inmenso templo de Bel; en su interior se ha construido la ciudad moderna y las hileras de columnas se levantan sobre una masa de tejados de barro. Y al final de todo está el desierto: arena, blancas extensiones de sal, arena de nuevo, nubes de polvo revoloteando en el aire, y el Éufrates a cinco días de distancia».

A Gertrude Bell estos primeros viajes le permitieron disfrutar de la tradicional hospitalidad árabe y conocer a los jeques de las principales tribus de Mesopotamia. Entonces ignoraba lo importante que en un futuro sería su gran conocimiento de estos territorios y su amistad con los señores del desierto. Había descubierto lo cómoda que se sentía en compañía de estos beduinos ceremoniosos, envueltos en túnicas vaporosas que la invitaban a sus tiendas y la trataban con gran respeto. Sus temerarias expediciones en solitario la habían hecho famosa y todos querían conocerla, algo que la hacía sentirse importante: «En este país soy alguien. ¡Soy alguien! Parece que una de las preguntas que todo el mundo le hace a los demás es: ¿Ha conocido usted a la señorita Gertrude Bell?». En todos los campamentos que encontró a su paso fue recibida como un huésped de honor e invitada a compartir con los hombres un delicioso plato de cordero con arroz mientras la acribillaban a preguntas. Gertrude nunca admitiría que estos países árabes —entonces bajo dominio turco— pudieran resultar peligrosos para una extranjera y cristiana como ella que viajara sola. La única vez que encontró que ser mujer era un problema fue cuando se dio cuenta «de que no tenía suficiente fuerza para azotar a algunos criados especialmente vagos».

El encanto de Oriente

En junio de 1900 Gertrude Bell, tras explorar las ruinas de Baalbek y contemplar los milenarios cedros del Líbano, se preparó para regresar a Inglaterra. Había estado ausente seis meses y, a pesar del cariño que le profesaba su familia, seguía sintiéndose muy sola desde la muerte de Henry. Necesitaba ocupar su tiempo para no pensar en el pasado y en aquel verano se volcó compulsivamente en el trabajo. Dedicaba sus días al estudio de idiomas, arqueología, arte y arquitectura sin abandonar la lectura, otra de sus grandes pasiones. Para mantenerse en forma nadaba, jugaba al tenis, al golf y montaba a caballo con su padre; también se entretenía con la jardinería y organizaba partidas de bridge en casa; apenas le quedaba un hueco libre en su apretada agenda. Tardaría cinco años en regresar a Oriente para algo más que un viaje de placer o una visita formal a algún diplomático amigo de Florence Olliffe.

Mientras seguía pensando en su viaje al Neyed, la incansable viajera se labraba una sólida reputación en el mundo de la montaña. En el verano de 1901 regresó a los Alpes suizos y escaló dos de sus cumbres ya conquistadas y siete vírgenes, entre ellas el Engelhorn de casi tres mil metros de altitud, y dejaba atrás el ya bautizado como «Pico Gertude». En 1902 vería muy de cerca la muerte al intentar la escalada del Finsteraarhorn (4.273 metros), el pico más alto del Obelard suizo, por su cara más peligrosa y que nadie antes había intentado. En los meses siguientes siguió igual de activa, tras sus hazañas en los Alpes dio una segunda vuelta al mundo con su hermano Hugo y a finales de año llegaron a Delhi, donde serían huéspedes del entonces virrey lord Curzon. De la India pusieron rumbo a Birmania y Java hasta llegar unos meses más tarde a Hong Kong, China y Japón. En América se quedaron el tiempo justo para escalar algunas tentadoras cumbres de las Montañas Rocosas y en julio regresaban a Inglaterra. La boda de su hermana menor Molly en enero de 1904 le recordó que a los ojos de todos seguía siendo una solterona de treinta y seis años que no había encontrado un buen marido. Ahora necesitaba algo más en su vida que aprender idiomas, viajar como una turista de lujo y codearse con amables embajadores. Quería regresar a Oriente con un objetivo y en París encontró la respuesta a sus inquietudes.

Salomon Reinach, un prestigioso arqueólogo francés y director del museo Saint-Germain, viendo el interés de Gertrude se convirtió en su tutor y le impartió clases sobre arqueología y el arte de las antiguas civilizaciones. Animada por él, decidió repetir el viaje que hiciera cinco años atrás por los territorios del Líbano y Siria, una región rica en ruinas romanas, iglesias bizantinas y castillos levantados por los cruzados, que le interesaba especialmente. Quería escribir un gran libro que la consagrara como una erudita orientalista y descubrir a los ingleses todos los secretos del mundo árabe, su esplendoroso pasado y rica cultura. Animada por estas perspectivas hizo su equipaje; esta vez entre sus delicados camisones de seda incluyó un revólver, un rifle y mapas de la región.

El 4 de enero de 1905 la señorita Bell se despedía de los suyos y ponía rumbo a Beirut, donde ya la esperaba el cónsul británico.

Esta cosmopolita ciudad mediterránea no tenía para Gertrude el encanto de Trípoli o Esmirna, pero como reconocía en una de sus cartas: «Un bazar es siempre el epítome de Oriente, incluso en una ciudad medio europea como Beirut». Su puerto era el punto de llegada de los barcos procedentes de Marsella, que tardaban apenas una semana en llegar al Líbano. A los pocos días de instalarse en Haifa, al pie del Monte Carmelo, escribiría a su padre: «Hoy mientras paseaba por el bazar comprando cosas para mi viaje pensé qué placer es estar en Oriente y formar parte de él conociéndolo tal como lo conozco ahora. Saber distinguir por el acento y el vestido de la gente de dónde vienen y poder saludarlos apropiadamente al cruzarme con ellos. He tenido un día estupendo. He comido con persas, he tomado el té con mi tratante de caballos, he pasado horas conversando con mi casero y he visitado a todo el mundo que conozco en Haifa. Mañana por la mañana me voy». Unos días más tarde llegaba a Jerusalén, con la idea de seguir la misma ruta que había hecho años atrás hasta Damasco recorriendo las montañas del país druso, atravesando Siria en dirección norte, para llegar a la actual Turquía.

La mañana del 5 de febrero la pequeña caravana de Gertrude, compuesta por tres muleros y un cocinero cristiano, partía de la ciudad bajo un fuerte viento y la amenaza de tormenta. Viajaba sin la escolta requerida por los turcos para recorrer estos territorios que ahora se encontraban bajo su dominio. De ahí que cuando llegó de nuevo al Yébel Druso fuera muy bien recibida por sus habitantes, que veían con agrado a aquellos viajeros que, como ella, conseguían engañar a las autoridades otomanas. Durante tres semanas Gertrude vagabundeó a sus anchas por las aldeas drusas, fotografió a sus gentes, tomó notas de todo cuanto veía, copió inscripciones en griego o nabateo y midió aquellos restos arqueológicos que le parecieron relevantes en las ruinas desiertas en los alrededores de Saleh. Como era habitual, la trataban como un hombre honorario y los jefes de las distintas tribus rivales la invitaban a sus tiendas, donde sentada en las alfombras bebía café y fumaba cigarrillos egipcios en su boquilla de marfil, mientras sus anfitriones le contaban relatos del desierto y la opresión que vivían bajo el yugo de los turcos. Se sentía feliz a pesar de las incomodidades y el frío intenso de la noche, por fortuna se había traído un buen abrigo de piel y una bolsa de agua que le mantenía las sábanas de lino calientes. Todo un lujo en estas remotas aldeas ancladas en la Edad Media.

Cuando finalmente llegó a Damasco el 26 de febrero de 1905 nadie la hubiera reconocido. Iba literalmente cubierta de polvo y tenía el rostro quemado por el intenso sol del desierto. Sus viajes no habían pasado inadvertidos y en toda Siria la señorita Bell ya era un personaje muy conocido por sus temerarias expediciones en solitario por el desierto. Al fin pudo tomar un baño caliente y adecentarse; después visitó al gobernador turco de la ciudad y se disculpó por haber atravesado un territorio prohibido y saltarse su autoridad. El alto dignatario otomano se mostró cortés y le aseguró que sus disculpas eran innecesarias dado que se trataba de una viajera insigne como ella. Pronto descubriría que era sólo una manera de hablar ya que todo el tiempo que pasó en la ciudad fue seguida muy de cerca por un policía. Cuando partió para continuar sus viajes el gobernador en persona le facilitó una escolta de soldados turcos para su protección.

Gertrude sentía fascinación por la legendaria Damasco situada a las puertas del desierto donde «todos los vientos llegan cargados del aliento del desierto, y el espíritu de éste cruza las puertas de la ciudad con cada uno de los camelleros árabes que llegan». Los musulmanes creían desde siglos atrás que este lugar era el Paraíso Terrenal, que Dios hizo a Adán con el barro del río Barada que regaba sus huertos. Durante su estancia descubriría sus exuberantes jardines y magníficas mezquitas construidas en tiempos de los omeyas, y se perdería por sus callejones misteriosos y zocos rebosantes de perfumes, piedras preciosas, alfombras, sedas y antigüedades. Aquí la viajera inglesa era alguien importante, los notables de la ciudad la visitaban en su hotel donde todas las tardes daba una recepción: «Damasco viene en tropel a beberse mi café y charlar conmigo», escribió en su diario.

La dama proseguiría su viaje deteniéndose tan sólo para copiar las inscripciones de algunas ruinas que encontraba en su camino y toma notas sobre la geografía y las gentes que habitaban las extensas mesetas. En la ciudad de Alepo recaló apenas unos días, el tiempo justo para despedir a sus muleros libaneses y contratar a otros que hablaran turco, entre ellos a Fattuh, un joven que se convertiría en su mejor sirviente y la acompañó en todos los viajes que hizo en los siguientes once años. Gertrude diría de él: «Conocía palmo a palmo el terreno que se extendía entre Alepo y Bagdad». Nadie como él era capaz de preparar una deliciosa cena, comprar provisiones, cargar una mula y con la misma habilidad desenterrar restos arqueológicos. Gertrude finalizó su viaje con una exploración durante dos semanas de las iglesias bizantinas en ruinas de Anatolia y a mitad de mayo llegó a Konia, donde conoció al prestigioso arqueólogo William Ramsay, que realizaba excavaciones en la zona. De aquel encuentro nacería una buena amistad y el compromiso por parte de Ramsay de que Gertrude pudiera unirse al año siguiente a una de sus expediciones. Cuando finalmente llegó a Estambul la viajera se despidió de su leal criado, pero muy pronto volverían a encontrarse.

En Inglaterra, tras su agotador viaje Gertrude Bell se recluyó en la casa de campo de Rounton Grandge en Yorkshire, decidida a escribir el libro sobre sus experiencias y descubrimientos arqueológicos en Siria, Arabia y Mesopotamia. Tras dos años centrada en este proyecto, a finales de diciembre de 1906 publicó *The Desert and the Sown,* que obtuvo muy buenas críticas y la convirtió como soñaba en una reconocida experta en la región. Pero Gertrude no se durmió en los laureles; aunque era la mujer de moda y la invitaban a las fiestas más elegantes de Londres donde se codeaba con estrellas de cine y miembros de la nobleza británica, seguía preparándose para ser una gran exploradora. En la Royal Geographical Society —que años después reconocería sus méritos con una medalla de oro— siguió cursos de topografía, astronomía y cartografía que le serían muy útiles en sus exploraciones en el desierto de Arabia.

Un año después Gertrude regresaba a Turquía para colaborar con Ramsay en sus excavaciones convencida de que esta experiencia la consagraría definitivamente como una arqueóloga de prestigio. En aquel viaje iba a conocer a otro hombre importante en su vida, alguien de quien se enamoraría por primera vez tras la muerte de su amado Henry Cadogan. Se llamaba Charles Doughty-Wylie, vicecónsul británico en Konia y sobrino del famoso viajero y explorador Charles M. Doughty, autor de *Travels in Arabia Deserta*, un libro considerado como la Biblia para un buen número de viajeros ingleses románticos. Por el momento el joven capitán Doughty-Wylie sólo le pareció «un brillante y apuesto militar casado con una mujer encantadora».

En 1909 Gertrude Bell, animada por el éxito de su libro, abandonaba Inglaterra dispuesta a llevar a cabo una nueva expedición; en esta ocasión la excusa era levantar un mapa de las arenas inexploradas de Mesopotamia y continuar con el estudio de las ruinas de las ciudades romanas y las iglesias bizantinas. Para Gertrude esta extensa y fértil región —situada en el actual Irak y el este de Siria— que en el pasado habitaron grandes imperios como el babilonio, asirio o persa, era un «paraíso arqueológico» por descubrir. Tenía por delante un viaje muy duro y arriesgado: primero se trasladaría a Irak a través del desierto sirio y luego recorrería cerca de ochocientos kilómetros siguiendo el cauce del río Éufrates en dirección a Bagdad. Desde esta ciudad pensaba rehacer su grupo y dirigirse a Turquía bordeando el legendario río Tigris, que al final de su viaje de dos mil kilómetros desde su nacimiento en los montes de Armenia, formaba el Shat el-Arab y desembocaba en el golfo Pérsico.

Fattuh ya la esperaba ansioso en Alepo para comenzar la que sería hasta el momento su mayor aventura. En unos días su eficiente criado compró provisiones para un mes y distribuyó como pudo el voluminoso equipaje de la dama inglesa, que incluía un completo y elegante mobiliario de campaña —una cama plegable, mesa y sillas de tijera—, bañera de lona, alfombras, batería de cocina, mantelería de lino, vajilla de porcelana, juego de té, cristalería y cubertería de plata, así como varios baúles-armario llenos de ropa y accesorios. Se necesitaron siete animales de carga para transportar todas sus pertenencias y finalmente se sumaron a la expedición tres muleros, dos criados y una escolta de soldados turcos.

Una vez más Gertrude Bell se reencontraba con el desierto, donde respiraba una sensación de libertad que la embriagaba: «Creo que un día pasado en el desierto sirio debe de prolongar la vida dos años». Durante varios meses cabalgaron por llanuras desiertas y siguieron el curso de los grandes ríos que regaban esta exuberante región. A finales de marzo, cuando se encontraban a unos doscientos kilómetros de Bagdad, Gertrude divisó en medio de la meseta las imponentes murallas de un castillo desconocido para los europeos. Se trataba del Palacio de Ujaydir y a la viajera le pareció un hallazgo arqueológico de gran importancia porque el edificio conservaba en pie sus dos plantas y era una magnífica muestra del arte abasí de la segunda mitad del siglo VIII. Así que se dedicó a estudiar a fondo este espléndido edificio construido con mampostería y ladrillos, rodeado de altos muros de defensa y torres redondas flanqueando sus puertas. Gertrude recorrió entusiasmada sus enormes patios, el salón del trono, las habitaciones abovedadas con decoraciones geométricas de estuco y sus cámaras secretas. En los días siguientes trabajó incansable de sol a sol, tomando medidas, realizando bocetos y fotografiando todos sus detalles. Sentía que el esfuerzo merecía la pena, y que tal vez este descubrimiento la consagraría como una arqueóloga seria. Nadie hasta el momento había levantado un plano tan completo de este palacio que al parecer mandó construir un rico familiar del califa al-Mansur de Bagdad.

En algunas fotografías que se conservan de su estancia en la fortaleza de Ujaydir la vemos en compañía de dos asistentes árabes armados con fusiles, vestida como siempre de manera impecable con una impoluta camisa de algodón blanco, falda larga con amplios bolsillos de parche, medias negras, zapatos de cordones y en la cabeza una kefía enrollada alrededor del ala de su sombrero para protegerse del sol implacable y los insectos. Cuando siete meses más tarde llegó a Estambul descubrió en una velada ofrecida en la embajada de Francia que un arqueólogo francés ya había publicado antes que ella una exhaustiva monografía sobre las ruinas de Ujaydir. Aquella noche el mundo se hundió a sus pies; las duras jornadas pasadas entre las ruinas del castillo trabajando hasta ocho horas seguidas no habían servido para nada. Aun así, a su regreso a Inglaterra permaneció año y medio recluida, trabajando en su nuevo libro sobre su viaje a Siria e Irak. En él describía las gentes, los paisajes, los restos arqueológicos que había explorado e incluía un plano inédito de la planta del palacio de Ujaydir. El libro *Amurath to Amurath* se publicó en 1911 y aunque se consideró una obra seria que sin duda contribuía a un mayor conocimiento de Mesopotamia, no tendría la misma acogida que el anterior.

A principios de mayo de 1911, la exploradora cabalgaba de nuevo por tierras de Mesopotamia con la idea de visitar las ruinas de la antigua ciudad hitita de Karkemish, al norte de la actual Siria. Hacía cuatro meses que había abandonado Damasco y deseaba conocer el trabajo que estaba llevando a cabo en este yacimiento un equipo a las órdenes de su amigo David G. Hogarth, reconocido arqueólogo e investigador del Museo Británico. Gertrude, a sus cuarenta y dos años, era ya una famosa viajera y exploradora que fue recibida en el campamento por dos jóvenes e inexpertos arqueólogos, temerosos de la opinión que pudieran causar a tan erudita dama. Se trataba de Campbell Thompson y su ayudante, un universitario de veintitrés años especializado en alfarería medieval y las fortificaciones templarias, de nombre T. E. Lawrence. Este hombre rubio, de pequeña estatura, complexión fuerte y ojos azul intenso que vestía de manera extravagante —chaqueta de franela gris, pantalón corto blanco sujeto con una faja roja adornada con borlas (símbolo del celibato en estas tierras), calcetines grises y babuchas carmesí— estaba destinado a convertirse en el legendario Lawrence de Arabia.

A su llegada, Gertrude, al contemplar sobre el terreno las técnicas de excavación, se quedó horrorizada y las calificó de «prehistóricas». Más tarde, cuando los dos jóvenes la invitaron a tomar el té, tuvieron que hacer un gran despliegue de erudición para que no enviara a Inglaterra un informe negativo. Lawrence lo recordaba así en una carta a su familia: «... la dejamos agotada, pero impresionada. Es agradable, de unos treinta y seis años, no es guapa (excepto cuando lleva velo, quizá). Si hubiera denunciado nuestros métodos por escrito habría sido realmente fastidioso. Creo que no lo hará». Y no lo hizo, a la mañana siguiente, tras la agradable velada que había pasado en compañía de los entusiastas arqueólogos, Gertrude lo veía todo con ojos menos críticos. Se despidió de ellos cordialmente, subió a su caballo —rifle en mano— y abandonó el campamento antes del amanecer. En una carta escrita a Florence, fechada el 18 de mayo de 1911, la exploradora le decía: «He encontrado a un joven llamado Lawrence [...] y va a hacerse viajero». Aún faltaban unos años para que Gertrude y Lawrence, ambos enamorados de Oriente y convencidos imperialistas, unieran sus destinos para luchar contra los turcos a favor de la causa árabe.

Lawrence a lo largo de toda su vida sentiría un gran respeto por Gertrude Bell, a la que consideraba una de las mejores especialistas en Oriente Próximo y una exploradora a la altura de Palgrave, Doughty o los Blunt. Años más tarde la señorita Bell se enteraría por su amigo David Hogarth de la anécdota que ocurrió durante su visita a Karkemish en aquel año de 1911 y que se tomó con bastante sentido del humor. Los obreros que trabajaban en el yacimiento creyeron que Gertrude había llegado para casarse con el joven Lawrence que, como ella, estaba soltero. Por este motivo organizaron una fiesta en su honor y al ver que a la mañana siguiente la dama inglesa abandonaba sola el campamento, creyeron que Lawrence la había rechazado y se sintieron muy molestos. Finalmente T. E. Lawrence, para tranquilizar el ánimo de sus trabajadores, les tuvo que contar una mentira muy eficaz, pero sin duda, poco galante: no podía casarse con la señorita Gertrude porque era demasiado fea para ser su esposa.

Las arenas del infierno

Hacia finales de 1912 Gertrude Bell seguía con inquietud a través de la prensa el declive del régimen otomano y el cómo éste afectaría a la región de Siria y Mesopotamia que ya sentía como su hogar. La viajera se mantenía al día de lo que allí ocurría gracias a su amigo Charles Dougthy-Wylie —Dick, como lo llamaba cariñosamente—, que entonces vivía en Estambul. Tras su primer encuentro en el consulado británico de Konia en Turquía, volvieron a coincidir en Londres en 1913 y fue entonces cuando Gertrude descubrió lo mucho que le gustaba este atractivo militar alto y de intensos ojos azules, culto, amante de la política y un enamorado como ella de Oriente. Parecían estar hechos el uno para el otro, y a sus cuarenta y cinco años Gertrude soñaba con un marido como éste y formar al fin una familia. Desde la muerte de su prometido Henry Cadogan en 1893, le había dado la espalda al amor y no había vuelto a pensar en el matrimonio dedicándose de manera absorbente a su trabajo. En el mes de julio la señorita Bell —en un impulso inusual en ella— invitó a Dick a pasar unos días en Rounton Grange. Su esposa Judith estaba ausente en Gales y era una oportunidad para estar juntos lejos de Londres y presentarle a sus padres. Paseando por los magníficos jardines de la mansión familiar, Gertrude se dio cuenta de que Charles la deseaba con igual intensidad que ella. Sin embargo, le rechazó porque sabía que aquella relación no tenía futuro; un hombre como Dick no se divorciaría nunca de su mujer —aunque su matrimonio fuera infeliz— para evitar un escándalo que perjudicara su reputación y carrera profesional. Durante dos años Gertrude Bell rezaría para que ocurriera lo imposible y llegó un momento en que no aguantó más y sintió que debía poner tierra por medio. A partir de este momento el único contacto que mantendría con Charles sería a través de las páginas del diario de viaje que escribiría para él y donde plasmaría sus más profundos sentimientos.

 En aquel invierno de 1913 Dick se encontraba en los Balcanes, donde trabajaba para la Cruz Roja organizando la ayuda a las víctimas de la guerra. Gertrude se sentía de nuevo muy sola en Inglaterra y fue entonces cuando creyó que había llegado el momento de hacer realidad el sueño que durante doce años había ido postergando: viajar al corazón de Arabia. Las comunicaciones en esta región de Oriente Próximo habían cambiado mucho desde los tiempos de su antecesora lady Isabel Burton, que tardó doce días en llegar a Damasco en la incómoda diligencia que partía de

Beirut. En 1875 se había inaugurado la línea de ferrocarril Beirut-Damasco y aquel 25 de noviembre de 1913 Gertrude llegó cómodamente en su vagón de tren a Damasco y se alojó en el hotel Palace, donde fue recibida con gran amabilidad por su gerente, que ya había oído hablar —como todo el mundo en Siria— de la célebre dama inglesa que se había internado sola en el desierto. La curtida viajera, a pesar de la dura expedición que se proponía emprender, no renunció a su colección de pesados baúles que transportaban su plata, porcelana y cristalería. Esta vez le acompañaba una doncella francesa, Marie, que había llenado su baúl-armario con elegantes trajes chaqueta, vestidos de noche franceses, abrigos de piel, chales, blusas de seda, faldas, sombreros con plumas, sombrillas y su traje de amazona de lino. En otros arcones cargaba sus pertenencias más queridas, artículos de tocador, la fina mantelería, alfombras y un pequeño botiquín con quinina, alcanfor, ungüento bórico (para la diarrea), vendajes, jabones y polvos contra las pulgas. En una maleta más pequeña metió su ropa interior, camisones de seda y enaguas de puntillas que ocultaban las armas de fuego, mapas, guías de viaje, rollos fotográficos, prismáticos y un teodolito para sus mediciones.

En las dos semanas que siguieron a su llegada a Damasco, Gertrude se dedicó de lleno a las visitas sociales y a preparar su gran viaje al desierto. Entre la montaña de libros sobre Oriente Próximo que transportaba destacaba uno que había leído con sumo interés y que la había animado a realizar esta ardua travesía. Se titulaba *A Pilgrimage to Nejd*, escrito por lady Anne Blunt, la nieta de lord Byron, que fue la primera occidental que atravesó esta remota región de la actual Arabia Saudí. En 1878, la intrépida aristócrata inglesa en compañía de su esposo, Wilfrid Scawen Blunt, preparaba su gran expedición desde Damasco consciente de los peligros que les aguardaban. En su diario lady Anne describía las duras jornadas por el desierto, la falta de agua, el calor sofocante durante el día y las bajas temperaturas de la noche, que podían llegar a bajo cero; recordaba con pavor las tormentas de arena, los vientos abrasadores y las epidemias, así como los inesperados ghazús de los beduinos contra los campamentos de infieles. A estos riesgos, había que añadir la inestabilidad política que reinaba en estos territorios azotados por sangrientas guerras internas entre las distintas tribus.

La señorita Bell estaba dispuesta a alcanzar la ciudad de Hail, capital del Neyed y el cuartel militar del emir Ibn Rashid a quien apoyaban los turcos. Su idea era continuar después hasta el campamento enemigo del poderoso Ibn Saud y entrevistarse con él. Quería conocer en persona a los dos jefes tribales más importantes de Arabia y de esta manera saber con qué aliados contaba Inglaterra en su lucha contra los turcos. Estaba convencida de que ante el deterioro que sufría el Imperio Otomano, la recibirían con los brazos abiertos ansiosos de tener noticias frescas. Que en el pasado sólo una europea, lady Anne Blunt, hubiera realizado un viaje tan temerario que implicaba atravesar las gigantescas dunas de arena rojiza del Nefud, era un aliciente añadido.

La atracción que sentía Gertrude Bell por el desierto era a esas alturas de su vida tan poderosa que nada la hubiera hecho cambiar de planes. Si para los beduinos —en árabe *badawi*, los hombres del desierto— vivir en estas latitudes era sinónimo de privaciones y muerte, para Gertrude era un desafío y una válvula de escape. En una ocasión había escrito al respecto: «Para los que han crecido en un orden social muy complicado, hay pocos momentos tan estimulantes como los que preceden a un viaje por tierras vírgenes. Las puertas del jardín prohibido se abren de par en par. Cae el candado de la entrada al santuario [...] y como en un cuento de hadas, uno siente que se rompen las ataduras que le oprimían el corazón». Así se mostraba ahora la viajera, enamorada de un hombre casado con el que no podía imaginar una vida en común pero que en sus cartas le declaraba abiertamente su amor; eso la confundía y llenaba de falsas esperanzas. El viaje al corazón de la península Arábiga era el mayor reto al que se había enfrentado hasta el momento, pero en el fondo había otros motivos que la impulsaban a emprender semejante hazaña: «Quiero cortar todos los lazos con el mundo, es lo más juicioso y lo mejor que puedo hacer [...] si supieras cómo he vagado por las profundidades del infierno durante estos últimos meses, pensarías que tengo razón al buscar una salida desesperada [...]», le confesaría a un amigo íntimo de Londres antes de su partida.

En Damasco Gertrude preparó su expedición ayudada por Fattuh, que acababa de llegar de Alepo. Era una travesía de tres meses de duración y no se podía dejar ni un solo detalle al azar. Como la posibilidad de conseguir en el camino provisiones frescas era muy remota, compró en el zoco de Damasco abundantes víveres y buenas cantidades de té, café y tabaco para soportar las monótonas jornadas. Su criado se encargó de adquirir los camellos y las sillas de montar. Por desgracia, cuando ya estaban listos para partir, Fattuh se puso enfermo y Gertrude decidió que el muchacho podría alcanzarla más tarde, cuando se encontrara ya recuperado. Era un mal presagio porque su fiel sirviente armenio la había acompañado hasta el momento en todas sus anteriores expediciones. Aunque la exploradora no era supersticiosa, cuando aquel 17 de diciembre abandonó Damasco a lomos de su camello rumbo a la misteriosa Hail sintió un nudo en el estómago.

La caravana de Gertrude no era pequeña ni liviana; le acompañaban veinte camellos que cargaban el equipaje y las provisiones, tres camelleros, un cocinero, un viejo guía y su escolta. Ella —siempre a la cola del grupo— iba montada en un camello «como un auténtico jefe árabe», sujetando las riendas con sus manos enguantadas y dirigiendo al animal a golpe de fusta por un terreno resbaladizo y pantanoso. La primera parte del trayecto le era ya familiar: rodearían las montañas del Yébel Druso y pondrían rumbo a Ziza donde, si todo iba bien, Fattuh se reuniría con ella. Gertrude le echaba muy en falta porque era la primera vez que sus nuevos criados acompañaban a un europeo y no sabían montar las tiendas inglesas de lona —que nunca antes habían visto y les resultaban muy extrañas— ni preparar la comida a su gusto.

En los días siguientes la lluvia y un fuerte viento dificultaron mucho la marcha, los camellos exhaustos resbalaban en el lodo y avanzaban muy lentamente. Por fortuna el mal tiempo cambió y la caravana, tras cinco días de penoso viaje, pudo llegar a su primer destino, un extenso volcán dormido conocido como Yébel Sais. Ahora cabalgaban sobre la tierra negra volcánica salpicada de guijarros donde a lo lejos se divisaban grupos de gacelas. Cada noche, cuando el campamento se sumía en un profundo silencio, Gertrude se sentaba en su tienda a escribir a la luz de las velas largas cartas a su familia y amigos de Inglaterra. Aquella noche se sentía especialmente inspirada y anotó en las páginas de su diario: «He vuelto a entrar en el desierto, como si volviera a mi hogar; el silencio y la soledad te envuelven como un velo impenetrable; no hay más realidad que las largas horas de cabalgada, por la mañana tiritando y por la tarde adormilada, el bullicio de la llegada al campamento, la charla y el café junto al fuego de Muhammad después de la cena, y el sueño, más profundo que el que produce la civilización; después otra vez el camino. Y como de costumbre, me siento tan segura y confiada en este país sin ley como en mi propio pueblo».

Gertrude celebró la Navidad en pleno desierto sirio, muy cerca de las ruinas de Qasr Burqa, uno de los muchos castillos y fuertes romanos levantados en estos desolados parajes. El termómetro marcaba de noche dos grados bajo cero y acurrucada entre las sábanas, que calentaba con una botella de agua, pensaba en su familia reunida en la confortable mansión familiar de Rounton. Comenzó el nuevo año de 1914 a un paso del imponente castillo de Qasr Azraq situado en el corazón del Wadi Sirhan, antaño la principal ruta de caravanas desde Arabia hasta Siria. En el invierno de 1917-1918 Lawrence de Arabia instaló aquí su cuartel militar y desde su «fuerte azul» preparó el ataque final a Damasco que provocó la caída del poder otomano y a él lo convirtió en un mito.

A estas alturas la aventurera se sentía cansada y preocupada porque desde su partida de Damasco las autoridades otomanas la estaban buscando para obligarla a regresar. Además, ahora se encontraban en un territorio sin ley habitado por distintas tribus árabes —los Anazeh, Howeitat, Shammar, Ruwallah— que luchaban entre sí y el riesgo de una emboscada era cada vez mayor. Cualquier viajero que atravesara estos desiertos de Arabia podía ser asaltado por una de estas tribus o por todas a la vez. Gertrude no estaba asustada, sus anteriores expediciones por el desierto le habían permitido conocer a algunos de sus jeques, disfrutar de su hospitalidad y además hablaba su mismo idioma. Cuando llegó a Ziza había recorrido trescientos kilómetros y su única alegría fue encontrarse con el bueno de Fattuh, que la esperaba ansioso con una saca llena de correo. Por fin pudo leer de nuevo las ambiguas cartas de amor de Dick, que la trastornaban y deprimían; la última de ellas le decía: «Nunca seré tu amante, querida mía, jamás. He leído tu hermoso y apasionado diario y lo sé. Nunca tu amante, es decir hombre y mujer [...] pero lo que podamos tener lo mantendremos y lo cuidaremos». Cada carta era un duro golpe para Gertrude, que en su interior se arrepentía de no haber vivido intensamente y con todas las consecuencias la pasión que sentía por Dick.

Gertrude llegó a Amman a las tres semanas de haber abandonado Damasco. Estaba feliz de poder hablar de nuevo en inglés y reencontrarse con los amigos que había conocido catorce años atrás en su primer viaje al desierto. Ellos la informaron de que las autoridades británicas en la región consideraban su viaje a Arabia central una imprudencia y la advertían de que si seguía con la idea de continuar hacia el Neyed el gobierno de Su Majestad no se responsabilizaba de ella. Pero la señorita Bell ya había tomado una decisión y pensaba seguir adelante a pesar de todas las advertencias. Al día siguiente temprano, con su caravana de ocho hombres y dos escoltas, puso rumbo al territorio de Beni Sakhr, una llanura árida y pedregosa habitada por manadas de camellos y ovejas. En su diario escribiría: «Nos dirigimos hacia el Neyed, *inshallah*, abandonados por todos los poderes existentes; el único lazo que no se ha cortado es el que pasa por este pequeño libro, el diario de viaje que escribo para ti».

Desde su partida Gertrude Bell se había sentido muy sola y triste, hasta el punto de que había pensado dar la vuelta y regresar a casa, tal como confesaba en las páginas de su diario: «Por primera vez, he conocido el aislamiento de la soledad [...] A veces me voy a la cama con el corazón tan triste que pienso que no podré soportarlo un día más. Luego llega el amanecer [...] y camino bajo la luz del sol que me reconforta [...] Al menos he adquirido alguna sabiduría de la soledad, he aprendido a ser sumisa y a aguantar el dolor sin gritar». En febrero de 1914, cuando ya llevaba casi dos meses de viaje y había dejado atrás la civilización, comenzó a disfrutar del paisaje que la rodeaba y su estado de ánimo cambió. Cabalgaba de seis a ocho horas diarias en su camello; eran jornadas agotadoras pero sin embargo se sentía cómoda en este «mar de soledades». La caravana atravesaba ahora el territorio de los Anazeh, la tribu beduina más poderosa del desierto. La tierra que pisaban con dificultad los camellos se había vuelto seca y negra, salpicada de piedras cortantes, completamente desnuda y lúgubre. Las temperaturas eran cada vez más extremas: «Pasamos de los cero grados en la mañana a los cerca de cuarenta al mediodía». Le preocupaba la falta de agua —llevaban días sin poder lavarse— y trató de evitar los pozos que se encontraban al este y oeste del camino porque allí se escondían los forajidos a la espera de que se acercaran las caravanas para asaltarles. Por lo general Gertrude se abastecía del agua que encontraba en los *jabari*, las pequeñas lagunas de agua dulce que formaba la lluvia en el desierto.

Una mañana descubrieron en el horizonte un campamento de pastores de la tribu de los Howeitat. Aunque estos hombres eran famosos por su crueldad y sus sangrientas emboscadas, Gertrude no tenía otra opción que solicitar su protección antes de que ellos la descubrieran y tal vez acabaran con sus vidas. El jefe Harb recibió con todos los honores a la extranjera en su amplia y elegante tienda, le ofreció una taza de café aromatizado con clavo y la invitó a cenar más tarde en compañía de sus hombres. Era un auténtico beduino, hospitalario y amable, que al final de la velada, admirado por el valor de la mujer extranjera, le juró amistad eterna. Aquella noche Gertrude conoció a otro honorable invitado, Muhammad Abu Tayyi, primo de Auda, el gran jeque de los beduinos Howeitat. En su camino al Neyed, la exploradora iba a conocer a los cabecillas de las grandes tribus árabes y recopilaría valiosa información sobre esta región y sus gentes que le sería muy útil al coronel Lawrence de Arabia cuando preparó la legendaria revuelta árabe contra los turcos en 1917.

Tres días después de abandonar el campamento del jefe Harb, Gertrude, en compañía del corpulento y aguerrido Muhammad

Abu Tayyi, puso rumbo al campamento de los Howeitat. No pudo conocer a Auda, su legendario jeque considerado el más grande guerrero del norte de Arabia y a quien Lawrence de Arabia describiría como «un auténtico caballero del desierto». Auda se encontraba ausente pero su primo Muhammad se mostró muy hospitalario con la dama extranjera. Todas las noches cenaban juntos a la luz de las antorchas, sentados sobre magníficas alfombras beduinas extendidas sobre la fina arena; la dama inglesa envuelta en su elegante abrigo de pieles fumaba sin parar en su boquilla de marfil y él, vestido como un príncipe del desierto, con su larga túnica blanca y su tradicional kefía alrededor de la cabeza, la escuchaba fumando su narguile. Gertrude se sentía inmensamente dichosa y aquella noche le escribiría a su amado Dick: «Creo que cuando has bebido la leche de las nagas —las hembras de los camellos— a la luz de las fogatas de Abu Tayyi, estás bautizada por el desierto y ya no existe para ti otro camino de salvación».

Gertrude continuó su viaje siguiendo el consejo de los Howeitat de no pasar por Al Jauf ya que el camino estaba lleno de bandidos que les atacarían al llegar la noche. Viajaría a Hail por un camino más directo —y menos duro que el emprendido por lady Anne Blunt— atravesando las dunas de arena del Nefud hasta las montañas de Neyed. La ruta alternativa era mucho más segura pero no encontrarían ni una sola aldea donde poder comprar comida y muy pocos pozos donde abastecerse de agua para los camellos. Sin embargo para la viajera tenía un encanto especial, era una región sin cartografiar y desconocida para los europeos. Aunque Gertrude no era una exploradora —se reconocía más como una vagabunda llena de curiosidad— en el estricto sentido de la palabra, sus cursos en la Royal Geographical Society le iban a ser ahora de gran utilidad. Con su revólver en la cintura, la brújula y el teodolito a mano para seguir con sus mediciones, se adentró en un monótono paisaje que la impresionaría vivamente: «No creo que nadie que haya viajado por aquí vuelva a ser el mismo. Para bien o para mal, esto te imprime un sello [...] Ojalá estuvieras aquí para ver este paisaje ancho y desolado y respirar un aire que es como la misma fuente de la vida».

«A las tres y media distinguimos una raya roja en el horizonte que creció y se extendió a medida que nos acercábamos. Se la hubiera podido considerar en principio como un efecto de espejismo, pero al llegar a sus cercanías apareció como dividida en una especie de olas de color rojo; fácil de confundir con un mar tempestuoso visto desde la orilla, ya que se elevaba, como parece hacer el mar cuando las olas son altas, por encima del nivel de la tierra. Entonces alguien gritó: "¡El Nefud!"». Lady Anne Blunt escribió estas líneas en su diario el 12 de enero de 1879 cuando se disponía a realizar la etapa más peligrosa de su viaje a través del gran desierto carmesí. La remota península de Arabia, azotada por vientos abrasadores y un sol implacable, era a mediados del siglo XIX un mundo inexplorado por los occidentales. Apenas media docena de europeos habían penetrado en su interior, entre ellos dos magníficos escritores, el jesuita aventurero William Palgrave y Charles M. Doughty, un erudito explorador que recorrió el norte de la península Arábiga sin ocultar que era cristiano. Palgrave era un misionero cautivado por Oriente Próximo que pretendía llevar la palabra de Dios a estas tierras habitadas por los fundamentalistas islámicos —los wahabíes— aunque en realidad viajaba a las órdenes del emperador francés Napoleón III, ansioso por ampliar su influencia en esta región. Sus extraordinarias aventuras en el corazón de Arabia, a donde viajó en 1862 haciéndose pasar por médico y vestido con ropas árabes, quedaron reflejadas en su célebre libro titulado *Narrative of a Year's Journey Through Central and Eastern Arabia*, publicado en Londres en 1865 y que tuvo un gran éxito. Por su parte Charles M. Doughty —tío de Dick, el hombre por quien ahora suspiraba Gertrude Bell— vivió cerca de dos años en estos parajes sufriendo todo tipo de penalidades y vejaciones. Viajó como un cristiano inglés —porque despreciaba la fe musulmana— y sólo encontró la calma entre los nómadas beduinos que le recibieron con su tradicional hospitalidad. A su regreso a Inglaterra tardó diez años en redactar su obra maestra *Travels in Arabia Deserta* que tanto fascinaría a T. E. Lawrence por su completa descripción de la vida beduina y que llevaría consigo en su campaña por el desierto durante la Primera Guerra Mundial.

Ahora era Gertrude Bell, con el rostro quemado por el sol, delgada y agotada por el esfuerzo físico, quien desde lo alto de su camello observaba la mancha roja del Nefud, «el peor lugar creado por Alá» para los musulmanes. Este manto de arena separaba como una gran barrera a la península Arábiga de los desiertos del norte de Siria. El calor insoportable, la lentitud de la marcha, el tremendo silencio que la rodeaba y la infelicidad que sentía la habían sumido en un estado de profunda melancolía. En su diario escribió unas palabras que demuestran su enorme vulnerabilidad: «Sufro un severo ataque de depresión [...] este viaje no es ninguna fuente de conocimiento [...] lo que ha pasado por mi camino en estos últimos diez días no merece la pena ni mencionarlo, dos pozos y nada más [...] Me temo que cuando llegue al final de todo diré que este viaje fue una pérdida de tiempo. Estas reflexiones son descorazonadoras y como la mayoría de las reflexiones sabias llegan demasiado tarde». Aún le faltaba una semana para llegar al Neyed, el desierto de arena negra de Arabia central, solitario y amenazador por su terrible viento —el simún— capaz de sepultar en pocos minutos una caravana entera. Fueron días difíciles porque Gertrude no tenía ruinas de castillos que medir, ni descubrimientos arqueológicos de interés que anotar en su cuaderno, ni un amigo con quien conversar.

El 24 de febrero la viajera divisó las murallas de Hail y la fortaleza-palacio del difunto emir Mohammed ibn Rashid, a quien lady Anne Blunt tuvo el privilegio de conocer durante su estancia en 1879. Esta antigua ciudad del norte de Arabia, que en la Edad Media fue un próspero centro comercial y paso obligado para los persas que se dirigían en peregrinación a La Meca, era a mediados del XIX el feudo de los Rashid. A lomos de su camello entró por una de sus enormes puertas levadizas y pronto descubrió decepcionada que el emir —de sólo dieciséis años de edad— se encontraba ausente participando en un ghazú. En su lugar le recibió su tío, el jeque Ibrahim, quien la trató con cortesía y la mandó acompañar al aposento de los invitados situado en los límites de la ciudad. Se trataba de un amplio salón de elevadas columnas y las paredes pintadas con motivos geométricos;

el suelo estaba tapizado con enormes alfombras y unos viejos sofás y cojines eran el único mobiliario en toda la estancia. A la mañana siguiente cuando Gertrude quiso salir a pasear por la ciudad, unos guardianes le impidieron el paso. La señorita Bell había llegado a Hail en un momento muy delicado: el actual emir, Ibn Rashid, jefe de la tribu Shammar, estaba luchando en el norte del Nefud mientras su enemigo Ibn Saud, jefe de los beduinos Anazeh, se preparaba para atacar la ciudad. Entre los dos controlaban ese gran territorio vacío de Arabia central y su rivalidad les mantenía en pie de guerra. Tras años de sangrientos combates los rashidíes habían derrotado a los saudíes en 1891 y éstos se habían exiliado a Kuwait, entonces un emirato aliado de los británicos. Ahora Ibn Saud y sus hombres clamaban venganza y preparaban el asalto a Hail de donde fueron expulsados. No es de extrañar que Ibrahim sospechara de esta dama extranjera que había aparecido sin anunciarse y la tomaran por espía. Gertrude estaba prisionera en Hail y en los días siguientes viviría aislada, sin tener noticias del exterior ni conocer los planes de sus captores.

En apariencia la viajera asumió su cautiverio con bastante serenidad, aunque estaba sobrecogida al escuchar en boca de las mujeres los relatos de las sangrientas luchas familiares por el poder que rodeaban a los Rashid. Las únicas salidas que se le permitían eran las visitas a la joven madre del emir que vivía en el harén del palacio rodeada de esclavos y eunucos en un ambiente irreal, tal como le contaba a Dick en una de sus cartas: «Esta última semana, me dio la impresión de haber vivido un capítulo de *Las mil y una noches*. Las circasianas y las esclavas, la duda y la ansiedad. Fátima (la abuela del emir) tejiendo sus complots al abrigo de las murallas de la antigua ciudad medieval. Ibrahim y sus falsas sonrisas [...] Todo este lugar huele a sangre, los relatos que se cuentan alrededor del fuego sólo hablan de horribles crímenes. Puede darte un ataque de nervios cuando estás sentada día tras día entre estas altas murallas de barro».

A los diez días de cautiverio, Gertrude perdió la paciencia, olvidó sus buenos modales y explotó. Sobornó a sus guardianes para que la dejaran salir y se presentó en la sala de audiencias del palacio del emir donde se encontraba el jefe Ibrahim. Le exigió enfurecida que la pusieran inmediatamente en libertad, que le devolvieran su dinero y sus camellos para poder proseguir su viaje. Sabía que aquellas palabras le podían costar la vida, «creí que había firmado mi sentencia de muerte», pero contra todo pronóstico al día siguiente se despertó con una buena noticia, podía abandonar la ciudad cuando ella quisiera. El 7 de marzo, tras dos semanas prisionera, la audaz exploradora paseaba por primera vez libremente por las callejuelas de Hail, fotografiando sus edificios, sus mercados y las gentes que deambulaban por sus calles. Por la tarde reunió a sus hombres, reorganizó su caravana y dejó atrás la ciudad medieval sumida en sus luchas internas. Gertrude ya intuía entonces que el fin de los Rashid estaba próximo y que serían los Saud los que acabarían gobernando Arabia. Abd al-Aziz ibn Saud, el legendario guerrero del desierto que no pudo conocer entonces, en 1932 se proclamó rey —apoyado por los fanáticos wahabíes— y dio a su monarquía el nombre de Reino de Arabia Saudí. El descubrimiento de petróleo —bajo sus arenas están las mayores reservas petrolíferas del planeta— iba a cambiar para siempre el paisaje y la vida de sus habitantes.

Unas semanas después Gertrude llegaba a Bagdad. La tensión del cautiverio y el agotamiento la habían debilitado mucho y estaba tan exhausta que no soportaba ni oír hablar inglés después de tres meses alejada de la civilización. En la residencia del cónsul británico se encontró con una pila de cartas de su amante Dick, en ellas le informaba que había abandonado Inglaterra para ocupar el puesto de diplomático en Addis Abeba, Etiopía, y que seguía amándola como el primer día. Ahora ya no existían muchas posibilidades de volver a encontrarse, así que Gertrude demoró su regreso a casa y se internó una vez más en el desierto sirio —esta vez con una caravana más reducida y menos equipaje—, donde pasó unos días con los miembros de la tribu Anazeh, considerados por los viajeros occidentales como los más aristócratas del desierto. Sólo en el desierto encontraba la paz interior que necesitaba y ahora, sentada junto al fuego, bebiendo café amargo, charlando y fumando en compañía de Fahad Bey, jefe supremo de los Anazeh, se sentía de nuevo realmente feliz.

El juego de la política

«El final de una aventura siempre le deja a una un sentimiento de desilusión. No tienes nada en las manos, sólo tierra y ceniza, huesos muertos que nunca se levantarán ni bailarán, todo se queda en nada [...] Tampoco ha tenido éxito esta aventura. No hice lo que me propuse. Pero ya lo he superado [...] y ahora debo acabar esta historia», le escribiría a Dick poco antes de abandonar Oriente. El 24 de mayo de 1914 Gertrude Bell se encontraba de nuevo en Londres, y en un momento de desánimo en el que pensaba que su último viaje por los desiertos de Siria y Arabia no había servido para nada, le fue concedida la medalla de oro de la Royal Geographical Society. Tras una ronda de visitas, entrevistas con la prensa y conferencias la viajera pudo escaparse a su refugio familiar de Rounton y descansar entre los suyos. Sólo faltaban dos meses para que estallara la Primera Guerra Mundial y de nuevo la vida de Gertrude daría un giro inesperado. En un momento en que tras la desintegración del Imperio Otomano las potencias europeas se preparaban para repartirse el control de Oriente Próximo, los amplios conocimientos que la exploradora tenía de esta región serían de un valor inestimable para el gobierno británico. Nadie conocía como ella esta geografía y a los principales jeques árabes, que la respetaban y apodaban «la reina del desierto». Pero por el momento la señorita Bell tendría que conformarse con escribir sendos informes que serían estudiados a conciencia por la Oficina Árabe, la agencia de inteligencia militar establecida en El Cairo. Aún tendría que esperar un año para que le permitieran regresar a esta agitada región y convertirse en la única mujer del ejército británico con un cargo político.

En noviembre, Gertrude se encontraba en la ciudad costera de Boulogne donde se había ofrecido voluntaria para trabajar en la

Cruz Roja. Durante unos meses se dedicó a localizar soldados heridos o desaparecidos en combate, a responder las cartas de los angustiados padres y archivar y clasificar nombres. Era su manera de estar ocupada y no pensar en Dick de quien seguía enamorada pero que se encontraba aún en Etiopía. No volverían a verse hasta el mes de febrero de 1915 en Londres, donde pudieron compartir cuatro «intensos y maravillosos días» en los que Gertrude se refugió en sus brazos sin atreverse a entregarse a él. No lo haría mientras estuviera casado con Judith, a quien conocía y no deseaba hacer daño.

Tras este romántico y leve encuentro el teniente coronel Charles Doughty-Wylie partía para Turquía. Había sido destinado para participar en el desembarco británico en la península de Gallípoli, en el estrecho de los Dardanelos, con el fin de impedir el avance de las tropas turcas hacia Mesopotamia y sus codiciados campos de petróleo. En aquel año de 1914, el Imperio Otomano incluía los países actuales de Turquía, Siria, Israel, Líbano, Jordania, Irak, Kuwait, Emiratos Árabes y extensas franjas costeras de Arabia. En 1908 un grupo de estudiantes revolucionarios —conocidos como los Jóvenes Turcos— se habían hecho con el poder en Estambul y habían reducido al sultán reinante Abdül Hamid a una mera figura decorativa. El poder real se encontraba en manos de Enver Pachá, militar y líder de la oposición, progermano y convencido antibritánico. Cuando estalló la guerra, Francia e Inglaterra se aliaron con Rusia para luchar contra Turquía, apoyada por Alemania.

La batalla de Gallípoli resultó desastrosa para las tropas aliadas, los británicos perdieron a más de cincuenta mil soldados, entre ellos Dick que durante el desembarco en la playa recibió un tiro en la cabeza. Gertrude se enteró de la noticia a principios de mayo en Londres y completamente destrozada se recluyó en Rounton. Su pena era demasiado profunda y privada como para compartirla con nadie. Tardaría tres años en confesarle a su padre el dolor que había sentido con esta pérdida y la relación que había existido entre ellos. En una de las últimas cartas que Gertrude le envió a Dick poco antes de su muerte —y que conservaba la familia Bell— quedaba en evidencia lo que la viajera sentía en lo más profundo de su corazón: «Si me amas, tómame así; si sólo me deseas por una hora lo aceptaré y pagaré las consecuencias. Ya te he dicho el precio. Pase lo que pase, decide tú lo que sea, yo iré a ti y lo aceptaré [...] Pero que no se te escape el fuego que arde en esta carta, una llamarada clara y brillante que alimento con la vida».

Sólo la política salvaría a Gertrude de la profunda depresión y tristeza en que quedó sumida tras la inesperada muerte de Dick. En el mes de noviembre de 1915, la guerra contra los turcos se había extendido desde Gallípoli hasta Mesopotamia y para debilitar al Imperio Otomano los británicos necesitaban sublevar a las numerosas —y a veces, mal avenidas— tribus árabes de aquella extensa región. La señorita Bell, que siempre fue una convencida imperialista, soñaba con regresar a Oriente y ser útil a su país en un momento histórico tan importante. Finalmente sus deseos se vieron cumplidos cuando la invitaron a viajar a El Cairo para integrarse al equipo de inteligencia militar en la Oficina Árabe. Era un trabajo para el que estaba especialmente cualificada y con renovadas energías le encargó a su doncella Marie que preparara su equipaje. A mediados de noviembre Gertrude embarcaba con su montaña de baúles rumbo a Port Said. En El Cairo la esperaban dos hombres que conocía bien, su amigo y mentor el reputado arqueólogo David Hogarth y T. E. Lawrence, aquel inexperto joven que conoció en las excavaciones de Karkemish en 1911, y que muy pronto iba a ser más famoso que ella.

Gertrude Bell tenía cuarenta y siete años cuando pasó a formar parte del reducido grupo de hombres —ella era la única mujer— reclutados por David Hogarth para recopilar toda la información posible sobre el desierto y las tribus árabes. La Oficina Árabe ocupaba tres pequeñas habitaciones del hotel Savoy de El Cairo. El primer día de trabajo Gertrude entró altiva en su despacho y saludó a sus compañeros de trabajo, la mayoría viajeros y arqueólogos que había conocido en el transcurso de sus largas expediciones por el desierto. Allí estaban, entre otros, T. E. Lawrence, encargado del dibujo de los mapas y la redacción de informes geográficos, Campbell Thompson, experto en descifrar telegramas turcos, y Leonard Woolley, el arqueólogo que pasaría a la historia por descubrir la ciudad sumeria de Ur, al frente de la propaganda para la prensa. Todos ellos, al igual que Gertrude, habían abandonado sus ocupaciones para convertirse en espías e informadores políticos al servicio del Imperio. El éxito de los británicos frente a los turcos iba a depender de los apoyos que consiguieran entre los árabes y la información era un elemento clave. Tanto T. E. Lawrence como Gertrude sabían que no iba a ser fácil convencer a los árabes para que apoyaran a los británicos, considerados por ellos unos cristianos infieles. Ambos estaban de acuerdo en una cosa: la rebelión árabe contra el dominio otomano sólo sería posible si conseguían encontrar a jefes importantes y deseosos de independencia.

Tras unos meses intensos en que Gertrude se dedicó exclusivamente a redactar informes sobre todo lo que sabía del desierto, sus tribus, la situación de los pozos de agua, las líneas de ferrocarril o la topografía, sus superiores decidieron enviarla a Basora para tantear a los árabes de Irak y saber con qué apoyo contaban. Los británicos habían elegido Mesopotamia para detener a los turcos y apoyar el levantamiento árabe contra el ejército otomano. A finales de febrero de 1916, la señorita Bell abandonaba El Cairo rumbo a Irak, un país formado entonces por tres provincias otomanas, Bagdad, Basora y Mosul, que muy pronto, y de manera escalonada, pasarían a manos británicas.

«La palabra romanticismo se encuentra en todas partes. En los grandes ríos gemelos de gloriosos nombres, en las inmensas llanuras de Babilonia, en este desierto que antaño fue el Jardín del Mundo; en la historia que se pierde en la noche de los tiempos; todo aquí proclama su romanticismo», escribió a sus padres al poco tiempo de llegar al puerto de Basora. La ciudad, ocupada por las tropas británicas a finales de noviembre de 1914, no tenía mucho encanto, el calor húmedo era sofocante y cuando llegaban las lluvias el barro cubría por entero sus calles sin asfaltar, pero a Gertrude le gustaba. Su situación, junto al golfo Pérsico —donde confluían Irak, Kuwait, Arabia y Persia—, tenía una gran importancia estratégica para el ejército británico. A su llegada Gertrude se instaló en una antigua casa árabe donde residía su nuevo jefe —el alto comisionado británico en Irak, sir Percy Cox— y su esposa, lady Cox. Aunque el personal militar destacado en Basora la recibió con bastante frialdad todos coincidían en que los amplios conocimientos que tenía Gertrude de estos territorios resultaban muy valiosos para conseguir la anhelada victoria en Bagdad y Mosul.

La vida en Basora no dejaba mucho tiempo libre a Gertrude que se mantenía constantemente ocupada. Se levantaba muy temprano a eso de las cinco de la mañana para montar a caballo, uno de sus escasos placeres. Cabalgaba por los bosques y palmerales hasta el límite donde comenzaba el desierto que antaño había recorrido con su caravana a lomos de camello y en compañía de Fattuh, a quien echaba muy en falta. A las ocho y media se bañaba, después tomaba un ligero desayuno y aparecía en la oficina de la Inteligencia Militar de Basora donde compartía despacho con un viejo conocido, Campbell Thompson, un erudito en descifrar códigos antiguos que ahora se encargaba de interpretar los telegramas turcos. Gertrude aprovechó el tiempo para levantar nuevos mapas, clasificar a las distintas tribus que allí habitaban y entrevistarse con sus líderes locales. Sin embargo —como manifestaba en sus cartas a casa— en el fondo se sentía humillada porque trabajaba sin un cargo oficial y tropezaba constantemente con el desprecio y las burlas de sus colegas, que la llamaban «miss Bell». En diciembre de 1916 ya había finalizado sus voluminosos análisis de la situación en Mesopotamia pero se sentía coartada. Mientras unos meses atrás su amigo el capitán Lawrence de Arabia, vestido como un beduino a lomos de su camello, emprendía su gran aventura de liderar la revuelta árabe contra «el yugo turco», a ella, por ser mujer, la confinaban a un escritorio: «Siendo una mujer, al diablo con mi sexo, una puede hacer poco más que sentarse y tomar notas [...] es poca cosa comparado con lo que supone participar activamente, entrar en acción». Una vez más se sentía sola, no tenía amigos y escribía largas cartas cada semana a su padre, con el que seguía manteniendo una estrecha relación de amistad y que era el origen de su fuerza.

Hacía un año que Gertrude había llegado a Basora y muy pronto podría «entrar en acción» como era su sueño y abandonar los aburridos informes que la mantenían encerrada en su despacho. El 10 de marzo de 1917 las tropas británicas tomaban Bagdad, era el fin del sueño alemán de dominar esta región de Oriente y la primera gran victoria en la guerra de los británicos. Fue entonces cuando su jefe y buen amigo sir Percy Cox la invitó a viajar a Bagdad. La había nombrado secretaria para Oriente, un puesto clave del servicio de inteligencia donde al fin podría tomar sus propias decisiones. Enseguida organizó su traslado y escribió una larga carta a Florence que refleja sus refinados gustos: «Me permite que le pida cuatro blusas, por favor, Crêpe de China, a ser posible dos de color marfil y dos de color rosado. Envío con ésta unos anuncios de Harrods que son elegantes, especialmente el que he señalado. Agradecería también mucho si pudiera encontrarme y enviarme una chaqueta verde de seda con botones de plata...». Hacía tres años que no había visitado Bagdad desde la última expedición a Hail, entonces se sentía derrotada por el agotamiento de la ardua travesía por el desierto y el no haber podido entrevistarse con el jeque Ibn Saud. Ahora regresaba triunfante dispuesta a participar activamente en el diseño del nuevo mapa de Oriente Próximo.

Bagdad, la mítica Medinat as-Salam, «la ciudad de la paz» como era su nombre original, fundada en el año 762 a orillas del río Tigris por el califa al-Mansur, para ser la nueva capital de los abasíes tras haber vencido a los omeyas de Damasco, no defraudó a la viajera. Desde luego ya no era, como en los tiempos de Harun al-Rashid —el califa de *Las mil y una noches*—, una ciudad deslumbrante con sus jardines colgantes, suntuosos palacios y magníficas mezquitas. En el siglo X había sido la ciudad más grande, rica y poblada del mundo, un centro cultural único donde los poetas y escritores crearon las mejores obras de la literatura árabe. Ahora Bagdad la recibía con su clima insalubre —en verano podía alcanzar los cuarenta y nueve grados—, sus calles polvorientas, sin asfaltar, sus edificios destartalados, el hedor de las alcantarillas y las nubes de mosquitos que llegaban de las sucias aguas del Tigris. Pero a pesar de su abandono, aún seguían en pie sus delicadas mezquitas de altos minaretes rodeadas de aromáticos jardines de flores, y sobre todo las ruinas de las antiguas ciudades de los asirios, babilonios y sumerios enterradas en la arena.

Al principio Gertrude se instaló en un pequeño despacho de la Residencia británica, un edificio otomano que más parecía una fortaleza a orillas del Tigris. Su trabajo desde el primer día resultó agotador, cada día se entrevistaba con los árabes más influyentes, escuchaba sus quejas y opiniones a la vez que intentaba asegurarse su lealtad al Imperio Británico. En menos de dos semanas ya había preparado los primeros informes, elaborado minuciosos mapas y redactado documentos confidenciales sobre los personajes más relevantes de Bagdad. Los árabes la llamaban con reverencia al-Jatun, que significaba «la Señora de la Corte que pone sus ojos y oídos al servicio del Estado». Todos destacaban su astucia y sabiduría; para los árabes era un «hombre honorario» que hablaba su lengua a la perfección y les conocía como ningún europeo.

A las pocas semanas Gertrude se trasladó a su nueva casa de dos plantas, amplia y muy céntrica, rodeada de un jardín de rosas y a escasos metros del río. En mayo ya había contratado a sus sirvientes y comenzó lo que ella llamaba «mi agradable rutina». Como hiciera en Basora, se despertaba temprano, cabalgaba a orillas del Tigris para mantenerse en forma y después de desayunar se sumergía de lleno en su trabajo. Su mayor éxito fue convencer a finales de mayo de 1917 a un viejo conocido del desierto, el jeque Fahad Bey, líder supremo de la tribu de los Anazeh, para que apoyara la rebelión árabe y se aliara con los ingleses. Entretanto su admirado Lawrence de Arabia había conocido al hombre que según sus propias palabras «prendería la llama de la revuelta árabe». Se trataba de Faisal, el tercer hijo del jerife Husein —dirigente religioso muy respetado en todo el mundo musulmán y guardián de los Santos Lugares—, un hombre carismático y un hábil estratega. En los meses siguientes Gertrude, desde Bagdad, seguiría muy atenta los éxitos del capitán Lawrence. En verano de 1916, el ejército árabe —asesorado por T. E. Lawrence— y bajo el mando de Faisal, ganaba su batalla decisiva en Aqaba, junto al mar Rojo. Este triunfo convirtió al tímido arqueólogo que Gertrude había conocido en Karkemish, en un personaje legendario. Años más tarde su mentor David Hogarth destacaría que «buena parte del éxito de la revuelta árabe se debía a la gran cantidad de información sobre las tribus del Hiyaz y el Nefud que Lawrence utilizó en las campañas árabes de 1917 y 1918, basándose en los informes de Gertrude». En el mes de octubre el rey Jorge V nombró a la señorita Bell Comendadora del Imperio Británico, pero a diferencia de Lawrence se negó a conceder entrevistas porque no deseaba ningún tipo de publicidad.

En aquellos días Gertrude iba a cumplir los cincuenta años, se sentía una vez más muy sola en Bagdad y su único consuelo eran las cartas que escribía a su familia. Aunque su casa se había transformado en una confortable mansión decorada con magníficas antigüedades y alfombras persas, donde la luz entraba a raudales en todas las habitaciones, se sentía apática. El tiempo no había calmado el dolor por la pérdida de Dick y ahora que se cumplían los tres años de su muerte volvía a recordar los últimos días que compartieron en Londres. Añoraba mucho a su padre, pero no tenía intención por el momento de regresar a Inglaterra. Su hogar se encontraba allí, junto al Tigris: «No siento muchos deseos de estar en Londres [...] Me gusta Bagdad y me gusta Irak. Es el verdadero Oriente y es inquietante; aquí ocurren cosas, y me afecta y me absorbe la poesía que hay en todo ello», reconoció en una carta a sus padres.

La dama y el rey

Cuando finalizó la Primera Guerra Mundial, el trabajo de Gertrude Bell adquirió una dimensión que jamás hubiera imaginado. Sus superiores le encargaron que estableciera las fronteras del nuevo Irak, un territorio que conocía muy a fondo. Durante días se encerró en su despacho rodeada de mapas y documentos; se sentía por primera vez poderosa creando un estado nuevo, tal como le escribió a su padre Hugh: «A veces me siento como el Creador a mediados de semana. Sin duda se preguntaba cómo deberían ser las cosas, igual que hago yo». Las fronteras de Irak se iban a dibujar de manera arbitraria con un lápiz y una regla, al igual que las de los otros países de la región. Desde el inicio Gertrude tuvo muy claro que el nuevo país englobaría las tres antiguas provincias otomanas, ricas en pozos de petróleo: la de Mosul, al norte y de mayoría kurda, la de Bagdad en el centro y de mayoría suní y la de Basora en el sur, de población chií. En aquel momento creía, como buena imperialista, que los árabes no estaban preparados para gobernarse por sí mismos y que era imposible devolver el control del país a la población: «El árabe es como un niño muy viejo. No es más práctico, conforme a nuestra acepción de esta palabra, que un niño y su idea de la utilidad no es la nuestra», declararía en una ocasión. Muy pronto cambiaría de parecer, Lawrence o «al-Urenz», como le llamaban los beduinos, la convencería de que un gobierno árabe bajo tutela británica podía ser una realidad.

Las opiniones de Gertrude y T. E. Lawrence, los mayores especialistas británicos en Oriente, serían tenidas muy en cuenta en la Conferencia de Paz que se celebró en París en marzo de 1919. Allí se reunieron los aliados europeos para repartir el botín de la Primera Guerra Mundial. De nuevo la señorita Bell, que representaba los intereses británicos en Mesopotamia, brillaría en un universo exclusivamente masculino. Sus informes —fruto de sus seis expediciones al desierto y de su amistad con los árabes— eran muy apreciados por los gobernadores que los estudiaban atentamente. En París, Gertrude se encontró con su amigo Lawrence de Arabia que acompañaba al emir Faisal, por entonces pretendiente al trono de Siria. Cuando Lawrence conoció a este auténtico príncipe del desierto en 1916 en su campamento del oasis de Wadi Safra, le pareció un profeta y un líder. En su libro *Los siete pilares de la sabiduría* diría de él: «Desde el momento que le miré por primera vez supe que estaba ante el hombre que había venido a buscar a Arabia, el líder que habría de conducir a la gloria total la revuelta árabe». El tercer hijo de Husein era el más carismático y preparado de todos los hermanos. Tenía treinta y cinco años de edad y, aunque educado por los ingleses, era un árabe de corazón que desplegó todos sus encantos para agradar a Gertrude y convencerla de que los musulmanes eran muy capaces de gobernarse a sí mismos. Este cambio de opinión en Gertrude la enfrentaría a sus superiores, convencidos de que la única solución para Mesopotamia era un protectorado británico.

Tras cuatro años sin ver a su padre, Gertrude pudo escaparse unos días de París y viajar a su casa de Rounton. Allí, lejos del frenesí diplomático, se dedicó a pasear a caballo con él por las suaves colinas, nadar, cuidar del jardín y charlar como antaño hasta altas horas de la madrugada frente a la gran chimenea. En aquellos momentos de intimidad, Gertrude le confesó a su padre todo el dolor y la ansiedad que le habían producido esta terrible guerra y la desaparición de Dick. A finales de septiembre de 1919, regresó a Oriente Próximo en compañía de su doncella Marie y con todo su vestuario renovado. Tenía muchas ganas de llegar a Bagdad, un lugar que consideraba un verdadero hogar: «[...] soy más ciudadana de Bagdad que muchos nativos de Bagdad, y presumo de que ninguno de ellos se preocupa más, o ni siquiera la mitad que yo, por la belleza del río o los palmerales, ni se aferra más a los derechos de ciudadanía que yo he adquirido». Tras ocho meses de ausencia, se sintió feliz al entrar en su jardín de aromáticas flores traídas de Rounton y encontrarse con sus fieles criados que la esperaban para darle la bienvenida. La al-Jatun había regresado y la noticia corrió rápidamente por la ciudad. Cada mañana tras el desayuno, Gertrude recibía numerosas visitas, autoridades locales que le preguntaban sobre política, jeques que venían a saludarla, hombres de negocios... todos querían noticias frescas y sabían que ella las tenía. Les recibía con un elegante vestido de seda y su sombrero de flores que le protegía del sol, les invitaba a café y en una libreta anotaba las opiniones políticas que escuchaba a su alrededor. La casa de Gertrude —un pedazo de Inglaterra junto al Tigris— se llenó también de las esposas de los hombres más influyentes de la ciudad, que acudían envueltas en sus velos y largas túnicas negras deseosas de conocer a la importante dama británica.

Fue en estas reuniones informales donde por primera vez en su vida Gertrude comenzó a preocuparse por la situación de las mujeres musulmanas, que bajo el gobierno otomano no habían recibido ninguna educación.

En el pasado Gertrude nunca había mostrado interés por visitar el harén donde vivían las esposas de los jeques beduinos, que a ella la recibían en sus tiendas con todos los honores. Tampoco le interesaba mucho el islam, aunque su estudio y conocimiento la hubieran ayudado a entender mejor a los árabes con los que trataba a diario. No se planteó nunca lo que representaba para una mujer llevar una vida nómada donde, además del cuidado de los hijos, había que alimentar a los animales, preparar la comida, hornear el pan, ordeñar los camellos, reparar y montar las tiendas, hilar la lana y tejer el pelo de los camellos. Entre los árabes la dama inglesa se sentía como un hombre y si por entonces evitaba relacionarse con las esposas de los británicos residentes en Oriente Próximo, que le aburrían y no le aportaban nada, según reconocía, las musulmanas eran invisibles a sus ojos. Sólo ahora que vivía en Bagdad le preocupaba el futuro de las jóvenes árabes —en su mayoría analfabetas e indefensas ante los abusos de los hombres— y estaba dispuesta a impulsar escuelas femeninas para su formación. «Hay que dar a las jóvenes una oportunidad para que se expresen por sí mismas. Si conociera usted los harenes como yo los conozco, se compadecería de las mujeres. No se ha hecho nada por ellas, nada», le diría al encargado británico en educación que acababa de llegar a Bagdad para crear un sistema escolar.

La mejor noticia para Gertrude en medio de aquella frenética actividad política fue la llegada de Hugh Bell a Bagdad el 29 de marzo de 1920. A lo largo de toda su vida había mostrado un gran respeto hacia los deseos de su adorado padre y nunca se atrevió a enfrentarse a él. Cuando éste le negó el permiso para comprometerse con el que fue el gran amor de su vida, Henry Cadogan, entendió que su padre quería lo mejor para ella. Siempre le pedía consejo, incluso ahora que se encontraba en la cúspide de su carrera. Fue él quien siendo todavía una niña la animó a ver mundo, aprender lenguas y le infundiría la confianza en sí misma que ahora le permitía desenvolverse en las altas esferas de la política internacional. Florence, su madrastra, diría en una ocasión acerca de la relación de Gertrude con Hugh: «La devoción que sentía por él, su incondicional admiración, el estrecho compañerismo mutuo, el profundo afecto que se tenían, estas cosas fueron para ambos la base misma de su existencia».

El señor Bell tenía ahora setenta años y la misma energía que su hija, quien en los días siguientes le presentó a todos sus conocidos. Presumir de padre le encantaba y guiarle por este nuevo país que casi consideraba una obra suya la llenaba de orgullo. Durante un mes Gertrude se dedicó exclusivamente a estar con él e intercambiar opiniones sobre el futuro de Mesopotamia. Le llevó al desierto, donde compartieron café y dátiles con los jeques árabes, y le mostró los ricos yacimientos petrolíferos de Mosul. La visita de Hugh Bell le dio nuevos ánimos para desempeñar un cargo de tanta responsabilidad que le había granjeado muchos enemigos.

Hugh le pidió a su hija que regresara un tiempo a Inglaterra para descansar y recuperar fuerzas, pero Gertrude no podía abandonar Irak en un momento político tan crucial, aunque la mayor parte de sus compañeros le dieran la espalda y la criticasen duramente por sus simpatías hacia un autogobierno árabe. En esos días apareció otra persona importante en su vida, era su antiguo sirviente Fattuh que se encontraba de paso en la ciudad y había decidido visitarla en su casa. El muchacho armenio se quedó con ella y le sería de gran utilidad en un momento en que se decidía el futuro del país y en la calle estallaba una revuelta armada que exigía a los británicos que abandonaran Irak. Gertrude observaba con preocupación cómo por primera vez desde mucho tiempo atrás, los suníes de las ciudades y los chiíes nómadas se aliaban contra un enemigo común, los ingleses. Fattuh se convirtió en su confidente y le contaba a Gertrude lo que escuchaba en los bazares y en los cafés de Bagdad.

A finales de 1920 se iniciaban las consultas con el pueblo iraquí para establecer un gobierno árabe bajo la supervisión de Gran

Bretaña. Por primera vez ya no se hablaba de protectorado sino de un país, Irak, que debía tener un jefe de Estado árabe. La casa de Gertrude se convirtió en el centro neurálgico del poder en Bagdad. A diario acudían los líderes árabes y las personalidades más influyentes, que se reunían en su amplio salón inglés para discutir sobre el futuro del país. La llamaban Umm al-Muminin, «la madre de los fieles», algo que la llenaba de orgullo porque, tal como le escribió a su padre, «la última persona que recibió este nombre fue Aisha, la esposa del Profeta». Gertrude se sentía ahora eufórica y organizaba elegantes cenas en su casa, donde ejercía de encantadora anfitriona y lucía su cubertería de plata y magníficas copas de cristal de Bohemia. Todos se quedaban encantados con su animada conversación —su voz profunda a causa del tabaco era inconfundible— y su inagotable energía. Tenía cincuenta y dos años, y aunque más delgada y con el pelo algo canoso, sus ojos azul intenso estaban llenos de vida. Aún era una mujer lúcida, brillante y sumamente ingeniosa que cautivaba a los que la escuchaban con sus aventuras en el desierto o sus descubrimientos arqueológicos.

Ahora la cuestión más delicada era quién sería la persona más apropiada para gobernar Irak y Gertrude —al igual que Lawrence de Arabia— creía con firmeza que el emir Faisal era el mejor candidato. Los franceses le habían echado de Damasco en 1920, su reinado en el trono de Siria había durado apenas veinte meses y sin embargo la dama inglesa no había olvidado su majestuosa figura y especial carisma. Era, a sus ojos, el líder perfecto, hábil diplomático, de carácter fuerte y con autoridad en el mundo árabe al haber liderado la revuelta contra los turcos. Gertrude Bell utilizaría todo su poder e influencia política para colocar a Faisal en el trono de Irak y sería en la Conferencia de El Cairo donde sus sueños se harían realidad.

En aquellos primeros días de 1921 Gertrude vivía enterrada en su trabajo y apenas tenía amigos, como confesaba en una carta a su padre. Ante los demás se mostraba dura e inflexible, nunca exteriorizaba sus emociones en público, y los que más la conocían decían que se había vuelto «una solterona amargada y solitaria».

Lo más importante que le ocurriría en los meses siguientes sería la Conferencia de El Cairo celebrada en el mes de marzo y convocada por Winston Churchill, recién nombrado secretario de las colonias. Allí acudieron los mayores expertos británicos en Oriente Próximo para decidir el destino de Mesopotamia, Cisjordania y Palestina. Una vez más, la señorita Bell era la única mujer entre los cuarenta delegados oficiales —apodados los cuarenta ladrones— y vestida con sus mejores galas se preparó para desempeñar el mejor papel de su carrera diplomática. En El Cairo se reencontró con su querido Lawrence de Arabia —al que Churchill había contratado como consejero político— y que ya entonces era un mito en Estados Unidos gracias a las conferencias y documentales del periodista Lowell Thomas, que lo había seguido durante toda su campaña en el desierto. Las imágenes que tomó de aquel tímido coronel inglés vestido con túnica árabe a lomos de su camello al frente de un ejército de beduinos, habían convertido a Lawrence en un héroe romántico. Por primera vez T. E. Lawrence era mucho más famoso que Gertrude, aunque años más tarde se rebelara contra su propia leyenda.

Las conspiraciones políticas de Gertrude y Lawrence en El Cairo por colocar a Faisal en el trono de Irak dieron finalmente su fruto. Cuando días más tarde la veterana diplomática regresaba a Bagdad había dejado a un lado las depresiones y se sentía eufórica. Tenía ante sí los días más intensos de su vida; el país finalmente contaría con Bagdad, Mosul y Basora; suníes, chiíes, judíos, cristianos y kurdos bajo una misma bandera y un mismo rey. Ahora Gertrude tendría que realizar una buena campaña política para que el pueblo iraquí aceptara a un soberano que consideraban un intruso porque había nacido en Arabia central —era natural de la región de Hiyaz— y no hablaba su mismo dialecto. Faisal jamás había estado en Irak, no conocía la historia de este país, ni su glorioso pasado, no era amigo de sus jeques más influyentes ni estaba familiarizado con su geografía. Pero Gertrude intuía que este príncipe hachemita era un político astuto y sensible a la vez, que sabría imponer su autoridad en Irak y ganarse al pueblo iraquí. Ella le ayudaría entre bambalinas al igual que un distinguido oficial británico, Kinahan Cornwallis, consejero de Faisal durante su mandato en Damasco y su hombre de más confianza. Al principio el altísimo señor Cornwallis le parecería un caballero algo estirado y taciturno pero muy pronto encontraría en él todas las cualidades que le gustaban en un hombre. A Florence se lo describió en una carta como «una torre de fuerza y sabiduría».

Desde aquel tórrido 23 de junio de 1921 en que Gertrude acudió a la estación de tren de Bagdad para recibir a Faisal, sus vidas iban a estar estrechamente ligadas. La señorita Bell se convirtió en su sombra; no sólo sería su asesora sino que en los meses siguientes le transmitió todos sus conocimientos y el amor que ella sentía por Mesopotamia. Hacía dos años que no se veían —desde la Conferencia de Paz de París—, pero Faisal no había olvidado a la importante dama inglesa que tanto le había ayudado. A Gertrude le impresionó su imponente figura: era alto, delgado, y vestía una vaporosa túnica de seda blanca y la tradicional kefía marrón ceñida a la cabeza por un brillante cordón escarlata y oro. Faisal sabía muy bien que la mayoría de los habitantes de Irak o no le conocían o estaban en contra de su elección; el asesoramiento de una experta arabista como la señorita Bell iba a ser crucial para convertirse en el primer soberano del país. En los meses siguientes Gertrude pasaría más tiempo en el palacio de Faisal que en su propio despacho. El emir encontró en Gertrude a una confidente y amiga, y la mandaba llamar con frecuencia para pedirle consejo. Ella se sentía feliz siendo útil de nuevo ya que la Oficina Árabe en Bagdad no existía, y al estar tan ocupada apenas tenía tiempo para pensar en los serios problemas económicos que atravesaba su familia. Las últimas cartas que había recibido de su padre eran inquietantes: el antaño próspero negocio de la industria metalúrgica se encontraba en un grave retroceso tras el impacto de la guerra. Hugh había pedido préstamos para intentar reflotar la empresa, pero ahora la situación era muy grave porque tenía grandes deudas con los bancos. El universo perfecto de los Bell donde había crecido Gertrude se tambaleaba cuando ella se encontraba en la cúspide de su poder.

Faltaban apenas dos meses para la coronación de Faisal y la

agenda de Gertrude estaba más llena que nunca. Le organizaba banquetes para que conociera a los personajes más influyentes del país y le llevaba de excursión a las antiguas ruinas de Mesopotamia, como el magnífico palacio de Ctesifonte levantado por los sasánidas persas en el siglo VI d.C., para que conociera de primera mano el esplendor de las antiguas civilizaciones que en el pasado habían erigido allí sus poderosos imperios. En ocasiones al atardecer cabalgaban juntos por el desierto descubriendo unos paisajes de interminables estepas que el emir no conocía. En todas las salidas les acompañaba el señor Cornwallis, que ahora se mostraba más atento hacia Gertrude e incluso se atrevió a recomendarle unos ejercicios físicos para que realizara cada mañana en su casa y aliviar así la tensión de aquellos días. La admiración de la dama inglesa por Faisal quedaba bien patente en estas líneas que escribió a su padre: «No puedo decirte lo encantadora que es nuestra relación; sentimos una cariñosa confianza que creo no podrá romperse jamás. En general se dirige a mí diciendo "hermana mía", lo que hace que me sienta como un personaje de *Las mil y una noches*. Es, por supuesto, un seductor excepcional; todos caen presos de sus encantos, y su inteligencia ágil y muy sutil se ve respaldada por unas intenciones realmente nobles de las que siempre soy muy consciente». Unos días antes Faisal le había dicho con cariño algo que la hizo sentirse muy dichosa: «Usted es una iraquí. Usted es un beduino».

El 23 de agosto de 1921 sería una fecha que Gertrude Bell no olvidaría nunca. Aquella calurosa mañana en Bagdad, el emir Faisal era entronizado mientras una banda militar tocaba el *God Save The King* (aún no existía un himno nacional árabe) y se lanzaba una salva de veintiún cañonazos. La secretaria para Oriente y leal ayudante del alto comisionado sir Percy Cox iba a convertirse en un personaje mundialmente famoso. Los medios de comunicación dedicaron amplios reportajes a la que ya llamaban —tanto los árabes como los británicos— «la reina sin corona de Mesopotamia». La hija del gran magnate del hierro gozaba del respeto y la admiración de los más poderosos jeques de Oriente Próximo. La coronación de Faisal había sido el mayor logro de su carrera, aunque ella negaba que hubiera tenido algo que ver con esta elección. En los días siguientes la dama y el rey se verían a diario. Formaban una extraña pareja: el príncipe, de tez oscura y barba negra envuelto en sus elegantes ropas árabes, paseaba junto a la frágil inglesa —vestida con un traje clásico de lino blanco y su inconfundible sombrero de paja adornado con melocotones y hojas— que le protegía del sol con su sombrilla. Además de trabajar juntos en la construcción del nuevo estado y el definitivo trazado de las fronteras, jugaban al tenis, nadaban y tomaban el té mientras charlaban animadamente.

Faisal, bajo su impresionante figura, era un rey melancólico que añoraba su tierra y sobre todo Damasco. En Bagdad se sentía muy solo y necesitaba de la compañía de Gertrude. Ella le había animado a que mandara traer a su esposa e hijos de La Meca, pero Faisal no se sentía aún seguro y quería esperar a que la situación política en el país fuera más estable. Así las cosas, Gertrude asumió el papel de señora del palacio, la única mujer de confianza a su lado. No sólo se encargaba de sus asuntos políticos sino que se ocupaba de la decoración, de los menús de las cenas, de seleccionar el servicio y de que todo estuviera en orden. Además, seguía con sus cenas en casa donde invitaba a funcionarios británicos, políticos árabes, periodistas y escritores como John Dos Passos, que cuando pasó por Bagdad estaba ansioso por conocer a la influyente dama británica. En su libro autobiográfico *Años inolvidables*, el autor americano recordaba el encuentro con ironía: «Me invitó a tomar el té. Me recibió sentada junto a una mesita de té perfectamente inglesa, colocada bajo una polvorienta palmera en el jardín de dátiles que circundaba su villa [...] Era una inglesa más bien pequeña y con cara de caballo —me parece recordar que su cabello era rojizo tirando a gris—, pero había algo majestuoso en su persona».

Nunca imaginó Gertrude que su poder llegaría a ser tan grande pero en su interior tenía la sensación de que a partir de entonces perdería poco a poco su influencia: «Creo que aquí he sido de gran utilidad, pero sospecho que estoy muy cerca del final. A menudo me pregunto si debo continuar aquí», le confesaría en una carta a su padre. Por el momento su relación con Faisal era muy estrecha, tanto que los rumores comenzaron a circular por la ciudad y se decía que entre ellos había algo más que amistad. Muchos creían que Gertrude se había enamorado del emir, un hombre culto y amable que la trataba con gran respeto. Sin duda, la dama sentía una gran admiración hacia este príncipe del desierto que para Lawrence de Arabia gozaba «de la reputación de ser el más grande de los líderes árabes desde Saladino, y del prestigio de tres victoriosas campañas a sus espaldas», pero si alguien ocupaba ahora un lugar en su corazón, éste no era otro que su compañero Kinahan Cornwallis, o Ken, como le llamaba afectuosamente. El consejero personal de Faisal —y antiguo director de la Oficina Árabe en El Cairo— era el tipo de hombre por el que siempre se había sentido atraída Gertrude. Un oficial británico apuesto y varonil, muy atlético, culto, y buen conocedor de Oriente Próximo. Los dos tenían en estos momentos la misma misión, apoyar al rey en la sombra.

Ken entró en la vida de Gertrude de manera inesperada en aquel año de 1922. Al igual que ella, se encontraba solo en Bagdad, pues su mujer y sus hijos vivían en Inglaterra; tras varios años viviendo en El Cairo, sentía que Irak era su auténtico hogar. La señorita Bell se veía a menudo con el señor Cornwallis y el rey Faisal se había convertido en una maravillosa excusa para flirtear con su «apuesto y altísimo» hombre de confianza. No sólo compartían intereses políticos, los escasos momentos libres de que disponían los aprovechaban para nadar juntos, realizar picnics a orillas del Tigris, o tomar el té mientras compartían risas y secretos de Estado. A medida que los árabes iban asumiendo el control del país, la responsabilidad de Gertrude iba disminuyendo y tenía más tiempo para la vida social. Sus días se llenaban con actividades que incluían siempre a su adorado Ken, cenas íntimas, partidas de bridge, campeonatos de tenis, carreras de caballos o románticos paseos por los jardines. En el ecuador de su vida se encontraba radiante y muy pronto la admiración que sentía hacia el atractivo oficial se transformaría en amor, según su biógrafa Janet Wallach.

El mejor regalo que le ofreció Faisal el día que cumplió cincuenta y cuatro años fue nombrarla directora del Patrimonio Histórico y de la Biblioteca de Salam. Gracias a una ley que ella misma redactó, consiguió que se protegieran los principales yacimientos del país; regresaba así a su pasión de juventud, la arqueología. Le gustaba recorrer las ruinas de ciudades como Ur, de cuatro mil años de antigüedad, y supervisar sobre el terreno el trabajo de los arqueólogos que ahora llegaban a Irak procedentes de los mejores museos del mundo dispuestos a sacar a la luz sus magníficos tesoros. Su amigo Leonard Woolley, al que había conocido en la Oficina Árabe de El Cairo cuando trabajaba como agente secreto para el gobierno británico, se haría mundialmente célebre al descubrir en 1927 la fabulosa ciudad sumeria de Ur y sus tumbas reales. Sólo unos años después la escritora Agatha Christie, invitada por sir Woolley, visitaría Ur y aquí conocería a su joven ayudante, el arqueólogo Max Mallowan, que se convertiría en su segundo marido.

En junio de 1923, cuando el calor sofocante invadía Bagdad, Gertrude decidió regresar a Inglaterra y viajó a su amada casa de Rounton, que ya no era el mundo maravilloso que conoció siendo una niña. La precaria situación financiera de sus padres les había obligado a cerrar una parte de la mansión y a despedir a la mitad del servicio para reducir gastos. En aquellos días tristes volvió a pasear con su padre por los hermosos jardines y recordó una vez cuando en un arrebato se llevó a su amado Charles Doughty-Wylie para que conociera este lugar tan especial para ella. Ken Cornwallis —que tenía diecisiete años menos que ella— le recordaba en muchos aspectos a Dick y allí, en su refugio familiar, descubriría que había vuelto a enamorarse.

Cuando regresó a Bagdad, la vida de Gertrude no era tan excitante como antes. Faisal ya no dependía tanto de ella, así que revoloteaba por el palacio decorando nuevas estancias con muebles traídos de Inglaterra, contratando a más personal e intentando que el rey se sintiera cómodo en su nuevo hogar. Con Ken asistía a sesiones de tiro, jugaba al tenis y cenaba en su nueva residencia, a la que acababa de mudarse. Aquellas Navidades de 1923 fueron extrañamente felices porque no estaba sola y el señor Cornwallis la invitó a cazar con unos amigos en Babilonia. El nuevo año quiso celebrarlo a su manera con una expedición al desierto para visitar los emplazamientos de Kish y Ur. Quería entrar en el desierto que tanto la atraía y sentirse «independiente y salvaje como antes». Esta vez no viajaría a lomos de camello ni en compañía de su querido Fattuh; su ayudante personal la llevó en un vehículo que muy pronto quedó literalmente enterrado en el lodo de la carretera. Gertrude, lejos de preocuparse, se calzó unas botas altas y durante un par de horas caminó por el barro hasta llegar al yacimiento donde la esperaban preocupados los arqueólogos. Aquella noche en la que durmió como en los viejos tiempos en una tienda de campaña, y pudo saborear un buen café junto al fuego, sintió la añoranza del pasado cuando sólo era una intrépida exploradora que en estas desoladas llanuras había encontrado su razón de existir.

En marzo de 1924, cuando Gertrude preparaba un nuevo viaje a las ruinas de la ciudad sumeria de Ur, la periodista norteamericana Marguerite Harrison la visitó en su casa de Bagdad y se sorprendió del aspecto frágil de aquella mujer que la recibió en el jardín: «Su delicado rostro ovalado, con la boca y barbilla firmes, los ojos de un azul grisáceo como el acero y la aureola sedosa de sus cabellos grises le daban el aire de una gran dama. No había nada en su aspecto ni en su porte del explorador curtido por los rigores del clima. Vestidos de París y modales de Mayfair. ¡Y era ésta la mujer que había hecho temblar a los jeques con su sola presencia...!».

Ahora Gertrude Bell dedicaba la mayor parte de su tiempo a catalogar objetos antiguos encontrados en las excavaciones y a soñar con la creación de un museo para Irak. Por el momento el rey Faisal le facilitó una estancia en su palacio para que fuera reuniendo su colección, que pronto llegó a superar las tres mil piezas, algunas realmente importantes. Quería rescatar del olvido el glorioso pasado de Mesopotamia y sobre todo asegurarse de que ninguna pieza abandonara el país sin su aprobación. En ocasiones Ken la acompañaba en sus excursiones y a medida que pasaban los meses la dama se dio cuenta de que cada vez ansiaba más su compañía. Pero Ken tenía sus propias preocupaciones, su esposa le había pedido el divorcio y se sentía destrozado porque había perdido la custodia de sus hijos. Los sueños románticos de la señorita Bell de convertirse en la próxima señora Cornwallis se esfumaron muy pronto. En una ocasión Gertrude le abrió su corazón y le planteó que quizá pudieran casarse. Ken rechazó tajante semejante idea y durante un tiempo ella trató de evitarlo porque aún le amaba y le resultaba muy doloroso no verse correspondida. Más adelante acabarían siendo buenos compañeros y Ken siempre estaría a su lado cuando le necesitara. A lo largo de su vida Gertrude Bell se había enamorado de hombres que en realidad eran muy parecidos a su venerado padre: caballeros británicos cultos, valientes y poderosos.

En 1925 Gertrude se sentía más sola que nunca; el rey Faisal tenía a sus hombres de confianza y apenas la consultaba. Su único hijo, Ghazi, de doce años, había llegado a Bagdad para vivir con su padre y unos meses más tarde su esposa Hazaima se reunía con ellos. La relación con el monarca era ahora más fría y distante. Faisal a lo largo de su reinado, que duró doce años, consiguió acabar con el control británico en Irak, que se convirtió en un Estado independiente en 1932. A su muerte en 1933 le sucedió su hijo Ghazi, que no tenía ni su preparación ni su carisma y moriría en un trágico accidente de coche. Su nieto Faisal II —asesinado en palacio durante la revolución de 1958— sería el último rey de Irak. No muy lejos, en el horizonte político, un joven y ambicioso oficial, Sadam Husein, comenzaba su sangrienta carrera por el poder que le llevaría a la presidencia del país en 1979.

Sin embargo, Gertrude no tenía a nadie, ni un marido ni unos hijos a quienes cuidar; siempre había vivido a través de los demás, olvidándose tal vez de su propia existencia. Transmitía a todos los que la conocían una desbordante energía mientras su propia luz se apagaba lentamente. Aunque su padre le sugirió que le visitara porque la notaba en sus cartas apática y deprimida, decidió quedarse en su casa de Bagdad. Su salud no era buena, estaba débil y muy delgada, pero no quería abandonar sus responsabilidades al frente del departamento de arqueología y el futuro museo. En el mes de julio, ya más recuperada, se animó a viajar a Londres y aunque los médicos de la familia le recomendaron que no regresara a Bagdad porque el clima empeoraría su salud, decidió volver a Irak. En una de sus últimas cartas le confesaba a un amigo: «Aparte del museo, no disfruto de la vida para nada. Tengo la aguda sensación de estar llegando al final de las cosas, y ninguna certeza de lo que haré a continuación, si es que hay algo que hacer. Además, aparte del trabajo, esto es muy aburrido. No sé qué hacer conmigo misma por las tardes [...] vivir aquí se ha convertido en algo muy solitario».

En el mes de julio de 1926 los termómetros en Bagdad marcaban los cuarenta grados a la sombra. El calor era sofocante y la ciudad se había quedado vacía. El rey Faisal se encontraba en Europa tomando las aguas de Vichy con su familia y los pocos amigos de Gertrude estaban de vacaciones. Faltaban tres días para que cumpliera cincuenta y ocho años y apenas salía de su casa porque se encontraba muy abatida. Aquel 11 de julio tras almorzar con unos amigos, descansó un rato y paseó como de costumbre por su jardín de rosas y jazmines, cuyo aroma la trasladaba a los días felices de Rounton donde se sentía segura y fuerte, protegida por su padre. Se acostó antes de lo previsto y le pidió a su doncella Marie que la llamara a las seis de la mañana. No despertó nunca de aquel sueño porque había decidido poner fin a su vida con una sobredosis de somníferos. Al día siguiente la noticia recorrió las calles de Bagdad: la al-Jatun había muerto en su cama. Oficialmente nunca se nombró la palabra suicidio y sólo los que la conocían sabían de sus profundas depresiones. La mujer que había dedicado los últimos diez años de su vida al servicio de «su» causa árabe y en especial de Irak, fue enterrada con todos los honores militares en medio de una multitud que se congregó para rendirle su último homenaje. «Al final de la vida, no hay nada más que el susurro del viento del desierto y el tintineo del cencerro del camello», le dijo en una ocasión a la exploradora un joven beduino de la tribu Anazeh y Gertrude había sentido que ya era la hora de partir.

Freya Stark
1893-1993

Oriente me está absorbiendo. No sé exactamente lo que es; no es su belleza, ni su poesía, ni ninguna de las cosas habituales [...] y sin embargo siento el deseo de pasar aquí muchos años, pero no aquí, sino más hacia el interior, hacia donde espero partir tan pronto como aprenda árabe suficiente para conversar normalmente.

FREYA STARK, Beirut (Líbano), 1927

La última exploradora

Dos años después de que la famosa viajera y diplomática británica Gertrude Bell se suicidara en su casa de Bagdad, otra intrépida exploradora desembarcaba en Beirut atraída por el misterioso Oriente. Se trataba de Freya Stark, que a sus treinta y cuatro años se disponía a perfeccionar su árabe y realizar una temeraria travesía al Yébel Druso, o Montaña de los Drusos, en el sur de Siria. Este primer viaje en 1927 la convertiría en una leyenda mundial al ser detenida tras romper el cordón militar de los franceses que rodeaba a los rebeldes drusos. A diferencia de la aristocrática y bien relacionada señorita Bell, Freya viajaba ligera de equipaje, sin cartas de recomendación, sin amigos influyentes en las embajadas y con muy poco dinero. Aquella primera aventura en tierras árabes le permitió descubrir que era posible huir de la vida «triste y anodina» que había llevado hasta entonces y alejarse de una madre posesiva y sumamente dominante.

Gertrude Bell y Freya Stark, aunque contemporáneas, nunca llegaron a conocerse. Ambas tenían muchas cosas en común, fueron grandes viajeras y profundas conocedoras de Oriente Próximo, donde vivieron buena parte de su vida; eran espíritus solitarios y nómadas que compartían una imagen romántica de los beduinos del desierto y amaban la arqueología. Las dos eran mujeres extravagantes —Freya se paseaba por Londres con un exótico lagarto azul del Yemen— y muy presumidas, que sentían debilidad por la ropa cara. Amaban los retos más difíciles y se encontraban a sus anchas escalando peligrosas montañas o explorando territorios prohibidos nunca antes pisados por una europea. En política, su profundo conocimiento del mundo árabe les permitió entrar en un universo exclusivo de hombres; si la señorita Bell fue la primera mujer en ocupar el cargo de secretaria para Oriente y ayudó a trazar las fronteras del actual Irak, Freya durante la Segunda Guerra Mundial trabajaría incansable como espía y organizaría una red de inteligencia antinazi para evitar que los árabes apoyaran al Tercer Reich. No es raro que siempre las compararan e incluso que muchos vieran en la audaz señorita Freya Stark —nacida en París pero educada en Londres— a la digna sucesora de lady Gertrude Bell. Sin embargo, estas comparaciones no gustaban a Freya que tuvo una infancia desgraciada, conoció la pobreza y no pudo estudiar en selectos colegios, tal como descubre Jane Fletcher en su magnífica biografía de la célebre viajera.

Superados aquellos primeros años de penurias y sufrimientos, de los que Freya saldría fortalecida, su vida sería tan intensa y extraordinaria como la de «su hermana siamesa» Gertrude Bell. Fue una luchadora nata que supo sobreponerse a las más duras adversidades, entre ellas un terrible accidente ocurrido en 1905, poco antes de cumplir los trece años, que le desfiguró una parte del rostro y la marcó para siempre. Mujer solitaria que toda su vida lamentó no haber nacido hermosa como su madre, no pudo hacer realidad su mayor sueño: encontrar un buen marido y tener hijos. Sin embargo, su carisma, fuerza interior y una voluntad de hierro la iban a situar entre las mujeres más singulares del siglo XX. La señorita Stark —que hablaba nueve idiomas, entre ellos el árabe, y se defendía en turco, persa y kurdo— viajó sola por todo Oriente Próximo y descubrió ciudades perdidas en el sur de Arabia siguiendo la antigua ruta comercial del incienso. En el desierto persa exploró las ruinas de los castillos y fortalezas levantados en el siglo XI por la misteriosa secta de los Asesinos, lo que le valdría el reconocimiento de la Royal Geographical Society de Londres. Y sobre todo nos dejaría una treintena de magníficos libros —el escritor Lawrence Durrell la llamaba «la poeta del viaje»— que la consolidaron como la mejor autora británica en el género de viajes e inspiraron a toda una generación de jóvenes trotamundos. Al final de sus días recibió innumerables premios y honores, entre ellos el título de Dama del Imperio Británico en 1972.

Dame Freya Stark vivió cien intensos años, pocos quizá para una mujer tan apasionada y emprendedora como ella. Siendo ya una venerable anciana nunca perdió su sentido del humor y extraordinaria lucidez: «A uno le sobreviene una especie de locura a la vista de un buen mapa», escribió en su libro *Letters from Syria* (1942). Esta insaciable curiosidad y la búsqueda del conocimiento que guió toda su vida la llevó con más de ochenta años a recorrer China, la India, Asia Central e Irán; cuando cumplió los noventa la filmaron a lomos de mula por las montañas del Himalaya atravesando pasos a más de cinco mil metros de altitud extasiada ante la imponente belleza que la rodeaba. Nadie como ella retrató aquel Oriente de magníficas ruinas enterradas en la arena, ciudades medievales ancladas en el tiempo, harenes, caravanas y nobles beduinos. Hoy que buena parte de ese mundo ha desaparecido, nos quedan sus libros, miles de fotografías en blanco y negro, y sobre todo sus cartas a amigos y familiares que desvelan su auténtica pasión por la vida y los viajes.

Tiempos difíciles

Nada hacía imaginar que aquella niña enfermiza y prematura nacida en París el 31 de junio de 1893 y bautizada como Freya Madeleine Stark se iba a convertir en una leyenda. La pequeña, de expresivos ojos negros y abundantes rizos castaños, era hija de Robert Stark, un tranquilo y bohemio pintor británico y su apasionada prima hermana, Flora, escultora y pianista de talento. Cuando se casaron la madre de Freya tenía apenas diecisiete años; era una muchacha hermosa, muy alta, elegante y de gran magnetismo que había crecido en Italia. Robert se enamoró de ella desde el primer instante que la vio en Florencia y tras la boda se trasladaron a vivir a los verdes páramos de Dartmoor, cerca de Devon, al sur de Inglaterra. La suya iba a ser una unión desafortunada porque aparte del arte sus gustos y caracteres eran totalmente opuestos. La joven pareja —por expreso deseo de Flora— se trasladó a vivir a París en 1887 para dedicarse en serio a la pintura.

Su hogar era un pequeño estudio abuhardillado de la Rive Gauche y como su primera hija Freya vino al mundo antes de tiempo, Flora tuvo que mandar a un amigo, el artista australiano Herbert Young, a las Galerías Lafayette para comprar una canastilla y pañales a la recién nacida.

Los Stark pronto cambiaron el ambiente bohemio y artístico de París por una vida más tranquila en la ciudad medieval de Asolo, cerca de Venecia. Allí se instalaron en la villa que unos años antes había comprado Herbert Young, que era el padrino de Freya. En Asolo nacería la segunda hija de Flora, una niña a la que pondrían el nombre de Vera. Al cabo de un año Robert hizo de nuevo las maletas y las hijas se quedaron un tiempo a vivir con la abuela materna, Madeleine von Schmid, en su casa de Génova. Freya adoraba a su abuela alemana, una mujer culta y con inclinaciones artísticas, que siendo ella una niña le narraba cuentos clásicos con su melodiosa voz. Los primeros años de vida de Freya fueron un constante hacer y deshacer maletas, una vida nómada que le impidió acudir a la escuela y le obligó a aprenderlo todo por sí misma. Con siete años Freya hablaba ya cuatro idiomas, entre ellos el alemán que le enseñó la abuela Madeleine al calor de la lumbre mientras preparaba alguno de sus deliciosos guisos. «Nuestra vida deambulante nos hizo precavidas y bastante resistentes», confesaría Freya que siempre lamentó no haber podido acudir a clase como una niña normal de su edad.

Freya creció marcada por la fuerte personalidad de su madre, una mujer imprevisible, dominante y muy estricta con sus hijas. Flora Stark sería la persona más influyente en su vida, durante años la idolatró y acató todos sus deseos sin ver en ella ni un solo defecto. En el otro extremo se encontraba su padre, de carácter reposado y menos temperamental, que le transmitiría su amor por la botánica, la vida al aire libre y el contacto con la naturaleza; Robert siempre trató a Freya como a un niño y la educó para ser valiente y afrontar con entereza los peligros. Cuando ya era una famosa exploradora recordaba en sus memorias que su pasión por los viajes comenzó cuando su padre la cargaba siendo un bebé dentro de una cesta en sus largas excursiones por los Dolomitas, en Italia. La felicidad de esta pareja de bohemios refinados duraría poco; a Flora cada día le gustaba más la agitada vida social, las fiestas excéntricas de artistas y estaba harta de depender de un marido tacaño del que ya no estaba enamorada. Por su parte Robert se refugiaba en su trabajo y sólo pensaba en huir al campo, lejos del bullicio que tanto detestaba.

Cuando Freya tenía diez años su madre tomó una inesperada decisión que cambiaría para siempre el rumbo de sus vidas. Flora abandonó a su esposo y se marchó a Dronero, una lúgubre ciudad del norte de Italia, con un conde italiano. Se llamaba Mario di Roascio, era un joven seductor y emprendedor de veintitrés años al que había conocido en Londres. En contra de lo que mucha gente pensó, la señora Stark —que entonces tenía cuarenta y dos años— no huyó llevada por una pasión amorosa, sino por algo mucho más banal: los negocios. Harta de depender económicamente de su esposo, deseaba tener su propia empresa y cuando el noble italiano le propuso que fuera su socia en una fábrica textil que producía esteras y alfombras de fibra de coco a gran escala, no se lo pensó dos veces.

En la primavera de 1903, tras dejar a las niñas con su suegra en Torquay, Flora se marchó definitivamente de Inglaterra. A su llegada a Dronero alquiló una antigua y algo ruinosa villa y se instaló en ella. A los pocos meses, cuando la casa ya estaba en condiciones y el trabajo en la fábrica absorbía todo su tiempo, mandó buscar a sus dos hijas. Freya y Vera creían que se trataba de unas cortas vacaciones de verano en Italia, pero en esta ciudad gris rodeada de montañas la escritora viviría diecisiete terribles años. Dronero fue para ella una prisión que la mantuvo alejada de su padre, sus amigos y los paisajes junto al mar de la bahía de Torquay. En sus memorias Freya Stark, recordando aquella época, confesó: «Como mi madre estaba llena de afecto y de felicidad, jamás notó que nuestras vidas se desmoronaban a su alrededor».

La confortable vida que Freya había llevado hasta el momento en la hermosa región de Devon —la tierra natal de la escritora Agatha Christie— cambió radicalmente al llegar a Italia. En la nueva casa no había presupuesto para pagar a una gobernanta que atendiera a las niñas ni a una criada que limpiara las habitaciones. En invierno apenas tenían dinero para comprar combustible y sólo podían bañarse con agua caliente una vez a la semana. Las dos hermanas se levantaban temprano, hacían las tareas domésticas, preparaban su comida y por las tardes estudiaban con unas monjas francesas en la escuela de la ciudad. No tenían amigos y apenas veían a su madre. Flora trabajaba duro pero estaba entusiasmada con su fábrica y vivía ajena al aislamiento de las niñas. Freya odiaba con todas sus fuerzas al «pretencioso» Mario di Roascio porque le consideraba el culpable de sus desgracias y acaparaba toda la atención de su madre.

Pocos días antes de que Freya cumpliera trece años, Flora invitó a sus hijas a que visitaran la fábrica textil donde habían instalado una nueva maquinaria. Quiso el destino que la muchacha —que aquel día llevaba suelta su larga cabellera de color castaño— se acercara demasiado a una de las máquinas y su pelo quedara atrapado en una enorme rueda de acero en movimiento. En unos segundos Freya fue lanzada al aire por el impacto y sintió cómo Mario la arrancaba de aquel suplicio sin esperar a que un operario detuviera la máquina. El resultado fue terrible, la joven yacía en el suelo en medio de un charco de sangre y su dolor era inmenso. Con el tirón había perdido parte del cuero cabelludo, además de la oreja, el párpado y bastante piel de la sien del lado derecho. Freya estuvo a punto de morir tras una serie interminable de injertos de piel que su cuerpo rechazaba. Finalmente, y tras una delicada operación sin anestesia en un hospital de Turín donde le extrajeron piel de sus propios muslos para injertarlos en su cabeza, comenzó una lenta y milagrosa mejoría. Durante los cuatro meses que tuvo que permanecer ingresada lo mejor fue tener a su madre noche y día junto a ella. Este accidente la marcó profundamente y le dejó profundas secuelas físicas y psicológicas. Con el tiempo Freya disimulaba sus cicatrices ocultándolas bajo llamativos sombreros o cambiando de peinado.

Un año después de aquel dramático episodio, Flora y sus dos hijas se trasladaron a vivir a la casa familiar de Mario. Seguían siendo sólo buenos amigos, a pesar de que en Dronero la relación de aquella excéntrica dama inglesa con el joven noble italiano daba mucho que hablar. Pero el escándalo estalló el día que Flora Stark dio su consentimiento para que su hija Vera se casara con el prometedor Mario di Roascio. A la hermana pequeña de Freya siempre le faltó el valor para negarse a los deseos de su madre, no pudo estudiar como quería escultura y acabó quedándose en casa. Cuando cumplió los dieciocho años y Mario le pidió en matrimonio aceptó con resignación su destino. Freya más tarde se enteró de que Flora había aprobado aquel enlace en su propio beneficio para asegurarse su futuro en el negocio que compartían. Aquel día escribió en su diario: «Nunca volveré a tener la misma fe en mi madre».

Tras una época marcada por la pobreza y el sufrimiento en Dronero, Freya consiguió escapar de su prisión y se matriculó en 1911 en el Bedford College de Londres. A punto de cumplir veinte años por fin podía acudir a una escuela de verdad. Ahora sólo tenía a su madre, a quien escribía largas cartas a diario y seguía admirando como cuando era una niña; su padre había abandonado Inglaterra y vivía en los frondosos bosques de Canadá. En Londres se alojó en la casa de Viva Jeyes, una amiga norteamericana de Flora del círculo artístico e intelectual de St. John's Wood. Mujer hermosa y elegante, muy bien relacionada en el mundo de la cultura, había perdido recientemente a su esposo y no tenía hijos. Acogió a Freya con mucho cariño y le presentó a importantes figuras literarias que se contaban entre sus amistades. Pronto la voz inconfundible de Freya —que hablaba un curioso inglés con marcado acento italiano— se hacía oír en las reuniones de la señora Jeyes. A pesar de su juventud Freya discutía acaloradamente sobre política, literatura o cualquier tema que le permitiera lucirse. Esta época dorada de aprendizaje en Londres acabó bruscamente para la señorita Stark en agosto de 1914 cuando estalló la Primera Guerra Mundial y la escuela cerró sus puertas. Freya, que había sido una de sus más brillantes alumnas, se vio obligada a hacer una vez más las maletas y regresar a Italia con su familia.

Como no quería quedarse mucho tiempo en Dronero, Freya convenció a su madre para ir a un hospital de Bolonia para trabajar como enfermera. Durante este tiempo comenzó a escribir en sus ratos libres sus primeros ensayos, que no enseñó a nadie pero que ya demostraban su gran talento y serían publicados en 1968. Lo que no imaginaba es que en aquellos días iba a conocer a un hombre del que se enamoraría apasionadamente. Era Quirino Ruata —o Guido, como lo llamaba cariñosamente—, un médico y profesor de bacteriología de treinta y ocho años, varonil y culto que trabajaba en el mismo hospital que ella. En las vacaciones de Navidad regresó a Dronero y descubrió encantada que su hermana Vera había tenido una niña, Leonarda, y parecía haber rehecho su vida. Para entonces Freya no pensaba en nadie más que en su amado Guido que en aquel duro invierno de 1915 le había pedido en matrimonio. Era, por primera vez en su vida, inmensamente feliz.

En primavera Freya abandonó su trabajo en el hospital de Bolonia y regresó a Dronero para preparar su boda. Fue entonces cuando comenzó a encontrarse tan débil que casi no podía caminar ni probar bocado sin sentirse enferma. Freya había contraído una grave infección y tuvo que guardar cama varias semanas. Durante su larga convalecencia, las cartas de Guido tardaban cada vez más en llegar. Freya no entendía lo que ocurría hasta que recibió una carta de su prometido donde le anunciaba escuetamente que rompía el compromiso. Para Freya fue un duro golpe; más tarde descubrió que en la vida de Guido había otra mujer, una música con la que acabaría casándose.

Tras la ruptura con su novio, Freya tuvo que soportar la furiosa reacción de su madre, herida en su amor propio porque un hombre hubiera abandonado a su hija por su amante. Flora Stark hizo la vida imposible a Guido reclamándole dinero y hasta la devolución de los regalos. Este comportamiento de Flora —que no dejó de recordarle ni un instante a su hija que aquélla había sido su última oportunidad para «cazar» un marido— la afectó aún mas que la inesperada ruptura con su novio. Fue una época muy dura para Freya, que aún tuvo que sufrir la pérdida de su sobrina Leonarda víctima del tifus, enfermedad que ella también contrajo.

A finales de 1918, viendo los estragos que había causado la guerra y que el taller textil de su madre ya no daba beneficios como antes, animó a Flora a que se fuera a vivir con ella. Con la ayuda de su padre, había comprado una pequeña villa —L'Arma— de cuatro habitaciones en la ciudad de Mórtola, en la costa italiana. Tenía unos acres de tierra y pensaba dedicarse al cultivo de las flores para poder ganar algo de dinero. A regañadientes Flora la acompañó a esta soleada región junto al mar, donde comenzaron desde cero en el negocio de la floricultura. Fueron años duros porque la comida escaseaba y había que arreglárselas para reducir gastos. Freya quería escribir —por entonces su única evasión— pero apenas le quedaba tiempo agobiada por las tareas domésticas y el cuidado de las flores. Sin embargo, su sed de conocimiento no tenía límites; en una carta a su padre le decía que mientras cocinaba «y removía el puchero» leía a Virgilio y las obras del economista inglés John Maynard Keynes. Estaba convencida de que aquella etapa de penurias no iba a durar para siempre.

En verano los ricos propietarios de las villas que rodeaban la casa de Freya llegaban a la elegante Riviera italiana para pasar sus vacaciones. Entre ellos se encontraba la familia Buddicom, que tenía una espléndida mansión no muy lejos de Mórtola. Su única hija, Venetia, era una hermosa muchacha, esbelta, de larga melena rubia e intensos ojos azules, todo lo opuesto a Freya. Desde el principio congeniaron y se hicieron muy buenas amigas; les unía su pasión por la aventura y pronto emprenderían juntas un temerario viaje a Oriente. Freya también sacaba tiempo para dedicarse a otra de sus pasiones, el montañismo, y había logrado escalar el Monte Rosa desde el lado italiano. No era aquélla una montaña para principiantes, Freya soportó una ardua escalada de doce horas por una imponente pared helada, expuesta a morir sepultada bajo una avalancha. Sólo otra mujer antes que ella lo había conseguido y a Venetia le gustaba oír los detalles de estas hazañas de los labios de su intrépida amiga.

Freya, que ya hablaba con fluidez inglés, francés, italiano y alemán, decidió en aquella época aprender árabe. Nadie entendía su «locura por el árabe» y el sacrificio que le implicaba tener que abandonar por unas horas el negocio de la floricultura y coger un tren a San Remo, donde le daba clases un viejo monje capuchino que había vivido treinta años en Beirut. En 1920 en esta ciudad se celebraba la Conferencia de San Remo donde al final de la guerra los aliados se repartían los restos del Imperio Otomano. Freya, que siempre sintió una gran admiración hacia el poderoso Imperio Británico, seguía muy atenta a través de la prensa el reparto de los territorios árabes. En su cabeza los nombres de Siria, Palestina, Líbano o Mesopotamia la trasladaban a una región que le atraía irresistiblemente por su esplendoroso pasado y rica historia.

Antes de que Freya pudiera vagar por aquellos escenarios de *Las mil y una noches* que hacían volar su imaginación, aún tendría que enfrentarse a una nueva enfermedad —de las muchas que padecería a lo largo de su vida—, en esta ocasión una dolorosa úlcera gástrica de la que fue operada de urgencia. Durante seis meses se recuperó en la tranquila y confortable casa que su padrino Herbert Young tenía en Asolo. Allí aprovechó el tiempo para leer con avidez todo lo que pudo sobre la región que ahora más interés despertaba en ella, Oriente Próximo, y continuar con sus lecciones de árabe de la mano de un profesor egipcio. Cuando ya se encontraba con más ánimo y fuerza regresó a Londres. Había necesitado varios años para que los fantasmas de Guido comenzaran a desvanecerse y pudiera pensar en su propio futuro. Pero Freya aún tendría que lamentar una tragedia más, la muerte de su querida hermana Vera que en 1926, a los treinta y tres años, murió al contraer una septicemia tras un aborto. Dejaba cuatro niños pequeños al cuidado de Mario, que cayó en una profunda depresión. En su diario escribiría: «En sus últimos años tuvo una felicidad tranquila, pero nunca conoció el resplandor que hace que la vida merezca ser vivida, aunque llegue como un breve destello y desaparezca».

Un año después Freya pensó que había llegado el momento de

hacer realidad su anhelado sueño y partir a Oriente. Aún sentía como una pesada losa la muerte de su hermana y le inquietaba el futuro de sus sobrinos, pero se dispuso a organizar su vida para poder emprender su largo viaje. Consiguió encontrar un nuevo trabajo para su madre en Asolo, que con renovadas energías se puso al frente de una pequeña tejeduría de seda que le recordaba su primer taller en Dronero. Flora viviría en casa de Herbert Young y no le faltaría ni compañía ni dinero porque Freya —siempre previsora— había alquilado la granja de flores de Mórtola, lo que les permitiría contar con unos pequeños ingresos fijos. En noviembre de 1927, la señorita Freya Stark embarcaba en el viejo carguero *Abbazia* rumbo a Beirut. Tenía treinta y cuatro años, estaba cansada y muy delgada pero la idea de alejarse de su doloroso pasado le hacía sentirse rejuvenecida. «Es tan maravilloso estar lejos, realmente lejos, y descubrir cada mañana una nueva tierra», anotaría en las páginas en blanco de su diario de viaje.

El placer de la aventura

Tras un mes de travesía por el luminoso Mediterráneo Freya divisaba las suaves costas y montañas del Líbano, país controlado por los franceses. El aire del mar había hecho milagros en su delicada salud y ya ni recordaba todas las enfermedades que habían hecho temer por su vida. Viajaba sola y ligera de equipaje, tan sólo una maleta que contenía su ropa, una cámara de fotos, carretes de película, mapas, libros y un revólver bien escondido. Envuelta en su abrigo de pieles, con un sombrero de lana calado hasta las cejas, apenas se la reconocía. Por entonces Freya ya hablaba con bastante fluidez el árabe, cuyo estudio había completado asistiendo en primavera a la Escuela de Estudios Orientales de Londres, y ahora al fin podría ponerlo en práctica. En la larga travesía a bordo del vapor *Abbazia*, aprovechó el tiempo para leer con voracidad los libros de los más grandes exploradores y arabistas europeos. En este momento de su vida Freya —que incluso había aprendido cartografía y el manejo de la brújula— estaba más preparada y decidida que nunca a seguir los pasos de sus antecesoras en estas regiones, como la extraña lady Hester Stanhope que había vivido recluida en su colina de Djoun con su particular corte de sirvientes y cuya tumba quería visitar.

Si Freya por entonces tenía un héroe romántico éste era el coronel T. E. Lawrence —Lawrence de Arabia—, que había encabezado la revuelta árabe contra los turcos al lado del príncipe Faisal. Admiraba profundamente a este intrépido capitán británico que había dejado a un lado la arqueología para ponerse al frente de un ejército de beduinos. La señorita Stark había seguido con gran interés su larga marcha de casi mil kilómetros a lomos de camello a través de las ardientes dunas del desierto, vestido con ropas árabes para sorprender a los turcos y tomar el puesto de Aqaba, en el mar Rojo. Freya también conocía las hazañas de los grandes exploradores decimonónicos por tierras de Oriente, como el extravagante explorador sir Richard Burton que alcanzó La Meca y Medina disfrazado de peregrino afgano, entre otros muchos insensatos desafíos. Al igual que Lawrence en su campaña del desierto, Freya llevaba consigo los dos pesados volúmenes de la obra *Travels in Arabia Deserta* del erudito viajero Charles Doughty, el primer europeo en adentrarse en 1875 por el norte de la remota y salvaje península Arábiga. Ahora era ella quien iba a vivir una gran aventura que la llevaría a territorios prohibidos e inexplorados que hasta el momento sólo habían existido en su imaginación.

El destino de Freya era una aldea llamada Brummana suspendida en las montañas cercanas a la ciudad de Beirut. Allí se alojó en la casa de unos misioneros cuáqueros dispuesta a continuar con sus clases de árabe y explorar la región. «Qué soy y por qué aprendo árabe es un completo misterio. Si digo que lo hago por puro placer, percibo una mirada con tal carga de incredulidad que empiezo a sentirme tan cohibida como si estuviera diciendo la mentira más descarada», escribió Freya en una carta a su madre en aquel frío invierno de 1927. Pero ni el frío, ni la soledad, ni el proselitismo de sus anfitriones podrían con su empeño: «No me gustan nada las misiones y siento que podrían haber hecho mejor las cosas si tan sólo fuera una escuela cristiana sin pretensión de convertir a los infieles. Es extraordinario comprobar lo poco que consiguen compartir de la vida del lugar», anotaría en su diario. Al poco de instalarse, contrató a un joven profesor sirio para que le ayudara a perfeccionar su gramática y se sumergió entusiasmada en la cultura árabe; le gustaba probar los nuevos sabores de la comida, perderse por sus calles empedradas y embriagarse con los penetrantes aromas que invadían el bazar. Aprovechó también para hacer ejercicio —aunque los médicos, tras la delicada operación, se lo habían desaconsejado— y se animó a escalar las escarpadas laderas de las montañas al igual que hiciera cuando era una niña cogida de la mano de su padre en Dartmoor. Ya por entonces se sintió atraída por los drusos que habitaban en la aldea y cuyos hombres, altos, fuertes y de poblados bigotes, vestían pantalones bombachos negros y enormes turbantes blancos. A Freya esta extraña secta religiosa le intrigaba lo mismo que a Gertrude Bell, quien en 1905 recorrió a lomos de burro las abruptas montañas del Yébel Druso en el sur de Siria y disfrutó de la hospitalidad de sus hombres que la trataron «con honores de una reina».

Tras unos meses en Brummana practicando el árabe y comprobando satisfecha que ya era capaz de hacerse entender en esta lengua, Freya cogió un tren rumbo a Damasco. El 15 de marzo de 1928 llegaba a la capital siria donde pensaba quedarse un mes y esperar la llegada de su amiga de Italia, Venetia Buddicom. A diferencia de Gertrude Bell, que solía alojarse en el confortable y céntrico hotel Palace con su doncella Marie y su montaña de baúles, ella alquiló una pequeña habitación a una familia cristiana que le habían recomendado los misioneros. La casa, modesta y muy ruidosa, se encontraba en el barrio de Bab Tuma o Puerta de Santo Tomás; muy pronto descubriría que el hedor de las alcantarillas era insoportable y el frío le calaba los huesos. Además le faltaba privacidad ya que su casera —a la que detestaba— recibía a las visitas en su propia habitación y utilizaba sus cosméticos, incluido el jabón. No tardó en caer enferma víctima de un grave ataque de disentería y sintió que había tocado fondo cuando descubrió que el escozor que notaba en su cuerpo eran picaduras de pulgas. En una carta a Venetia, le decía: «Trato de pensar que no me importa la limpieza; si uno pudiera despreocuparse de estas cosas físicas, cuánto más fácil sería viajar...». La viajera se consolaba leyendo el *Infierno* de Dante y tratando de no mirar los insectos que flotaban en su plato de comida.

La vida de la señorita Stark en Damasco no tendría ni un ápice de romanticismo, pero no se rindió. Cuando recuperó la salud comenzó a recorrer las calles empinadas de la vieja ciudadela y perderse por sus coloristas bazares. Los árabes se mostraron muy hospitalarios con ella, y en contra de lo que le habían advertido la trataron con gran respeto y la invitaban a café. Para ella Damasco era mucho más que la esplendorosa urbe que los califas omeyas —en el año 636 de nuestra era— embellecieron hasta convertirla en el centro del mundo; era la ciudad que abandonó con enorme pesar Isabel Burton y donde vivió su apasionada historia de amor la aristocrática lady Jane Digby casada con un jefe beduino. Todo aquí rezumaba aventura y cuando pudo escaparse por primera vez al desierto invitada por los miembros de una importante tribu nómada, escribiría a una amiga: «Nunca imaginé que mi primera visión del desierto fuese de una belleza tan asombrosa y me subyugara tan irremisiblemente. Pero me alejé sintiendo que, de algún modo, en algún momento tenía que ver más de los grandes espacios». Freya caería rendida ante la hospitalidad y la forma de vida de los nómadas del desierto sirio. Al igual que su héroe Lawrence de Arabia, estas gentes le parecieron los auténticos árabes de Oriente: «[...] la verdadera nobleza son las gentes de origen nómada beduino, cuyas antiguas conexiones tribales constituyen su identidad primaria, y no los habitantes sedentarios de las ciudades».

Ahora Freya esperaba ansiosa a su amiga Venetia, con la que pensaba partir en breve a la región del Yébel Druso y entrevistarse con su jefe supremo y líder espiritual. La idea era sin duda descabellada porque esta inaccesible región del sur de Siria, tras la reciente rebelión drusa, se encontraba bajo la ley marcial francesa. Freya quería ir allí, por la misma razón que en 1925 la célebre viajera y orientalista francesa Alexandra David-Néel quiso entrar en la ciudad de Lhasa, en el Tíbet, «simplemente porque estaba prohibida a los occidentales». Sin hacer caso a los amigos que le desaconsejaban tan arriesgado viaje, Freya y Venetia partían a principios de mayo de 1928 a lomos de mula rumbo al territorio prohibido donde habitaban los drusos. Acompañadas de su guía druso Naím dejaron atrás la imponente silueta del monte Hermón coronado de nieve y penetraron lentamente en el silencioso desierto.

Era su primera gran aventura y Freya estaba dichosa a pesar de los peligros a los que tendrían que enfrentarse, entre ellos, los temidos ataques de los bandidos que se escondían cerca de los pozos de agua para atacar a viajeros. Gracias a Naím, por las noches pudieron alojarse en las aldeas drusas donde les recibieron con una mezcla de curiosidad y cortesía. Era extraño para estas gentes empobrecidas, y ahora perseguidas por las tropas francesas, encontrarse con dos mujeres extranjeras dispuestas a compartir su espartana forma de vida, que no le hacían ascos ni a su comida ni a tener que dormir en el sucio suelo sobre mantas infestadas de pulgas. A Freya le fascinaba este pueblo valiente de misterioso origen, que los habitantes de Damasco despreciaban por «salvajes e ignorantes». Los drusos, a los que los musulmanes consideraban una secta herética, tenían su origen en una escisión del ismailismo ocurrida en el siglo XI y ligada al califa fatimí al-Hakim. Interesada por la fe islámica, las creencias y los ritos ocultos de esta comunidad le parecían dignos de estudio. Las mujeres, fuertes y muy corpulentas, vencida su inicial timidez se acercaban a ellas con curiosidad y Freya pudo fotografiar su original vestimenta. Las campesinas drusas lucían llamativas faldas de colores superpuestas y apretados corpiños de terciopelo ceñidos a la cintura; en la cabeza adornaban sus cabellos con monedas antiguas de oro y las más ancianas lucían los tradicionales tocados en forma de cucurucho —que tanto llamaron la atención del doctor Meryon en su viaje con lady Hester Stanhope en 1812— de inspiración medieval cubiertos de largos velos de gasa.

La aventura de las dos jóvenes por estas remotas y peligrosas montañas acabó inesperadamente cuando llegaron a la aldea de

Sahba, en el corazón del territorio druso. Allí fueron detenidas por la policía militar francesa y llevadas a su destacamento. Los oficiales franceses, que consideraban a los drusos unos bárbaros por no querer replegarse a la autoridad del gobierno francés, no daban crédito a lo que estas dos mujeres les contaban. En un principio, al descubrir entre su equipaje mapas y libretas con apuntes, creyeron que eran dos espías del servicio de inteligencia británico. Aunque Freya trató de quitarle importancia a su presencia en tan conflictiva zona —en Siria habían corrido rumores de que espías ingleses estaban detrás de la insurrección drusa— alegando que sólo eran dos turistas inglesas perdidas enviadas por la agencia Cook, el oficial que las interrogó no creyó su versión. Finalmente admitieron que habían recorrido los más de cien kilómetros que les separaban de Damasco a lomos de burro y que se habían alojado en las aldeas drusas que habían encontrado en su camino ignorando que era un territorio prohibido. En los dos días siguientes, Freya y Venetia fueron las incómodas huéspedes de los oficiales franceses que no sabían muy bien qué hacer con ellas. A Freya le preocupaba no tanto que con su detención se pudiera originar un «desagradable incidente internacional», sino que las obligaran a abandonar la zona. Al tercer día las dejaron libres, les devolvieron sus animales, el equipaje y a su guía Naím —que aún no se había recuperado del susto— quien se comprometió a seguir con ellas.

Freya no pensaba regresar a Damasco sin antes haber visitado la aldea de Qanawat, residencia del líder supremo de los drusos. Guiadas por Naím pudieron entrevistarse con el jeque Ahmed el Hajari, un venerable anciano que no disimuló su sorpresa al encontrarse con las dos europeas y las trató con frialdad al desconocer sus intenciones. Continuaron su agotadora marcha a lomos de burro por el país druso deteniéndose en sus desperdigadas aldeas y escuchando el lamento de un pueblo que luchaba con fiereza, como siglos atrás, por mantener su independencia. En una carta a su madre Flora fechada el 14 de mayo 1928, Freya criticaba la presencia francesa en Siria y su manera de tratar a la comunidad drusa: «Es ridículo llamar a esto un mandato porque creo que no hay ni un solo francés en este país que tenga la intención de que este pueblo llegue algún día a gobernarse a sí mismo». Para Freya —que siempre fue una convencida imperialista— el sistema de protectorado que tras la guerra los británicos mantenían en Cisjordania y Palestina le parecía mucho más liberal y respetuoso con las aspiraciones del pueblo árabe.

Tras su arduo y accidentado viaje por el Yébel Druso, las dos amigas decidieron regresar a Inglaterra. Freya estaba agotada, pero en su interior se sentía dichosa porque aquella primera experiencia le había demostrado que una mujer podía viajar sola por tierras árabes de manera sencilla, sin mucho equipaje, con apenas dos muleros y un guía, y disfrutando de la hospitalidad de los nativos. Las jóvenes alquilaron un coche y pusieron rumbo hacia Palestina recorriendo durante unos días los parajes bíblicos de Tierra Santa y la ciudad de Jerusalén, que en aquella primera visita a Freya le resultó «muy turística y sin encanto». Antes de embarcar hacia Londres, se escaparon a El Cairo para cumplir un viejo sueño: ver el atardecer desde lo alto de las imponentes pirámides del desierto. La aventura de Freya Stark por el territorio druso y su detención a manos de la política militar francesa la había convertido en un personaje famoso; por primera vez la prensa se hacía eco de sus andanzas por Oriente y la comparaban con la célebre viajera y diplomática Gertrude Bell. Veintitrés años antes que ella, la señorita Bell había explorado durante tres semanas el Yébel Druso y a su regreso publicó un libro sobre sus experiencias, *The Desert and the Sown* (1905), que tuvo un gran éxito. Pero Freya Stark —que siempre marcó sus distancias respecto a su ilustre antecesora— dejó muy claro que su viaje había sido más aventurero que el de Gertrude, que había necesitado «tres mulas para cargar su voluminoso equipaje, dormía siempre en su confortable tienda de lona y la acompañaban sus tres criados».

Tras siete meses fuera de casa, Freya regresaba triunfante a Asolo para ver a su madre y estar un tiempo en compañía de sus sobrinos. En aquel mes de noviembre de 1928 había conseguido publicar su primer artículo en el *Cornhill Magazine* y lo hizo con el seudónimo de «Tharaya» —nombre árabe de una luminosa estrella de la constelación de las Pléyades— y que utilizaría en otras ocasiones. Prefería que no se conociera su identidad porque en el artículo describía su detención y la «nefasta» política de los franceses en Siria, país al que deseaba regresar muy pronto. Satisfecha por sus primeros éxitos profesionales, Freya llegó a Asolo donde le esperaba una grata sorpresa. Su padrino Herbert Young, que el día de su nacimiento en París había salido corriendo en busca de pañales para la recién nacida, le había regalado su magnífica villa donde había vivido su madre durante su ausencia. Para Freya fue un gesto muy generoso, Flora podría vivir al fin tranquila en esta acogedora villa de muros de piedra y cuidados jardines que Young rebautizó como Casa Freia. Para la viajera sería a lo largo de toda su vida su más preciado refugio.

Pero la felicidad de Freya duraría poco; cuando se reencontró con los hijos de Vera que vivían en la casa de Mario —muy envejecido y huraño tras la pérdida de su esposa— se le encogió el corazón. De nuevo recordó la prematura muerte de su hermana y en el fondo se sentía culpable de no haberse quedado al cuidado de los niños. Sin embargo, toda su vida se había sacrificado por los demás y ahora deseaba alejarse de esta ciudad que aún le traía muy duros recuerdos. Sacudida por tantas emociones, su salud empeoró, la úlcera de colon le causaba terribles dolores y de nuevo se sentía muy débil. Los médicos le aconsejaron que se operara otra vez en primavera pero ante la posibilidad de quedarse inválida Freya decidió partir a Canadá. Su padre, poco antes de que ella embarcara hacia el Líbano, había sufrido un ataque de apoplejía, pero le pidió a su hija que no cambiara sus planes. Ahora Freya quería pasar un tiempo con él en la pequeña ciudad de Creston, donde vivía en una confortable cabaña de madera rodeada de montañas nevadas y bosques de abetos. Robert Stark tenía setenta y cinco años y en este paraíso natural, rico y salvaje, había encontrado su hogar definitivo. Durante cuatro meses Freya ejerció de hija adorable, le cuidó y «recuperó el tiempo perdido». Mientras su padre le hablaba de su lucha por sacar adelante su negocio de recolección de manzanas y cerezas, sus pensamientos volaban muy lejos de allí, a la antigua Mesopotamia. Había viajado a Canadá con un montón de libros de historia y geografía sobre Irak e Irán, y un buen número de mapas con «fascinantes espacios en blanco» para familiarizarse con la región. Le confesó a su padre que había averiguado que los drusos estaban relacionados con una antigua secta llamada de los Asesinos que en el siglo XI aterrorizó a Oriente con sus terribles crímenes. A Freya le parecía interesante investigar su misterioso culto y tratar de localizar en el desierto de Persia los castillos y fortalezas que les sirvieron de guarida.

Tras los Asesinos

Con treinta y seis años Freya Stark llegaba a Bagdad donde aún se pronunciaba con respeto el nombre de Gertrude Bell, fallecida tres años atrás. La viajera se alojó en un bullicioso y céntrico barrio de la capital iraquí donde le alquilaron tres estrechas y mal ventiladas habitaciones. Al menos contaba con la ayuda de una eficiente criada armenia para las tareas domésticas y la cocina, lo que le permitía tener más tiempo libre. Pronto descubrió que se había instalado en el barrio de las prostitutas, un detalle que le recordó con reprobación una estirada dama británica en una fiesta a la que fue invitada: «Con su forma de vida, señorita Stark, está usted rebajando el prestigio de las mujeres británicas». A Freya le importaba muy poco lo que opinaran de ella y si finalmente tuvo que desocupar el cuchitril en el que vivía fue a requerimiento de un amable funcionario iraquí de sanidad, que se comprometió a buscarle un alojamiento más decente.

Su nueva vivienda era una casita de madera de estilo otomano con vistas al Tigris, pequeña pero confortable. Una vez instalada retomó sus lecciones de persa y continuó con sus estudios de gramática árabe en una escuela para niñas. La ciudad le fascinaba aunque quedaba muy poco en pie de su antiguo esplendor cuando en el año 762 de nuestra era los califas abasíes —tras matar a sus rivales los omeyas— la convirtieron en la capital de su próspero imperio y centro de la cultura islámica. La hermosa y mítica Bagdad que fundó a orillas del Tigris el califa al-Mansur, rodeada de altas murallas, doradas mezquitas, palacios de mármol, jardines colgantes cuyo refinamiento cantaron los más grandes poetas árabes, renacería una y otra vez de sus cenizas. Las tropas del terrible Hulagu, nieto de Gengis Jan, aniquilaron a sus habitantes en el año 1258 y arrasaron totalmente la ciudad, que cayó en el olvido durante los setecientos años siguientes cuando pasó a ser una remota provincia del Imperio Otomano. Las epidemias, plagas e inundaciones hicieron el resto. Freya visitó las mezquitas y palacios que aún la trasladaban al Bagdad de los cuentos de Simbad que le contaba siendo una niña la abuela Madeleine; disfrutó de agradables picnics a orillas del Tigris y se lanzó entusiasmada a explorar los yacimientos arqueológicos más cercanos. Si Gertrude Bell, antaño directora del Patrimonio Histórico en Bagdad, se hubiera enterado de que la señorita Freya Stark en una de sus primeras excursiones a Ctesifonte escaló el impresionante arco de ladrillo de la antigua capital de los sásanidas —de treinta y dos metros de altura— el asunto habría llegado a los oídos del rey Faisal.

En los siguientes meses de aquel año de 1929 Freya hizo algo de vida social y conoció a importantes personalidades de Bagdad que la ayudaron en sus futuras exploraciones. Entre ellas se encontraba el capitán Vyvyan Holt, que a la muerte de Gertrude Bell había sido elegido para sustituirla en su cargo de secretario para Oriente. Era un hombre guapo, deportista, brillante político y experto arabista. A Freya le gustó desde el primer instante y aunque era un tanto snob y taciturno se hicieron buenos amigos. Se les podía ver juntos cabalgando al atardecer mientras charlaban de literatura y política o compartiendo mesa en algunas de las cenas que organizaban los residentes británicos. Freya acabó enamorándose del apuesto y bronceado señor Holt, que le resultaba irresistible vestido con su inmaculado uniforme de oficial.

Al igual que Gertrude Bell, Freya siempre preferiría la compañía de los hombres a la de las encorsetadas damas británicas que la criticaban a sus espaldas. La intrépida viajera siempre les daría motivos para poder cotillear en sus reuniones sociales, donde era costumbre contar «lo último de la señorita Stark». Como el día en que decidió participar en una cacería con halcón invitada por el temido Ajil al-Yawer, jeque de la tribu shammar, y se quedó a pasar la noche en su campamento del desierto. A Freya nunca le interesó la vida colonial en Bagdad; la aburrían las carreras de caballos, los partidos de polo, el bridge y los cursis bailes de salón en el club inglés. Prefería visitar los harenes y charlar en árabe con las mujeres iraquíes que tomar el té de las cinco en tazas de fina porcelana con las esposas de los funcionarios. En una carta a su madre, fechada en septiembre de 1929, le decía: «Hacen que me sienta como una especie de paria entre los míos y me produce un profundo disgusto porque, al fin y al cabo, no he hecho nada [...] como no sea tratar de hablar todo el árabe que puedo y lamentar que nosotros no podamos ser menos soberbios y más gentiles».

Freya Stark, ajena a las críticas y dispuesta a no perder el tiempo, comenzó a estudiar los textos sagrados del Corán. Creía firmemente que era la única manera de poder acercarse al pueblo árabe que tanto la atraía: «Si no hubiera conocido el Corán y no hubiera sido capaz de hablar al anciano *mullah* desde su propia perspectiva, nunca me habría contado sus fascinantes historias», confesaría en una carta. La lectura y estudio del Corán le abrió las puertas a un conocimiento más profundo del mundo islámico y le ayudó a entender temas tan complejos como la poligamia, el concubinato o el uso del velo en las mujeres. En una carta fechada el 6 de mayo de 1930 le decía a su madre: «Siento que realmente puedo acabar haciendo algo, pero es algo que no puede apurarse. Sólo sé que en tres años podría saber suficiente persa, turco, kurdo y árabe para desenvolverme, y creo que sería la única mujer inglesa de Oriente Próximo capaz de hacerlo. Por lo tanto es inevitable que suceda algo importante».

Lo más importante que le ocurriría a Freya en los próximos meses fue su gran aventura por el desierto de Persia en busca de los castillos y fortalezas de los Asesinos. Esta misteriosa secta ismailí fundada a finales del siglo X por Hasan ibn al-Sabbah aterrorizó a todo el Oriente durante más de doscientos años. Freya sabía que los Asesinos tenían su principal bastión en un inexpugnable castillo emplazado en la Roca de Alamut, en el norte de Persia, que ya aparecía descrito en los *Viajes* de Marco Polo. Desde allí enviaba a sus fanáticos seguidores para cometer sus atentados principalmente contra los suníes, hasta que fueron aniquilados por los ejércitos mongoles bien entrado el siglo XIII. Ahora la incansable viajera quería averiguar si los cerca de cincuenta castillos y fortalezas que habían servido de guarida a los Asesinos aún seguían en pie en las inaccesibles montañas persas. Con un ejemplar del libro de Marco Polo en su bolsa, estaba preparada para explorar un territorio en buena parte sin cartografiar.

En el mes de abril de 1930 Freya Stark abandonaba Bagdad equipada como una verdadera exploradora con su revólver al cinto, mapas de la región, montones de libros, un catre de campaña, mosquiteras, un pequeño botiquín con medicinas y algo de ropa de abrigo. Antes de partir se había vacunado contra el tifus y la peste y llevaba buenas dosis de quinina, porque en la región a donde se dirigía había mucha malaria. Tenía ante sí un viaje de quince días y dos libras en el bolsillo; no estaba mal porque Freya con mentalidad musulmana pensaba que Alá la proveería en caso de necesidad. Un coche compartido con una familia persa la llevó desde Hamadán a la ciudad de Qazvin donde se alojó en el Gran Hotel, nombre un tanto pomposo para un humilde albergue de carretera. Allí conoció por casualidad al doctor Hukuma que resultó ser el propietario de las tierras donde se levantaba la Roca de Alamut. Cuando se enteró del viaje que quería realizar la dama extranjera a sus territorios le ofreció a uno de sus mejores hombres para que la acompañara y protegiera, un mulero llamado Kerbelai Aziz de Garmrud, que se conocía los pasos del Caspio como la palma de la mano. A la mañana siguiente Freya y su pequeña caravana —a la que se habían unido dos ayudantes, Ismail y un muchacho apodado El Refugio de Alá— partió hacia las montañas de Elburz. La exploradora montaba a horcajadas una vieja mula y en sus alforjas llevaba buena cantidad de té, latas de sardinas y otros víveres para el camino. Sus hombres la cuidaban como si fueran «sus madres», era la primera vez que acompañaban a una mujer europea y se tomaron muy en serio su trabajo. Por las noches cuando debían pernoctar en alguna lejana aldea, los tres guías dormían en el suelo a los pies de la cama de Freya con la cabeza apoyada en las alforjas «para proteger mi sueño».

Durante los diez días siguientes Freya y su curioso convoy transitó por llanuras despobladas, campos de flores silvestres hasta alcanzar las tierras más altas de precipicios rocosos y abruptas laderas salpicadas de primitivas aldeas. La presencia de aquella menuda mujer europea a lomos de mula que hablaba su mismo idioma les provocaba mucha curiosidad. Nunca le faltó comida ni un techo donde dormir porque aunque los aldeanos eran muy pobres le ofrecían alojamiento en sus modestas viviendas. Freya consiguió su propósito y localizó la legendaria Roca de Alamut, en realidad conocida como el castillo de Qasir Khan, antiguo refugio del sanguinario Hasan ibn al-Sabbah durante los siglos XI y XII. Aunque el castillo se encontraba en ruinas, Freya tomó notas, fotografió los restos de los muros y torreones que aún quedaban en pie, y situó correctamente el lugar en el mapa. Durante unos días permaneció en la aldea de Garmrud en la casa de la madre de su mulero Aziz, donde su presencia causó un gran revuelo entre las mujeres.

Cuando regresó a Bagdad cansada, con la cara y las manos agrietadas por el frío y deseosa de darse un buen baño caliente, se sentía muy orgullosa de su trabajo. Y no era para menos, había realizado importantes descubrimientos geográficos en esta desconocida región de Persia, llenando los espacios en blanco en los mapas del gobierno británico y corrigiendo algunos errores cartográficos. La señorita Freya Stark se había convertido en una exploradora y muy pronto la Royal Geographical Society de Londres caería rendida a sus pies. Ahora sólo pensaba en regresar a Asolo y compartir sus éxitos con su madre y su querido padrino Herbert Young. En una carta que se conserva escrita a su madre el 16 de mayo de 1930 le decía con su humor habitual: «Un día de éstos tengo que hacer una lista de las razones por las que se me ha considerado loca y de los que así lo han hecho: sería una mezcla sumamente divertida».

Freya Stark regresó a Italia precedida por su fama de intrépida exploradora. Sus aventuras en el desierto tras las huellas de los

Asesinos no habían pasado inadvertidas para la prensa y más tratándose de una mujer. Flora Stark por primera vez se sentía orgullosa de su hija; ahora tenía sesenta y nueve años, aún era alta y se mantenía tiesa como un huso, no había perdido su inagotable energía y estaba totalmente entregada a su trabajo en la fábrica textil. Había prosperado mucho desde la última vez que la vio Freya, realizaba nuevos diseños para las telas de seda y formaba a un grupo de jóvenes muchachas con el fin de aumentar la producción de la fábrica. En los últimos años de su vida Flora se volcó en su hija, la ayudó en sus viajes, le envió la ropa que necesitaba, cuidó de su correo y guardó todos los recortes de prensa donde se mencionaban sus viajes y descubrimientos. Para Freya este repentino —y tardío— reconocimiento de Flora y su obsesión para que alcanzara nuevos éxitos, una vez más la abrumaba. En el pasado acató la voluntad de su dominante madre sin rechistar; ahora, sin embargo, no estaba dispuesta a que nadie la utilizara. En su autobiografía reconocía con cierta tristeza: «Concentró en mí todo el afecto que su naturaleza era capaz de otorgar, desinteresado y abrumador; todos los demás objetivos desaparecieron de su vida y a veces sentí —con pesadumbre por mi ingratitud— que la cantidad de su afecto era más de lo que yo era capaz de aceptar». Por Flora se enteraría de una noticia que la afectó profundamente, su íntima amiga Venetia Buddicom, que le había prometido reunirse pronto con ella en Bagdad para organizar un nuevo viaje juntas, había sufrido un accidente al caerse de su caballo durante una cacería y se había lesionado gravemente la espalda. Con el tiempo llegó a recuperarse pero Venetia ya nunca podría acompañar a su amiga por tierras árabes y respirar «el aroma del desierto».

En un caluroso mes de julio de 1931, Freya Stark llegaba a Bagdad aunque en esta ocasión su recibimiento iba a ser distinto. No tuvo necesidad de alquilar un modesto cuarto en algún ruidoso barrio de «mala fama» en la ciudad como la primera vez porque ahora era una exploradora importante que contaba con el apoyo de la prestigiosa Royal Geographical Society. Las autoridades británicas la recibieron con respeto y enseguida buscaron un buen alojamiento para ella. Pero esta felicidad iba a ser pasajera porque al poco de llegar se desató en la ciudad una virulenta epidemia de tifus. Su amigo el capitán Holt le pidió que abandonara Bagdad rápidamente; tenía que organizar la cuarentena y si se quedaba se vería obligado a retenerla en la ciudad. Así que Freya, sin abrir las maletas, tomó un avión para Hamadán dispuesta a seguir con sus exploraciones en Persia. Ahora su interés se centraba en el valle de Shahrud donde se levantaba un castillo llamado Lamiaser que no había podido visitar el año anterior porque se encontraba cubierto de nieve. Freya descubrió en Londres que Lamiaser era uno de los dos únicos castillos que habían resistido a la invasión de los mongoles en el año 1256.

En esta ocasión Aziz, su anterior y experto mulero, no pudo acompañarla y tuvo que conformarse con Ismail que no tenía ningún interés en la arqueología. Viajaron durante varios días por solitarios y áridos parajes, alojándose como era su costumbre en las aldeas que encontraba a su paso. Aunque los campesinos le ofrecían una habitación en sus humildes y sucias casas de adobe y paja, Freya prefería dormir al raso envuelta en su manta para evitar el ataque de las pulgas y abundantes garrapatas. Finalmente la exploradora descubrió el emplazamiento donde se erigía Lamiaser del que apenas quedaban unas torres de vigía, algunas puertas y muros ruinosos. Encantada con el hallazgo —fue la primera europea en ver este castillo habitado en su tiempo por la temible secta de los Asesinos— sacó su cámara de fotos, tomó apuntes y midió los restos que encontró esparcidos en su amplio perímetro.

Tan absorta estaba en su trabajo que no se percató de la nube de mosquitos que la rodeaban durante el día; en el valle de Shahrud hacía mucho calor y abundaban las charcas de aguas estancadas. Freya tardó muy poco en encontrarse mal y cuando se disponía a regresar se dio cuenta de que no tenía fuerzas para montar su mula. Había contraído la malaria y una disentería aguda que casi la dejaron en coma. Ismail, horrorizado porque creía que la dama se estaba muriendo, le montó su camastro bajo un frondoso peral que al menos le daba buena sombra. Freya tenía mucha fiebre, deliraba y sufría espantosas visiones. Como al tercer día no mejoraba, la viajera envió a su ayudante con una de las mulas en dirección a Qazvin para ver si allí encontraba un médico que pudiera atenderla. Por fortuna Ismail regresó al anochecer con un joven médico persa que se encontraba de vacaciones en la zona y que durante seis días no se separó de su lado. Gracias a sus inyecciones de quinina, alcanfor y emetina, las fiebres poco a poco descendieron. El médico, al ver que había recuperado las fuerzas, le aconsejó que viajara en mula a Qazvin y allí alquilara un coche hasta el hospital de Teherán. La idea parecía razonable, pero en el último momento Freya cambió de planes y decidió quedarse en la aldea. Estaba convencida de que el aire de la montaña y los paseos serían su mejor medicina. Durante un mes Freya no sólo mejoró su salud sino que se animó a recorrer otras aldeas, habló con sus habitantes, tomó infinidad de fotografías y recogió información sobre las costumbres de esta inexplorada región.

Antes de regresar a Teherán, y llevada por su curiosidad «de etnóloga y exploradora», Freya decidió desviarse de su camino y adentrarse por una de las regiones más remotas de Persia, conocida como Luristán. A lomos de un escuálido poni y acompañada de tres nativos que le hicieron de guía, se lanzó a la aventura de recorrer unos territorios habitados por gentes hostiles en busca de los famosos tesoros —de los siglos XII y XIX a.C.— que al parecer se escondían en sus cuevas. «Esta ascensión a un país inseguro es estimulante, aunque es imposible tener una sensación de peligro bajo un sol tan brillante, en una soledad tan radiante, en una cadena montañosa tan extensa bajo el pálido cielo de octubre», escribiría Freya antes de perderse por el paso de Varazan. Aunque su viaje acabó de manera inesperada al ser detenida por la policía persa y no pudo hallar los famosos bronces de las tumbas del Luristán, levantó mapas y consiguió valiosa información de la zona: «... pasé quince días en esa parte del país donde uno es asesinado con menos frecuencia, y vi a los lurs vestidos con su traje medieval: la chaqueta blanca ceñida a la cintura con las mangas anchas desde el codo y gorros de fieltro de color blanco sobre los mechones ensortijados que les cubren las orejas». Freya había soportado hambre, incomodidades, enfermedades, vientos infernales y engañado a un buen número de guardias fronterizos en su búsqueda del tesoro de Luristán. Como escribió divertida: «La gran ventaja, y casi la única, de ser mujer es que una siempre puede fingir que es más estúpida de lo que realmente es y a nadie le sorprende». Todas estas experiencias las plasmó en uno de sus libros más célebres, *Los valles de los Asesinos* (1934), que tuvo un gran éxito y despertó en el público el interés por la historia de esta extraña secta y las ignotas regiones persas escenario de sus sangrientos atentados.

A finales de octubre de 1931, la exploradora regresaba a Bagdad, donde ya era un personaje muy conocido. La comunidad británica en la ciudad la recibió con los brazos abiertos; todos estaban ansiosos por escuchar de sus labios sus apasionantes aventuras. Como siempre que se encontraba en un momento dulce de su vida, una triste noticia ensombreció su felicidad. Mientras ella se encontraba gravemente enferma en aquella perdida aldea de las montañas persas, su padre Robert Stark fallecía en su casa de Canadá. Recordó la última vez que pudo reunirse con él a finales de otoño del año anterior y aunque estaba físicamente débil y necesitaba ayuda para caminar, le alegró mucho la visita de su hija. En los meses siguientes Freya buscó la compañía y el consuelo del capitán Holt —de quien en silencio seguía enamorada— pero sólo recibía de él palabras cariñosas y el apoyo de un amigo. Seguía convencida de que su falta de atractivo era lo que le impedía encontrar un marido, tal como le decía a Flora en una carta: «Siempre descubro que la gente necesita casi un mes para superar la impresión que les produce mi fealdad». La ingenua Freya no pensó entonces que el apuesto señor Holt —como otros hombres por los que se sintió atraída a lo largo de su vida— pudiera ser homosexual. Ahora los miembros más distinguidos de la colonia británica en Bagdad se rifaban su compañía y la invitaban a cenar. Freya, coqueta y vestida a la última moda, cautivaba a sus anfitriones con su inteligencia, inagotable vitalidad y fino humor. Ya no la veían como una extranjera por no ser inglesa, sino como a una mujer algo extravagante a quien admiraban por su valor y tenacidad. No le había sido nada fácil ser admitida en este reducido y exclusivo grupo de representantes británicos —en su mayoría jóvenes diplomáticos y oficiales de inteligencia— que ella tanto admiraba.

La reina de Saba

Había pasado tres años y medio fuera de casa y era el momento de regresar. En aquel mes de marzo de 1933 abandonaba con tristeza Bagdad y su casa junto al Tigris, rumbo a Italia. Tenía cuarenta años y había conseguido su sueño, ser una reconocida especialista en Oriente Próximo. Aunque en cada ocasión que visitaba Asolo alguien le recordaba que a pesar de sus éxitos seguía siendo una «pobre solterona», ahora con siete intensos años de viajes a sus espaldas, la ausencia de un marido no le parecía un drama: «creo que no hay nadie que considere el matrimonio como una necesidad para alcanzar la plenitud de la vida....». Flora esperaba ansiosa a su hija para comunicarle una buena noticia: la Royal Geographical Society le había concedido el Back Memorial Price por sus últimos viajes a Luristán y sus aportaciones cartográficas. Era la tercera mujer en la historia que recibía este galardón, que le permitiría seguir con sus exploraciones. Freya estaba feliz y este reconocimiento le ayudó a sobrellevar otra dolorosa pérdida de un ser querido; a principios de año había muerto a causa de una peritonitis su querida sobrina Ángela de quince años.

El día que acudió a Londres para recibir el premio sentía un nudo en el estómago. Freya se había vestido con un elegante y discreto traje chaqueta oscuro para la ocasión y entró con paso firme en el imponente vestíbulo del edificio de la Royal, donde la esperaban un centenar de asistentes. Le parecía un sueño contar con el apoyo de esta ilustre institución poco dada a reconocer las hazañas femeninas. La Royal Geographical Society de Londres había sido fundada en 1830, pero tuvieron que pasar más de cincuenta años hasta que una mujer fuera admitida entre sus miembros. La primera en conseguir tal honor fue la exploradora victoriana Isabella Bird en 1892 que dio tres veces la vuelta al mundo. Este premio hizo muy popular a la señorita Freya Stark en Inglaterra. Su agenda se llenó de compromisos, entrevistas, conferencias, cenas y actos en su honor a los que asistía siempre vestida a la última moda de París. Aquellos frenéticos días pudo conocer a personajes que dejaron su huella en Oriente Próximo como sir Percy Cox —el antiguo jefe de miss Gertrude Bell— o sir Kinahan Cornwallis, el que fuera consejero del rey Faisal y de quien la señorita Bell se había enamorado cuando trabajaban juntos en Bagdad. Se rumoreaba que Ken —como Gertrude le llamaba— al no haber correspondido a su amor, contribuyó a la depresión que la llevó al suicidio. En una elegante cena le presentaron a los grandes exploradores Bertram Thomas y Harry St. John Philby —padre del legendario espía Kim Philby— que en 1830 fueron los primeros europeos en atravesar el desolado desierto de Rub al-Jali, al sur de la península Arábiga. Muy pronto Freya seguiría sus pasos a la búsqueda de las florecientes ciudades de la ruta del incienso enterradas en el corazón de Yemen y nunca antes exploradas.

En Londres, donde Freya disfrutaba encantada de su popularidad, conocería a su fiel editor, Jock Murray, heredero de una importante dinastía familiar de editores. Jock —que entonces tenía veinticuatro años— admiraba el talento narrativo de Freya y la animó a seguir con sus relatos de viajes que tantos éxitos la reportarían. Con el paso de los años tuvo que atender las excentricidades de su autora favorita, desde enviarle una bañera de latón a Yemen o conseguirle entradas para una función de teatro. Fue él quien le publicó en 1934 su libro *El valle de los Asesinos* —el primero de los treinta que escribió— que tuvo una gran acogida. Nadie como ella, decían los críticos, había sabido captar la atmósfera de un viaje por las remotas regiones de Persia. Incluso su admirado Lawrence de Arabia, que vivía retirado en su casa de campo de Cloud's Hill, alabó el libro y el talento de su autora a la que definió como «una notable narradora y valiente criatura».

En medio de aquel torbellino de popularidad, Freya quiso hacer algo que tenía pensado desde hacía tiempo. Ahora que era una figura pública debía cuidar más que nunca su imagen y estaba decidida a someterse a la cirugía estética. No sólo se trataba de mejorar su aspecto sino de aliviar el dolor que le producían las cicatrices de su rostro. Freya ingresó en un hospital a las afueras de Londres cargada de libros y mapas de Arabia. Fue un período largo y doloroso, durante el que además tuvo que afeitarse completamente la cabeza y permanecer sola largos meses. El resultado de la operación fue mejor de lo que imaginaba; Freya recuperó una ceja y además las marcas y la tirantez en torno a su ojo derecho le disminuyeron Con su calvicie oculta bajo exóticos turbantes que le daban un aire de dama oriental muy acorde a sus gustos, la viajera retomó su agitada vida social. Sin embargo, en aquellos días a la persona que más echaba en falta era al capitán Holt. Desde que Freya abandonó Bagdad en 1933, Vyvyan Holt la había visitado en varias ocasiones en su casa de Asolo donde habían descansado, jugado al badminton y, como siempre, discutido sobre la política británica en Oriente. Pero en uno de sus últimos encuentros en Italia, algo se rompió entre ellos. Al parecer la impetuosa señorita Stark —ajena a la indiferencia que siempre le había demostrado Vyvyan— sacó a colación sus sentimientos y él la rechazó. Durante un tiempo Freya, que debió sentirse una vez más sola y hundida ante el desinterés de la persona que amaba, se alejó de él y puso tierra de por medio. Volverían a encontrarse en Bagdad en 1943 cuando Freya ya había olvidado aquel desagradable asunto y mantuvieron una cordial amistad hasta la muerte del capitán Holt en 1958.

Freya regresó a Asolo deseosa de descansar en su hermosa casa y disfrutar de la compañía de los suyos, pero el público esperaba ansioso otro de sus libros. «Todos me dicen que tengo que viajar ahora que me siento inclinada a estarme quieta», se quejaría a su madre. En realidad ya tenía en mente otra expedición, esta vez por las vastas y ondulantes extensiones del extremo sur de la península Arábiga. Mientras había estado convaleciente en el hospital, se había sentido atrapada por la historia de la mítica reina de Saba. Según la leyenda, la hermosa soberana —también llamada Balkis— emprendió un extraordinario viaje hacia el año 955 a.C. desde su tierra natal en Yemen a Jerusalén para visitar al rey Salomón. La muchacha —de apenas dieciséis años— debió de ser muy inteligente y tenaz para conseguir superar una distancia de casi 2.400 kilómetros a lo largo de los terribles desiertos de Arabia. Balkis le traía al rey Salomón valiosos regalos de su reino: «Y había oro y marfil de Sudán, mirra y cinamomo, nardo e incienso, benjuí y lágrimas de goma, nadd de Serendib y ámbar gris, esencias cautivas y maderas olorosas, perlas del Golfo y saquitos de piedras preciosas», según narraba la tradición.

Desde tiempos muy remotos las caravanas de camellos habían transitado estas áridas tierras con sus preciadas cargas de incienso, mirra, especias, oro, ébano, sedas, marfil y pieles de exóticos animales. Freya deseaba explorar las ciudades que entre los años 1000 a.C. y 600 d.C. florecieron a lo largo de esta importante ruta comercial, conocida como la Ruta del Incienso, que atravesaba el desierto de los desiertos, el desolado Rub al-Jali o Territorio Vacío, hasta los pueblos del Mediterráneo. Entonces los romanos llamaban a esta región la Arabia Felix o Arabia Feliz porque creían —erróneamente— que las riquezas que traían las caravanas eran originarias del sur de Arabia. Freya soñaba con conocer la tierra natal de la misteriosa Saba, el mítico Yemen que Herodoto describió como un «paraíso de suaves fragancias casi divinas». En aquel verano de 1934 en Asolo, Freya trabajó incansable en un mapa donde registró casi quinientos nombres de emplazamientos donde se levantaban los antaño prósperos reinos. Esperaba poder trazar con la mayor exactitud posible la gran Ruta del Incienso siguiendo las ruinas de sus legendarias capitales que no habían sido aún exploradas y permanecían en su mayoría enterradas en la arena. Sin embargo, la supuesta capital de la reina de Saba, en el oasis de Marib, se encontraba en el interior de la región del norte de Yemen gobernada por un imán de talante integrista que había cerrado sus fronteras a cal y canto a los extranjeros infieles. El sur del Yemen, en cambio, estaba en manos de los británicos, que en 1839 se apoderaron de la ciudad costera de Adén. Alcanzar Marib era un reto imposible porque tendría que internarse en los territorios prohibidos del imán, pero intentaría llegar a Shabwah, la capital del reino de Hadramaut. El historiador romano Plinio la describió como una ciudad magnífica con sus más de sesenta templos, palacios y grandes tesoros. Ningún viajero europeo —y menos aún una mujer— había llegado a las ruinas de esta impresionante fortaleza del desierto custodiadas por los beduinos.

Con las fabulosas leyendas de la reina de Saba que despertaban su imaginación, Freya desembarcaba en el puerto de Adén en noviembre de 1934. Creía que al pisar tierra firme el calor la derrumbaría —en verano le habían dicho que se alcanzaban los cuarenta y nueve grados— pero en aquella época del año la temperatura era muy agradable. La exótica atmósfera de Adén la atrapó desde el primer instante en que el vapor llegó al puerto donde anclaban los *dhows*, los tradicionales faluchos de vela latina que aún navegan el océano Índico impulsados por los monzones. Era una ciudad bulliciosa y cosmopolita, llena de oficiales británicos —los apuestos jóvenes uniformados que tanto gustaban a Freya— que se mezclaban con su variada y colorista población: yemeníes vestidos con sus largos faldones y *yambiyas* —dagas curvas— colgadas del cinto, jeques árabes del desierto envueltos en sus blancas túnicas y mujeres de rostros tatuados con alheña luciendo sus hermosos brazaletes de plata.

Arthur Rimbaud había llegado en el mes de agosto de 1880 al «horno» de Adén, entonces protectorado británico, tras cruzar el recién inaugurado canal de Suez. Nadie hubiera reconocido en aquel joven harapiento, enfermo y con el rostro curtido por el sol al precoz poeta francés autor de Las *Iluminaciones* y *Una temporada en el infierno*. El infierno lo encontró en Adén a donde llegó, como otros aventureros europeos, en busca de fortuna. Aquí trabajó varios años como capataz en el negocio del café y casi se volvió loco a causa del calor atroz, las fiebres palúdicas y la melancolía que le sumió en una fuerte depresión. Entonces el puerto de Adén era un importante centro del comercio cafetero. El apreciado producto —originario de la ciudad de Moka— llegaba a lomos de camello desde las tierras altas del Yemen y en barcos desde los puertos costeros al mercado de esta ciudad, donde embarcaba a Europa.

La señorita Freya Stark desembarcó en Adén, a diferencia del pobre Rimbaud, precedida de su fama como escritora de viajes de gran éxito. De entre todas las personas que la agasajaron la que más le ayudaría sería Antonin Besse, un emprendedor magnate francés que había levantado un imperio comercial en la zona y era el europeo más influyente del país. Cuando Freya lo conoció tenía cincuenta y siete años y estaba casado en segundas nupcias con Hilda Crowther, la gobernanta escocesa de sus hijos, que ahora se encontraba fuera de la ciudad. Nadie como Hilda comprendía la genialidad y los bruscos cambios de humor de Besse y desde el principio no hizo caso de los deslices de su esposo con algunas de las jóvenes secretarias que trabajaban para él. Antonin era todo un seductor, de pequeña estatura, complexión fuerte, con el cabello canoso y cuidado bigote, nunca pasaba inadvertido. El escritor Evelyn Waugh —autor de la famosa novela *Retorno a Brideshead*— viajó a Adén en 1931 y fue su huésped durante unos días. En su libro *Gente remota* —bajo el nombre de Mr. Leblanc— lo describía como un auténtico dandi: «Vestía pantalones cortos recién planchados, un chaleco calado de seda y alpargatas blancas atadas a la pierna como la de los bailarines de ballet. Olía con delicadeza un nardo que sostenía en la mano». El deslumbrante señor Besse era «el hombre de moda en Adén», y Freya congenió de inmediato con él.

Durante un mes Freya se dejó llevar por su encantador anfitrión, que no permitió que la ilustre dama se alojara en un hotel y le ofreció un piso cercano a su mansión de piedra en Crater Point. Besse no sólo le prestó a uno de sus sirvientes sino que cuando no cenaban juntos le enviaba la comida y una buena botella de vino. Enseguida Freya contrató a un profesor yemení que todas las mañanas le daba clases para no perder su fluidez en árabe; las tardes las dedicaba a recorrer las animadas calles del puerto de Adén o visitaba la oficina de Besse, desde donde el empresario francés controlaba su próspero negocio. Freya y Antón —como ella le llamaba en la intimidad— pronto descubrirían que tenían gustos muy similares. A Besse le atraían los desafíos y casi a diario invitaba a Freya a escalar los peligrosos riscos volcánicos que rodeaban la ciudad. En ocasiones navegaban en falúa de noche a la luz de las antorchas o cenaban en la terraza de la espléndida mansión de piedra del magnate. En ausencia de la esposa del señor Besse, la pareja pasaba casi todo el tiempo juntos y, según Jane Fletcher en su biografía sobre la exploradora, durante aquel mes de diciembre se hicieron amantes.

Antonin Besse admiraba la valentía, inteligencia y tenacidad de la famosa exploradora y desde el principio se propuso ayudarla con sus contactos en su temeraria aventura. Freya quería partir de Mukalla, en la costa del golfo de Adén, y poner rumbo al norte a lomos de mula o en camello, y más adelante alquilar un coche para descender la carretera que conducía al valle de Hadramaut, donde se encontraban las ruinas de las antiguas ciudades de la ruta del incienso. Freya sabía que iba a ser muy peligroso llegar a Shabwah; los que conocían la región le habían dicho que no existían caminos señalizados, los pozos de agua escaseaban y los bandidos acampaban a sus anchas. Sin embargo, la idea de que nadie hubiera llegado hasta ella era tan atrayente que Freya estaba dispuesta a enfrentarse a cualquier peligro.

Un mes después de su llegada a Adén, Freya embarcaba rumbo a Mukalla en un pequeño vapor de la compañía de su mentor. En este pintoresco puerto pesquero de aire mediterráneo y casas encaladas, se alojó como una reina en el palacio del sultán que se encontraba ausente. A los pocos días la exploradora partía a lomos de asno rumbo al norte con su curiosa caravana, formada por un corpulento soldado negro impuesto por el gobernador de Mukalla para su seguridad y dos jóvenes guías beduinos. Atravesaban lentamente un terreno seco y desolado donde no existía vida humana, tan sólo algunas caravanas de camellos se cruzaban en su camino. Seis días más tarde llegaban al Wadi Doan, donde de nada sirvieron sus cartas de recomendación cuando se encontró en una remota aldea en medio de una virulenta epidemia de sarampión. Freya, siempre delicada de salud, cayó víctima de esta contagiosa enfermedad. Durante una semana, tendida en un viejo jergón y consumida por la fiebre, fue atendida por las mujeres del harén que la miraban con curiosidad sin prestarle demasiada ayuda. En una carta a su madre le diría: «Estoy sufriendo lo indecible por no poder darme un baño. Pero nada puede persuadirlas de que me proporcionen agua hasta mañana, que se cumple el séptimo día [...] Me parece que después del segundo día la suciedad no aumenta mucho más. De cualquier modo ya lo sé todo sobre la vida en la Edad Media». Ya recuperada y con fuerzas para montar en su asno, Freya continuó con sus hombres la difícil ascensión por escarpadas montañas donde los infieles eran recibidos a pedradas. En una aldea un grupo de hombres y niños al verla le lanzaron piedras pero Freya no estaba dispuesta a renunciar a su viaje y continuó hasta llegar a Hajarayn. Sólo las cartas de Besse que le llegaban misteriosamente con un mensajero beduino la hacían olvidar la soledad y el cansancio del viaje. Aunque Antonin siempre se dirigía a ella como una «tierna amiga», los sentimientos de aquellas cartas demuestran la pasión y la complicidad que existía entre ellos.

Freya seguía con su idea de llegar a Shabwah aunque desconocía su emplazamiento exacto en el interior del desierto. A finales de febrero dejó atrás un paisaje árido y pedregoso salpicado de espinos y entró en el fértil Wadi Hadramaut, el gran valle de Arabia por donde en la Antigüedad se abrían paso las caravanas que transportaban el incienso hasta los puertos del Mediterráneo. A Freya le pareció un espejismo, allí delante de ella se extendía un vergel de palmeras y cuidados campos de cultivo donde se levantaban ciudades amuralladas de aire medieval y rascacielos de arcilla. Cuando llegó a Tarim, centro sagrado para los suníes, donde se decía había trescientas mezquitas, los hombres se apartaban a su paso para no tocarla, pero las autoridades religiosas al conocer su profundo interés por el islam la trataron como a una mujer de gran sabiduría. Era la primera vez que veían a una occidental por estas latitudes y aunque su presencia les causó gran curiosidad, Freya nunca temió por su vida. En general los árabes veían a las mujeres occidentales como un extraño tercer sexo, y nunca significó para ellos un peligro.

Durante su estancia en Tarim, la exploradora, que aún se sentía muy cansada y débil, acudió a un farmacéutico que le vendió algunos medicamentos e inyecciones para que pudiera continuar el viaje. Freya, que era muy dada a automedicarse, comenzó a tomar algunos de estos fármacos ignorando las consecuencias que le podría producir la mezcla de estas sustancias. Una mañana temprano partió de Tarim rumbo a Shibam famosa por sus altos edificios de barro y fachadas encaladas. Cuando llegó a esta antigua aldea de apenas quinientas casas, sintió que no podía respirar y el corazón le fallaba. Pidió a sus acompañantes que la tendieran en el suelo y que enviasen un mensaje urgente a Adén solicitando ayuda. Por fortuna llegó a tiempo el farmacéutico de Tarim que al comprobar que sufría una angina de pecho le inyectó iconol y le salvó la vida.

Durante los diez días de convalecencia que pasó en Shibam disfrutando de la hospitalidad de sus gentes, fotografió con su pequeña cámara Leica III —que compró en Berlín y llevaría en todos sus viajes— la impresionante arquitectura de barro de esta aldea del Hadramaut, «uno de los pueblos de tierra más hermosos del Wadi en forma de colmena, especialmente al amanecer y atardecer cuando los rayos del sol alcanzan sus brillantes paredes encaladas». Freya revelaba cada tarde sus propios carretes en una bolsa negra hermética y siempre viajaba con pequeños cuadernos donde anotaba sus impresiones a lápiz. No le importó la incomodidad de su alojamiento, la falta de higiene, el hedor de las calles y las nubes de moscas que invadían Shibam. La viajera, a pesar de su delicada salud, estaba feliz «rodeada de gentes que viven en comunión con la dura naturaleza». Sólo la inesperada aparición en el cielo de cuatro bombarderos de la Royal Air Force que acudían a su rescate la harían volver a la realidad. Su sueño de explorar la ciudad de Shabwah y encontrar el tesoro que escondían sus ruinas tendría que esperar.

El rescate de película de Freya Stark, que fue transportada por la RAF desde la cordillera yemení hasta el hospital británico de Adén, daría mucho que hablar. Tras unas semanas de descanso Freya fue trasladada en camilla hasta el buque *Orontes*, que partía rumbo a Italia. La intrépida exploradora fue recibida a bordo como una heroína, aunque en su interior Freya se sentía fracasada. Durante su convalecencia en Adén, se enteró de que un explorador alemán había llegado con gran dificultad hasta los alrededores de la ciudad de Shabwah y fotografiado su magnífico emplazamiento. Freya estaba enfurecida pero, una vez más, se saldría con la suya. El relato de su viaje al sur de Arabia, *The Southern Gates of Arabia* (1936), se convertiría en un nuevo éxito editorial. La señorita Stark no había llegado a la capital del reino de Hadramaut pero la había descubierto para el gran público. Quien sí lo conseguiría un año después fue el veterano explorador Harry St. John Philby que realizaría importantes estudios en las ruinas de Shabwah, aunque Freya le reprochaba que había llegado hasta allí en coche y con la protección de su amigo el rey Ibn Saud.

La única sombra que ahora se cernía sobre ella eran las acusaciones de aquellos funcionarios británicos desplazados en Oriente que pensaban que la Royal Air Force no estaba para rescatar a ciudadanos particulares en peligro y que Freya debía compensar al gobierno por los elevados costes de su salvamento. Otros creían que Freya se había aprovechado en su viaje de la hospitalidad de los nativos. Finalmente el tema quedó archivado porque a estas alturas de su carrera la famosa exploradora tenía muy buenos contactos en las altas esferas de la política.

Antes de partir a Addis Abeba, Antonin Besse le había escrito una carta a Freya —fechada el 31 de enero de 1935— en que le decía: «Querida, desde que te fuiste he vivido en soledad y por el momento no deseo ver a nadie. Revivo nuestras noches juntos, durante las cuales no tenía cabida el hastío [...] Sería delicioso encontrarnos de nuevo, todavía más enriquecidos por las experiencias que hemos vivido. Con ternura beso tus labios, A.B.». Estas muestras de afecto habían derretido el corazón de Freya y ahora en Asolo, recuperándose de sus graves dolencias, y centrada en su nuevo libro sobre el sur de Arabia, le echaba de menos. En los meses siguientes la visitó en Asolo —en una ocasión en compañía de su esposa Hilda— y en las cartas que le enviaba desde Francia decía seguir amándola. Pero aquella relación acabó enfriándose con el tiempo porque en ningún momento Besse pensó en abandonar a su mujer y Freya no estaba dispuesta —por muy liberal que al principio se mostrara— a mantener una relación a tres bandas.

Una vez más se sintió rechazada por alguien a quien se había entregado abiertamente y con quien por primera vez había sentido el fuego de la pasión amorosa.

Sin embargo, la noticia que más le impactó a Freya en aquel año de 1935 fue la muerte el 13 de mayo de Lawrence de Arabia en un accidente de moto en una carretera cercana a su casa de campo en Dorset. Tenía cuarenta y siete años y huyendo de su propia leyenda, había cambiado su nombre por el de T. E. Shaw. Lawrence, tras la Conferencia de El Cairo (1921) donde los aliados decidieron el futuro de Oriente Próximo, presentó su renuncia a Winston Churchill. Se sentía incómodo y creía que había traicionado a los árabes porque las autoridades británicas no habían cumplido los compromisos adquiridos con las tribus beduinas. Se alejó de la vida política y durante un tiempo trabajó como soldado raso en las fuerzas aéreas de la RAF mientras ultimaba los detalles de su gran obra literaria, *Los siete pilares de la sabiduría*. No aceptó ninguna de las condecoraciones que el gobierno británico le quiso imponer por los servicios prestados y en sus últimos años se refugió en su casa de Clouds Hill, donde no pudo escapar al continuo asedio de la prensa. Pese a todos sus intentos por pasar inadvertido, T. E. Lawrence no consiguió que el gran público se olvidara de él y tras su prematura muerte se publicaron innumerables libros sobre su vida. En 1962 el director David Lean llevó al cine la vida de este excéntrico arqueólogo y hombre de letras que encabezó la rebelión árabe. En su magnífica película, *Lawrence de Arabia*, el actor Peter O'Toole recuperaría para la posteridad las hazañas de un hombre convertido en mito.

En octubre de 1935, Freya dio una conferencia en la Royal Geographical Society de Londres sobre su viaje al Yemen en busca de Shabwah. Aunque aún no estaba recuperada de una grave anemia que la había dejado muy debilitada, sacó fuerzas para enfrentarse a un auditorio ansioso por escuchar sus descubrimientos y de nuevo se metió al público en el bolsillo. Ninguna mujer desde los tiempos de Gertrude Bell había conseguido entusiasmar tanto al público que tras su intervención la aplaudió efusivamente. La publicación en los meses siguientes de su libro

The Southern Gates of Arabia, que según los críticos se encontraba a la altura de las obras del gran arabista Charles Doughty, y que los miembros de la comunidad científica alabaron por ser «el mayor compendio de material sobre la antigua Ruta del Incienso en el sur de Arabia publicado hasta la fecha», la convirtió en la persona más admirada de Inglaterra.

Un año después Freya Stark regresaría al Hadramaut como jefa de la expedición Wakefield (1937-1938), que llevó a cabo las primeras excavaciones arqueológicas en Yemen. A Freya le acompañaban dos competentes mujeres, la famosa arqueóloga Gertrude Caton-Thompson y la profesora de geología Elinor Wight Gardner. Las diferencias y choques entre Freya y la aristocrática miss Caton-Thompson marcarían este viaje desde el primer instante en que pisaron en el puerto de Adén. Freya, más interesada en hablar con la gente local que en buscar restos de vasijas, se pasó buena parte de la travesía enferma y soportando las acusaciones de Gertrude sobre su falta de interés científico. Aun así, consiguieron importantes descubrimientos en los alrededores de Huraydah, como un templo de la luna dedicado a la diosa pagana Sin en cuyo interior encontraron magníficas inscripciones y sepulcros que se remontaban a mediados del siglo V a.C. Cuando acabaron las excavaciones, Freya propuso a sus compañeras que la acompañaran para intentar localizar la antigua Caná, un puerto de vital importancia en la Ruta del Incienso. Pero Gertrude y Elionor querían perder de vista a Freya y partieron hacia Mukalla ansiosas por llegar a la civilización. La enemistad que surgió entre Freya y sus compañeras arqueólogas era a estas alturas del viaje insalvable.

La señorita Stark, a lomos de su camello y bajo un sol implacable, continuó sola en dirección al mar. Protegida por una sombrilla, en ocasiones cabalgó durante nueve horas diarias por una escarpada y desolada región azotada por fuertes vientos. Cuando llegó a la aldea de Azzan se sumó a la caravana del sultán que partía en la misma dirección que ella. Como una auténtica reina de Saba, Freya viajó en los días siguientes protegida por doce soldados fuertemente armados y veintisiete camellos cargados con fardos de tabaco. El sultán de Azzan le prestó una rica silla de montar con adornos de plata y suaves cojines, mucho más cómoda que las duras sillas beduinas. Tras un penoso viaje de ciento ochenta kilómetros —donde volvió a caer enferma— logró alcanzar Husan al Ghurab, que según pudo comprobar era el antiguo emplazamiento de Caná, el puerto donde en la Antigüedad los barcos cargaban el aromático incienso. Freya regresaría a Adén en una vieja falúa navegando a través del océano Índico. Se encontraba exhausta, tenía fuertes dolores de cabeza y musculares, los síntomas del dengue, una enfermedad infecciosa transmitida por los mosquitos. Pero la viajera estaba dichosa, en su bolsa empapada por el agua del mar llevaba las notas de sus valiosos descubrimientos geográficos, y esta vez le acompañaba un feo lagarto de color azul al que llamó Himyar —en honor a uno de los antiguos reinos del sur de Arabia— y que sería su inseparable mascota. Tras aquella expedición larga y difícil en el sur de Arabia, Freya sacaría material para otro de sus magníficos libros, *A Winter in Arabia*, publicado en 1940 en el que narraba con su habitual maestría su expedición arqueológica en el valle de Hadramaut y su peligrosa aventura en busca del legendario puerto de Caná.

Una espía en Adén

Algo más recuperada de su viaje al Yemen, Freya regresó en otoño de 1938 a Asolo para finalizar la introducción a un libro de fotografías, *Seen in Hadhramaut*, que Murray publicaría a finales de año. En Italia los fascistas estaban por todas partes y la guerra parecía inminente. Ante esta situación, Freya pidió a Flora y a Herbert Young que partieran con ella a Inglaterra, pero se encontraban demasiado viejos y no quisieron abandonar Asolo. Así que Freya, a mediados de septiembre, hizo su equipaje y con su lagarto azul oculto en el abrigo cogió un tren rumbo a París. Allí se detuvo lo justo para comprar algunos vestidos y llamativos sombreros de plumas —que siempre fueron su debilidad— en sus lujosas tiendas de alta costura, ahora vacías a causa de la guerra. Ya en Londres se alojó en casa de unos amigos en el barrio de Kensington donde la gente vivía ajena al terrible conflicto que en apenas seis meses estallaría en Europa. En aquel invierno londinense Freya era el personaje de moda y no había fiesta importante que no contara con su presencia. Se había convertido en una celebridad y nunca defraudaba a su entregado público. Le gustaba lucir originales vestidos hechos con sus telas traídas de Oriente, sombreros de largas plumas y siempre le acompañaba su lagarto yemení, al que paseaba sujeto por un arnés. Ahora entre sus admiradores se encontraban ilustres viajeros y escritores como Lawrence Durrell, Ella Maillart, Peter Fleming o Vita Sackville-West. Otros buenos amigos eran el renombrado arqueólogo Leonard Woolley y su esposa Katharine, que le prestaron a Freya su elegante mansión en Chelsea para que pudiera organizar allí alguna recepción. Tras unas intensas semanas de cenas y divertidas fiestas donde se codeó con lo más granado de la refinada sociedad londinense, incluidos algunos miembros de la realeza británica, Freya subió cargada de baúles al elegante vagón del tren que la llevaría a Italia.

Cuando llegó a la hermosa ciudad renacentista de Asolo, Freya se estremeció. El país entero se preparaba para la guerra y los habitantes de Asolo en silencio montaban barricadas y protegían sus casas ante un posible ataque. Como Flora se encontraba de viaje en Estados Unidos, ella se ocupó de esconder los objetos de valor, embalar los muebles, despedir al servicio y cerrar las puertas de su querida Casa Freia. Para combatir la tristeza que sentía, a mediados de marzo emprendió un nuevo viaje a Siria con la excusa de recorrer los castillos de los cruzados que antes que ella ya habían visitado T. E. Lawrence y Gertrude Bell. Tras un mes explorando el valle de Asi en busca de fortalezas, Freya llegó envuelta en polvo y agotada a la ciudad siria de Alepo. Estaba tan triste y enferma que ingresó en un pequeño hospital atendido por voluntariosas monjas francesas. Allí pudo desahogarse con ellas y recuperar las fuerzas mientras escribía largas cartas a sus amigos en Inglaterra.

Lo mejor que le ocurrió durante su estancia en Alepo, según le contaba a su padrino Herbert Young en una carta, fue conocer a

Isa —en árabe «Jesús»— un atractivo y eficaz guía alauí que se convirtió en su «perfecta doncella». Isa pronto conoció los gustos de su señora extranjera y no sólo le preparaba el té por la mañana sino que se encargaba de lavar su delicada ropa interior. Durante un tiempo su fiel criado se instalaría con ella en Adén y la acompañaría en sus misiones de espionaje por el norte del Yemen. Más adelante el apuesto Isa —al que pagó una fortuna por traérselo de Siria— se cansaría de plancharle las enaguas y comenzaría a beber. La viajera se vio obligada a despedirle aunque reconocía que nadie la había servido con tanta entrega como este muchacho de exóticos rasgos que hacía suspirar a más de una dama europea.

En el mes de agosto de 1939 Freya Stark, deprimida y confusa, regresaba a Londres. Se encontró la ciudad sumida en un tenso ambiente bélico, las calles cortadas con sacos de arena, grupos de soldados patrullando por sus calles desiertas o cavando afanosamente trincheras en medio de Hyde Park. Los habitantes, escondidos en sus casas o en refugios, esperaban atemorizados los primeros ataques aéreos de Hitler. Fue entonces cuando Freya recibió un telegrama de la Oficina Colonial que cambiaría su incierto destino. Le pedían que se presentase al nuevo Ministerio de Información porque necesitaban de sus servicios. La señorita Stark fue reclutada como «experta en Arabia del sur», con un sueldo de seiscientas libras al mes, y sería la única mujer entre aquel exclusivo grupo de políticos y agentes de la inteligencia británica. Freya, considerada una de las grandes especialistas en Oriente Próximo, era la persona más indicada para este trabajo. Hablaba varios idiomas —entre ellos distintos dialectos árabes y algo de persa— que ahora le serían de gran utilidad y tenía muy buenos contactos en la región. El 8 de octubre abandonaba Inglaterra, satisfecha porque contaran con ella y pudiera desempeñar un papel de tanta relevancia en esta guerra, defendiendo además a su país de adopción. Por primera vez no le molestó que la compararan con Gertrude Bell, la veterana diplomática que tras la Primera Guerra Mundial puso todos sus conocimientos de Oriente Próximo al servicio del Imperio Británico.

En Adén, su nuevo jefe en el Ministerio de Información era

Stewart Perowne, un joven funcionario británico al que había conocido en 1937 cuando llegó a esta ciudad al frente de la expedición arqueológica al Hadramaut. Stewart —nueve años más joven que ella— era un gran admirador de Freya, había leído todos sus libros y conocía sus peligrosas aventuras por todas estas regiones. «Delgaducho, de cuello largo y cabeza calva como un joven buitre», como lo describía la viajera con ironía, Stewart era hijo y nieto de obispos de Worcester, todo un erudito graduado en Cambridge y el típico caballero inglés. En ocasiones vestía a lo Lawrence de Arabia con amplias camisas abiertas de seda, pantalones de montar y el tradicional pañuelo beduino —la kefía— alrededor de la cabeza. Freya, a quien siempre le gustó la gente algo excéntrica, estaba encantada de estar a sus órdenes y se instaló en Adén en unas modestas habitaciones de alquiler cercanas a su oficina del Ministerio de Información.

En El Cairo se había decidido que Freya viajara a la fortaleza de Sanaa en el alto Yemen para descubrir qué ayuda recibía de Italia el poderoso imán que allí gobernaba y colaborar en la propaganda de apoyo a los aliados. En febrero de 1940 acompañada por un sirviente sirio, un conductor somalí, sus dos ayudantes y un cocinero yemení partió en barco para llevar a cabo su misión secreta. En su equipaje llevaba un proyector y escondidas entre la ropa tres películas sobre la vida inglesa y otras que mostraban el poder militar británico. En las costas del mar Rojo desembarcaron en Hudaydah, y siguieron viaje a Sanaa a través de las dunas de arena. Cuando Freya consiguió entrar en la impresionante ciudad medieval donde vivía el imán —hoy capital del Yemen y patrimonio de la Humanidad— el corazón le latía muy deprisa. Caminaba por un escenario irreal, el tiempo se había detenido en sus altos edificios de piedra y adobe de más de cinco siglos de antigüedad decorados con motivos estucados de yeso blanco. De noche los guardias del imán cerraban las enormes puertas de esta inexpugnable fortaleza religiosa. La estancia de dos meses en Sanaa de Freya Stark forma ya parte de su leyenda.

A Freya se le ocurrió que siendo mujer iba a ser muy difícil acceder a la esfera de poder del imán, pero sin embargo podía proyectar sus películas de propaganda en los harenes de la corte. Organizó sesiones de cine para las esposas, las hijas y las princesas que se emocionaban al poder asistir a una proyección privada donde Freya, en un perfecto árabe, les explicaba las bondades de la vida en la campiña inglesa. Pero lo que más les gustaba eran las películas que mostraban los aviones de combate, la artillería o los barcos de guerra británicos. Cada noche Freya, acompañada de una guía y oculta tras un velo, atravesaba las silenciosas callejuelas con sus películas bajo el brazo y las proyectaba en distintas casas de la laberíntica ciudad. Pronto los hombres, llevados por la curiosidad o arrastrados por sus esposas, acudían a las sesiones. Freya pudo recoger valiosa información y remitir a Adén numerosos informes sobre los italianos instalados en Sanaa y el armamento del que disponían las tropas yemeníes. Cuando a finales de marzo pudo abandonar al fin esta siniestra ciudad anclada en la Edad Media y gobernada por un tirano, se sintió liberada. Aunque en Adén el calor y la humedad en esta época del año resultaban insoportables, le parecía una bendición aspirar el aroma del mar tras su reclusión en Sanaa.

La señorita Stark había demostrado no sólo su valentía sino sus extraordinarias cualidades de espía. El Foreign Office estaba muy satisfecho con su trabajo y finalmente el Yemen se mantuvo neutral durante todo el conflicto. De nuevo en Adén, Freya se veía casi todos los días con su jefe Stewart que cada tarde la visitaba en su casa para tomar una copa en su terraza o la invitaba a cabalgar por la playa antes del amanecer. Este repentino interés hacia ella le hizo bromear con la posibilidad de que el joven la quisiera pedir en matrimonio. Freya no iba desencaminada pero el tímido señor Perowne aún tardaría un tiempo en dar el paso. Por el momento Freya y su jefe tuvieron que separarse un tiempo, a la dama inglesa la invitaban a viajar a El Cairo, donde se encontraba el centro de mando de la defensa británica. En el fondo estaba feliz de abandonar Adén aunque Stewart se mostraba contrariado porque su compañera le era de gran utilidad y no tenía a nadie que la reemplazase.

El Cairo durante la Segunda Guerra Mundial vivía un ambiente festivo mientras en Europa la guerra se cobraba miles de víctimas. Habían llegado hasta aquí refugiados de todos los rincones de Europa y en los lujosos hoteles se mezclaban reyes, jeques, millonarios, diplomáticos y un buen número de espías. Había fiestas, bailes hasta el amanecer y las mejores orquestas del mundo tocaban en la terraza del hotel de moda, el Shepheard. Freya se instaló a su llegada en un elegante apartamento en la isla de Zamelek a un paso del club de moda, el elitista Gesira Sporting Club, para uso exclusivo de oficiales. Estaba rodeada de millonarios extravagantes que se dedicaban a jugar al golf, al tenis y apostar a las carreras que se celebraban cada tarde en el hipódromo. Echaba de menos a su compañero Stewart —que aún seguía molesto con ella— pero había mucho trabajo que hacer. El Ministerio de Información estaba muy satisfecho de sus servicios en el Yemen y le pidió nuevas ideas para aplicar en otros países de la región como Irak. Freya propuso entonces la creación de una compleja organización de propaganda probritánica basada en las sociedades secretas islámicas que había estudiado en sus viajes. Pretendía crear una especie de hermandad árabe bajo la tutela de los ingleses, formada por voluntarios y simpatizantes de todos los grupos religiosos para sentar las bases de un futuro democrático alejado de las ambiciones nazis y fascistas en Oriente Próximo. La llamó Hermandad de la Libertad y tuvo tanto éxito que a la que nació en El Cairo le siguieron otras en Bagdad, Jerusalén, Adén y la India.

Mientras Freya en El Cairo disfrutaba del juego de la política se sentía preocupada por su madre y su familia en Asolo. Les había pedido en sus cartas que huyeran a Suiza o a Estados Unidos, donde tenían buenos amigos, pero no le había llegado ninguna respuesta. Y fue entonces cuando se enteró de que en junio de 1940, unos días después de que Italia declarara la guerra a Gran Bretaña y a Francia, su madre Flora y Herbert Young habían sido detenidos en su casa por los soldados de Mussolini. Flora Stark tenía setenta y nueve años y se la acusaba de que su hija era una espía al servicio de los ingleses. Los dos ancianos fueron enviados a la prisión de Treviso, una de las peores de Italia. Gracias a algunos amigos influyentes se les consiguió liberar unos meses más tarde y evitar que fueran a un campo de concentración. Tras esta experiencia traumática, Herbert murió de cáncer a las pocas semanas de su liberación en su amado Asolo y Flora viviría un año y medio más en la casa de unos amigos en California. El 12 de noviembre de 1942 un telegrama informaba a Freya de que su madre había muerto. Recibió la fatal noticia cuando se encontraba escribiendo su autobiografía —tres volúmenes que la editorial Murray publicaría entre 1950 y 1953— y aunque la relación con Flora nunca fue fácil intentó rescatar del olvido algunos de los buenos momentos que habían compartido para superar el dolor que sentía.

A finales de marzo de 1941 Freya llegaba a Bagdad dispuesta a organizar su red de inteligencia antinazi en Irak ante el peligro de que Hitler ocupara este lugar estratégico en el golfo Pérsico. Paseando por sus polvorientas calles recordaba con una sonrisa la primera vez que llegó a esta ciudad trece años atrás y el escándalo que provocó entre las damas británicas cuando alquiló una habitación en el barrio de las prostitutas. Se alojó en el Tigris Palace que no era el lujoso Shepheard de El Cairo, pero era el mejor hotel de la ciudad. A los pocos días sir Kinahan Cornwallis se estrenaba como embajador británico en Bagdad y su viejo amigo el capitán Holt, que todavía era secretario para Oriente, la recibía con un ramo de flores. Freya había enterrado los recuerdos del pasado y volvieron a pasear juntos a caballo como si nada hubiera ocurrido. En los próximos dos años Freya se entregaría a fondo, en medio de un ambiente marcadamente antibritánico, a su labor de propaganda y trataría de encender en los iraquíes «la llama de una futura democracia». Gracias a su buena amistad con el embajador Cornwallis había conseguido que su compañero Stewart Perowne fuera trasladado de Adén a Bagdad como oficial de relaciones públicas.

Muy pronto Freya descubrió que a Stewart le interesaba más el ambiente del palacio y su pequeño rey que los grandes cambios políticos que se estaban produciendo en Oriente Próximo. Fue el señor Perowne quien introdujo algunas reformas en la imagen tradicional de la corte hachemita, entre ellos diseñó llamativos uniformes para el cuerpo de guardias reales, organizó cacerías —donde se perseguía a chacales a falta de zorros— y deslumbrantes espectáculos reales que desentonaban bastante con la delicada situación política que atravesaba este país. A la muerte del rey Faisal, en 1932, le había sucedido su hijo Ghazi que contaba veintiún años y no tenía el carisma ni el apoyo popular de su padre. Ghazi perdió la vida en un misterioso accidente de coche en abril de 1939. Su heredero, el príncipe Faisal, tenía entonces cuatro años y fue proclamado rey bajo la regencia de su tío el emir Abd al-Ilah. Ambos serían asesinados en palacio en agosto de 1958 durante el golpe militar que pondría fin a la monarquía en Irak.

En julio de 1943, su amigo el embajador Cornwallis y el Ministerio de Información decidieron que Freya iniciara una gira por Estados Unidos para explicar con su maravillosa facilidad de palabra la postura de Gran Bretaña sobre Palestina. Iba a ser una de las experiencias más duras para Freya que en su intento de concienciar al pueblo americano del problema del pueblo palestino fue acusada de antisionista. Cuando regresó a casa a comienzos de abril de 1944 estaba cansada y se sentía fracasada porque creía que sus ideas habían sido mal interpretadas. Freya no estaba en contra del pueblo judío ni siquiera de sus reivindicaciones, pero pensaba que la creación de un estado judío en Palestina desplazaría a los árabes que allí habitaban y crearía en la zona una espiral de violencia sin fin. El único respiro de aquella gira a Estados Unidos que la llevó a Nueva York, Washington y Chicago, fueron las entrevistas que concedió a algunos reporteros atraídos por la apasionante historia de su vida y sus hazañas en Oriente. En algunos artículos que publicaron se refirieron a ella como «la versión femenina de Lawrence de Arabia». En medio de tanta frustración, que la compararan con el hombre que junto al emir Faisal había conseguido unir a las tribus árabes bajo una misma bandera contra sus opresores turcos la llenó de orgullo.

Cuando finalizó la guerra, Freya sólo pensaba en regresar a Italia y ver si su casa había resistido los bombardeos. Aquel 25 de julio de 1945 en que llegó frente a las puertas de Casa Freia y comprobó que seguía intacta, los ojos se le llenaron de lágrimas. Habían pasado siete años y Emma, su más fiel sirvienta, la recibió como si aquella terrible guerra que había arrasado Europa no hubiera existido. La casa había servido de cuartel a los fascistas pero su interior no había sufrido grandes desperfectos. En los días siguientes Freya descubrió emocionada que el taller textil de seda seguía funcionando, aunque con muchas dificultades. Decidida a sacarlo adelante, lo compró a su nueva propietaria, a quien Flora Stark se lo había dejado antes de ser detenida por los fascistas. La ciudad entera trataba de volver a la normalidad y curar sus heridas, aunque algunas dejarían profundas secuelas. Desde Dronero le llegó la noticia de que sus dos sobrinos, Paolo y Roberto, habían muerto durante la contienda. Sólo le quedaba Constanza —a la que llamaban Ceci—, la única hija de Vera que había sobrevivido a los combates. En los siguientes años intentó ayudarla en lo posible y le regaló su casa de la Riviera italiana, L'Arma en Mórtola, donde se dedicó a la floricultura para ganarse la vida.

Freya se instaló a vivir en su casa de Asolo y aunque este lugar le traía tristes recuerdos porque ya no estaban con ella ni su hermana Vera ni Flora y tampoco el querido Herbert, intentó concentrarse en un nuevo libro, *The Arab Island*, sobre la difícil transición que se estaba produciendo en los países árabes. Pensaba que su libro ayudaría a los estadounidenses a entender mejor el mundo islámico y conocer un territorio que apenas situaban en el mapa. En su interior Freya estaba convencida de que tras la guerra y los servicios prestados al gobierno británico le ofrecerían un puesto diplomático en algún exótico y remoto lugar. Pero la señorita Stark, aunque era una persona de gran talento, audaz y muy preparada, había cometido algunos deslices en el desempeño de su cargo que pagaría muy caros. En su último viaje a la India en 1943 el gobierno puso a su disposición un coche del ejército que acabó vendiendo sin autorización. Este suceso daría mucho que hablar y los enemigos de Freya aprovecharon para demostrar que no era una persona apta para formar parte del Foreign Office.

Por entonces eran muchos los amigos que la visitaban en su casa de Asolo, que Freya había convertido con su toque personal en una villa muy acogedora, decorada con antigüedades orientales traídas de sus viajes, kilims persas y luz a raudales en todas sus habitaciones. Se sentía particularmente orgullosa de sus nuevos cuartos de baño, donde había decidido gastarse el dinero y disfrutar de amplias bañeras con dosel y originales lavabos en forma de concha marina. Sin embargo la presencia de Stewart Perowne era la más esperada. Le gustaba su compañía y ahora lejos de Bagdad podían estar más relajados, pasear, pintar y charlar sobre los tiempos pasados en el agradable jardín. El futuro profesional de ambos era entonces incierto. Los superiores de Stewart en la Oficina de las Colonias le habían informado de que ya no le necesitaban en Bagdad. Fue un jarro de agua fría para un hombre que había dedicado la mayor parte de su vida al Foreign Office y que ahora dejaban de lado. Por su parte el sueño de Freya de emprender una carrera diplomática también se había esfumado y se refugió en la escritura. En aquel mes que Stewart pasó con ella le confesó que estaba atravesando una crisis emocional. Intentó ser un invitado animado y alegre pero en su interior se sentía fracasado y muy deprimido. Tras estas felices semanas en Asolo que compartió con su admirada Freya, Stewart regresó a Irak para recoger sus pertenencias, despedirse de sus amigos y regresar diez meses después a Inglaterra dispuesto a buscar un nuevo trabajo.

Freya continuaba en Asolo enfrascada en un nuevo libro, *Perseus in the Wind*, cuando recibió una carta de su amigo Stewart Perowne donde le anunciaba que en breve partía a la isla de Antigua, en las Antillas Menores, y aunque en realidad su nuevo destino caribeño era un «destierro humillante», estaba decidido a tomárselo con buen humor. Le informaba a Freya que trabajaría como secretario colonial a las órdenes del gobernador y que le gustaría mucho que le visitara. Lo que nunca hubiera adivinado Freya era el contenido de la carta que le llegó dos semanas más tarde en la que Stewart le pedía que se casara con el. «... tú me conoces con todas mis imperfecciones. Sabes lo incapaz y lo egoísta que soy. También sabes cuán feliz y cuánto más consciente y útil a la sociedad soy cuando estoy contigo. Siento que sin ti el futuro es gris (no es que debiera tratar de convencerte de esta manera), pero creo que contigo podría ser una aventura de esas en las que eres una artista tan consumada». Freya releyó una y otra vez la carta, estaba sorprendida pero en el fondo siempre había esperado que su compañero diera este paso. Habían compartido muchos años juntos en Adén y más tarde en Bagdad, ella se había preocupado por ayudarle y tenerla cerca. La respuesta de Freya no se hizo esperar mucho y le envió un telegrama donde escuetamente le decía que aceptaba encantada su proposición.

La reina nómada

Cuando Freya Stark comunicó la noticia a sus amigos se quedaron bastante asombrados. La mayoría sabían que Stewart era homosexual y al ver a Freya tan ilusionada pensaron en el daño que la haría descubrir la verdad. Mientras tanto ella, ajena al revuelo que había provocado el anuncio de su boda, se preparaba a sus cincuenta y cuatro años para dar el anhelado «sí, quiero». El 7 de octubre de 1947 la famosa exploradora y escritora de viajes Freya Stark contraía matrimonio con Stewart Perowne —nueve años menor que ella— en una iglesia de Londres. Tras la boda hubo una gran recepción en el hotel St. Ermine a donde acudieron políticos, periodistas, arqueólogos y viajeros como el famoso explorador Wilfred Thesiger, que sentía como Freya fascinación por la vida de los beduinos. Thesiger, poco tiempo después que ella llegó al sur de Arabia para cartografiar por primera vez el Rub al-Jali, el extenso Territorio Vacío. Los dos tenían mucho en común, fueron grandes escritores de libros de viajes, espíritus nómadas enamorados del desierto y los últimos exploradores británicos que recorrieron estas remotas regiones de Oriente. El legendario y erudito Wilfred Thesiger moriría en el verano de 2003 en Londres a los noventa y tres años. El día de la boda de su amiga Freya recordaba con humor la alta pluma verde de su sombrero que veía flotando como un periscopio por encima de las cabezas de los invitados.

Freya estaba radiante y sus amigos más cercanos sólo esperaban ver con qué ánimo regresaría de su romántica luna de miel en Venecia.

Freya regresó contenta y descansada de aquellos quince días junto a su flamante esposo. Tras la «apasionada luna de miel» se separaron por un tiempo. Stewart partió a su destino mientras ella viajaba a Asolo para poner en orden sus cosas y acabar su último libro. Durante aquel tiempo las cartas de Stewart estaban llenas de impaciencia y mucho romanticismo. Añoraba a Freya y estaba arreglando con esmero la modesta residencia que les había asignado el gobierno en Antigua para que su esposa se encontrara a gusto en su nuevo hogar. Finalmente a mediados de febrero Freya cargada de maletas y muchos libros llegaba a la isla. A primera vista este pequeño pedazo de tierra en el mar de las Antillas que descubriera Cristóbal Colón en 1493 parecía un paraíso de postal. Estaba rodeada de aguas cristalinas y en su interior la exuberante vegetación daba paso a extensas plantaciones de caña y algodón. Su nueva casa era pequeña y sin grandes pretensiones, pero Stewart la había decorado con un gusto exquisito a base de muebles orientales, telas en las paredes y esteras de palma en el suelo. El servicio estaba compuesto por un anciano cocinero y dos jóvenes sirvientes negros que esperaban impacientes las órdenes de la nueva señora de la casa. Pero pronto Freya descubrió que ella no iba a encajar en este paraíso. Los residentes extranjeros, una pequeña comunidad de gentes provincianas y sin ningún interés a los ojos de Freya, la trataron con bastante indiferencia. Acostumbrada a ser el centro de atención, a llevar una vida independiente y viajar a su antojo, Freya no estaba dispuesta a representar el papel de perfecta esposa de un funcionario.

Al poco tiempo de llegar la señora Perowne —que era como la llamaban para su disgusto— ya se sentía enjaulada en esta remota y aburrida isla «donde nunca ocurría nada». Su esposo trabajaba todo el día y apenas podía ocuparse de ella. Freya, que pensaba quedarse hasta el mes de octubre, decidió adelantar su regreso y en junio ya estaba de nuevo en Italia. Se encontraba confundida pero creía que las cosas podrían arreglarse si estaban un tiempo separados. Ya entonces a su editor y confidente Jock Murray le confesó: «... ésta sería una islita encantadora si tuviera a alguien realmente enamorado de mí». En Asolo, Freya se dio cuenta de que se había engañado a sí misma con aquel matrimonio, pero al igual que Stewart no estaba dispuesta a anularlo. Seguía recibiendo cariñosas cartas de su esposo en las que le suplicaba que regresara y se lamentaba de que la casa estuviera tan vacía sin ella. Freya una vez más intentó ayudarle y utilizó todas sus influencias para conseguir un nuevo destino a Stewart.

Pero en su interior Freya Stark sabía que los problemas con su esposo eran de otra índole. En Antigua había descubierto que Stewart no sentía ninguna atracción hacia ella y que se negaba a dormir en su misma cama. Para una mujer tan femenina y apasionada como Freya, aquella situación le debió resultar humillante. A su regreso y convencida de que su marido le ocultaba algo, le pidió en una carta que fuera sincero con ella. Finalmente su esposo en una larga misiva que se conserva fechada el 15 de septiembre de 1948, le confesó su homosexualidad y le pedía disculpas por el daño que le había causado: «Me preguntas por qué no te lo dije. Mi muy querida, no fue engaño; lo que dijiste de que fuera sincero significa angustia y muy profunda. Era sólo vergüenza, y una sensación de que, como odiaba tanto esa inclinación, la mantendría a raya y la unión contigo la haría desaparecer, del mismo modo que la luz del sol apaga la vela». Stewart Perowne tuvo que armarse de mucho valor para escribir estas líneas teniendo en cuenta su cargo y que hasta 1967 en Inglaterra la homosexualidad se consideró un delito. Freya, en un primer momento, valoró su sinceridad aunque pensó que esta confesión le llegaba demasiado tarde.

Mientras su matrimonio hacía aguas, Freya seguía tan activa como siempre y comenzó el primer volumen de su esperada autobiografía. Su libro *Perseus in the Wind*, plagado de reflexiones filosóficas sobre «las verdades eternas» que su editor creyó que iba a ser un fracaso editorial, se convirtió en un libro de culto. No le debió resultar nada fácil a Freya escribir unos ensayos tan profundos donde tocaba temas como el amor, los viajes o la muerte de los seres queridos, algo que ella conocía tan de cerca. Quizá pensaba en su hermana Vera cuando escribió en uno de los capítulos: «La visión de la muerte da vida y belleza a este mundo [...] afortunados aquellos que lo perciben pronto para poder disfrutar de un sentido de la proporción por el resto de sus días». La única sombra en aquella época de triunfos y reconocimientos era Stewart que en su «exilio» de las Antillas cada vez se sentía más solo e infeliz. No podía comportarse como un buen marido con la mujer que más admiraba del mundo y tampoco podía dar rienda suelta a sus fantasías sexuales porque había sido educado por su padre —un estricto obispo anglicano— en la creencia de que la homosexualidad era un pecado contra Dios.

La escritora había cumplido ya los cincuenta y cinco años y en las fotos de aquel tiempo se la ve algo rolliza y con poco cabello aunque mantenía el inconfundible brillo de sus ojos. Coqueta por naturaleza, sabía que ya no resultaba atractiva a los hombres y quizá por ello la idea de perder definitivamente a Stewart la inquietaba aún más. Freya, siempre acostumbrada a salirse con la suya, consiguió que trasladaran a su esposo a un nuevo destino y le ofrecieran el cargo de asesor del Ministerio del Interior en Cirenaica, Libia. De esta manera Stewart volvía a trabajar para el Foreign Office y regresaba a un lugar cargado de historia y ricos yacimientos arqueológicos. La viajera había acabado ya el que sería su primer volumen de memorias, *Traveller's Prelude*, donde narraba los primeros años de su vida y ahora esperaba ansiosa la críticas y la reacción del público. Mientras, se preparó para viajar a Libia y acompañar a Stewart, con la esperanza de que sus caminos volvieran a encontrarse.

En marzo de 1950 llegaron a Bengasi, la capital de Cirenaica, donde Freya encontró a las afueras de la ciudad una hermosa casa con un jardín vallado que decoró a su gusto con los muebles que mandó traer de Italia. Al principio estaba feliz, le atraía esta soleada región del Mediterráneo donde en la Antigüedad se asentaron griegos y cartagineses, y que tras la derrota de estos últimos fue ocupada por los romanos. Los árabes la conquistaron en el siglo VII y más tarde cayó bajo el dominio de los otomanos. Tras la guerra Libia vivía un momento de cambio, ya no era una colonia italiana y los británicos y franceses se dividían el poder en sus tres provincias. En el año 1952 el país debería alcanzar su independencia y a Stewart le parecía sumamente interesante ser testigo de este paso histórico.

Una vez instalada Freya, como hiciera en Bagdad, comenzó a explorar este país y a recorrer sus ruinas griegas y romanas, algunas muy bien conservadas. Pero pronto se dio cuenta de que su nuevo destino era igual de aburrido que las Antillas. La pequeña comunidad británica que allí residía no interesaba demasiado a Freya y no hizo ningún esfuerzo por llevarse bien con ellos. La veían como una excéntrica dama inglesa que parecía más interesada en visitar los harenes de las mujeres y charlar con ellas que en asistir a ninguna reunión social. Stewart, por su parte, no tenía el valor y la autoridad necesarios para desempeñar su nuevo cargo y Freya no estaba dispuesta a hacer su trabajo. Sus diferencias eran cada vez más insalvables; durante tres años le había ayudado, le dio consejos, trató de orientar su futuro pero ahora Freya se mostraba inflexible ante su debilidad.

En agosto de 1950 Freya necesitaba un cambio urgente de aires y se marchó a El Cairo para pasar una temporada. Cuando llegó a Londres se encontró que su libro de memorias *Traveller's Prelude* había tenido una excelente acogida entre los críticos y el público. Por aquella época Stewart, que había sido cesado de su empleo en Libia por el Foreign Office, se encontraba viviendo en París trabajando en las Naciones Unidas con un sueldo miserable. Se vieron en un par de ocasiones pero por entonces la relación entre ellos era muy distante e incómoda. Tras su último encuentro, Freya comenzó en 1952 los trámites para separarse de su esposo. No quería escándalos y decidió llevarlo todo de manera muy discreta; entre sus condiciones solicitó el poder seguir utilizando el nombre de señora Freya Stark a pesar de estar aún casada.

En el fondo para Freya su separación matrimonial fue una liberación porque aún sentía un gran rencor hacia Stewart. Ahora tenía casi sesenta años y no estaba dispuesta a depender de nadie. Se estaba pareciendo cada vez más a su madre, Flora, que siempre luchó por su independencia y abandonó a su marido porque éste le impedía realizarse. Por su parte Stewart, aunque sufrió mucho con la separación, jamás habló mal de Freya y al no sentir cerca su dominante presencia comenzó a escribir como deseaba desde hacía tiempo. Publicó una serie de libros de historia —dieciocho en total— amenos y rigurosos que tuvieron gran aceptación. En los años siguientes intentaron evitarse, aunque se escribían cartas formales o preguntaban a los amigos comunes sobre sus respectivas vidas. Stewart comenzó a relajarse y ya no ocultaba a los demás sus preferencias sexuales. En Londres, ajeno a los rumores, se dejaba ver en su club preferido rodeado de atractivos jóvenes. El señor Stewart Perowne viviría ochenta y siete años en la compañía de sus buenos amigos y dando rienda suelta a su creatividad a través de la pintura y los libros. Nunca mencionó a nadie su matrimonio con la famosa viajera Freya Stark y se mostró hasta el final de su vida muy cariñoso con ella.

Freya se mostró menos prudente y discreta que su esposo. Tenía que justificar ante sus amigos la ruptura de su matrimonio y se inventaba absurdas historias como cuando le acusó de ser un pederasta. En el verano de 1952 se recluyó en su casa de Asolo mientras escribía el segundo volumen de su autobiografía que se titularía *The Coast of Incense* y que, a pesar de todo, le dedicó a Stewart como le había prometido. Se encontraba muy sola y su único refugio era su sobrina Ceci, casada con un joven de Dronero, con la que discutía a menudo y no se llevaba muy bien. En ocasiones se escapaba a verla a su casa de Mórtola pero Freya era muy exigente y dominante con ella. Ceci murió en 1981 a causa de una apoplejía generalizada y Freya siempre lamentó no haber podido ayudar más a la que era su único pariente cercano con vida.

A sus sesenta años Freya volvió a su pasión por los viajes y dirigió su mirada a Turquía. Era un país que entonces gozaba de estabilidad política, se podía recorrer sin peligro y tenía el encanto añadido de que al no conocer su idioma debería aprenderlo. A estas alturas la célebre exploradora y escritora había publicado once libros sobre temas árabes y le interesaba cambiar de escenario.

Así que dispuesta a olvidar su fracaso matrimonial se embarcó sola y ligera de equipaje por este país de leyendas. Durante los diez años siguientes se dedicaría por entero a explorar Turquía y escribir magníficos libros que darían a conocer sus bellezas naturales y rica historia al público británico. A caballo, en jeep o a pie se perdió por los polvorientos caminos y barrancos hasta llegar a lo más profundo de Anatolia, decidida a trazar la ruta que siguiera veintidós siglos atrás el gran Alejandro Magno a través de Asia Menor. Con los textos de la Antigüedad como guía, de la mano de Arriano, Plutarco o Plinio la escritora siguió las huellas del rey de los macedonios y sus ejércitos. El resultado de este apasionante recorrido fue *La ruta de Alejandro*, publicado en 1958 y que más que un libro de viajes algunos lo calificaron de «joya literaria».

Freya, que en el pasado había sido una mujer enfermiza, ahora al cumplir setenta años sorprendía a todos por su inagotable energía y ansias de conocimiento. No se cansaba de viajar y soportaba con gran estoicismo las incomodidades. Cada viaje era al regreso un nuevo libro y ahora la escritura se había convertido no sólo en una de sus pasiones sino en su principal fuente de ingresos. Se enfrentaba a la vejez olvidándose de ella aunque le costara más dormir en una tienda de campaña o realizar largas caminatas a pie por las montañas cercanas. En ocasiones salía de excursión con algunos de sus protegidos, estudiantes universitarios atraídos por la historia y la geografía, y recorría con ellos las ruinas de Troya, la acrópolis o escalaba las montañas del Taurus para mantenerse en forma. Seguía asombrándose ante los descubrimientos que hacía en cada nuevo viaje: «La palabra "éxtasis" está siempre relacionada con algún tipo de descubrimiento, con una novedad para los sentidos o para el espíritu, y los aventureros están dispuestos a enfrentarse a lo desconocido en la búsqueda de esta palabra, ya sea en el amor, en la religión, en el arte o en los viajes», escribiría en una ocasión.

Asolo era su refugio, allí recibía a sus amigos, a los periodistas que llegaban atraídos por su leyenda y a distinguidas personalidades del mundo de la política o la cultura que había conocido en Londres o París. Cada mañana su ritual era siempre el mismo, se levantaba temprano, desayunaba en su terraza y se encerraba en el despacho a escribir en su pequeña máquina y leer la voluminosa correspondencia que recibía. Le gustaba como siempre la ropa cara, vestir a la última moda y las casas hermosas, en esto coincidía con la escritora Agatha Christie que también recorrería Oriente Próximo de la mano de su segundo marido, el arqueólogo Max Mallowan. Extravagante, divertida y algo derrochadora en su vejez, Freya compró dos colinas no muy lejos de Asolo, con la idea de construir allí su particular Xanadú. Quería que fuera un refugio muy especial para sus amigos y les animaba a todos a mudarse cuando las obras hubieran finalizado. Por fortuna acabó vendiendo el solar y las faraónicas obras se paralizaron; más tarde alquilaría un acogedor apartamento en Asolo más acorde con sus necesidades.

Su longeva vida también daría pie a alguna curiosa anécdota; Freya había pactado con un banco de Ginebra una pensión vitalicia y el negocio debió resultar desastroso para la entidad financiera porque todos los años enviaban a un representante a su casa de Asolo para comprobar si era cierto que la venerable anciana seguía con vida. Y no sólo estaba viva sino que seguía viajando por toda Europa y pasaba algunas temporadas en Escocia con su buena amiga la reina madre de Inglaterra. Regresó a su amado Yemen y en sus últimos años descubrió el Lejano Oriente que la fascinó y animó a adentrarse en el estudio de nuevas culturas. A los ochenta años Freya Stark viajó por remotas regiones de Afganistán y escribió un entretenido libro, *The Minaret of Djam*, sobre su temeraria travesía. Durante estos años viajaba por Italia en una caravana que le había regalado una admiradora suya. El día que cumplió ochenta y cinco años, le denegaron el permiso de conducir pero con su habitual sentido del humor reconoció que al menos podía seguir montando a caballo. Cuando en aquellos días le dieron el título de Dame, lo aceptó encantada porque al fin se reconocía lo que era en realidad, una gran dama de Oriente.

Pero ni los títulos ni los reconocimientos podían con su insaciable curiosidad y nuevos proyectos. Freya quería que se publicasen sus innumerables cartas —a la familia y los amigos— que había comenzado a escribir en 1927 cuando visitó por primera vez Oriente Próximo. No encontró ningún editor dispuesto a semejante aventura y Freya decidió publicarlas por su cuenta, aunque para ello tuviera que vender algunas de sus joyas étnicas del Yemen y valiosos objetos de arte. La escritora trabajó durante diez años en este proyecto que consideraba su testamento y finalmente las cartas —junto a bocetos y notas de la autora— aparecieron publicadas en ocho hermosos volúmenes que tuvieron una inesperada acogida. Y tras este nuevo éxito, y con ochenta y cuatro años, aceptó complacida que la filmaran mientras navegaba sobre una balsa de troncos y pellejos las aguas del Éufrates. Cuando le propusieron realizar otro documental sobre su vida y recorrer —a punto de cumplir los noventa— a lomos de mula las montañas del Himalaya, a más de cinco mil metros de altitud, se mostró entusiasmada y preparó feliz su equipaje. Más tarde confesaría que le hubiera gustado morir a la sombra del Annapurna, en medio de aquellas imponentes montañas nevadas que le parecieron las puertas del cielo.

Un año después, la ciudad de Asolo celebró el noventa y un cumpleaños de su ciudadana más ilustre con una gran fiesta. Ahora ya había perdido su brillante lucidez y se dejaba querer y agasajar por sus admiradores. Era una dama sabia y respetada por todos que asistía impasible al paso del tiempo hasta que finalmente partió de este mundo poco antes de cumplir los cien años. La noticia de su muerte apareció en todos los periódicos del mundo: Dame Freya Stark había muerto en Asolo el 9 de mayo de 1993. Era la última gran viajera romántica y durante los meses siguientes los periódicos rescataron sus extraordinarias hazañas por unos escenarios de Oriente Próximo que ya no existen y que ella captó como nadie. «Si somos fuertes y tenemos fe en la vida y en su abundancia de sorpresas y mantenemos firme el timón en nuestras manos, estoy segura de que llegaremos a aguas tranquilas y gratas para nuestra vejez», escribiría a un amigo en julio de 1934. Toda una premonición para esta «reina nómada», como la llamó un periodista, que vivió un siglo intenso de aventuras llevada por el demonio de la curiosidad y su afán de conocimiento.

Agatha Christie
1890-1976

Lo que más me fascinaba era el nombre. No tenía una imagen clara de lo que era Bagdad. Por supuesto, no esperaba encontrarme con la ciudad del califa Harun al-Rashid; era simplemente un lugar al que nunca había pensado ir y que tenía para mí todo el atractivo de lo desconocido.

AGATHA CHRISTIE, *Autobiografía*, 1977

Una arqueóloga en Mesopotamia

Agatha Christie tenía cuarenta años cuando descubrió la que sería una de sus grandes pasiones, la arqueología, y un escenario, Oriente Próximo, donde pasaría «los años más felices e intensos de mi vida». En 1928 la famosa autora de novelas policíacas, decidida a olvidar el divorcio de su primer marido el coronel Archibald Christie y la muerte repentina de su madre, se tomó unas merecidas vacaciones. Animada por unos amigos el destino elegido fue Bagdad y las excavaciones arqueológicas que se llevaban a cabo en Ur, la antigua ciudad sumeria al sur de Irak. Era su primer viaje en solitario. Agatha se sentía libre de ataduras familiares y dispuesta a disfrutar de su romántica aventura en Oriente. Entusiasmada ante la perspectiva de perder de vista la fría y brumosa Inglaterra, se subió al legendario Simplon-Orient Express rumbo a Damasco, donde un autobús la llevó a través del desierto hasta Bagdad. Nunca imaginó que aquel primer viaje turístico a Irak de la mano de la agencia Cook cambiaría para siempre su vida.

Agatha Christie descubriría muy pronto que estaba hecha para la aventura; ni el sol implacable, ni las tormentas de arena o las inoportunas enfermedades podrían con su optimismo. En Bagdad disfrutó de su visita aunque los hoteles —incluido el elegante Trigis Palace en el que se alojó— «eran un hervidero de pulgas, chinches, piojos, serpientes y cucarachas rubias, a las que detesto especialmente». Las damas británicas residentes en la ciudad se disputaban su compañía y todos querían agasajar a la creadora de Hércules Poirot. La invitaron a jugar al tenis, a ir de compras por los bazares y tomar el té en sus residencias de estilo otomano construidas junto al Tigris. Pero Agatha no había viajado a Oriente para jugar al bádminton y escuchar todo el día sugerencias sobre asesinatos en exóticos parajes. A los pocos días abandonaba Bagdad rumbo a las excavaciones de Ur y descubría la magia del desierto: «Estaba hechizada; esto era por lo que tanto había suspirado, lo que me hacía evadirme de todo, el aire puro y tonificante de la mañana, el silencio, incluso la ausencia de pájaros, la arena que corre por tus dedos, el sol naciente y el sabor de los embutidos y el té. ¿Se puede pedir algo más a la vida?».

En las ruinas de Ur, la antigua ciudad sumeria, la esperaba el célebre arqueólogo Leonard Woolley y su esposa Katharine. Sus amables anfitriones la trataron con gran cortesía y Woolley le mostró alguno de sus magníficos hallazgos en las tumbas reales. Agatha se enamoró de este lugar presidido por su imponente zigurat, torre escalonada de ladrillo que se elevaba al cielo en medio de la llanura. «El encanto del pasado se apoderó de mí», confesaría la escritora, y cuando la invitaron a regresar al año siguiente, aceptó entusiasmada. En marzo de 1930 se encontraba de nuevo en Ur, donde le presentaron al brillante ayudante del señor Woolley, el arqueólogo Max Mallowan. Sólo seis meses después Agatha Christie anunciaba a sus amigos íntimos que se casaba con Max, catorce años más joven que ella. Los que no creían que aquel matrimonio pudiera funcionar se equivocaban. La suya fue una unión llena de complicidad, humor y aventura que duraría cuarenta y cinco años.

De la mano de su flamante marido, la señora Agatha Christie —que siempre conservó el apellido de su primer marido— se sumergiría en el fascinante mundo de la arqueología pasando largas temporadas en Mesopotamia y Egipto. Agatha no se limitó a acompañar a Max Mallowan en las diversas excavaciones que realizó entre 1928 y 1958 en esta región, sino que se convirtió en su eficaz ayudante de campo. La famosa novelista restauraba y limpiaba objetos de marfil, reconstruía piezas de cerámica, catalogaba el material encontrado, investigaba datos y tomaba fotografías de la expedición. En las imágenes que se conservan de aquellos años vemos a una Agatha feliz y bastante gruesa, vestida con largos trajes de seda floreados, collares de perlas al cuello y llamativas pamelas. Sentada en su bastón-silla o echada en el suelo pasaba largas horas, ajena al sofocante calor, contemplando el minucioso trabajo de los arqueólogos. La gran dama del crimen se había convertido en una sencilla ama de casa que se encargaba de la intendencia en el campamento y enseñaba a sus cocineros nativos a preparar en medio del desierto exquisitos soufflés de vainilla y pastelitos rellenos de chocolate.

Y todo ello sin dejar de urdir inquietantes tramas para sus populares novelas de misterio, muchas de ellas ambientadas en Oriente Próximo y escritas durante las excavaciones, en algunos de sus viajes en el Orient Express o en su casa de Bagdad. Agatha Christie supo disfrutar de esta nueva vida y no le importó la incomodidad de dormir en una tienda de campaña, la falta de higiene, la escasez de agua o la presencia de alacranes en su saco de dormir. La arqueología le permitió adentrarse en el estudio de las civilizaciones antiguas mesopotámicas que inspirarían algunas de sus obras más conocidas, *Asesinato en el Orient Express*, *Muerte en el Nilo*, *Intriga en Bagdad* o *Asesinato en Mesopotamia*. Es fácil imaginar a la autora más famosa y vendida del mundo —escribió setenta y ocho novelas traducidas a cuarenta y cuatro idiomas y diecinueve piezas de teatro— sentada frente a su pequeña máquina de escribir portátil en algún remoto yacimiento iraquí, pensando en un nuevo crimen o de noche junto al fuego leyendo a los miembros de la expedición el último caso de su detective belga Hércules Poirot. Al fin y al cabo, como dijo en una entrevista, el mundo de la arqueología y el de la investigación criminal no eran tan distintos. En ambos casos «hay que quitar la materia extraña para que la verdad, la verdad desnuda, pueda resplandecer».

La niña de Ashfield

Agatha Christie comenzó a escribir su autobiografía en el yacimiento de Nimrud, al norte de Irak, cuando tenía sesenta años. Allí se instaló en abril de 1950, mientras su marido Max Mallowan comenzaba unas nuevas excavaciones dispuesto a sacar a la luz todo el esplendor de la que fuera en el pasado la capital militar de los asirios. Para Agatha era un lugar maravilloso: en medio de la llanura mesopotámica y a un paso del Tigris, los imponentes toros alados y leones de rostro humano tallados en la piedra montaban guardia a las puertas de la antigua ciudad. Deseaba estar aislada del mundo para escribir sus memorias y recordar «los momentos alegres de mi existencia». Cuando acabó sus memorias tenía setenta y cinco años y sólo puso una condición a su editor, que la obra fuera publicada tras su muerte.

En el primer capítulo de su autobiografía publicada en 1977, la escritora reconocía que la suya había sido una infancia feliz: «Tenía una casa y un jardín que me gustaban mucho, una juiciosa y paciente nodriza, y por padres dos personas que se amaban tiernamente y cuyo matrimonio y paternidad fueron todo un éxito». Agatha siempre idealizó la historia de amor de sus padres, que recuerda un cuento de hadas. Su madre, Clara Boehmer, nacida en Belfast, tuvo una infancia muy desdichada que la marcaría de por vida. A los nueve años perdió a su padre a consecuencia de una caída de caballo y su madre, Mary Ann, quedó viuda sin más dinero que una exigua pensión y cuatro hijos que mantener. Ante esta difícil situación aceptó el ofrecimiento de su hermana mayor, Margaret West, para hacerse cargo de la educación de la pequeña Clara. Tía Margaret estaba casada con un rico viudo americano, Nathaniel Miller, que tenía un solo hijo, Frederick, de su primer matrimonio. Clara abandonó su Jersey natal para trasladarse a vivir con sus tíos en el norte de Inglaterra, cerca de Manchester. Aunque su tía la trataba con cariño, la niña creció lejos de su hogar y sin el amor de su verdadera madre. Los únicos momentos de felicidad que recordaba eran las fugaces visitas de su apuesto primo americano, Frederick Miller, que había estudiado en Suiza y ahora vivía en Estados Unidos. Desde el primer momento, y con apenas doce años, Clara se sintió muy atraída por este impulsivo joven que en Nueva York llevaba una vida «mundana y excitante» tan distinta a la suya.

Tras largos años de cartas, poemas y románticas declaraciones de amor, Frederick regresó un día a Inglaterra para pedir la mano de su hermosa prima inglesa y llevársela a Nueva York. El señor Miller era un burgués esnob y despreocupado, amante del deporte y la buena vida que acabaría dilapidando su fortuna. Heredero de una próspera fábrica de harina, vivía a caballo entre Nueva York y Florida, de donde provenía su familia. En abril de 1878 los primos Clara y Frederick se casaron y sus nombres aparecieron en los ecos de sociedad de la prensa neoyorquina.

El matrimonio Miller, como otros muchos acaudalados americanos, pasaban el invierno en Torquay, la ciudad de moda de la llamada Riviera inglesa, en las costas de Devon. Aquí nació en 1878 su primera hija, Margaret, y dos años más tarde cuando residían en Nueva York vino al mundo Monty, su único varón. Fue entonces cuando una serie de problemas económicos empujaron a Frederick Miller a instalarse definitivamente en Inglaterra. Su esposa Clara, llevada por un «irrefrenable impulso», acabó comprando una villa de estilo italiano rodeada de un espléndido jardín en una de las colinas a las afueras de Torquay. Se llamaba Ashfield y se encontraba a un paso de la verde campiña. En esta enorme casa, en un decorado típicamente victoriano, nació el 15 de septiembre de 1890 Agatha Mary Clarissa Miller, la pequeña de la familia. Ashfield sería el refugio predilecto de la escritora y aunque a lo largo de su vida compraría un buen número de casas —once en total— ninguna ocuparía un lugar en su corazón como esta villa cerca del mar rodeada de un exuberante jardín donde creció. «En mis sueños, casi nunca aparecen Greenway o Winterbrook; es siempre Ashfield, el viejo hogar de mi familia, donde vi la luz por vez primera, aunque las personas que vea sean de hoy», confesaría en sus memorias.

Frederick Miller se sentía feliz en Torquay; sus rentas le daban para vivir sin tener que trabajar, así que se pasaba el día en el Club Marítimo, navegando, jugando a las cartas o al críquet. Le gustaba la vida social y cada semana organizaba un espléndido banquete en casa para los amigos. Clara, siempre distante y altiva, gobernaba con mano firme Ashfield y la pequeña corte de doncellas y criados que estaban a su servicio. Agatha crecería rodeada de mujeres de carácter y fuerte personalidad que ejercerían sobre ella una gran influencia: su extrovertida hermana Madge, su paciente nodriza Nancy, Jane, que reinaba en la cocina, y Clara, su más fiel aliada. Agatha adoraba a su madre, a la que consideraba un ser extraordinario y mágico: «Era una mujer hermosa de personalidad enigmática y llamativa, más fuerte de carácter que mi padre, original en sus ideas, tímida, poco segura de sí misma y en el fondo algo melancólica».

A los Miller les gustaba recibir gente en casa, y entre sus ilustres invitados se encontraban artistas, intelectuales y escritores como Henry James o Rudyard Kipling. Todos alababan el arte culinario de Jane, la cocinera de Ashfield «majestuosa, olímpica, de amplio busto, caderas colosales y una faja almidonada que ceñía su cintura», que cada día preparaba cinco suculentos platos para el almuerzo. En las grandes ocasiones, para los banquetes que tanto gustaban a Frederick, se contrataba a varios mayordomos para atender la mesa y un cocinero profesional que elaboraba copiosos menús. La glotona niña pasaría muchas horas en la cocina saboreando los manjares que Jane le daba a probar antes de servirlos a la mesa. Agatha Christie siempre tendría debilidad por la comida y cuando acompañaba a su segundo marido, Max Mallowan, en sus excavaciones arqueológicas por Oriente Próximo, deleitaba al personal del campamento con exquisitos pasteles de bizcocho y tartas caseras.

El universo infantil de la escritora fue durante los diez primeros años de su vida esta casa de dos plantas cuya fachada, rodeada de una marquesina, le daba un aire de mansión colonial. Agatha pasaría muchas horas en su maravilloso jardín de árboles centenarios y en el invernadero de plantas exóticas, que se convirtió en su particular refugio. A falta de otros niños de su edad con los que compartir juegos y aventuras se entretenía en su «palacio de cristal» charlando con sus amigos imaginarios. La pequeña, de largo cabello rojizo ondulado y ojos soñadores, sólo veía a su madre en ocasiones muy especiales y siempre después del té. En su autobiografía recordaba que la vestían con inmaculados trajes de batista almidonada y era conducida por su nodriza al salón donde jugaba un rato con Clara y escuchaba algunos de sus cuentos que tanto la fascinaban. Como sus hermanos Madge y Monty se encontraban internos y el señor Miller pasaba buena parte del día en el club náutico, Agatha era el centro de la vida en Ashfield.

La señora Miller se encargó de la educación de sus hijos aunque con ideas un tanto extremas. A diferencia de su hermana Madge, Agatha fue educada en casa y no asistió a la escuela hasta cumplir los trece años. Su madre creía firmemente que no debía aprender a leer hasta los ocho años porque, según sus palabras, «retrasar la lectura era beneficioso para los ojos y el buen desarrollo del cerebro». Pero la tímida y solitaria niña era muy curiosa y se pasaba todo el día escuchando las conversaciones de los adultos y hojeando los libros infantiles de sus hermanos. Cuando cumplió los cinco años Nancy informó muy seria a su madre que la niña ya sabía leer. Su padre Frederick le enseñó entonces aritmética y con el tiempo le permitió consultar los libros de su magnífica biblioteca, donde Agatha descubriría maravillada los volúmenes encuadernados de Julio Verne y las obras completas de autores como Byron, Oscar Wilde, Dickens y Kipling. Su educación se completó con clases de piano, mandolina y danza donde además de aprender los pasos de la polca y el vals, se inició en la gimnasia sueca.

Clara, que fue una madre atípica para su generación, animó a su hija a hacer deporte, nadar en las frías aguas del mar, caminar por los páramos desolados de Dartmoor o navegar en barco con su hermano Monty. Siempre pensó que sus hijas podrían hacer lo que se propusieran y no les negó por su sexo la posibilidad de experimentar nuevas sensaciones, incluso conocer de cerca el peligro. Agatha recordaba emocionada en su autobiografía aquel 10 de mayo de 1911 en que su madre la llevó a París para que montara en un aeroplano y pudiera sentir el placer de volar dando varias vueltas en el aire: «Fueron mis cinco minutos de éxtasis a cinco libras el viaje». La escritora siempre agradeció a su madre que le permitiera hacer cosas que entonces se consideraban impropias de una joven de su clase social, pero tuvo un fuerte complejo por no haber podido ir a la escuela. Sin embargo, la educación autodidacta de Agatha —que se enriqueció vivamente con el ambiente cultural que se respiraba en Ashfield— era muy superior a la que hubiera recibido en cualquier colegio de señoritas de su tiempo. En 1971 cuando le concedieron el título de Dama del Imperio Británico, con su habitual sentido del humor exclamaría: «¡Va por los incultos!».

Cuando la escritora tenía once años el mundo mágico y apacible de Ashfield se derrumbó. En 1901 su padre murió repentinamente víctima de un ataque al corazón dejando a su familia casi en la ruina. La vida de la familia Miller ya nunca volvió a ser la misma; en los meses siguientes Madge se casó con James Watts, un rico muchacho de Manchester, y se trasladaron a su nueva casa, Cheadle Hall, en el norte de Inglaterra. El hermano mayor, Monty, tras luchar en la guerra del Transvaal en 1899, se alistó en el ejército de la India. Para Agatha comenzaba una difícil etapa marcada por la falta de un padre y el amor posesivo de una madre depresiva y cada vez más dominante: «Ya no éramos los Miller, una familia, sino dos personas que vivían juntas: una mujer de mediana edad y una inexperta e ingenua niña. Las cosas parecían iguales, pero el clima era muy diferente». Para poder conservar la gran mansión de Ashfield hubo que reducir gastos despidiendo a una parte del servicio y suprimiendo las comidas de cinco platos. Agatha, a pesar de su juventud, se sentía feliz en su papel de salvadora de la familia al cuidado de una madre que volcaría en ella todo su cariño.

En los años siguientes la joven fue a un internado en París y tomó clases de canto con uno de los más afamados maestros del momento, monsieur Boué, quien se propuso sacar lo mejor de su hermosa voz. Muy pronto Agatha iba a descubrir decepcionada que su timidez y el miedo a salir a un escenario le impedían hacer realidad su ambicioso sueño de convertirse en cantante de ópera. Era una buena soprano pero no tenía cualidades para dedicarse profesionalmente al *bel canto*. Agatha se sentía frustrada porque no había podido realizarse en el campo musical ni como pianista —que era uno de sus sueños— ni como cantante de ópera. Aceptó su derrota con resignación y regresó a Torquay reconociendo que nunca podría actuar frente al gran público porque se quedaba paralizada. Iba a ser su madre, Clara, quien despertó en ella la pasión por la escritura, una actividad más acorde con su carácter tímido y reservado, que le permitiría desarrollar su extraordinaria imaginación.

A sus dieciocho años la señorita Agatha Christie era una esbelta y atractiva joven de melena color castaño que le llegaba más abajo de la cintura, piel delicada y hombros caídos, que entonces causaban furor. En las fotos que se conservan del álbum familiar aparece en la pista de patinaje del muelle de Torquay vestida a la moda victoriana, con las rígidas blusas de batista de cuellos altos y almidonados, y los incómodos corsés: «Íbamos enfundadas en una especie de armadura de ballenas que oprimía insoportablemente la cintura y subía en forma de escudo hasta el pecho, provocando casi una total asfixia». Agatha siempre recordaría aquellos años de juventud con profunda nostalgia y en su autobiografía lamentaba haber perdido su estilizada figura. Cuando tenía cuarenta años y ya era una famosa escritora, comenzó a engordar —en parte por su glotonería— y se convirtió en una mujer poco agraciada, de anchas caderas, que disimulaba su sobrepeso con vestidos sueltos y largos hasta los tobillos.

Mientras Agatha se dedicaba en Torquay a las actividades propias de las despreocupadas muchachas de la alta sociedad británica como montar a caballo, jugar al golf o patinar junto al muelle, la salud de su madre empeoraba día a día. Fue en aquel año de 1910 cuando Clara Miller pensó que un cambio de aires sería la mejor cura para sus dolencias. Decidió pasar el invierno con su hija en Egipto y presentarla en sociedad en un entorno menos elitista y caro que Londres. Durante su ausencia de tres meses alquilarían la casa de Ashfield y así al regreso dispondrían de unos ingresos extra.

Agatha y su madre embarcaron con sus pesados baúles-armario a bordo del *S.S. Heliópolis* rumbo a Port Said. Tras la inauguración del canal de Suez en 1869, la agencia Thomas Cook & Sons comenzó a organizar viajes desde Londres a El Cairo, el destino preferido por los británicos para pasar el invierno o curar sus enfermedades. Las guías turísticas de entonces recomendaban permanecer en Egipto al menos desde noviembre hasta finales de marzo para «confiar, si no en la curación completa, al menos en una mejoría segura». Su clima soleado y seco, los buenos y lujosos hoteles y la aventura de escalar a lo alto de sus pirámides atraía a un buen número de turistas cada año. Clara Miller dejó en manos de la veterana agencia Cook los complicados trámites y preparativos que implicaba un viaje al Nilo a principios del siglo XX. Ellos se encargaban del alojamiento en los hoteles más lujosos, las excursiones por el Nilo en sus confortables barcos cruceros o las salidas al desierto, donde los clientes podían dormir en las lujosas tiendas de campaña atendidos por un ejército de sirvientes y muleros. El escritor Pierre Loti llamaba con ironía a las turistas inglesas de la agencia Cook «las cookesas», en un tiempo en que apenas diez mil turistas al año visitaban este país.

Durante tres meses Clara y su hija se alojaron en el Gezirah Palace; lejos del exotismo oriental que esperaban encontrar, se sumergieron en un ambiente típicamente británico. A un paso del árido desierto se celebraban carreras de caballos en el hipódromo, partidos de polo y se jugaba al golf en extensos campos de césped. Las damas de la alta sociedad se paseaban en sus carruajes descubiertos vestidas con sus encorsetados trajes de muselina blanca, sombreros de plumas de faisán y un velo de gasa que protegía su pálido cutis del sol. Cuando Agatha entró en el vestíbulo del hotel Gezirah decorado con estuco en estilo morisco y los suelos de mármol de Carrara, creyó que se encontraba en un decorado de *Las mil y una noches*. El edificio fue construido en 1865 como un espléndido palacio en la isla de Gazira para alojar a los ilustres huéspedes —entre ellos la emperatriz Eugenia de Montijo— que acudieron a la inauguración del canal de Suez. Para una joven soñadora como Agatha El Cairo representaba el lugar más romántico del mundo.

Con veinte años recién cumplidos la escritora no tenía mucho interés en escalar las pirámides hasta su cima, remontar el Nilo en falucho o visitar las salas del museo de El Cairo. Sólo una vez accedió —como estaba de moda— a posar montada en un burro ante la esfinge de Gizeh para que le tomaran una fotografía, el típico *souvenir* de un viaje a Egipto. Para las damas inglesas, vestidas con sus aparatosas enaguas, faldas largas y ajustados corsés, trepar por los enormes escalones de las pirámides era toda una aventura. Mark Twain, que en 1867 subió hasta la cumbre de la Gran Pirámide de Keops, escribió con su habitual ironía: «[...] ¿Quién negará que la ascensión a las pirámides es un pasatiempo animado, regocijante, lacerante, fortalecedor, cascahuesos y perfectamente torturante y agotador?». Agatha prefería asistir a los bailes que cada noche se organizaban en los mejores hoteles de la ciudad, el Shepheard, el New Hotel o El Continental y lucir sus deslumbrantes vestidos de noche. Le gustaba flirtear con los educados y apuestos oficiales británicos destinados en El Cairo, que la sacaban a bailar románticos valses que tocaban las mejores orquestas del momento. Era su primer contacto con Oriente y entonces no sabía lo que aquella región del mundo iba a significar para ella. Años más tarde, en sus famosas novelas *Poirot en Egipto* o *Muerte en el Nilo* la escritora recrearía las peripecias de aquellos turistas ingleses, excéntricos y temerarios, que cenaban en pleno desierto vestidos de etiqueta y jugaban al bridge en la cubierta del crucero que remontaba el Nilo.

Agatha regresó de Egipto entusiasmada y durante años guardaría recuerdos imborrables de aquellos días de bailes deslumbrantes hasta el amanecer en el país de los faraones. De nuevo en Torquay la joven volvió a su aburrida rutina: organizaba veladas musicales en casa, obras de teatro para aficionados y fines de semana en la campiña inglesa para participar en alguna partida de caza. Era una muchacha culta, muy activa y emprendedora pero que no sabía muy bien cómo llenar su tiempo. Fue su madre quien un día que estaba en cama convaleciente de una gripe le animó a que escribiese un relato siguiendo el ejemplo de su hermana. Antes de casarse, Madge había publicado con éxito varios cuentos cortos en *Vanity Fair* y era muy aficionada a las novelas de misterio. Con el tiempo se convertiría en autora de piezas de teatro, algunas de ellas estrenadas con gran éxito en los escenarios londinenses. No es raro que Agatha se sintiera atraída por este género cuando en Ashfield autores como Arthur Conan Doyle —el creador de Sherlock Holmes— o Edgar Allan Poe eran tan populares como Dickens. La joven aceptó el reto de su madre y tras varios días encerrada en su habitación vio la luz un extraño e imaginativo relato que tituló *La casa de la Belleza*. A éste le siguieron otros que envió a distintas revistas firmados con seudónimo, pero se los devolvieron al poco tiempo. Finalmente se animó a escribir una novela ambientada en El Cairo y que tituló *Nieve en el desierto*. La crítica seria de un amigo de su madre y escritor de prestigio que leyó sus manuscritos la llenó de esperanza. Sus relatos le parecieron «extraordinarios y los diálogos espontáneos, naturales y alegres».

A Agatha ya no le importó que las revistas rechazaran sus relatos. Ahora tenía la opinión de un escritor en la cúspide de su carrera que la animaba a seguir porque creía en ella. Mientras ideaba nuevas tramas, seguía con su apacible vida de soltera en Torquay: paseos a caballo, patinaje con las amigas, invitación a las regatas y saludables picnics en la playa. A estas alturas de su vida, y viendo que todas sus amigas iban pasando por el altar, se preguntaba si llegaría a casarse alguna vez y aceptaba con humor el destino de muchas mujeres victorianas: «No hay que preocuparse por lo que se debiera ser o hacer: la biología decide por nosotras. Esperas al Hombre, y cuando éste llegue, ¡cambiará toda tu vida!».

Días fogosos

Agatha conoció a Archibald Christie —Archie para los amigos— el 12 de octubre de 1912 en un baile ofrecido por lady Clifford en los salones de Chudleigh, una pequeña villa situada a pocos kilómetros de Torquay, al que asistieron varios jóvenes militares del destacamento de Exeter. «Era un joven alto y rubio, con el pelo rizado, nariz bastante interesante, algo respingona, y muy seguro de sí mismo», tal como lo describe en su *Autobiografía*. Lo suyo fue un flechazo a primera vista. Agatha se sintió muy atraída por este atractivo y bronceado piloto de aviación de intensos ojos azules con el que bailó sin parar toda la noche. Archie tenía veintitrés años —apenas uno más que ella—, había nacido en la India donde su padre trabajó como juez de paz en la administración británica y era miembro de las Reales Fuerzas Aéreas. Atlético y seductor, sentía pasión por volar y las peligrosas acrobacias aéreas. A Agatha le pareció el hombre más valiente y aventurero del mundo. Desde ese instante Archie se dedicó a cortejarla y se presentaba en los jardines de Ashfield luciendo su cazadora de cuero negro, encaramado en su flamante motocicleta.

Archie Christie apareció como un torbellino en la vida de la escritora, a la que tardó muy poco en pedir en matrimonio. A Clara Miller nunca le gustó este chico, que le parecía inmaduro, ambicioso y machista, tan distinto a su romántica y tímida hija. Finalmente aceptaron retrasar sus planes de boda dos años hasta que Archie —que no tenía dinero ni un futuro prometedor— consiguiera un buen trabajo y pudiera mantener una familia. El estallido de la Primera Guerra Mundial en agosto de 1914 obligaría a los jóvenes enamorados a separarse. Archie fue movilizado y embarcó en Southampton rumbo a Francia. Agatha, desconsolada, decidió ocupar su tiempo y se ofreció para trabajar como enfermera voluntaria en el hospital de Torquay. El año anterior había realizado un curso de primeros auxilios y, con ganas de poner en práctica sus conocimientos, se sumergió de lleno en la vida de este improvisado dispensario a donde llegaban los primeros heridos de las trincheras.

En el hospital de Torquay, Agatha descubriría lo gratificante que le resultaba el trabajo de enfermera. La joven tenía muy buenas aptitudes, animaba a los soldados con su buen humor, lavaba y vendaba las heridas infectadas, vaciaba orinales, hacía las camas, todo ello en medio de un olor nauseabundo. Era un trabajo duro y agotador pero al menos la mantenía ocupada y lejos de su posesiva madre, que cada día dependía más de ella. La noticia de que Archie había pedido un permiso para pasar con ella las Navidades le devolvió la alegría. Hacía tres meses que no se veían y Agatha había cambiado mucho. Era una mujer más seria y responsable que aquel joven impetuoso con el que se encontró en Londres el 21 de diciembre y que la abrazó con fuerza entre sus brazos. «Durante este corto período de tres meses, yo había tenido una experiencia totalmente nueva. El propio decorado de mi vida había cambiado. Teníamos que volver a conocernos... Su refinada indiferencia y su atrevimiento me desconcertaban. Por mi parte, yo me había vuelto más seria», escribiría en su autobiografía.

En realidad Agatha y Archie eran dos seres extraños que provenían de mundos bien distintos. Lo descubrió aquel mismo día en Londres, cuando su prometido le regaló un magnífico neceser de piel con todos los accesorios en lugar del anillo de compromiso que ella esperaba. A la joven semejante obsequio le pareció una frivolidad y más en aquellos tiempos de guerra y penurias. Se enfadó mucho con Archie y nunca olvidó el famoso «asunto del neceser», al que dedicó varias líneas en su autobiografía. Eran sin duda polos bien opuestos, pero aquella primera discusión de pareja les unió aún más. Cuando el día de Nochebuena Archie le pidió de rodillas que se casara con él, no pudo negarse. Fue una boda precipitada y poco romántica, que se celebró en una parroquia de Clifton, cerca de Bristol, donde vivía la madre de Archie. No hubo vestido de novia ni larga cola de tul, y tampoco estuvo presente la familia de Agatha. Esa misma noche la pareja regresó en tren a Torquay para dar la noticia a Clara y a su hermana Madge, quienes, recuperadas del susto, les invitaron a pasar en Ashfield el día de Navidad. La luna de miel duraría un solo día: el suboficial Christie debía regresar a Francia de inmediato y no volverían a verse en seis meses.

Tras la partida de Archie, la escritora regresó a la rutina de su trabajo en el hospital de Torquay, donde los heridos de guerra le recordaban a diario la suerte que podía correr su marido. Fue una época muy dura para Agatha, que se sentía sola, triste y agotada por los turnos de noche. Ahora, además, tenía la responsabilidad de cuidar de su madre enferma y de su tía abuela Margaret —la viuda del rico americano Nathaniel Miller— que se había trasladado a vivir con ellas en Ashfield. En los meses siguientes trabajó un tiempo con un farmacéutico de la ciudad para completar sus estudios y en su laboratorio se familiarizó con toda clase de drogas y venenos, que tan útiles le serían en sus relatos de misterio. Fue entonces cuando su hermana Madge la retó a que escribiera su primera novela de misterio. Su estancia en el hospital y las prácticas de farmacia donde manipulaba venenos de sugerentes nombres como el curare, la morfina, el cianuro o el ranúnculo azul, habían despertado su imaginación. En 1915 Agatha viajó a la hermosa comarca de Dartmoor y se alojó en un tranquilo hotel para escribir un relato cuya trama tenía en su mente: «Así que me fui a Dartmoor. Reservé una habitación en el Moorland Hotel de Haytor [...] Normalmente, trabajaba toda la mañana, hasta que me dolían las manos. Después me iba a comer y leía un rato. A continuación daba una vuelta por el páramo, durante un par de horas». Así nació *El misterioso caso de Styles*, en que un detective belga llamado Hércules Poirot, de pequeña estatura, cabeza en forma de huevo y bigote rígido, comenzó su triunfal andadura. Una vez terminado el manuscrito lo envió a varios editores que lo rechazaron sin muchos miramientos. El final de la guerra la obligó a dejar de lado por el momento sus sueños literarios y ocuparse de un marido que llegaba psicológicamente destrozado del campo de batalla.

En septiembre de 1918 Archie Christie regresaba a Inglaterra convertido en un héroe de la aviación. Le habían concedido importantes medallas por su valor en la contienda y ascendido a coronel. El valiente soldado de la RAF encontró trabajo en el Ministerio del Aire y la pareja se trasladó a vivir a Londres. Para Agatha comenzaba su verdadera vida de casada lejos de Ashfield, de su madre y del hospital donde había trabajado durante los últimos cinco años. Los primeros meses de vida en común no fueron fáciles, el apartamento que alquilaron amueblado era ruidoso y muy pequeño, Archie estaba casi todo el día fuera de casa y se había transformado en un hombre triste y melancólico. Agatha aprovechó el tiempo para aprender taquigrafía y contabilidad, hasta que un día descubrió que estaba embarazada. Tras nueve meses de náuseas y mareos, nacería en Ashfield su hija Rosalind, que recibió el nombre de una heroína de Shakespeare.

La pequeña y risueña Rosalind trajo suerte a sus padres. Al

poco tiempo de su nacimiento Agatha recibió una buena noticia: el editor John Lane a quien había enviado su último manuscrito y no se había dignado a responderla, ahora le anunciaba que *El misterioso caso de Styles* se iba a publicar en Inglaterra y en América. El contrato que firmó Agatha, por una cantidad bastante irrisoria, incluía una cláusula por la que la autora debía entregar a esta editorial sus próximas cinco novelas. Sin duda el sagaz editor se había aprovechado de la inexperta autora, pero para Agatha fue uno de los momentos más significativos de su vida. Comenzaba así su carrera de escritora profesional con un detective belga que le daría fama mundial. Una carrera por el momento «ruinosa» porque a pesar de que sus libros se vendían bien, ella ganaba muy poco. La mejor crítica que recibiría de su primera novela fue de una prestigiosa revista farmacéutica que ensalzaba *El misterioso caso de Styles* «por tratar de sustancias venenosas con pleno conocimiento de causa y no con los disparates a los que tan acostumbrados estamos en este género».

Agatha acababa de cumplir veintiocho años y como Archie había conseguido un nuevo trabajo mejor remunerado, se cambiaron de casa y alquilaron un piso más amplio y luminoso sin amueblar, que decoraron a su gusto. Contrataron una niñera para cuidar de Rosalind y una criada que atendía la casa; así Agatha disponía de más tiempo para escribir la novela que ya tenía en mente, *El misterioso Sr. Brown*, publicada en 1922. En aquel período feliz de su vida, dos hechos la apartaron de sus proyectos editoriales: la llegada a Ashfield de su hermano mayor Monty, que había llevado una vida disoluta por medio mundo, y la invitación a una gira por los remotos confines del Imperio Británico en compañía de su esposo.

Monty fue la oveja negra de la familia Miller. A la muerte de su padre marchó con su regimiento a la India y cuando cumplió la mayoría de edad y heredó una pequeña fortuna del abuelo Nathaniel, se dedicó a disfrutar de los placeres de la vida y gastar el dinero. Más tarde viajó a Kenia con la idea de convertirse en granjero, pero una vez en tierras africanas cambió de planes y se dedicó a cazar elefantes y organizar safaris para los ricos maharajás. A finales de 1910 se encontraba en Uganda sin un céntimo y con la idea de fletar barcos cargueros en el lago Victoria. Su hermana Madge —que creyó que al fin había sentado la cabeza— le ayudó a financiar la construcción del primer barco, el *Batenga*, en unos astilleros de Essex. Monty concibió el barco como un crucero de lujo. Construyó su interior con maderas preciosas, como la caoba y el ébano, su camarote lo revistió de paneles de teca y encargó juegos de té de porcelana y finas copas de cristal con el nombre del barco. El sueño colonial de Monty se vino abajo al estallar la Primera Guerra Mundial; el *Batenga* nunca llegaría a navegar las aguas del Victoria Nyanza y se vendió por una suma irrisoria al gobierno británico. Monty regresó a África y se alistó en el batallón de Fusileros Reales para luchar en la guerra de los bóers, donde recibió el apodo de «Billy el Pirado». Cuando le hirieron gravemente en un brazo fue trasladado de urgencia a Inglaterra y llegó a Ashfiel creyendo que le quedaban seis meses de vida.

Clara Miller al principio de sintió feliz de tener de nuevo con ella a su hijo Monty pero a medida que éste recuperaba la salud más problemas causaba a la familia. De África llegó en compañía de un criado nativo llamado Shebani que causó un gran revuelo en Torquay no sólo por su «exótico» aspecto sino porque se llevaba los alimentos de las tiendas sin pagar alegando que «eran para el bwana Monty». El muchacho, que había nacido en una aldea de Uganda, compartía los aposentos del servicio con las dos viejas doncellas de Ashfield, que se empeñaron en convertirle a la fe cristiana y le leían en voz baja pasajes de la Biblia. Shebani adoraba a su amo pero no se adaptó a la rutina doméstica de Ashfield y a los pocos meses regresó con su familia. Clara tenía los nervios destrozados porque Monty —entre otras excentricidades— disparaba su rifle desde la ventana de su habitación cada vez que llegaba una visita. Ante esta situación, Agatha compró una casita de campo en Dartmoor para que su hermano pudiera vivir allí, atendido por una paciente ama de llaves. Un tiempo después, en busca de un clima más cálido, se trasladó a una modesta pensión de Marsella, en el sur de Francia, donde murió a causa de una hemorragia cerebral en el otoño de 1929 a los cuarenta y nueve años de edad. Agatha Christie apenas conoció a Monty —diez años mayor que ella— que estuvo interno en Harrow y a la muerte de su padre se trasladó a la India.

Poco antes de que Monty regresara a Inglaterra, un amigo de Archie —el mayor Belcher— había recibido el encargo de reunir a un equipo de expertos que deberían acompañarle durante un año por todo el Imperio Británico para preparar una gran exposición universal que tendría lugar en Londres en 1924. Archie fue contratado como asesor financiero y hombre de confianza del mayor Belcher. Era una oportunidad única: todos los gastos del viaje estaban cubiertos, cobraría mil libras y además se hacían cargo del alojamiento de su esposa. Para Agatha, lectora voraz de Julio Verne, la posibilidad de dar la vuelta al mundo y descubrir exóticos y lejanos países con los que tanto había soñado era un regalo caído del cielo tras los años de guerra. La escritora no dudó en dejar a la pequeña Rosalind en Ashfield al cuidado de su madre y su hermana Madge. El matrimonio Christie tenía por delante once meses de travesía para compartir su pasión por los viajes, la aventura y los deportes de riesgo.

El 20 de enero de 1922 el matrimonio Christie, junto a los demás miembros de la expedición conocida como Misión de la Exposición del Imperio Británico, embarcaba en el lujoso vapor *Kildonan Castle* rumbo a Ciudad del Cabo. Agatha llevaba consigo su pequeña máquina portátil Corona, con la que escribiría largas cartas a Clara y un apasionante diario de viaje. Sin embargo, su inicial entusiasmo pronto se vendría abajo a causa de los terribles mareos que la obligaron a permanecer encerrada durante varios días en su camarote sin poder ingerir ningún alimento. Por fortuna, a partir de Madeira el tiempo mejoró y aunque la escritora nunca se acostumbró al balanceo del barco sobrellevó la travesía hasta llegar a Ciudad del Cabo. Agatha disfrutaría de su estancia en África del Sur: «Los cafres, la Table Mountain con su extraña forma achatada, la salida del sol, los melocotones, los baños de mar, todo era maravilloso», escribió en su diario, más interesada por la sibarita vida que llevaba que por los paisajes que contemplaba. La cocina australiana, por ejemplo, le parecía detestable: «Siempre nos servían o una ternera durísima o pavo». Ya en Sudáfrica, Agatha y Archie descubrieron el placer de un deporte nuevo, el surfing, que practicaban en una playa desierta. Les gustó tanto que decidieron comprarse unas tablas ligeras y curvadas dispuestos a aprender el arte de cabalgar sobre las olas: «Era maravilloso. No creo que haya nada comparable: deslizarse sobre las aguas a una velocidad que te parece de doscientas millas por hora, manteniéndote en equilibrio inestable sobre la ola, hasta llegar suavemente a la playa y encallar en la arena. Era uno de los placeres físicos más perfectos que haya experimentado nunca», recordaba Agatha.

Cuando llegaron a las islas Fiji, la pareja abandonó al grupo y desembarcó en Honolulú para tomarse unas vacaciones en sus paradisíacas playas. Se alojaron en unos bungalows escondidos entre bananeros y pasaban todo el día practicando el surf sobre olas de vértigo. Pero Agatha, a estas alturas del viaje, comenzó a sentir un fuerte dolor muscular en el brazo y el hombro; sufría una neuritis provocada por tantas horas de surf encaramada a una pesada tabla de madera. Dolorida, cansada y quemada por el sol, sentía nostalgia y se culpaba de no estar en aquellos días junto a su hija Rosalind, que había cumplido tres años. Hawai era un paraíso mucho más caro y exclusivo de lo que habían imaginado. Las mil libras de Archie comenzaban a agotarse y aún les quedaba más de un mes de viaje. Preocupada porque el dinero no les alcanzase, Agatha decidió que se separarían en Canadá; ella tomaría un tren rumbo a Nueva York donde viviría en casa de una tía suya hasta que Archie pudiera reunirse con ella. El 25 de noviembre el matrimonio Christie zarpaba del muelle de Nueva York rumbo a Inglaterra, a donde llegaron seis días más tarde. Habían recorrido sesenta y cuatro mil kilómetros en once meses y a pesar de las enfermedades, el cansancio y algún que otro contratiempo, la experiencia había valido la pena. Durante todo el viaje, Agatha tomó un buen número de notas y esbozó el argumento de su siguiente novela, ambientada en los escenarios de África del Sur. Se titularía *El hombre del traje color castaño* y la autora se inspiró en el pintoresco y excéntrico mayor Belcher para crear su personaje de sir Eustace Pedler.

Agatha regresó de su vuelta al mundo completamente transformada. La joven muchacha tímida y apocada de Torquay se había convertido en una mujer más alegre, extrovertida y mundana. Sin embargo, la felicidad de la pareja iba a durar poco. El coronel Archie, a sus treinta y cuatro años, había perdido su trabajo, no tenían apenas dinero y tras meses de diversión, el regreso a casa se les hizo cuesta arriba. En medio de tantas adversidades, Agatha estaba más decidida que nunca a convertirse en una escritora seria. Poco a poco los problemas se fueron solventando y en 1923 Archie encontró un nuevo trabajo, Rosalind tenía una niñera que se ocupara de ella y Agatha pudo tener la tranquilidad necesaria para imaginar nuevas tramas y personajes para sus novelas. La escritura se había convertido en su pasión, sus libros se vendían cada vez mejor y cuando entregó su quinta novela rompió el contrato con su antigua editorial. Había ganado poco dinero, pero era una autora cada vez más reconocida. Cuando se puso en manos de la prestigiosa editorial Collins —que publicó todas las obras de Agatha Christie hasta su muerte— sintió que se quitaba un peso de encima y pronto descubrió que gracias a sus libros podría vivir holgadamente.

A finales de 1924, la escritora adquirió una lujosa casa en Sunningdale, una zona cara y exclusiva rodeada de campos de golf. Era un enorme caserón de estilo normando que a ella le parecía superficial y deprimente, «era una especie de suite del Savoy para millonarios trasladada al campo», y a su esposo le encantó porque estaba a cincuenta kilómetros de Londres y cerca de la estación del tren. No tenía la elegancia de Ashfield, su decoración era recargada y demasiado sofisticada para el campo, pero estaba rodeada de un hermoso jardín y a un paso de un exclusivo club de golf. Bautizaron la casa con el nombre de Styles en homenaje a la primera novela de la autora y para romper el maleficio que pesaba sobre ella. En el pueblo se decía que esta casa traía mala suerte a sus ocupantes: Agatha se enteró de que de los tres matrimonios que anteriormente habían vivido en ella el primero se había arruinado, del segundo había muerto la esposa y el tercero se separó. Ironías de la vida, Styles sería el escenario de la ruptura del matrimonio Christie.

En aquel período tan feliz de su vida el periódico *Evening News* le ofreció a la autora quinientas libras por los derechos de publicar por capítulos su última novela, *El hombre del traje color castaño*. Archie la animó a comprarse con este dinero un coche, un pequeño Morris Cowley de color gris y morro achatado. En su autobiografía Agatha recordaba que las dos cosas que la habían emocionado más en su vida habían sido su primer coche y cenar —cuarenta años después— con la reina Isabel II en el palacio de Buckingham, el mismo día que la nombraron Dama del Imperio Británico. Conducir se convirtió en un nuevo placer «que ampliaba horizontes y ensanchaba el territorio»; por primera vez se sentía libre de ir a donde quisiera y totalmente independiente. Una de sus primeras salidas, cuando ya tenía más confianza al volante, fue viajar a Ashfield y con su madre Clara recorrer las sinuosas carreteras de Torquay.

«Habíamos pasado tantas preocupaciones desde que regresamos de nuestra vuelta al mundo, que resultaba maravilloso entrar en este período de prosperidad. Quizá en aquellos momentos debía haber desconfiado», confesaba Agatha en su autobiografía recordando los terribles días que se avecinaban. La nueva vida en Sunningdale no era tan idílica como parecía. Es cierto que tenían un casa más espaciosa, un jardín donde Rosalind podía pasear con su bicicleta y un club de golf de primera donde Archie jugaba todos los fines de semana. Tal como reconocía la escritora en su autobiografía, se embarcaron en un tren de vida que estaba muy por encima de sus posibilidades. En medio de tanto lujo y confort, Agatha observaba con preocupación que su esposo cada día se distanciaba más de ella. Los sábados y domingos apenas le veía porque se pasaba el día jugando al golf y nunca recibían amigos en casa. La novelista añoraba la intensa vida social londinense, las tertulias literarias, los estrenos teatrales y cenar a solas con Archie en algún restaurante de moda. Ya no compartían aficiones, a ella no le interesaba nada el ambiente esnob y aburrido del golf aunque le daría la materia prima para una de sus novelas, *Asesinato en el campo de golf*. Por su parte, Archie no compartía los gustos literarios de su esposa; ni siquiera le interesaban los libros que escribía: sus novelas les daban dinero y eso bastaba.

Frente a los problemas por los que atravesaba la relación con su esposo, Agatha Christie se refugió cada vez más en sus novelas y personajes de ficción mientras ultimaba los detalles de su nuevo libro, *El asesinato de Rogelio Ackroyd*, publicado en 1926 y que tuvo un enorme éxito. Esta original novela era su obra más ambiciosa y la consagraría como la mejor escritora británica de novela policíaca. Agatha, siempre discreta y amante de su intimidad, tendría ahora que pagar el precio de la fama y mantener a raya a los periodistas que la seguían y fotografiaban en lugares públicos. Ajena a su creciente popularidad, la escritora organizó su vida doméstica para poder trabajar en sus libros. Se rodeó como siempre de un buen servicio doméstico; ahora disponía de tres criados, una cocinera y una gobernanta —miss Charlotte Fisher— que no sólo se ocupaba de la educación de Rosalind sino que se convirtió en la secretaria particular de la novelista. En aquellos días Agatha planteó a Archie la posibilidad de tener otro hijo, quizá con la esperanza de arreglar sus diferencias. Su esposo sentía debilidad por Rosalind, que a sus seis años era una niña lista, simpática y cariñosa, pero no quería más hijos. La escritora siempre mantuvo una relación más distante con su hija, a la que veía como un ser independiente que ante su asombro cada día crecía más. Adoraba a la pequeña, pero Agatha Christie se había convertido en una escritora profesional y las tareas literarias absorbían casi todo su tiempo.

Fue entonces cuando la feliz existencia de Agatha se vino abajo, «en un año de los pocos que odio recordar». Su madre Clara había enfermado de bronquitis y tras una breve convalecencia murió en la primavera de 1926 a los setenta y dos años de edad. Agatha siempre había estado muy unida a ella, sobre todo tras la muerte de su padre, cuando las dos se quedaron solas en Ashfield haciendo frente a los problemas económicos. Acostumbrada a ver morir a sus personajes de ficción, Agatha no estaba preparada para asumir la muerte de un ser tan querido como Clara y se hundió en una profunda melancolía. Su esposo Archie se encontraba de viaje de negocios por España y tampoco hubiera sido un gran consuelo para ella porque «sentía un violento desagrado hacia todo lo que significara enfermedad, muerte y preocupaciones de cualquier clase». Clara Miller había dejado en herencia la mansión de Ashfield a la escritora y ahora Agatha debía regresar al universo de su infancia para poner orden en aquel caos y enfrentarse a dolorosos recuerdos. Durante seis semanas agotadoras, se refugió en la mansión familiar que se encontraba vacía y en un grave estado de abandono. Debió de ser un golpe muy duro para Agatha contemplar la decadencia de aquel lugar que para ella había representado toda la felicidad de su infancia. Cuando acabó de limpiar, ordenar los trastos acumulados durante años y desembarazarse de objetos y muebles inservibles, regresó a su casa de Sunningdale exhausta y muy deprimida. Archie le propuso que alquilara Styles durante el verano y que ella y Rosalind pasaran las vacaciones en Ashfield. De esta manera conseguirían un dinero extra para poder rehabilitar la casa, que necesitaba urgentes reparaciones. Mientras, su esposo Archie pensaba quedarse en su club de Londres y visitarlas los fines de semana en Torquay.

Pero aquél fue un verano de «desorden, horrible trabajo y desdicha» para Agatha. El día del cumpleaños de Rosalind en Ashfield, su marido le confesó que había otra mujer en su vida, Nancy Neele, y que quería el divorcio. Aunque la novelista reaccionó negando lo evidente, y convencida de que se trataba de algo pasajero, Archie estaba muy enamorado de Nancy con la que se veía a menudo en Londres. La señorita Neele era una joven diez años menor que él, hermosa e inteligente, que había trabajado como secretaria para el mayor Belcher y con quien compartía su pasión por el golf. Agatha la conocía de vista porque había pasado un fin de semana invitada en la casa de Styles y habían coincidido un par de veces en Londres. Tras esta inesperada confesión y la precipitada marcha de Archie, la escritora se quedó sola en Ashfield y se refugió en sí misma; era incapaz de comer, perdió el sueño y por la noche deambulaba por la casa como un fantasma. Poco podía ayudarla la pequeña Rosalind, de siete años, que adoraba a su padre y era una réplica exacta de él. Llegó el invierno y la escritora seguía esperando que Archie cambiara de opinión al menos por su hija; quería a toda costa evitar un divorcio que en aquel tiempo era «como la muerte» y un trámite humillante porque el adulterio debía ser probado. «Ni siquiera me di cuenta de que, por primera vez en mi vida, estaba realmente enferma», confesó en sus memorias. Fue entonces cuando Agatha Christie desapareció como si se la hubiera tragado la tierra.

La noche del 3 de diciembre de 1926 Agatha abandonó a las once de la noche la mansión de Styles al volante de su pequeño Morris Cowley y desapareció en la oscura neblina de Berkshire como el protagonista de una de sus novelas. A la mañana siguiente encontraron su coche abandonado al borde de un estanque en una pequeña aldea cercana a Sunningdale. En la espesura del bosque la policía sólo encontró su abrigo de piel, su polvera y una maleta. Sin duda se trataba de una situación muy novelesca, pero lo que le ocurrió a la escritora no era ficción sino uno de los momentos más dramáticos de su vida, del que siempre se negó a hablar. En su autobiografía —donde nunca nombró a la señorita Neele— pasó por encima este extraño episodio que resumió en una sola frase: «Así, después de la enfermedad vino la tristeza, la desesperación y la angustia. No hay por qué detenerse mucho en ello». Para la prensa, la noticia de la desaparición en extrañas circunstancias de la famosa «reina del crimen» era un filón informativo y se llegó incluso a ofrecer una recompensa para quien descubriese su paradero. Los periódicos más sensacionalistas se llenaron de conjeturas y falsas informaciones para subir la tirada. Se dijo que se había suicidado, que había huido con un amante o que todo era un truco para promocionar su nueva novela. Algunos periodistas recurrieron a médiums que decían haber establecido contacto con la novelista y que estaba viva. Su esposo Archie, informado sobre su desaparición, acudió a reconocer el coche y se convirtió a los ojos de la prensa en el principal sospechoso. En los días siguientes se organizó una batida sin precedentes en la región. La hipótesis más convincente para el inspector Kenward de Scotland Yard era que Agatha había muerto por causas desconocidas y mandó dragar las aguas de la laguna de Silent Pool para encontrar su cadáver.

Mientras todos la buscaban y muchos la daban por muerta,

la escritora descansaba plácidamente en un elegante balneario, el Hydropathic, en la estación invernal de Harrogate, al norte de Yorkshire. Se había inscrito con el nombre falso de señora Thérèse Neele, natural de Ciudad del Cabo. Al parecer fue un músico de la orquesta quien reconoció en el salón a la famosa novelista, que hacía una vida completamente normal, jugaba al bridge con otros huéspedes, rellenaba crucigramas y no le faltaba el apetito. El 11 de diciembre la escritora, al ver que no recibía ninguna visita ni correspondencia, publicó en el diario *The Times* la siguiente nota: «Amigos y parientes de Thérèse Neele, pónganse en contacto con ella. Hydrophatic Hotel, Harrogate». Nadie respondió a su llamada.

El 14 de diciembre Archie Christie fue en busca de su esposa y se reunieron en el hotel Hydropathic. La escritora, algo desconcertada por el revuelo que había a su alrededor, parecía no reconocer a su esposo y tampoco recordaba nada de lo ocurrido aquella semana y media en la que asumió la personalidad de otra mujer. La verdad de lo ocurrido fue su secreto mejor guardado y la versión oficial de los hechos apuntó a un ataque de amnesia. Otros se inclinaron por la teoría de que su desaparición había sido un acto de venganza bien planificado contra su marido. Si Agatha quiso poner en evidencia a su esposo —utilizando incluso el apellido de su rival al inscribirse en el hotel— lo consiguió con creces; todo el mundo se enteró de que el respetable héroe de guerra, coronel Archibald Christie, era un hombre adúltero y tenía una amante, la señorita Nancy Neele, hija de un importante directivo del consejo de administración de la Junta de Ferrocarriles.

Tras su misteriosa desaparición Agatha se fue recuperando poco a poco, en parte gracias a un eminente psiquiatra de Harley Street que la sometió a largas sesiones de hipnosis. Para huir de la prensa, unos meses más tarde viajó a las islas Canarias con su hija Rosalind; allí disfrutó del clima cálido de Las Palmas, practicó el surf y encontró la paz que necesitaba. Dispuesta a olvidar y a seguir adelante, regresó a Londres con renovadas energías, visitó a sus editores y vendió la casa de Sunningdale que había compartido con Archie. A partir de este momento su nueva residencia londinense sería una casa de tejas anaranjadas, construida en unas antiguas caballerizas al estilo de las viejas granjas de campo, en el 22 de Cresswell Place, en pleno barrio de Chelsea.

En abril de 1928 la escritora obtuvo el divorcio y no volvió a ver a Archie, que fue muy feliz con su segunda esposa Nancy Neele. Treinta años después, cuando se enteró de la muerte de Nancy, Agatha le escribió una carta a su ex marido diciéndole que comprendía el dolor que sentía «por tantos años de felicidad compartidos». Archie, tras una brillante carrera como director de distintas compañías financieras, se había retirado de la agitada vida social y vivía tranquilo en el campo con su esposa y su único hijo, Archie junior. Hasta el final de sus días mantuvo una estrecha relación con su hija Rosalind, quien en 1942 le hacía abuelo al nacer el pequeño Mathew. Archie Christie no llegó a conocer a su nieto; en 1962 Mathew, que estudiaba en Eton, le escribió una carta diciéndole que le gustaría conocerle. Acordaron verse en Londres, pero antes de la fecha prevista Archie murió de un ataque al corazón.

Agatha también iba a rehacer su vida y encontraría la felicidad junto a un hombre con el que compartiría su pasión por la arqueología y los viajes. En otoño la escritora envió a Rosalind a un internado y se sumergió de lleno en sus novelas porque una vez más necesitaba dinero. Entregó a la editorial Collins dos nuevos manuscritos pero no estaba satisfecha del resultado, le costaba inspirarse y sintió la imperiosa necesidad de abandonar por un tiempo Inglaterra. Le atraía la idea de viajar a alguna exótica isla como Jamaica pero una noche, durante una cena en Londres, unos amigos que acababan de regresar de Bagdad la convencieron para que visitara la legendaria capital de Irak y sus importantes yacimientos arqueológicos. Al enterarse de que el viaje se hacía en el confortable tren Simplon-Orient Express cambió de planes y se puso en manos de la agencia Cook para que le organizara todos los detalles de su viaje. Agatha amaba los trenes y poder viajar en este mítico tren que unía Oriente y Occidente en un suspiro le parecía un sueño.

Bagdad, Bagdad

En la estación Victoria de Londres Agatha Christie inició su larga travesía; primero tomó un tren hasta Dover y allí cruzó en el ferry hasta la localidad francesa de Calais. Tenía por delante un recorrido de 3.342 kilómetros en el Simplon-Orient Express, propiedad de la compañía Wagons-Lits, que tardaba tres días en llegar a Estambul. El ferrocarril más famoso y glamouroso de todos los tiempos, inaugurado con gran pompa en París el 5 de junio de 1883, partía de París y se detenía en Lausana, Milán, Venecia, Trieste, Zagreb, Belgrado y Sofía antes de alcanzar su destino final en Estambul. En esta ciudad Agatha continuó rumbo a Alepo y Beirut en otro tren de la misma compañía, conocido como el Taurus Express, que partía de la estación Haidar Pasha ya en la costa asiática: «Al pasar de Europa a Asia se aprecia una diferencia sutil; es como si el tiempo perdiera su sentido. El tren seguía su camino con calma, bordeando la costa del mar de Mármara y trepando por las montañas; el camino era increíblemente maravilloso». Aunque la sibarita Agatha confesaría que lo peor del viaje en el Taurus Express eran sus «incomibles, grasientas y sin sabor» comidas, muy pronto descubría el placer de la sabrosa gastronomía siria y moriría por sus tradicionales humus de garbanzo, empanadillas rellenas de espinacas o carne y las brochetas especiadas de cordero.

Desde el primer instante que pisó sus elegantes vagones, Agatha Christie se sintió fascinada por todo el glamour, el romance y la aventura que destilaba el Orient Express. Al igual que a otros escritores como Ian Fleming, Graham Green o Hemingway, le pareció el escenario perfecto para las intrigas policíacas y los crímenes más pasionales. Unos años más tarde cuando la novelista regresaba a Inglaterra tras una larga estancia en Siria, el ferrocarril quedó detenido en las vías a causa de una gran nevada. Aquella intempestiva noche de 1931 Agatha ideó la trama de su famosa novela *Asesinato en el Orient Express*. Con el tiempo este tren legendario se convertiría para la autora en un «viejo amigo de la familia» y siempre se emocionaba al subir en él: «¡Estoy en el Orient Express!

Estoy realmente en el vagón azul que lleva una sencilla leyenda en el lado de afuera: CALAIS-ESTAMBUL. Es, sin la menor duda, mi tren predilecto. Me gusta su *tempo*, que a partir de un *allegro con furore* se balancea y traquetea y se agita de un lado a otro en su delirante prisa por abandonar Calais y Occidente, reduciendo gradualmente el ritmo con un *rallentando* a medida que avanza hacia el este, hasta convertirse decididamente en un *legato*».

Al llegar a Estambul, la locomotora del Orient Express pasaba frente a la Mezquita Azul y el palacio de Topkapi Sarayi, rodeando el Cuerno de Oro, hasta detenerse en la estación de Sirkeci. Los pasajeros que lo deseaban podían alojarse en el cercano Pera Palas Oteli, fundado en 1889 y propiedad de la compañía Wagons-Lits, que ofrecía a sus clientes todo el lujo y el confort de un hotel de primera. Enclavado en el corazón de la vieja Estambul, famoso por su ambiente decadente y recargada decoración *art nouveau*, el Pera Palas lo era también por sus ilustres huéspedes, entre los que se encontraban reyes destronados, políticos, espías ingleses, princesas y artistas de cine que se alojaron en alguna de sus habitaciones. Por aquí pasaron en distintas épocas Trotski, Mata Hari, Greta Garbo, Sarah Bernhardt, Pierre Loti o el fundador de la República turca, Mustafá Kemal Ataturk, que murió en 1938 en la cama de la suite 101. Agatha Christie solía reservar la 411, pero en esta pequeña y oscura habitación con vistas a una ruidosa calle que se conserva intacta, no es muy probable que la novelista se inspirara para escribir *Asesinato en el Orient Express*; tampoco estuvo en el Pera Palas la semana y media que desapareció de su casa en Inglaterra. Sin embargo, su nombre quedaría para siempre unido a este decadente hotel del barrio de Beyoglu por otras insólitas circunstancias.

En 1979 la productora de Hollywood Warner Bros quiso llevar a la gran pantalla la vida de Agatha Christie y recurrió a los servicios de una de las más famosas videntes de Hollywood, Tamara Rand, para tratar de desvelar lo que ocurrió en aquellos once días en que desapareció misteriosamente. La rubia y explosiva señorita Rand aseguró haberse puesto en contacto con el espíritu de la novelista, quien desde el más allá le indicó que en la habitación

411 del Pera Palas Oteli en Estambul, se escondía una llave que permitiría descubrir la verdad sobre lo ocurrido. Efectivamente, el 17 de marzo a las cinco de la tarde, y ante un nutrido grupo de periodistas llegados del mundo entero, se halló en la 411 una llave oxidada de ocho centímetros oculta en una trampilla detrás de la puerta. Como el hotel Pera Palas se encontraba en horas bajas, su gerente, dispuesto a sacar provecho de tan insólito descubrimiento, pidió a la productora dos millones de dólares a cambio de la llave —que guardó en la caja fuerte del hotel— además del quince por ciento de los beneficios de la película y los derechos de explotación en Turquía. Mientras se discutían los términos del acuerdo entre la Warner Bros y el hotel, y se convocaba a Tamara Rand para que realizara otra sesión de espiritismo en la 411, un empleado del hotel encontró otra llave idéntica en la habitación 511. Ante esta rocambolesca situación y la negativa del Pera Palas a dejar la llave a la médium para que encontrara el emplazamiento exacto de la cerradura que ocultaba el misterio, el asunto cayó en el olvido. Finalmente la Warner Bross hizo su película, interpretada por Dustin Hoffman y Vanessa Redgrave, que dio vida a la famosa novelista. El Pera Palas había conseguido una buena publicidad y hasta el día de hoy el nombre de Agatha Christie permanece vinculado a este establecimiento con más de un siglo de historia que no ha perdido su rancio esplendor. El escritor Paul Theroux, que se alojó en él en 1977, confesaba: «Verse uno a sí mismo en un espejo de diez pies de altura y marco dorado del Pera Palas de Estambul es conocer un instante de gloria, la alegría de ver su propia cara en un retrato de príncipe».

En las páginas de su autobiografía, Agatha describe con humor su primer viaje a Oriente Próximo en solitario, donde se muestra más interesada por los curiosos y extravagantes personajes que encuentra en su camino que por los paisajes que desfilaban frente a ella. La escritora llegó a la estación de Alepo (Siria) sin más contratiempos que un ataque de chinches en el vagón del tren y una leve indigestión. De allí el Taurus Express la llevó a Damasco, donde se alojó en el Orient Palace Hotel diseñado por un arquitecto libanés y considerado el hotel más lujoso durante el mandato francés: «Magnífico, con un vestíbulo de reluciente mármol pero tan pobre en luz eléctrica que apenas se veía alrededor». El Orient Palace estaba a un paso de la estación de ferrocarril de Hiyaz y a pesar de sus «terroríficos baños de vapor» aún era uno de los pocos hoteles decentes de la ciudad. Durante tres días Agatha, acompañada por un guía uniformado de la agencia Cook, realizó las excursiones de rigor. En la ciudad vieja visitó la espectacular mezquita de los Omeyas, construida sobre un antiguo templo romano, el palacio al-Azzem y sus hermosos jardines y el bullicioso zoco, donde compró un buen número de artesanías de cobre, alfombras y una enorme cómoda de madera decorada con motivos de nácar y plata que el empleado de Cook consiguió que en diez meses le llegara intacta a su casa de Ashfield, aunque con un inquilino indeseable: las termitas.

Agatha viajó de Damasco a Bagdad en un desvencijado autobús que cruzó el extenso desierto de piedras y arena. En aquella época, la línea Nairn disponía de una flota de coches y autobuses que trabajaban en colaboración con la agencia Thomas Cook y la compañía Wagons-Lits. Era la manera más cómoda y segura de atravesar el desierto; sus vehículos de seis ruedas parecían imbatibles y los conductores eran expertos chóferes británicos armados con rifles. Para la novelista era su primer encuentro con la desolada llanura mesopotámica y aunque se mareó mucho con el traqueteo del autobús al sentarse en la última fila, el desierto la fascinó. El desayuno a las seis de la mañana a base de productos enlatados le supo a gloria en medio de un paisaje tan evocador: «En ningún lugar del mundo resulta tan bueno tomar embutidos de lata cocinados en un infiernillo de campo como en el desierto, por la mañana temprano. Con esto y con té negro muy fuerte, se sacia el hambre y la energía perdida vuelve a revivir». A las cuarenta y ocho horas de haber abandonado Damasco, llegaba exhausta y cubierta de polvo a Bagdad: «A lo lejos y a la izquierda vimos las cúpulas doradas de Kadhimain, después un puente sobre el Tigris y por fin entramos en Bagdad por una calle llena de edificios desvencijados, con una mezquita maravillosa cuyas cúpulas orientales me dieron la impresión de erigirse en medio de todo». Los «agotadores» viajes en autobús por el desierto inspirarían algunas de sus futuras novelas y un delicioso relato corto titulado *The Gate of Bagdad* (1934). En él un sagaz detective, Parker Pyne, resuelve un complicado caso de asesinato en un autobús de doce plazas que hace el recorrido Damasco-Bagdad con unos extraños pasajeros a bordo.

Agatha, que imaginaba encontrar en Bagdad la ciudad de la que hablaba la princesa Sherezade, descubrió un tanto desengañada que geográficamente estaba en Oriente pero «espiritualmente me sentía en Inglaterra». Cuando la escritora llegó a la ciudad el emir Faisal, coronado rey en 1921, seguía en el poder y bajo su mandato el país alcanzaría su independencia en 1932. Mientras ese día llegaba, los funcionarios y residentes ingleses mantenían intactas sus tradiciones: en el club social se jugaba al bridge y al dominó, se organizaban carreras de caballos y partidos de polo. Las damas salían de excursión por los jardines de Hayi Nayi, montaban a caballo vestidas de amazonas por las orillas del Tigris y el té se tomaba siempre en finas tazas de porcelana. Agatha, de la mano de sus anfitriones, se sumergió en la vida inglesa, jugó al tenis, compró antigüedades y fue agasajada por sus incondicionales admiradores europeos deseosos de agradar a la famosa novelista. Tuvo además la ocasión de visitar el pequeño museo de antigüedades de Gertrude Bell, en cuyas vitrinas se mostraba la colección de casi tres mil piezas procedentes en su mayoría de Kisch y de Ur que había conseguido reunir cuando era directora del Patrimonio Histórico.

Al cabo de unos días la escritora abandonó el hotel Tigris Palace y partió al yacimiento de Ur en un coche que le enviaron los Woolley. La región del sur de Irak que ahora recorría Agatha estaba salpicada de ruinas de importantes ciudades de la antigua Mesopotamia que aún no habían sido exploradas. En este vergel que se extendía entre el Tigris y el Éufrates nacieron hace cinco mil años las primeras ciudades, se inventó la escritura y se desarrolló el comercio. Aquí estaba ubicada la legendaria ciudad de Babilonia, capital del imperio babilónico, y una de las siete maravillas de la Antigüedad, con sus palacios y jardines colgantes, que provocaron la admiración de Alejandro Magno. No muy lejos se elevaba

Kish, la hermosa ciudad mesopotámica que floreció antes del Diluvio, y más al sur, a orillas del Éufrates, la espléndida Ur con sus originales zigurats o torres escalonadas recortados en el horizonte.

Agatha era todavía una profana en el mundo de la arqueología, pero conocía a través de los reportajes del *Ilustrated London News* los descubrimientos del célebre arqueólogo Leonard Woolley en Ur, donde trabajaba desde 1922. Esta antigua ciudad sumeria era uno de los yacimientos arqueológicos de Oriente Próximo más conocidos por el público inglés. Tras casi veinte años de estudios en Ur los arqueólogos podrían trazar su historia, desde sus inicios hacia el año 4000 a.C., hasta los días finales de su decadencia, en el siglo IV a.C. Leonard Woolley y su equipo devolverían a Ur parte de su esplendor y descubrirían al mundo sus imponentes zigurats, sus elegantes canoas con las que los sumerios navegaban por los pantanos y los impresionantes tesoros ocultos en sus dos mil tumbas reales: jarrones de cobre, finas estatuillas de oro y valiosas placas con escritura cuneiforme. La fotografía de una daga de oro con incrustaciones de lapislázuli hallada en Ur en 1926 había dado la vuelta al mundo. Ser invitada a visitar las ruinas de sus palacios y templos, y su famoso zigurat dedicado a la diosa lunar Nanna —construido alrededor del 2100 a.C.— era todo un honor.

Katharine Woolley, la esposa de Leonard, recibió a la escritora con los brazos abiertos a su llegada al campamento; acababa de leer su novela *El asesinato de Rogelio Ackroyd* y le había gustado mucho. Fue una feliz coincidencia, porque la señora Woolley tenía fama de intransigente, caprichosa y en general poco amiga de las mujeres. La viajera Gertrude Bell, que la conocía muy bien, la definió en una ocasión como «altamente peligrosa». A Agatha, por el contrario, le interesó desde el primer momento. En el campamento Katharine reinaba a su antojo y acababa sometiendo a todos los hombres a sus caprichos. Era una mujer hermosa y una excelente escultora, su segundo marido Leonard dependía totalmente de ella y trabajaba codo a codo con él en las excavaciones. Su anterior esposo se había suicidado delante de ella al pie de la Gran Pirámide en El Cairo disparándose un tiro en la sien. Ocurrió unos meses después de su luna de miel y el impacto que le causó fue tremendo y marcó su carácter para siempre. Agatha anotó estos datos en su libreta; tal vez más adelante la señora Woolley inspirara a alguna de sus heroínas en la ficción.

A la escritora le gustó de inmediato la vida en el campamento de Ur, y así lo confesaba en las páginas de su autobiografía: «Me enamoré de Ur, de su belleza al atardecer, con los zigurats que se elevaban ligeramente ocultos por las sombras y aquel ancho mar de arena con sus colores pálidos, maravillosos, amarillo melocotón, rosa, azul, malva, cambiando a cada minuto. Me gustaban los trabajadores, el capataz, los muchachitos que llevaban los canastos, los que manejaban el pico. El encanto del pasado se apoderó de mí. Era romántico ver cómo aparecía, lentamente entre la arena, un puñal con reflejos dorados. El cuidado con que se levantaban del suelo las vasijas y demás objetos me incitaba a ser arqueólogo. "Qué pena que mi vida haya sido tan frívola", pensé». Agatha no podía quedarse mucho tiempo en Ur, pues en Londres la esperaba su hija Rosalind para pasar juntas las Navidades en Abney. Se despidió de los Woolley con la promesa de volver al año siguiente en primavera y acompañarles en su viaje de regreso a Inglaterra atravesando Siria y visitando algunas ruinas y templos de la Antigüedad en la costa griega.

Agatha Christie, que siempre se relacionó sin complejos con los obreros nativos, hizo amistad en Ur con un hombre que era toda una leyenda, el viejo *sheik* Hamoudi. Leonard Woolley le conoció en 1911 cuando trabajaba como capataz local en el yacimiento de Karkemish, al norte de Siria. Allí estaban también el arqueólogo Campbell Thompson y su joven ayudante T. E. Lawrence (Lawrence de Arabia). Todos ellos —al igual que Woolley— fueron reclutados durante la Primera Guerra Mundial como agentes secretos al servicio del Imperio Británico en la Oficina Árabe de El Cairo. El leal y eficiente Hamoudi trabajaría durante dos décadas con los Woolley en Ur y más tarde acompañaría a Max Mallowan en sus excavaciones de Chagar Bazar y Tell Brak, al norte de Siria. Hamoudi le confesó a la escritora que cuando en Jerablus se enteraron de la muerte de su amigo Lawrence de Arabia, nadie creyó que hubiera muerto porque «era capaz de correr, caminar, disparar y resistir más que el mejor de ellos».

De vuelta en Londres, Agatha Christie se quedó en su nueva casa de Cresswell Place, que pronto puso patas arriba para reformarla a su gusto. La escritora, a lo largo de su vida, compraría un buen número de casas cuando se sentía dichosa y su situación económica se lo permitía. Tenía debilidad por las mansiones grandes y solariegas, de amplias y luminosas habitaciones, que la trasladaban al universo de su infancia en Ashfield; le gustaba rehabilitarlas, diseñar sus jardines y decorarlas con antigüedades y recuerdos de sus viajes. Agatha había recobrado las energías, sus novelas tenían mucho éxito, los anticipos literarios aumentaban, así como los derechos de autor, y publicaba regularmente en el extranjero. Por el momento, aunque ya proyectaba alguna intriga en los escenarios de Oriente Próximo que tanto le habían impresionado, aún no aparecerían en sus siguientes novelas. Quien sí vería la luz a su regreso de Irak fue la excéntrica miss Jane Marple, una solterona victoriana mordaz y curiosa, que pronto sería tan famosa como Hércules Poirot.

A principios de 1930 Agatha cumplió su promesa y regresó al campamento de Ur. Llegó una mañana en medio de una terrible tormenta de arena que duró cinco días. Allí la esperaban Leonard Woolley y su joven ayudante Max Mallowan que el año anterior se encontraba ausente a causa de una apendicitis. Max llevaba cinco años trabajando con el equipo de Woolley al que se unió en 1925 tras obtener su licenciatura en Oxford. La novelista lo describía como «un hombre joven, delgado, moreno, muy callado. Que raramente hablaba aunque estaba muy atento a todo lo que le pedía». Max, de carácter tranquilo y aspecto serio, se llevaba muy bien con Katharine Woolley porque no dudaba en atender sus caprichos, que incluían cepillarle el cabello, darle masajes o aplicarle sanguijuelas para aliviar sus frecuentes dolores de cabeza. A Agatha le pareció que por su juventud —tenía veinticinco años— era un hombre muy responsable y preparado. Su aspecto y sus gustos eran típicamente británicos aunque era hijo de austríaco y francesa: «No corría ni una gota de sangre inglesa por sus venas».

Max Mallowan fue el encargado de pasear a la ilustre visitante por el yacimiento y los alrededores de Ur. Cuando el equipo acabó la temporada, Katharine informó a Agatha de que le había pedido a Max que la llevara de gira a las ciudades santas de Nayaf, Kerbala y Nippur, en su camino de regreso a Bagdad. Al principio la escritora se mostró bastante reacia a aceptar esta invitación impuesta al joven ayudante, «a quien seguramente no le apetecía acompañar a una desconocida». Sin embargo Agatha se equivocaba, porque Max admiraba a las damas británicas, algo temerarias y excéntricas, que recorrían solas Oriente. Presionada por la impetuosa Katharine, la autora no pudo negarse y partió en coche con el ayudante de los Woolley en un viaje que nunca olvidaría. Agatha recordaba en su autobiografía que al poco tiempo de abandonar el campamento Max sufrió una transformación. Ya no se mostraba tan serio ni nervioso y al sentirse lejos de la dominante esposa del arqueólogo se relajó y pasó a ser un excelente compañero de viaje. Atento y divertido, se relacionaba fácilmente con la gente que encontraban a su paso gracias a su dominio del árabe. Max sabía transmitir a la gente su pasión por la historia de las antiguas civilizaciones.

Agatha y Max pasaron la primera noche en Diwaniya y continuaron su recorrido por Irak hasta llegar a Kerbala, donde admiraron su magnífica mezquita —construida en honor de Husein, hijo de Ali— con su enorme cúpula de oro y turquesas. En Kerbala tuvieron que dormir en la cárcel —eso sí, en celdas separadas— en el que iba a ser el primero de los muchos incidentes que compartirían en su primera aventura juntos. Max decidió saltarse el plan inicial y dar un rodeo para mostrar a su entusiasta compañera el impresionante castillo de Ujaydir, que en 1909 exploró a fondo la viajera Gertrude Bell. A estas alturas del viaje comenzaban a conocerse un poco más y sobre todo a divertirse. Formaban una curiosa pareja, Max vestido en pleno desierto con su impecable traje de cheviot, chaleco, sombrero flexible e inseparable pipa; Agatha a su lado, con sus inapropiados vestidos de flores, pamelas de ala ancha, gafas oscuras y sombrilla para protegerse del sol.

A las pocas horas de abandonar la fortaleza de Ujaydir encontraron en su camino un lago salado de aguas cristalinas y como hacía tanto calor decidieron darse un baño. El problema es que Agatha no disponía de traje de baño y se las tuvo que arreglar «con una camiseta y dos bragas, una encima de la otra». Tras nadar un rato en sus tranquilas aguas intentaron arrancar el coche pero éste se encontraba hundido en la arena. El chófer les dejó con una cantimplora de agua en medio del desierto y la firme promesa de volver a por ellos en «veinticuatro horas o a mucho tardar en cuarenta y ocho». Por fortuna, al cabo de un rato el chófer regresó con ayuda y pudieron llegar a Bagdad, donde les esperaban preocupados Leornard Woolley y su esposa.

Tal como habían quedado, Agatha, Max y el matrimonio Woolley prosiguieron juntos su viaje de regreso a casa atravesando Siria y visitando Grecia. Un par de días después abandonaban Bagdad en tren rumbo a Kirkuk y Mosul, una ciudad tranquila donde se alojaron en una posada bastante confortable. Desde allí hicieron un buen número de excursiones y Agatha tuvo que aprender a manejar a la dominante e inestable Katharine que siempre se adueñaba de la mejor habitación, la mejor cama y era la primera en ducharse. Finalmente el grupo llegó a la ciudad de Alepo, donde se alojaron en el hotel Baron y fueron recibidos por su propietario, el armenio Coco «Baron» Mazloumian, que se jactaba de conocer muy bien los gustos de los británicos. Disfrutaron por primera vez en muchos días de un buen baño de agua caliente y un colchón decente.

En los días siguientes Max —según confesó en su libro autobiográfico, *Mallowan's Memoirs*, publicado en 1977— comenzó a pensar que Agatha era una mujer maravillosa. Nunca se quejaba, se adaptaba con humor a todas las incomodidades, parecía disfrutar siempre de cualquier aventura y en sus viajes su único capricho era una almohada de plumón: «Para mí representa la diferencia entre la comodidad y la miseria». Seguramente Max ya se había enamorado de ella y en Grecia, cuando se estaban bañando en una romántica playa, se le acercó por detrás y le puso alrededor del cuello un collar de caléndulas. Agatha no le dio mucha importancia a este detalle pero en breve Max Mallowan la pediría en matrimonio.

Cuando llegaron a la ciudad de Atenas, el grupo se separó. En el hotel Agatha se encontró con algunos telegramas que la esperaban, entre ellos uno de su hermana Madge en que la informaba de que su hija Rosalind tenía pulmonía y se recuperaba en la casa de Abney. En aquellos días no existían vuelos entre Atenas y Londres; la única posibilidad era viajar en tren pero tardaría en llegar cuatro días. Nerviosa y angustiada por la noticia, Agatha se precipitó a la calle para cambiar sus billetes en una agencia de viajes con tan mala suerte que tropezó y se hizo un esguince en el tobillo. De nuevo el destino la unía al joven Max Mallowan, quien se ofreció a acompañarla en su viaje de regreso a Londres en el Orient Express para que no fuera sola. Agatha escribiría en su autobiografía: «Recuerdo muy poco de aquel viaje con Max, excepto su extraordinaria amabilidad, tacto y simpatía». Su joven acompañante le resultó de gran ayuda; Max no sólo le dio conversación para entretenerla sino que le cambiaba el vendaje del tobillo, le daba masajes circulatorios y la acompañaba del brazo al vagón comedor para que no diera otro paso en falso con el movimiento del tren.

En Londres, Agatha se tranquilizó al saber que Rosalind estaba fuera de peligro y se recuperaba satisfactoriamente en Abney Hall, la lujosa mansión familiar de los Watts, donde Madge pasaba largas temporadas con su esposo y su hijo pequeño Jack. A los pocos días ya pudo trasladarla a Ashfield y reanudó su vida cotidiana. La escritora no había olvidado a su encantador compañero de viaje y un fin de semana invitó a Max Mallowan —que trabajaba en el Museo Británico de Londres— a la mansión de Ashfield para que conociera a su hija. Fueron dos días muy agradables, Max simpatizó enseguida con Rosalind e incluso hizo buenas migas con Peter, el perro de la familia. A pesar de la lluvia, se animaron a pasear por los húmedos páramos de Dartmoor y disfrutar de sus brumosos paisajes. Agatha, que era una buena cocinera, sorprendió a Max con sus improvisados desayunos a base de huevos y tocino, su pollo guisado a la circasiana y famosas tostadas con pasta de anchoas. La última noche antes de regresar a Londres, Max llamó a la puerta de la habitación de la escritora, se sentó en el borde de su cama y le preguntó si quería casarse con él. Para

Agatha aquella proposición fue un auténtico shock y le respondió que era algo tan inesperado que debía meditarlo seriamente. Durante varias semanas le dio a Max una interminable lista de razones por las que creía que aquel matrimonio estaba fuera de lugar; la más importante era que tenía quince años más que él y no era católica. En realidad Agatha Christie tenía pánico a volver a sufrir tras el fracaso de su primer matrimonio con Archie, tal como confesaba en su autobiografía. En una carta que se conserva de aquellos días en los que Agatha estaba muy indecisa, Max le preguntaba si no le importaría compartir el resto de su vida con un hombre cuya profesión era «desenterrar a los muertos». Ella, con su habitual sentido del humor, le respondió: «Cariño, me encantan los cadáveres y las momias». Finalmente aceptó la propuesta de matrimonio en contra de la opinión de su hermana Madge, su cuñado y algunos amigos que la calificaban de «inmenso» error. En cambio, a su hija Rosalind le agradaba Max y estaba convencida de que su madre sería muy feliz junto a él.

Agatha a sus cuarenta años se convirtió en la esposa del arqueólogo Max Mallowan el 11 de septiembre de 1930. La escritora siempre conservaría el apellido de su primer marido, el nombre de Agatha Christie la haría mundialmente famosa como la autora inglesa más leída de todos los tiempos. La suya iba a ser una unión fructífera para ambos y muy moderna para su tiempo. Los dos compartían intereses comunes, pero tenían sus mundos privados. Max animaría a Agatha a compartir con él su vida de arqueólogo y la inició en el apasionante mundo de las antiguas civilizaciones. El señor Mallowan nunca se sintió amenazado por la fama internacional de su esposa; al contrario, le gustaba codearse con escritores y ayudar a la novelista en la documentación de sus obras ambientadas en Mesopotamia. Agatha Christie, que siempre se había sentido una «inculta» por no haber asistido a la escuela, acababa de casarse con un hombre de brillante carrera académica que con el tiempo se convertiría en un célebre arqueólogo.

La luna de miel de Agatha y Max en Italia y Grecia fue una pequeña muestra del tipo de vida que llevarían a lo largo de los cuarenta y cinco años de feliz matrimonio. Viajaron de nuevo en el

Orient Express a Venecia en un elegante vagón de primera pero «lleno de chinches». En los quince días siguientes visitaron un buen número de ruinas, anfiteatros y templos. Max, ansioso por llegar a las ruinas griegas de Andritsena, no dudó en organizar una excursión de «catorce terribles horas» a lomos de mula que casi acaba con la paciencia y la salud de Agatha. Su agotador e intenso periplo cultural incluyó visitas a los templos de Bassae, Trípoli, Nauphia, Epidauro, entre otros, hasta llegar a la capital, Atenas. Agatha estaba feliz pero realmente exhausta: «Cada día estoy más convencida de que mi esposo es demasiado joven para mí». Para complicar las cosas sufrió una intoxicación muy grave a causa de un festín que se dio de cigalas y langostinos. Se encontraba tan enferma que tuvo que guardar cama y medicarse. Max estaba desolado porque debía reunirse con su jefe Leonard Woolley en Bagdad el 15 de octubre para supervisar la ampliación de la casa donde se alojaba el equipo de arqueólogos. En esta ocasión Agatha no podría acompañarle porque la señora Woolley no aprobaba la presencia en el campamento de las esposas de los colaboradores. Como sólo le quedaban seis meses para finalizar su trabajo en Ur, y ésta iba a ser su última temporada con ellos, decidió ser diplomático y cumplir con su contrato.

Max Mallowan embarcó a regañadientes hacia Beirut. No le parecía bien dejar a su esposa enferma postrada en la cama de un hotel pero no había otra solución. A los tres días de su partida Agatha Christie abandonó Atenas y subió al vagón del Orient Express —esta vez bien provista de una loción antipulgas— rumbo a Londres. Durante el trayecto pensó en la mejor manera de vengarse en la ficción de Katharine, a la que apodaba «la prima donna» por su carácter variable y caprichoso. Max expresó sus desavenencias con la señora Woolley de una manera más sutil. Cuando diseñó las nuevas instalaciones de la casa del equipo en Ur, le hizo el cuarto de baño tan angosto y pequeño que tuvieron que echarlo abajo y construirlo de nuevo.

En los meses que estuvieron separados, Agatha no cesó de trabajar. Sus novelas seguían siendo éxitos de ventas y en aquel tiempo colaboró en un serial radiofónico para la BBC protagonizado por los mejores autores de novelas policíacas que leían los relatos escritos especialmente para esta emisión. En 1931 sólo publicó una nueva novela, *El misterio de Sittaford,* ambientada en un Dartmoor aislado por la nieve y que comienza con una sesión de espiritismo. Apenas le quedaba tiempo para escribir porque al regresar de su luna de miel habían comprado una nueva casa cuyo edificio comprendía los números 47 y 48 de Campden Street. Estaba muy bien comunicada en metro con el Museo Británico donde trabajaba Max y era más espaciosa que la casita de Chelsea, en Cresswell Place, que habían alquilado. Agatha pasó el otoño de 1930 dedicada a sus seriales radiofónicos y a decorar la nueva residencia comprando muebles antiguos en las subastas de arte londinenses, a las que le gustaba asistir de incógnito. La escritora heredó de su padre, Frederick Miller, la pasión por las antigüedades y las distintas casas que fue adquiriendo en su vida se llenarían de valiosas obras de arte que recreaban el interior de Ashfield.

Crímenes y ruinas

En la primavera de 1931 Agatha Christie se desplazó a Ur para reunirse con su esposo y acompañarle en sus últimos días de trabajo en el yacimiento. Durante estos meses la novelista le había escrito diplomáticas cartas a la señora Woolley y le envió un ejemplar firmado de su última novela, *Muerte en la vicaría*, donde se estrenaba la excéntrica señorita Jane Marple. Así que cuando llegó al campamento Katharine la recibió con gran cordialidad ocultando por unos días el hacha de guerra. En esta ocasión Agatha y Max regresaron a Inglaterra a través de Persia, un país que la escritora no conocía y que le resultó de gran interés. En su autobiografía narra todos los detalles de su aventura a bordo de un aeroplano que inauguraba la línea Bagdad-Persia, «donde daba la impresión que nos estrellaríamos en cualquier momento contra los picos de las montañas», y la primera visión de la ciudad de Shiraz, un oasis de jardines y palmerales. Una vez más el viaje no estuvo exento de incidentes y algunas incomodidades que Agatha afrontó con excelente humor. Camino a Isfahan pasaron «una noche terrible» en una modesta posada donde, a falta de un mullido colchón, tuvieron que dormir sobre una tabla de madera: «Es increíble lo dura que resulta una tabla para dormir; no se hace uno a la idea de lo que duelen las caderas, los codos y los hombros al cabo de unas horas». Isfahan le pareció la ciudad más hermosa y evocadora de Oriente: «Nunca había visto nada tan extraordinario como aquellos edificios que parecían arrancados de un cuento de hadas —rosas, azules, dorados, con flores, pájaros, arabecos— y por todas partes espléndidos azulejos de colores. Era una ciudad encantada». El viaje continuó a través de la Unión Soviética donde, bellezas paisajísticas aparte, a la novelista lo que más le interesó fue el delicioso caviar que les ofrecían a todas horas, incluso para desayunar.

De nuevo en Inglaterra el matrimonio se instaló en su casa londinense de Campden Street, donde Agatha siguió escribiendo sus novelas y Max acudía cada día al Museo Británico e intentaba conseguir fondos para dirigir sus propias excavaciones. El único momento de tristeza en aquella época de felicidad fue el día en que Agatha perdió al niño que estaba esperando. Tenía cuarenta y dos años y se encontraba descansando en Abney con su hermana Madge cuando se produjo el aborto. Tan sólo los amigos más íntimos se enteraron de lo sucedido; la escritora creyó que los viajes por el desierto le habían perjudicado y tal vez fueran la causa de lo sucedido. A partir de entonces la pareja decidió no intentar tener más hijos. Por fortuna Rosalind se llevaba muy bien con Max, que consiguió interesar a la joven en temas tan diversos como la filosofía, la arqueología y los buenos vinos de mesa. La hija de Agatha se acostumbró a esta nueva situación familiar, y a pesar de que su madre y su padre Archie Christie —casado felizmente con Nancy Neele— no mantenían ningún tipo de contacto, ella seguía viéndole en vacaciones y algún fin de semana.

Los viajes a Oriente Próximo se convirtieron en una etapa muy importante de la vida de Agatha Christie. Tras su última temporada en Ur, Max Mallowan había firmado un contrato con el arqueólogo Campbell Thompson, que se encontraba excavando la antigua capital asiria de Nínive, al norte de Irak. Considerado un experto en el desciframiento de códigos antiguos, Thompson era un escocés bastante excéntrico y con fama de tacaño. Antes de las excavaciones el arqueólogo sometía a los nuevos miembros del equipo a una serie de pruebas para determinar si estaban o no preparados para los rigores de la vida en Oriente. En sus memorias Agatha recordaba divertida que Campbell Thompson la invitó a caminar «un día de perros» durante varias horas campo a través mientras observaba el tipo de calzado que usaba y si se cansaba o no. Acostumbrada desde niña a las duras excursiones por los agrestes paisajes de Dartmoor, la escritora pasó la primera prueba con éxito. La siguiente fue comprobar si Agatha era delicada con las comidas y descubrió con satisfacción que la escritora cuando tenía hambre era capaz de comer lo que le pusieran en el plato sin rechistar. Además, a Campbell Thompson le gustaban mucho las novelas de Agatha Christie, así que fue aceptada sin problemas para formar parte del equipo. Max partiría a Nínive a finales de septiembre y su esposa se reuniría con él un mes más tarde.

La escritora llegó a finales de octubre a la ciudad iraquí de Mosul tras un viaje de pesadilla desde Beirut. En el hotel la esperaba Max y a pesar de que su esposa se había retrasado tres días, no parecía preocupado: «Cariño, en Oriente ocurre a menudo». Agatha estaba muy cansada pero prefería dormir en el yacimiento de Nínive que se encontraba apenas a dos kilómetros y medio por una carretera de tierra. En el pasado Nínive fue el centro neurálgico del Imperio Asirio; la ciudad se enorgullecía de sus jardines y templos, y de una gran biblioteca rodeada de enormes murallas que todavía se mantenían en pie. Dentro de sus muros, el palacio del rey Senaquerib conservaba magníficas estelas asirias labradas que mostraban las campañas del monarca.

La casa del equipo estaba en medio de la llanura, lejos del lugar donde trabajaban los arqueólogos, y era bastante acogedora aunque carecía de muebles. Agatha tuvo que convencer a Campbell Thompson de que comprar una mesa decente donde poder poner su máquina de escribir no era una extravagancia sino una necesidad para una escritora como ella. Una vez solucionado el problema —y costeando la mesa de su bolsillo— la novelista se enfrascó en su nuevo libro, *La muerte de lord Edgware*. Cuando Max descubrió un esqueleto en una tumba del túmulo donde excavaban, lo bautizaron en su honor Lord Edgware.

Cada mañana Max y Campbell se levantaban a las cinco de la mañana y partían a caballo al túmulo donde estaban trabajando. Hacia las ocho, Agatha, en compañía de la esposa del jefe de expedición, Barbara Campbell-Thompson, caminaban juntas hacia el túmulo y allí desayunaban todos juntos huevos duros, té y pan. El paisaje que se divisaba desde lo alto era muy hermoso: a un lado las montañas del Kurdistán cubiertas de nieve, al otro la ciudad de Mosul con sus altos minaretes a un paso del Tigris. Max quería excavar un profundo foso de más de doscientos metros de profundidad en este lugar, convencido de que encontrarían muestras prehistóricas de cerámica. A su jefe, que era un experto epigrafista, no le interesaban tanto los pedazos de vasijas como encontrar tablillas con indicios de escritura. Max Mallowan, fascinado por la prehistoria de la antigua Mesopotamia, de la que nada se sabía, soñaba con poder excavar por su cuenta en un túmulo muy pequeño llamado Arpachiyah, distante sólo seis kilómetros al este del gran complejo de Nínive. Allí los obreros habían encontrado pedazos de cerámica de una calidad y textura extraordinarias para un tiempo en que el hombre aún no conocía el torno. Agatha animó a Max a comenzar a principios de año unas excavaciones en esta pequeña aldea de Arpachiyah donde estaba todo por hacer, pero necesitaban financiación.

Poco antes de las Navidades, Agatha se despidió de Max y regresó sola a Inglaterra para reunirse con Rosalind. Sacó un billete en el Taurus Express, pero en esta ocasión una tormenta de nieve obligó al tren a detenerse en medio de la noche cuando se dirigían a Estambul. En su vagón, Agatha, rodeada de extraños pasajeros de distintas nacionalidades, ideó una de sus mejores tramas policíacas. Aquel suceso imprevisto le proporcionó el argumento y los personajes de su novela *Asesinato en el Orient Express* que escribiría en 1933. Cuando a las seis de la mañana llegó a su casa de Campden Street en Londres, Agatha se sentó frente a su máquina de escribir y le relató a Max lo sucedido para no olvidar detalle. Así comenzaba su narración: «¡Qué viaje! Partimos de Estambul bajo una horrible tormenta de truenos y relámpagos. Avanzamos con mucha lentitud durante la noche y a las tres de la madrugada el tren se detuvo [...] Después de desayunar empezó a hacer un frío horrendo y enviaron al maquinista a buscar agua y *chaudron pour le chauffage*. Pasamos la mañana envueltos en mantas de viaje y el revisor me trajo mi botella de agua caliente y me dijo que la última vez se habían quedado parados en aquel sitio ¡¡¡¡tres semanas!!!».

En la primavera de 1933 llegó la noticia más esperada: Max había conseguido que el Museo Británico y la Escuela Británica de Arqueología en Irak patrocinasen su propia expedición. El lugar elegido fue el Tell Arpachiyah, y el personal era bastante reducido; aparte de un cocinero, un criado, los obreros, el conductor irlandés del camión, estaban solo Max Mallowan, Agatha Christie y su amigo el arquitecto John Rose. Por primera vez la escritora tenía un trabajo asignado en el equipo, debía llevar un registro escrito de todos los hallazgos y colaborar en la clasificación y restauración de fragmentos y objetos de cerámica. También tomó clases de dibujo para poder reproducir a escala las piezas que iban encontrando. Aquél sería un año muy productivo para Agatha, que no sólo se ocupó de su nuevo cometido en el yacimiento sino que sacó tiempo para escribir dos novelas policíacas —entre ellas el manuscrito final de *Asesinato en el Orient Express*—, dos colecciones de relatos cortos y una novela que publicó bajo el seudónimo de Mary Westmacott, el nombre que utilizaba en sus obras más íntimas y autobiográficas.

Max Mallowan no se había equivocado al elegir aquel pequeño túmulo para excavar: al poco tiempo aparecieron magníficas muestran de alfarería muy bien conservada bajo tierra. Platos, copas y fuentes de cerámica polícroma de vivos colores y seis mil años de antigüedad pasaron por las manos de Agatha Christie. Cuando llegó el verano y el calor se hizo insoportable, volvieron a Inglaterra en el Orient Express. Por un tiempo no podrían regresar a Irak, pues la situación política era entonces muy inestable y había serios problemas para sacar antigüedades del país. El matrimonio abandonó el país con gran pesar; se despidieron de sus trabajadores y viajaron a Bagdad para organizar el traslado de las piezas. «Durante algunos años no hubo prácticamente excavaciones en Irak, todo mundo se fue a Siria. Así que al año siguiente decidimos escoger un sitio adecuado en aquel país», recordó la escritora en sus memorias. En los últimos meses de aquel año de 1934, Max y Agatha viajaron a Siria para inspeccionar los numerosos *tells* —antiguos montículos urbanos en forma de colinas— que salpican las márgenes del Jabur, en el norte del país. Max escogió con buen criterio los sitios de Chagar Bazar y Tell Brak, entre los más de cincuenta *tells* que examinó en compañía de su infatigable esposa. En las cuatro temporadas siguientes de 1934 a 1938 el matrimonio pasó largos meses en Siria, un país que cautivó a la famosa novelista.

De nuevo en Inglaterra, Agatha y Max se dedicaron cada uno a sus asuntos. La escritora maquinaba nuevos crímenes para sus futuras novelas policíacas y su esposo escribía informes, artículos y preparaba un libro de arqueología sobre sus últimos hallazgos de Irak. Por primera vez el Museo Británico expuso algunas de las magníficas piezas de cerámica halladas en el túmulo de Arpachiyah cercano a Nínive. El público ignoraba que algunas de las vasijas que se exponían en las vitrinas del museo las había limpiado y restaurado su más famosa escritora de novelas policíacas. En realidad, muy pocos conocían la vida tan intensa y aventurera que llevaba en Oriente Próximo la señora Agatha Christie. Cuando se cansaba de dormir en un camastro, de que el pelo se le llenara de arena, de luchar contra las pulgas y cucarachas, o de revelar fotografías bajo un sofocante calor, se subía al Orient Express y volvía a casa donde le esperaban infinidad de proyectos. Con Max o sola, la novelista viajó por Persia, Turquía, Irak, Siria, Egipto y Jordania tomando fotografías y un sinfín de notas que le inspiraron futuras novelas. Agatha se enfadaba mucho cuando algún periodista ponía en sus labios la frase «cásate con un arqueólogo; cuanto más envejezcas, más te amará», que jamás llegó a decir.

Mientras Max disfrutaba de sus éxitos, Agatha, además de escribir, atendía sus diferentes casas y compraba una nueva: el 48 de Sheffield Terrace. Situada en Campden Hill, era lo que Agatha siempre había soñado, una residencia muy amplia y confortable donde Max podría disponer de una estancia para su voluminosa biblioteca y una larga mesa para exhibir los fragmentos de cerámica que traía de sus viajes. Agatha también mejoró con el cambio, por primera vez en su vida tenía una habitación propia para escribir, donde instaló una mesa «grande y sólida» y en un rincón su gran piano de cola Steinway. Por lo general la novelista trabajaba en cualquier sitio: «Yo me comporto como los perros cuando se van con un hueso en la boca. Durante una hora no los ves, luego aparecen muy ufanos con el morro lleno de tierra. A mí me ocurre lo mismo. En cuando puedo desaparecer, me encierro en una habitación y, tras asegurarme de que nadie me moleste, me sumo completamente en mi trabajo». En ninguna de sus anteriores casas Agatha tuvo un despacho propio, quizá porque nunca se tomó muy en serio —en apariencia— su papel de escritora.

A finales de diciembre de aquel año compraron otra hermosa casa de campo pues Ashfield, en Devonshire, estaba lejos para pasar los fines de semana. Decidieron buscar algo a mitad de camino entre Londres y Oxford, donde Max había estudiado y además conocía muy bien sus alrededores. Finalmente encontraron en la localidad de Wallingford la casa que necesitaban, Winterbrook House. Era un enorme caserón de estilo reina Ana rodeado de un hermoso parque de césped y magníficos árboles que llegaba a las orillas del Támesis. Ésta sería siempre «la casa de Max», su refugio preferido, donde instaló su espléndida biblioteca de arqueología y guardaba los mapas que les gustaba consultar antes de emprender sus periplos por los yacimientos arqueológicos. A partir de este momento Agatha disfrutaría de esta «doble vida» de escritora y ayudante de arqueólogo. Los Mallowan abandonaban Inglaterra en otoño para instalarse en algún remoto lugar de Oriente Próximo. No regresaban hasta la primavera, evitando así el frío y húmedo invierno inglés. El resto del año lo dividían entre la casa de Winterbrook y Ashfield, donde solían pasar los veranos en compañía de Rosalind.

En 1935 Max Mallowan comenzó las excavaciones en Chagar Bazar, al norte de Siria, y Agatha le acompañó. Iban a estar fuera nueve meses, pero lo único que la escritora lamentaba era no haber tenido tiempo para disfrutar ni amueblar la nueva casa junto al Támesis donde vivirían los siguientes treinta y cinco años. En su libro más divertido y atípico, *Ven y dime cómo vives* (1946), que la autora firmó como Agatha Christie Mallowan para diferenciarlo de sus novelas policíacas, recordaba las peripecias y aventuras de sus cuatro temporadas de excavaciones arqueológicas en Siria e Irak. Nunca pretendió que fuera un libro serio de arqueología sino una crónica entretenida de la vida diaria en un yacimiento arqueológico alejado de la civilización, soportando todo tipo de incomodidades y enfrentándose a ellas con grandes dosis de humor. Era un libro de amor a su esposo, escrito durante la Segunda Guerra Mundial, cuando tuvieron que estar tres años separados: «Quería revivir nuestra vida en Siria por el mero placer de recordar».

En los inviernos de 1935 y 1936 que pasaron en Chagar Bazar, los Mallowan llegaban en barco a Beirut y desde allí se desplazaban en tren hasta Alepo, «el último vestigio de civilización antes del desierto». Alepo era una de las ciudades sirias preferidas de la pareja por motivos bien distintos. A Max le fascinaba esta ciudad de glorioso pasado, que rivalizaba con Damasco en ser «la ciudad poblada más antigua de la tierra» y cuyos orígenes se remontaban al 2000 a.C. Para Agatha, más pragmática, Alepo significaba «¡Tiendas! ¡Un cuarto de baño! ¡Lavarse la cabeza con champú! Amigos para ver». La posibilidad de darse un baño de agua caliente en el hotel Baron y comprar antigüedades en las tiendas del zoco le resultaba sumamente agradable tras la espartana vida en el campamento. En Alepo se detenían para comprar víveres, combustible, ir al banco, a correos y organizar los detalles del viaje antes de enfrentarse a los casi seiscientos kilómetros «de polvo y baches» que les separaban de Chagar Bazar.

Agatha y Max siempre se alojaban en el hotel Baron, aunque no tenían una habitación preferida. Este establecimiento, célebre por su lujo decadente y sus ilustres huéspedes, lo fundaron hacia 1911 dos hermanos armenios que construyeron en la zona más chic de la ciudad un hotel con todo el confort europeo. Calefacción central, camas amplias, baños con agua caliente y sabrosa comida servida por un chef francés eran algunos de los servicios que ofrecía el Baron en unos tiempos en los que el agua caliente era todo un lujo. Estaba a un paso de la estación de tren donde se detenía el Taurus Express, por lo que su clientela era de lo más variopinta. Espías, arqueólogos y aventureros frecuentaban su animado bar, decorado en los años treinta con sillas de barbero traídas directamente de Chicago y carteles de atractivas chicas que causaron un gran revuelo. El rey Faisal, Theodore Roosevelt, el aviador Charles Lindbergh, el diplomático y espía Kim Philby y T. E. Lawrence, entre otros muchos, fueron clientes del Baron. A Agatha lo que más le gustaba del hotel era su magnífica terraza con vistas a una ciénaga donde se relajaba con una taza de té y tomando notas para ambientar los escenarios de sus nuevos crímenes.

De Alepo, Max Mallowan viajó con su chófer armenio en una furgoneta, *la Queen Mary*, repleta de cajas y provisiones rumbo a Chagar Bazar. Agatha tomó el tren hasta Qamisliya y de allí se trasladó en coche hasta las cercanías del yacimiento. Al principio como en el campamento no tenían una casa donde alojarse, alquilaron una en la aldea cercana de Amuda. Hamoudi, que había finalizado su temporada con los Wolley y fue contratado por Max para organizar el trabajo en Chagar Bazar, ya les estaba esperando. Los primeros días fueron un auténtico desastre, tal como recordaba la escritora en su libro, y pusieron a prueba los nervios de Agatha que a punto estuvo de regresar a Inglaterra. La casa alquilada —que dos días antes era un establo para los animales— estaba plagada de ratones que se les subían a los catres mientras dormían por la noche. Sólo con la ayuda de un gato pudieron espantarlos, pero nada se podía hacer con las cucarachas y pulgas que se paseaban a sus anchas. Durante unos meses éste sería el hogar de Agatha Christie hasta que se construyera la definitiva vivienda que había diseñado Max en lo alto de una colina.

En aquel primer año en Chagar Bazar el equipo estaba compuesto por Max, Agatha, el arquitecto Robin Macartney y el arqueólogo Richard Barnett, además de los ciento cuarenta obreros, árabes y kurdos en su mayoría. A Agatha le gustaba la vida en el campamento y todas las mañanas salía temprano con Max hacia la colina, donde comenzaban a excavar a las seis y media de la mañana. A eso de las ocho se hacía un alto para desayunar; el matrimonio se sentaba en lo más alto del montículo en medio de un extenso campo verde salpicado de flores silvestres; comían huevos duros con hojas de pan árabe y té muy caliente. El sol aún era cálido y las vistas panorámicas tan magníficas que Agatha se olvidaba de las cucarachas y las pulgas que la esperaban en casa. Chagar Bazar siempre sería un lugar muy especial para ella: «El aire es deliciosamente fresco. Se trata de uno de esos momentos en los que da gusto estar vivo. Los capataces sonríen contentos; se acercan unos niños que conducen vacas y nos observan tímidamente. Van vestidos con harapos insospechados y muestran sus brillantes dientes blancos al sonreír. Pienso en lo dichosos que parecen y en lo agradable que es la vida».

Agatha siempre intentó hacer que la vida en el campamento fuera cómoda y placentera. Se encargaba de organizar el suministro de mobiliario, de la intendencia y sobre todo de que se comiera lo mejor posible. Procuraba incluir en los menús, verduras, productos autóctonos como la leche de búfala fresca, embutidos que adquiría en Alepo y conservas traídas de Inglaterra. Más adelante en la nueva casa organizó una pequeña pero bien equipada cocina y le enseñó sus mejores recetas a su cocinero, Dimitri, que además de una excelente mayonesa aprendió sabrosos postres como el soufflé de vainilla y las tartas de chocolate. Para los obreros, con los que tenía una relación muy estrecha, Agatha era a la vez jefa y madre. La llamaban en árabe *al Jatun* —la señora— y acudían a ella cuando estaban enfermos porque había corrido la voz de que la mujer europea tenía poder para curar y muchos medicamentos. Los conocimientos médicos de Agatha fueron de gran utilidad en un lugar tan apartado como Chagar Bazar. En una ocasión, el jeque de una aldea cercana decidió enviarle a las esposas de su harén porque algunas estaban enfermas. Cuando Agatha las recibió en su casa y se quitaron los velos, las jóvenes se mostraron más interesadas en acariciar el vestido de Agatha que en sus propias dolencias. La escritora, lejos de los prejuicios de muchos compatriotas, sentía gran interés por el mundo árabe y especialmente por su forma de afrontar la muerte: «Para la mentalidad oriental todo es más sencillo. La muerte ha de llegar... es tan inevitable como el nacimiento, y corresponde a la voluntad de Alá que llegue antes o después. Y esa convicción, ese conformismo, suprime a la que se ha convertido en maldición de nuestro mundo actual: la angustia. Tal vez no están libres de carencias, pero sin duda están eximidos del miedo. El ocio es un estado natural y bendito; el trabajo, una necesidad antinatural».

Los campamentos de los Mallowan tenían en todo Oriente Próximo fama de ser muy tranquilos —tan distintos de los que gobernaba con mano dura Katharine Woolley— y donde se comía muy bien. En parte esto se debía a la presencia de Agatha, que intentaba crear en torno de ella un ambiente armónico y nunca perdía el buen humor. Los meses que la novelista pasaba en Siria eran muy estimulantes pero no paraba de trabajar. Los viajes se habían convertido en algo normal en su vida y la carrera profesional de Max recibió un gran aliento con su entusiasmo, energía y generosidad económica. En más de una ocasión el dinero de Agatha ayudó a financiar una campaña de Max o impulsar nuevas investigaciones. En la época de Chazar Bazar la escritora podía ayudar más a su marido porque sus conocimientos arqueológicos eran mayores. A medida que las excavaciones avanzaban y salían a la luz los primeros restos, Agatha era la encargada de limpiar los fragmentos de cerámica con métodos poco ortodoxos pero eficaces, como el uso de crema facial, que dejaba las superficies «resplandecientes». También se dedicaba a etiquetar las piezas y organizó el apartado fotográfico con un archivo de imágenes que tomó en las distintas excavaciones.

Agatha era la encargada de revelar los carretes en improvisados cuartos oscuros, un trabajo un tanto ingrato que desempeñaba con su habitual modestia: «Ahora estoy muy ocupada. Además de reparar la cerámica, está la fotografía: me han adjudicado un "cuarto oscuro". De alguna manera me recuerda al "excusado" de la época medieval. ¡Allí no puedes sentarte ni estar de pie! Me arrastro a cuatro patas y revelo placas con la cabeza gacha. Salgo prácticamente asfixiada por el calor e imposibilitada de incorporarme...». Los miles de fotografías que tomó Agatha Christie en las expediciones arqueológicas de los años treinta en Siria y tras la Segunda Guerra Mundial —entre 1948 y 1958— en Irak, constituyen un documento único para conocer la cultura y la forma de vida en los países de Oriente Próximo durante la primera mitad del siglo XX.

Ya instalada en Chagar Bazar, Agatha Christie comenzó a escribir todas las mañanas en su pequeña Remington portátil. Robin Macartney, uno de los jóvenes ayudantes de Max, era un magnífico dibujante y la acompañaba a menudo en su trabajo de reconstrucción de fragmentos de cerámica. En una ocasión le dijo que cuando publicara la primera novela de Hércules Poirot ambientada en Mesopotamia, él realizaría la ilustración de la portada. En aquellos días Agatha, inmersa en la rutina de un campamento arqueológico, comenzó a idear una trama que transcurría en unas excavaciones. Recuperó las notas que había tomado durante su estancia en Ur, y de nuevo recordó a la caprichosa y hermosa Katharine Woolley. Se estaba gestando en su cabeza *Asesinato en Mesopotamia* (1936), ambientada en una misión arqueológica apartada en medio del desierto donde la esposa de un conocido arqueólogo moría en extrañas circunstancias. *Asesinato en Mesopotamia* junto con *Poirot en Egipto* serían las dos novelas de inspiración oriental más célebres de la escritora. Macartney cumplió su promesa y realizó los dibujos de ambas portadas. Agatha, en 1933, había remontado el Nilo en compañía de Max y su hija Rosalind. Durante aquel viaje en el vapor de la compañía Cook tomó un buen número de notas sobre los pasajeros que compartían la travesía y situaciones reales que les ocurrieron visitando las pirámides. En *Poirot en Egipto*, la escritora se inspiró en algunos de los turistas —en su mayoría excéntricos y millonarios— con los que compartieron el crucero para dar vida a los pasajeros del lujoso vapor *S.S. Karnak*.

En la primavera de 1937 Max y Agatha iniciaron las excavaciones en Tell Brak, un gran montículo que interesó al arqueólogo desde el primer instante en que lo descubrió. Estaba apenas a treinta y dos kilómetros de Chagar Bazar y los Mallowan dividían su trabajo entre ambos lugares, ayudados por su capataz Hamoudi. Por fortuna las obras de la casa destinada al equipo finalizaron en un tiempo razonable; era un original edificio de ladrillo con una gran cúpula y cuatro amplias habitaciones para el personal. El exterior estaba todo pintado de blanco y desde lejos la casa parecía una mezquita en medio del desolado páramo. En aquellos meses Rosalind visitó a su madre en las excavaciones y ayudó a Max dibujando con gran maestría las delicadas piezas de marfil y cerámica que se iban desenterrando.

Agatha no descuidó sus actividades literarias, a pesar del intenso trabajo en el campamento que la mantenía ocupada todo el día. Le gustaba pasear junto a las zanjas, atenta a cualquier nuevo descubrimiento, y caminaba con un bastón-silla que le permitía sentarse a su aire donde le viniera en gana. Siempre llevaba con ella un par de viejos cuadernos donde anotaba sus ideas para nuevas novelas. *Cita con la muerte* (1938) nació en aquellos felices días en Tell Brak, aunque estaba ambientada en las ruinas de Petra que visitó con Max en uno de sus viajes de regreso a Inglaterra. El emplazamiento de esta ciudad nabatea esculpida en la piedra rosada en el fondo de una estrecha garganta, en un lugar aislado de las montañas de Shara, al sur de Jordania, era un escenario imponente para un crimen.

Ya hacía diez años que Agatha había llegado por primera vez a Bagdad como turista y muy pronto llevaría cinco en Oriente acompañando a Max en sus expediciones. Fue una época muy feliz de su vida: escribía una media de dos o tres libros al año, ayudaba a su marido y cada vez sentía más interés por la arqueología, que le parecía un auténtico trabajo detectivesco. En sus memorias confesaba: «Es mi marido quien me ha enseñado a andar vigilando mis pasos, puesto que los arqueólogos siempre lo hacen así para recoger los fragmentos de cerámica». Agatha no olvidaría las hermosas piezas de cerámica que fueron pasando por sus manos, los amuletos tallados, las figuras de animales, las vasijas, que permitían imaginar cómo era la vida en Chagar entre tres y cinco mil años atrás. En diciembre la temporada llegó a su fin y era el momento de dividir los hallazgos en dos grupos: una colección se quedaba en el país a cargo del Servicio de Antigüedades y la otra era enviada al Museo Británico de Londres. Agatha abandonó Siria con mucha tristeza; los trabajos en Chazar Bazar habían concluido pero en Tell Brak estaba todo por hacer. Tardaría diez años en regresar a Oriente Próximo y pisar de nuevo esta región que llevaba en su corazón.

Volver a empezar

Agatha tenía cuarenta y ocho años y su vida en Inglaterra había entrado en una agradable rutina. Los veranos los pasaban en Ashfield con su hija Rosalind, las Navidades con su hermana Magde en la mansión de Abney, el otoño y la primavera viajaban al desierto y el resto del año se dividía entre Londres y la casa de Winterbrook a orillas del Támesis. Rosalind había cumplido ya los dieciocho años y llegó el momento de su debut en la distinguida sociedad londinense. Agatha tuvo que delegar este cometido en una amiga porque al ser una mujer divorciada no podía presentar a su hija en la corte. La atractiva y esbelta Rosalind asistió a su baile de puesta de largo en Palacio con un espléndido vestido de cola adornado con plumas de avestruz que causó sensación, mientras su madre anotaba en su libreta una idea para su próxima novela: «Cenas y tés en honor de las debutantes. Las madres asesinadas en serie de forma misteriosa». Nunca la llevó a cabo, aunque le parecía que el ambiente previo a la presentación en sociedad de una joven —cócteles, bailes, fiestas, compra de vestuario, elección de los amigos— era un escenario magnífico para un crimen.

Otro hecho importante en aquel año de 1938 fue la venta de la mansión familiar de Ashfield, el refugio dorado de su infancia. La ciudad de Torquay había crecido y ya no era como antaño la encantadora «perla de la Riviera inglesa». Otra casa situada a orillas del río Dart sustituiría a Ashfield como residencia de descanso del matrimonio Mallowan. Se trataba de Greenway House, una mansión construida a finales del siglo XVIII en medio de un extenso bosque de árboles centenarios. La adquirió por la módica suma de seis mil libras y en los meses siguientes todas sus energías se volcaron en devolver el esplendor a este hermoso edificio de estilo georgiano. Agatha no interfería nunca en el trabajo de los arquitectos encargados de las reformas de las casas que compraba, pero sí era muy exigente en la elección de los lavabos, bañeras y retretes. El día que en una tienda de Londres la escritora se metió en la bañera expuesta en el escaparate para probar su tamaño, los transeúntes no daban crédito a lo que veían. Ella, con su habitual sentido del humor alegaba que no era una excentricidad, simplemente no podía comprar una bañera si antes no la probaba.

Mientras Greenway se llenaba de obreros y jardineros, Agatha se centró en una novela ambientada en la imaginaria isla del Negro, inspirada en Burh Island, en las costas de Devon. Cuando conoció este lugar enseguida supo que era el escenario perfecto para un relato de misterio y allí situó la compleja trama de su famosa novela *Diez negritos*, publicada en 1939. De nuevo sería Poirot el encargado de desvelar las extrañas muertes de los diez invitados a la residencia del misterioso señor Owen situada en este islote envuelto en brumas. A estas alturas la novelista estaba un tanto harta del éxito que gozaba su «insufrible detective belga» y aunque le hubiera gustado eliminarlo, por el momento no podía renunciar a los suculentos beneficios que le reportaba, sobre todo en América, su inefable Hércules Poirot.

La idílica existencia que Agatha Christie había llevado junto a Max hasta entonces estaba a punto de romperse. En primavera de 1939 invitaron a Max Mallowan a regresar a sus excavaciones en Oriente Próximo pero ante la delicada situación política que se vivía en Europa, prefirió no salir al extranjero. En septiembre, cuando estaban a punto de mudarse a la casa de Greenway, Inglaterra entraba en guerra con Hitler. A Agatha, que había sufrido la Primera Guerra Mundial, sólo le preocupaba la suerte que pudieran correr sus seres más queridos. Los Mallowan pasaron el verano de 1940 en Greenway, Max dedicado a redactar artículos sobre sus más recientes trabajos y Agatha enfrascada en una colección de relatos. En aquellos días la noticia de la boda relámpago de su hija Rosalind con Hubert Prichard, un joven comandante del ejército alistado durante la guerra en el batallón de Reales Fusileros Galeses, la llenó de satisfacción. En invierno las bombas que cayeron cerca de su residencia de Greenway a orillas del río Dart les obligaron a cerrar la casa y trasladarse a Londres. Se instalaron en un bloque de pisos de alquiler, Lawn Road, en Hampstead, donde también vivía un amigo de Max, Stephen Glanville, catedrático de egiptología. Agatha continuaba escribiendo con regularidad, discutiendo las portadas de sus libros con su editor —en los últimos años no le gustaba ninguna— y trabajaba además como voluntaria en la farmacia del hospital del University College. Max, por su parte, quería servir a su país e intentaba por todos los medios que le enviaran de misión a Oriente Próximo, donde gracias a su dominio del árabe pudiera resultar de utilidad.

Los Mallowan ya no podrían regresar a la hermosa residencia de Greenway porque había sido requisada y ocupada por la Marina de Estados Unidos. Cuando la abandonó definitivamente, la escritora pensó que la destruirían los bombardeos; sin embargo, la idílica mansión de piedra de tres plantas quedó intacta, «exceptuando los catorce retretes que instalaron en donde estaba la despensa». La casa de Winterbrook, junto al Támesis, también fue ocupada y Agatha vendió el 48 de Campden Street. Pero lo peor para Agatha en aquel tiempo no era perder sus enormes casas y tener que vivir en un pequeño apartamento alquilado, sino separarse de su esposo Max, a quien se le encargó organizar una sección del Departamento de Enlace en El Cairo. Para Max, que abandonó Inglaterra en febrero de 1942, la guerra no iba a ser tan dura como para su esposa, pues en Egipto se sentía como en casa, rodeado de viejos amigos. Estarían tres años separados, unos años muy duros de privaciones, angustia y problemas económicos.

Agatha entró en la rutina de la guerra casi sin darse cuenta. Londres era una ciudad muy insegura a causa de los constantes bombardeos aéreos que destrozaban edificios y calles enteras. La gente vivía al día, no era fácil encontrar víveres y en su casa hacía mucho frío. Se alimentaba a base de salchichas y puré de patatas que compraba en los puestos callejeros cuando iba de camino al hospital, y por las noches escribía sin cesar en su máquina portátil hasta altas horas de la madrugada. Añoraba a Max y los últimos años que compartieron de vida «nómada y algo salvaje» en Siria, a donde no sabía si algún día podría regresar. Intentó por todos los medios reunirse con él en Egipto, incluso una revista estaba interesada en enviarla como corresponsal a Oriente Próximo, pero el Ministerio de Guerra se oponía rotundamente a la presencia de corresponsales femeninas en los países árabes. En medio del horror de la guerra, la mejor noticia se la dio emocionada su hija Rosalind. El 21 de septiembre de 1942 nacía en Abney Hall el pequeño Mathew, su único nieto, al que siempre estaría muy unida. Rosalind y el bebé se trasladaron a la localidad de Pwllywarch, en Gales, donde vivía la familia de su marido.

«Y el tiempo fue pasando, no tanto como una pesadilla, sino como una situación siempre igual, como algo que siempre había sido así. De hecho, nos resultaba natural esperar la propia muerte o la de las personas queridas o enterarse de la de un amigo. Las ventanas rotas, las granadas, las minas y, por supuesto, las bombas y los obuses se recibían como algo normal», escribió Agatha en su autobiografía recordando aquel período de su vida. Para olvidar tanto dolor la novelista ocupaba su tiempo trabajando en el dispensario, leyendo con fruición, estudiando álgebra, tejiendo prendas de lana y escribiendo una carta diaria a Max, que había sido destinado a Trípoli. Agatha reconoció más tarde que nunca tuvo problemas para escribir durante la guerra y de hecho el período de 1939-1945 fue uno de los más prolíficos de su vida. Escribió gran número de novelas, entre ellas *Cinco cerditos* y la elogiada *Un cadáver en la biblioteca*, y además se lanzó a redactar una novela policíaca cuya acción situó dos mil años antes de Jesucristo, *La venganza de Nofret*. Fue su vecino en el piso londinense de Lawn Road, Stephen Glanville, especialista en el Antiguo Egipto, quien la animó a escribir esta obra y la asesoró en ausencia de Max.

A una edad en que, según Agatha, «no es fácil emprender nuevas aventuras», la escritora se embarcó en nuevos retos como la adaptación teatral de algunas de sus más famosas novelas, entre ellas *Diez negritos*, que se estrenó en Londres con un gran éxito de público. En otoño de 1944, cuando Agatha atravesaba uno de sus momentos más dulces desde que comenzó la guerra, asistiendo a los ensayos teatrales de sus obras y disfrutando del ambiente joven y bohemio del teatro, Rosalind le informó de que su esposo había sido dado por desaparecido. Hasta el mes de agosto no se confirmó la fatal noticia. Agatha, que sentía un gran aprecio por su yerno, sufrió en silencio una nueva recaída: «Lo más triste en la vida, y lo más duro, es saber que no puedes salvar del sufrimiento a alguien que amas tanto». En los meses siguientes pasó largos meses en Gales haciendo compañía a su hija y viendo crecer al risueño Mathew: «Nunca habíamos estado tan unidas».

Agatha Christie había cumplido los cincuenta y cinco años cuando acabó la guerra. Tenía el cabello gris, había engordado mucho y temía que Max la encontrara muy distinta. El día en que pudieron abrazarse de nuevo en su apartamento de Lawn Road en Londres, lo festejaron comiendo unos arenques quemados porque, con la emoción, Agatha se olvidó de retirarlos del fuego. Max tenía cuarenta años y bromearon sobre el tema del peso porque él también había engordado trece kilos y parecía mayor. Tras tres años separados a causa de la guerra, la pareja intentó reanudar su vida donde la habían dejado. En aquellas Navidades de 1945 la Marina de Estados Unidos les devolvió su casa de Greenway, cuyo jardín seguía siendo espléndido pero totalmente salvaje y el interior de la casa no había sufrido apenas destrozos. Poco a poco la casa recobraría su aspecto original y se convirtió en la elegante y confortable residencia de verano de los Mallowan en las siguientes tres décadas.

En 1948 Max Mallowan era un prestigioso arqueólogo gracias a sus trabajos en Siria —previos a la guerra— y el interés de sus numerosas publicaciones. Cuando fue nombrado titular de la primera cátedra de Arqueología de Asia Menor del Instituto de Arqueología de la Universidad de Londres se sintió renacer tras unos años apartado de su auténtica pasión. El nuevo puesto de Max implicaba que debía dedicarse a la enseñanza y dar conferencias, pero además podía continuar con sus excavaciones. Antes de partir una vez más para Oriente Próximo, Agatha entregó dos nuevas novelas, cerró sus casas y se despidió de sus editores, convencida de que aquel nuevo viaje la inspiraría nuevas tramas para sus obras policíacas.

En esta ocasión los Mallowan viajaron a Bagdad en un avión que volaba directamente desde Londres a la capital iraquí. Sin duda era más rápido pero mucho menos romántico y aventurero que el Simplon-Orient Express: «... Era el comienzo de lo que claramente sería un sistema de viajar demasiado costoso, aburrido y poco placentero». Se instalaron en Bagdad, primero en un hotel y más tarde compraron una vieja casa de madera, de estilo otomano, en la orilla derecha del Tigris: «Era acogedora y deliciosa, con su patio y sus palmeras que llegaban hasta la barandilla del balcón [...] Los niños jugaban alegremente allí; las mujeres iban y venían al río para lavar las cacerolas y las sartenes. El rico y el pobre viven codo a codo en Bagdad». A la escritora le gustaba sentarse en la terraza, envuelta en un elegante batín de seda, tomar un té caliente, leer la prensa internacional y atender la numerosa correspondencia que le hacían llegar sus editores desde Londres. A estas alturas de su vida, Agatha Christie recibía muchas solicitudes para adaptar sus novelas al teatro, la radio o la televisión. En su casa de Bagdad, la novelista daría los últimos retoques a la adaptación teatral de su novela *La ratonera*, que se estrenó con un enorme éxito en Londres el 25 de noviembre de 1952. Desde esa fecha nunca ha dejado de representarse en el St. Martin's Theatre —llevan más de veinte mil funciones— y *La ratonera* es una de las atracciones turísticas de la capital inglesa. Agatha cedió todos los derechos de la obra a su nieto Mathew Prichard, como regalo en su décimo cumpleaños.

Los Mallowan pasaron cinco meses en Bagdad negociando con las autoridades iraquíes el lugar más adecuado para reanudar sus excavaciones. En otoño de 1931, cuando Max trabajaba en Nínive con Leonard Woolley visitó por primera vez el sitio arqueológico de Nimrud, al norte de Irak, y pensó que no existía en el país un emplazamiento tan magnífico. Desde que sir Henry Layard —entre 1845 y 1851— descubriera las gigantescas figuras de piedra de toros alados y los leones de rostro humano, así como los magníficos relieves en piedra decorados con escenas de guerra y caza que ahora adornan los murales del Museo Británico de Londres, nadie había vuelto a trabajar en Nimrud. Ahora, cien años después, la Escuela Británica de Arqueología —llamada de Gertrude Bell en honor a la viajera— en Irak accedía a financiar junto al Museo Metropolitano de Nueva York una nueva expedición arqueológica dirigida por Max Mallowan. Agatha iba a ser testigo privilegiado de unas excavaciones históricas que desvelarían todo el esplendor del Imperio Asirio.

Para Agatha, Nimrud también era un sueño: podía una vez más ayudar a Max en su trabajo y el lugar era de una gran belleza. En medio de una extensa llanura cubierta en primavera de verdes praderas salpicadas de flores silvestres, se elevaba un gran zigurat y a sus pies pacían los rebaños de ovejas no muy lejos del Tigris. En los dos primeros años tuvieron que vivir en tiendas de campaña mientras se construía una espaciosa casa de adobe para alojar al grupo. Agatha no se quejaba de las incomodidades de aquella vida nómada y, como siempre, se encargaba de la intendencia y de contratar al personal destinado al servicio doméstico. Enseñó a un joven cocinero persa los secretos de la mayonesa y algunos de sus postres preferidos. La escritora pidió a sus editores que le enviaran a Bagdad el último modelo de máquina de escribir Remington dispuesta a seguir con sus novelas, esta vez protagonizadas por la señorita Marple. Mientras, le daría vueltas a un nuevo proyecto, la adaptación teatral de su relato *Testigo de cargo*, publicado en 1948.

Las excavaciones en Nimrud durarían más de diez años y a Max le proporcionarían fama, el título de sir y el respeto de la comunidad internacional. Cuando Agatha cumplió los sesenta años y la casa para alojar al equipo en Nimrud ya estaba finalizada, pidió permiso para añadir a la misma una pequeña habitación anexa que le sirviera de estudio. Este cuarto de paredes de adobe y suelo cubierto de yeso que pagó de su bolsillo, y desde cuyas ventanas podía contemplar las cumbres nevadas de las montañas del Kurdistán, se convirtió en su refugio durante cuatro temporadas. Fuera, encima de la puerta, colocó un letrero que decía «Beit Agatha», «la casa de Agatha». Aquí comenzó a escribir su autobiografía, que tardó quince años en acabar y no vio la luz hasta después de su muerte.

En los siguientes años, Nimrud iría despertando de su letargo. En el palacio de Asurnasirpal, en la zona de los Aposentos Reales, Max y su equipo descubrieron una rica colección de figuras de marfil entre las que destacaba una cabeza de toro. En un pozo cercano al palacio se hallaron valiosos fragmentos de tablillas grabadas con inscripciones en caracteres cuneiformes. Agatha fue la encargada de limpiar las piezas de marfil talladas, que colocaba sobre toallas y limpiaba una a una con una esponja suave impregnada en leche desmaquilladora, método que descubrió por sí misma y daba maravillosos resultados. En su autobiografía confesaba el placer de restaurar estos preciosos objetos, pero el día más emocionante en las excavaciones de Nimrud fue cuando hallaron en las profundidades de un pozo una cabeza femenina de marfil policromada de extraordinaria belleza. La bautizaron como «la Mona Lisa» por su enigmática sonrisa; tenía el rostro bronceado, el pelo negro y los labios suavemente coloreados. Era la cabeza de marfil más grande hallada hasta el momento y tenía unos dos mil quinientos años de antigüedad.

Los Mallowan seguían con la costumbre de abandonar Inglaterra en diciembre o en enero; se dirigían primero a su casa de Bagdad y luego continuaban a Nimrud donde permanecían hasta marzo. A su edad Agatha siempre vestía en el desierto la misma ropa que utilizaba en Inglaterra, sus atuendos de cheviot, seda y cachemira, vestidos de motivos geométricos largos hasta los tobillos para ocultar su obesidad, medias, zapatos de cordones y bolso de rafia donde guardaba su agua mineral y su bloc de notas. La simplicidad de la vida en el desierto, la ausencia de Inglaterra en los meses más crudos del invierno y su fuerte constitución explican su sorprendente fortaleza física. Seguía tan golosa como siempre y su cocinero persa ya había aprendido, entre otros postres, la cuajada de limón, los dulces a base de leche de búfala y la elaboración de souflés de nueces y chocolate en una caja metálica de galletas sin tapa, que utilizaba como improvisado molde. Los Mallowan se cambiaban de ropa para cenar en su casa de Nimrud, y Agatha estaba orgullosa de haber conseguido —tras muchos intentos fallidos— que su sirviente pusiera correctamente la mesa y los cubiertos en su sitio.

Cuando tenía que escribir, Agatha desaparecía en su estudio y se encerraba allí durante horas. Nadie podía molestarla, ni siquiera los turistas —sobre todo suecos y finlandeses, países donde sus libros tenían un enorme éxito— que llegaban a visitar Nimrud más atraídos por la presencia de la famosa escritora de novelas policíacas que por sus impresionantes toros alados labrados en la piedra. Una de sus pasiones era la compra de antigüedades y alfombras. La Escuela Británica de Arqueología de Bagdad que dirigía Max Mallowan pronto se convirtió en el almacén donde la escritora guardaba sus adquisiciones. Allí, en los sótanos, se apilaban lámparas, tejidos y un número indeterminado de alfombras y kilims que enviaba como regalo a sus amigos de Inglaterra. La escuela era su segunda casa en Bagdad y los jóvenes que allí estudiaban formaban parte de la familia. Agatha Christie se ocupaba de que no les faltara nada, les daba consejos y sobre todo les alimentaba muy bien.

Cuando llevaban siete años de excavaciones en Nimrud con magníficos resultados, la situación política en Irak comenzó a complicarse. En agosto de 1958, el joven rey Faisal II y el primer ministro Nuri al-Said fueron asesinados a tiros en su palacio en el transcurso de un golpe de Estado. La revolución marcó el final de la monarquía hachemita en Irak y ante estos hechos Max decidió regresar a Inglaterra. A Agatha y a Max les afectó mucho la muerte del joven rey, de apenas veintitrés años de edad, al que habían conocido el día que puso la primera piedra del futuro Museo Arqueológico de Bagdad. La novelista en aquella ocasión le regaló uno de sus libros y estuvo un rato charlando animadamente con el monarca.

Irak había cambiado, pero también Nimrud, que ya no era el

hermoso paraíso que habían conocido. Una carretera asfaltada que partía de Mosul hasta el yacimiento permitía un acceso más fácil y los turistas invadían la paz del lugar. Las máquinas excavadoras habían dejado su profunda huella en un paisaje antes bucólico que casi no se reconocía: «La hemos dejado marcada por nuestras máquinas. Los agujeros que hemos abierto los han rellenado de arena. Algún día las heridas sanarán y dará vida otra vez a nuevas flores tempranas en primavera». A principios de 1960, los Mallowan cerraban su casa de Bagdad y se despedían para siempre de sus amigos árabes. Max iba a tardar diez años en escribir su libro sobre Nimrud y sus ruinas, que consideraba la gran obra de su vida. Agatha estaba muy orgullosa de él y se alegraba de que cada uno en su trabajo hubiera triunfado: «Nuestros trabajos no pueden ser más distintos. Yo soy poco instruida y él bastante más culto; creo que por eso nos complementamos y nos hemos ayudado el uno al otro». Max discrepaba de la modestia de su esposa porque, aunque no hubiera estudiado arqueología, Agatha «era una de las mujeres que más sabía de cerámica prehistórica en Inglaterra».

El final de las excavaciones anuales a Nimrud no puso fin a los viajes de los Mallowan, porque Max —que acababa de recibir la Encomienda de la Orden del Imperio Británico— tenía el sueño de establecer escuelas e institutos británicos de Arqueología en distintos países de Oriente. Así que en enero de 1960 la pareja preparó una vez más su equipaje y pusieron rumbo a la India, Pakistán e Irán. Primero hicieron una escala en la hermosa isla de Ceilán para pasar allí unos días de vacaciones con Rosalind, que había rehecho su vida al casarse en 1949 con Anthony Hicks, un eminente jurista muy al gusto de los Mallowan, y Mathew, que ya tenía dieciocho años y estudiaba en Eton.

En septiembre la escritora cumplió en su casa de Greenway los setenta años, y seguía trabajando con la misma laboriosidad; jamás le faltaban ideas y siempre tenía en la cabeza una nueva trama para desarrollar. Por aquellas fechas ya se sabía que Agatha Christie era el escritor en lengua inglesa más vendido del mundo y que sus obras se habían publicado en más de cien países, superando incluso a Graham Greene. Cuando los periodistas le decían que era la escritora más leída de la historia después de Shakespeare, sonreía con picardía. Siempre quiso aparentar que no se tomaba en serio su profesión, cuando fue una escritora de raza y tenía auténtica vocación. Su desmedido éxito traía, sin embargo, una contrapartida que llevaba muy mal, la invasión de su intimidad. En su casa de Greenway intentaban tomarle fotos incluso desde el aire. En 1949 decidió que ya no le harían ni una foto más y encargó a Angus McBean, un fotógrafo muy en boga, su único retrato oficial. En la imagen, que se sigue reproduciendo en la solapa de casi todos sus libros, Agatha Christie, a sus sesenta años, conservaba su aspecto juvenil y expresiva mirada pero se le eliminaron —a petición de la autora— todas las arrugas del rostro.

La escritora vivió los últimos quince años de su vida en su casa de campo de Wallingford, que sólo abandonaba para pasar el verano bajo el sol de Devon. Con Max Mallowan continuó viajando y una idílica estancia en el Caribe le sirvió de pretexto para una de las últimas investigaciones de su querida señorita Marple, en su novela *Misterio en el Caribe*. A pesar de su avanzada edad, cada Navidad publicaba una novela, fiel a su eslogan «A Christie for Christmas». En 1961, el matrimonio realizó una gira de tres meses que les llevó a Irán y Cachemira. Max se había restablecido de una ligera apoplejía sufrida durante el verano y había envejecido mucho. En las últimas fotografías que les tomaron juntos los dos parecían tener la misma edad. Cuando en 1966 apareció por fin el libro de Mallowan *Nimrud and its remains*, Agatha Christie le invitó a festejarlo con un viaje de placer por el Alto Nilo.

Agatha Christie aún tendría en vida otras satisfacciones. En 1971, la reina Isabel, que era una gran admiradora de la novelista, le otorgó el título de Dama del Imperio Británico y fue recibida en el palacio de Buckingham, donde cenó con la soberana en el que calificó como «el mejor día de mi vida». En su autobiografía la escritora confesaba que al final de su vida temía ser un estorbo para su familia: «Seguramente viviré hasta cumplir los noventa y tres, volveré loco a todo el mundo por ser incapaz de oír lo que me dicen...». No llegó a la edad que imaginaba porque en los últimos meses de 1975 su salud se deterioró rápidamente. A causa de una caída se dislocó la cadera y se vio obligada a guardar cama tras ser intervenida. No quería enfermeras a su lado y su esposo Max, ocupado en la redacción de sus memorias, tuvo que instalarse en un sillón junto a ella. La «reina del crimen», acostumbrada en la ficción a dar muerte a sus personajes, viendo próximo su fin se dedicó a organizar su propio funeral. Le dictó a Max las instrucciones pertinentes, el poema que quería que se pusiera en su lápida, la música que deseaba para el cortejo fúnebre y el lugar exacto donde quería ser enterrada. El 25 de enero de 1976 la novelista murió tranquila y sin misterios cuando Max la acompañaba al jardín en la silla de ruedas que ya nunca abandonaba. En la última página de su autobiografía reconocía que había sido muy afortunada en la vida y que siempre le quedarían los inolvidables recuerdos de los años compartidos con Max: «Caminar por una alfombra de flores hasta el santuario de los Yezidis en Sheik Adi... la belleza de las mezquitas de amplios tejados de Isfahan: una ciudad de cuento de hadas... un atardecer rojo fuera de nuestra casa en Nimrud... bajar del tren en las Puertas Cilicias en la quietud del anochecer... los árboles de New Forest en otoño... nadar en Torbay con Rosalind... Mathew jugando en el encuentro entre los equipos de Eton y Harrow... el regreso de Max a casa después de la guerra y los arenques de la cena de aquella noche...».

Bibliografía

ALLEN, A., *Travelling Ladies,* Jupiter Books, Londres, 1980.
AL-RASHEED, M., *Historia de Arabia Saudí,* Cambridge University Press, Madrid, 2002.
ANÓNIMO, *Las mil y una noches,* Destino, Barcelona, 1998.
ANÓNIMO, *Simbad,* Ediciones B, Barcelona, 2000.
ANÓNIMO, *Los mil y un días,* José J. de Olañeta, Palma de Mallorca, 2001.
ARBASINO, A. y otros, *Estambul,* Acento, Madrid, 1998.
ASSAD, T. J., *3 Victorian Travellers,* Routledge & Keagan Paul, Londres, 1964.
BALZAC, H., *Obras selectas,* Edimat Libros, Madrid, 2000.
BIRKETT, D., *Off the Beaten Track,* National Portrait Gallery, Londres, 2004.
BLANCH, L., *The Wilders Shores of Love,* Carrol & Graf, Nueva York, 1954.
BLOTTIÈRE, A., *Vintage Egypt,* Flammarion, París, 2003.
BLUNT, A., *Viaje a Arabia,* Laertes, Barcelona, 1983.
BRIONGOS, A., *Negro sobre negro,* Laertes, Barcelona, 1996.
BRUCE, I., *The Nun of Lebanon,* Collins, Londres, 1951.
BURTON, A., *The Orient Express,* David & Charles, Londres, 2001.
BURTON, R., *Mi peregrinación a Medina y La Meca I y II,* Laertes, Barcelona, 1984.
—, *Epílogo a «Las mil y una noches»,* Laertes, Barcelona, 1989.
—, *Las montañas de la luna,* Valdemar, Madrid, 1993.
—, *Vagabundos por el oeste de África I, II y III,* Laertes, Barcelona, 2000.
CANALES, E., *La Inglaterra victoriana,* Akal, Madrid, 1999.

CASTELAR, E., *Vida de Byron*, América, Madrid, s.f.
CHEBEL, M., *El espíritu del serrallo*, Bellaterra, Barcelona, 1997.
CHRISTIE, A. *Ven y dime cómo vives*, Tusquets, Barcelona, 1987.
—, *Autobiografía*, Molino, Barcelona, 1990.
CLAPP, N., *La reina de Saba*, Random House Mondadori, Barcelona, 2002.
COLINAS, A. y Lledó, J., *Grand Tour*, Álbum de Letras y Artes, Madrid, 1995.
CONSORCI DEL CENTRE DE CULTURA CONTEMPORÀNIA DE BARCELONA, *Fantasies de l'harem i noves Xahrazads*, Centre de Cultura Contemporània de Barcelona, Barcelona, 2003. Artículo de Patricia Almárcegui.
DALRYMPLE, W., *Tras los pasos de Marco Polo*, Ediciones B, Barcelona, 1998.
DOS PASSOS, J., *Años inolvidables*, Alianza Editorial, Madrid, 1974.
EDWARDS, A., *Dioses, faraones y exploradores*, Abraxas, Barcelona, 2002.
—, *Mil millas Nilo arriba*, Turismapa, Barcelona, 2003.
FEILER, B., *Recorriendo la Biblia*, Ediciones del Bronce, Barcelona, 2003.
FLANDIN, E., *Constantinopla y el Bósforo*, José J. de Olañeta, Palma de Mallorca, 2001.
FLAUBERT, G., Loti, P. y otros, *Viaje al Egipto milenario*, Abraxas, Barcelona, 2000.
FLETCHER, J., *La nómada apasionada*, Planeta, Barcelona, 2001.
FOX, M., *Passion's Child*, Hamish Hamilton, Londres, 1976.
FREELY, J., *En el serrallo*, Paidós, Barcelona, 2000.
FREETH, Z. y Winstone, V., *Explorers of Arabia*, George Allen & Unwin, Londres-Boston-Sidney, 1978.
GAUTIER, T., *Constantinopla*, Abraxas, Barcelona, 2002.
GILL, G., *Agatha Christie*, Espasa Calpe, Madrid, 1995.
GÖNÜL, Ö. y otros, *Los inicios del arte otomano*, Electa, Barcelona, 2002.
GONZENBACH, E. V., *Viaje por el Nilo*, Laertes, Barcelona, 1982.
GORDON, J., *Queen of the Desert*, Macmillan, Londres-Melbourne-Toronto, 1867.

GOYTISOLO, J., *Estambul otomano,* Península, Barcelona, 1989.
GRAVES, R., *Lawrence y los árabes,* Seix Barral, Barcelona, 1992.
GRAVES, R. P., *Lawrence de Arabia,* Folio, Madrid, 2003.
GRAVINA, F., *Descripción de Constantinopla,* Miraguano, Madrid, 2001.
GREENE, G., *El tren de Estambul,* Edhasa, Barcelona, 1999.
GRUNDY, I., *Lady Mary Wortley Montagu,* Oxford University Press, Oxford-Nueva York, 1999.
HALSBAND, R., *The Life of Lady Mary Wortley Montagu,* Oxford University Press, Londres, 1956.
HAMALIAN, L. y otros, *Ladies on the Loose,* Dodd, Mead & Co., Nueva York, 1982.
HATTSTEIN, M., *Islam. Arte y arquitectura,* Köneman.
HERODOTO, *Egipto, el don del Nilo,* Maeva, Madrid, 2001.
HICKMAN, K., *Illustrated Daughters of Britannia,* Harper Collins, Londres, 2001.
HODGSON, B., *Les aventurières XVIIe-XIXe siècle,* Seuil, París, 2002.
HOURANI, A., *La historia de los árabes,* Ediciones B, Barcelona, 2003.
IMBER, C., *El Imperio otomano, 1300-1650,* Ediciones B, Barcelona, 2004.
JONES, J. (ed.), *Viajeros españoles a Tierra Santa,* Miraguano, Madrid, 1998.
KAZAN, F., *Tras los muros del harén,* Planeta Internacional, Barcelona, 2003.
KEAY, J., *With Passport and Parasol,* BBC Books, Londres, 1989.
LAMARTINE, A., *Viaje a Oriente,* Cervantes, Valencia, 1918.
LAWRENCE, K. R., *Penelope Voyages,* Cornell University Press, Ithaca-Londres, 1994.
LAWRENCE, T. E., *Los siete pilares de la sabiduría,* Suma de Letras, Madrid, 2000.
—, *Rebelión en el desierto,* Montesinos, Barcelona, 2002.
LEGUINECHE, M., *Hotel Nirvana,* Suma de Letras, Madrid, 1999.
—, *El último explorador,* Seix Barral, Barcelona, 2004.
LONGFORD, E., *A Pilgrimage of Passion,* Weidenfeld & Nicolson, Londres, 1979.

LOTI, P., *El desierto*, Abraxas, Barcelona, 2000.
LOTT, E., *Harem Life in Egypt and Constantinople I y II*, Bentley, Londres, 1865.
LOVELL, M., *A Scandalous Life*, Richard Cohen Books, Londres, 1995.
—, *A Rage to Live*, W. W. Norton & Co., Nueva York, 1998.
LYTTON, *Wilfrid Scawen Blunt*, Macdonald & Co., Londres, 1961.
MACK, J., *Lawrence de Arabia*, Paidós, Barcelona, 2003.
MARDRUS, J.-C. (recopilador y traductor), *La reina de Saba*, José J. de Olañeta, Palma de Mallorca, 1992.
MARTÍN ASUERO, P., *España y el Líbano, 1788-1910*, Miraguano, Madrid, 2003.
—, *Descripción del Damasco otomano*, Miraguano, Madrid, 2004.
MERNISSI, F., *Sueños en el umbral*, Muchnick, Barcelona, 1995.
—, *Las sultanas olvidadas*, Muchnick, Barcelona, 1997.
—, *El harén en Occidente*, Espasa Calpe, Madrid, 2001.
MEYERSON, D., *La pasión por Egipto*, Ediciones B, Barcelona, 2004.
MIDDELTON, D., *Victorian Lady travellers*, Achademy, Chicago, 1965.
MONOD, T., *Peregrino del desierto*, José J. de Olañeta, Palma de Mallorca, 2000.
—, *Maxence en el desierto*, Muchnick, Barcelona, 2000.
MONTAGU, M., *Cartas desde Estambul*, Casiopea, Barcelona, 1998.
MONTERO, R., *Historias de mujeres*, Alfaguara, Madrid, 1995.
MORGAN, J., *Agatha Christie*, Ultramar, Barcelona, 1985.
MORRIS, M. y O'Connor, L., *Women Travellers*, Virago, Londres, 1994.
MOURAD, K., *De parte de la princesa muerta*, El Aleph, Barcelona, 2002.
NICHOLL, Cp., *Rimbaud en África*, Anagrama, Barcelona, 2001.
NIGHTINGALE, F., *Cartas desde Egipto 1849-1850*, Plaza & Janés, Barcelona, 2002.
ONDAATJE, M., *El paciente inglés*, Random House Mondadori, Barcelona, 1992.
POLK, M. y Tiegreen, M., *Women of Discovery*, Clarkson Potter, Nueva York, 2001.

POOLE, S., *The Englishwoman in Egypt,* The American University in Cairo Press, El Cairo, 2003.

QUELLA-VILLÉGER, A. y otros, *L'Exotisme au Féminin,* Kailash, París-Pondicherry, 2000.

REES, J., *Writings on the Nile,* The Rubicon Press, Londres, 1995.

—, *Amelia Edwards,* The Rubicon Press, Londres, 1998.

RICE, E., *El capitán Richard Burton,* Siruela, Madrid, 1992.

RIVIÈRE, F., *Los paseos de Agatha Christie,* Océano, Barcelona, 2002.

ROBINSON, J., *Wayward Women,* Oxford University Press, Oxford-Nueva York, 1990.

—, *Unsuitable for Ladies,* Oxford University Press, Oxford-Nueva York, 1994.

—, *Parrot Pie for Breakfast,* Oxford University Press, Oxford-Nueva York, 1999.

ROUNDELL, C., *Lady Hester Stanhope,* John Murray, Londres, 1909.

RUSSELL, M., *The Blessings of a Good Thick Skirt,* Flamingo, Londres, 1994.

RUTHVEN, M., *Freya Stark in the Levant,* Garnet Publishing, Reading, 1994.

SAAD KHALAF, R., *Four Journeys to the Past,* Dar An-Nahar, Beirut, 1998.

SAID, E. W., *Orientalismo,* Random House Mondadori, Barcelona, 2002.

SAINT PHALLE, N., *Hoteles literarios,* Alfaguara, Madrid, 1993.

SELLIER, J. y A., *Atlas de los pueblos de Oriente,* Acento Editorial.

SIMMONS, J., *Peregrinos apasionados,* Mondadori, Madrid, 1989.

SOLÉ, R., *La expedición Bonaparte,* Edhasa, Barcelona, 2001.

—, *Viajes por Egipto,* Océano, Barcelona, 2003.

STARK, F., *La ruta de Alejandro,* Alba, Barcelona, 2000.

—, *El valle de los Asesinos,* Península, Barcelona, 2001.

SWINGLEHURST, E., *Cook's Tours,* Blandford Press, Poole, 1982.

THEROUX, P., *El gran bazar del ferrocarril,* Plaza & Janés, Barcelona, 1978.

THESIGER, W., *Arenas de Arabia,* Península, Barcelona, 1998.

—, *Los árabes de las marismas,* Península, Barcelona, 2001.
THORAVAL, Y. y Ulubeyan, G., *El islam,* Spes Editorial, Barcelona, 2003.
THUBRON, C., *Entre árabes,* Península, Barcelona, 2002.
TINLING, M., *Women into the Unknown,* Greenwood, Westport-Londres, 1989.
TRIPP, Ch., *Historia de Iraq,* Cambridge University Press, Madrid, 2003.
TROLLOPE, J., *Britania's Daughters,* The Cresset Library, Londres, 1983.
TRÜMPLER, C. (ed.), *Agatha Christie and Archaeology,* The British Museum, Londres, 2001.
TWAIN, M., *Inocentes en el extranjero,* Ediciones del Azar, Barcelona, 2001.
URE, J., *In Search of Nomads,* Constable & Robinson, Londres, 2003.
VARGAS-HIDALGO, R., *El breviario del vagabundo,* Compañía Literaria, Madrid, 1998.
WALLACH, J., *La reina del desierto,* Ediciones B, Barcelona, 1998.
WAUGH, E., *Gente remota,* Ediciones del Viento, La Coruña, 2003.
WIESENTHAL, M., *La Belle Époque del Orient-Express,* Geocolor, Barcelona, 1979.
WILSON, A. N., *The Victorians,* Arrow, Londres, 2002.
WILSON, J., *Lawrence de Arabia,* Circe, Barcelona, 1993.
WINSTONE, H., *Lady Anne Blunt,* Barzan, Londres, 2003.
WOODHAM-SMITH, C., *Florence Nightingale,* Constable & Co., Londres, 1950.
WOOLF, V., *Viajes y viajeros,* Plaza & Janés, Barcelona, 2001.